Punto y aparte

FIFTH EDITION

Spanish in Review · Moving Toward Fluency

Sharon W. Foerster
University of Texas at Austin (retired)

Anne Lambright
Trinity College

Mc
Graw
Hill
Education

Dedication

This book is dedicated to our bilingual children:
Shaanti, Jonathan, Corazón, Isis, Paloma, Guillermo Bey II, and Maya.

PUNTO Y APARTE; SPANISH IN REVIEW, MOVING TOWARD FLUENCY, FIFTH EDITION
Published by McGraw-Hill Education, 2 Penn Plaza, New York, NY 10121. Copyright © 2015 by McGraw-Hill Education. All rights reserved. Printed in the United States of America. Previous editions © 2011, 2007, and 2003. No part of this publication may be reproduced or distributed in any form or by any means, or stored in a database or retrieval system, without the prior written consent of McGraw-Hill Education, including, but not limited to, in any network or other electronic storage or transmission, or broadcast for distance learning.

Some ancillaries, including electronic and print components, may not be available to customers outside the United States.

This book is printed on acid-free paper.

1 2 3 4 5 6 7 8 9 0 RMN/RMN 1 0 9 8 7 6 5 4

ISBN 978-0-07-803705-4
MHID 0-07-803705-0

Senior Vice President, Products & Markets: *Kurt L. Strand*
Vice President, General Manager, Products & Markets: *Michael Ryan*
Vice President, Content Production & Technology Services: *Kimberly Meriwether David*
Managing Director: *Katie Stevens*
Senior Brand Manager: *Katherine K. Crouch*
Senior Director of Development: *Scott Tinetti*
Development Editors: *Sadie Ray, Jennifer Kirk*
Director of Digital Content: *Janet Banhidi*
Executive Marketing Manager: *Craig Gill*
Senior Faculty Development Manager: *Jorge Arbujas*
Senior Market Development Manager: *Helen Greenlea*
Editorial Coordinator and Market Development Manager: *Leslie Briggs*
Director, Content Production: *Terri Schiesl*
Content Project Manager: *Erin Melloy*
Buyer: *Susan K. Culbertson*
Cover Designer: *Matthew Baldwin*
Cover Image: © *Getty Images*/© *2008 Hitesh Sawlani*
Compositor: *Aptara®, Inc.*
Typeface: *10/12 Palatino*
Printer: *R. R. Donnelley*

All credits appearing on page or at the end of the book are considered to be an extension of the copyright page.

Library of Congress Cataloging-in-Publication Data

Foerster, Sharon.
  Punto y aparte: Spanish in Review : Moving Toward Fluency / Sharon Foerster, Anne Lambright, Trinity College. — Fifth Edition.
    pages cm
  Text is in English and Spanish.
  Includes index.
  ISBN 978-0-07-803705-4 — ISBN 0-07-803705-0 (hard copy : acid-free paper) —
  ISBN 978-1-259-13509-5 — ISBN 1-259-13509-8 (Annotated Instructor's Edition : acid-free paper)
  1. Spanish language—Textbooks for foreign speakers—English. I. Lambright, Anne. II. Title.
  PC4129.E5F64 2015
  468.2'421—dc23

                                                                                    2013037370

The Internet addresses listed in the text were accurate at the time of publication. The inclusion of a website does not indicate an endorsement by the authors or McGraw-Hill Education, and McGraw-Hill Education does not guarantee the accuracy of the information presented at these sites.

www.mhhe.com

Contents

Culture	Reading & Writing	Speaking

Culture	Reading & Writing	Speaking

About the Authors

Sharon Wilson Foerster has taught Spanish and foreign language methodology courses for over forty years. She continues to present papers and conduct workshops in the United States, and abroad, most recently in Turkey, Italy, Spain and Cuba. She received her Ph.D. in Intercultural Communications from the University of Texas in 1981. Prior to joining the Spanish department at the University of Texas, she was the Director of the Center for Cross-Cultural Study in Seville, Spain where her passion for study abroad began. She continues her involvement in study abroad through her work as co-founder and Academic Advisor for Academic Programs International. After retiring from University of Texas at Austin in 2001 where she was Coordinator of Lower Division Courses, she taught for five years in the Summer Language School at Middlebury College in Vermont. She is the lead author of eight textbooks published by McGraw-Hill: *Punto y aparte: Spanish in Review, Moving Toward Fluency* (2000, 2004, 2007, 2011, 2014), *Lecturas literarias: Moving Toward Linguistic and Cultural Fluency Through Literature* (2007), *Metas comunicativas para maestros* (1999), *Metas comunicativas para negocios* (1998), *Supplementary Materials to accompany Puntos de partida,* (1988, 1992, 1996, 2000, 2004, 2008, 2011) *In viaggio: Moving Toward Fluency in Italian* (2003), *Pause café: Moving Toward Fluency in French* (2009), and *Pasaporte: Spanish for Advanced Beginners* (2009).

Anne Lambright is Associate Professor of Language and Culture Studies in the Hispanic Studies Program at Trinity College in Hartford, Connecticut. She earned her Ph.D. in Latin American literature from the University of Texas at Austin. Her research and teaching focus on contemporary Latin American literature, Andean literature and culture, **indigenismo,** and Latin American women's writing, topics on which she has published several articles and books. She is the author of *Creating the Hybrid Intellectual: Subject, Space and the Feminine in the Narrative of José Arguedas* (2007), and co-editor of *Unfolding the City: Women Write the City in Latin America* (2007), with Elisabeth Guerrero. She is currently finishing a book on cultural production in post-conflict Peru.

Preface

Punto y aparte: Spanish in Review, Moving Toward Fluency places communicative goals at the forefront of the intermediate Spanish course so students don't just learn *about* the language, they learn *how* to use the language. As a result, students learn to express themselves in a natural way, with increasing fluency and accuracy in real-world settings.

The proven qualities of *Punto y aparte* include:

- a focus on seven core communicative functions (**las siete metas comunicativas,** called out with icons throughout the program) and the grammatical structures that support them. These functions are constantly recycled throughout the program to reflect the real-life use of language;
- meaningful communicative practice through writing and speaking activities presented in a real-world context. In Connect™, composition and peer editing tools along with our Blackboard IM and VoiceBoard tools allow students the opportunity to engage in communicative practice with their peers outside the classroom;
- constant recycling of grammar, vocabulary, and the seven communicative functions throughout the program and in the **Para repasar** boxes, **Pruebas diagnósticas,** and the LearnSmart™ suite of tools;
- cultural content in the form of new **¡Cuéntennos!** videos and the **¡Viaje conmigo a... !** videos, as well as readings on art, music, and history, serve to recycle grammar and vocabulary and to enrich students' experience of language learning and to provide a window into Spanish-speaking cultures.

These features support the core goals of the intermediate Spanish course and put students on a successful path from simple utterances to more extensive discourse, from sentence-level to paragraph-length expression.

Connect Spanish™ and LearnSmart™

Thanks to generous feedback from students and instructors, the fifth edition of *Punto y aparte* continues to evolve in order to meet the changing needs of today's language instruction. Employing a wide array of research tools, we identified a number of areas for potential innovation. The new program builds upon the success of the fourth edition with an expanded emphasis on contemporary language, culture, and technology to create a truly communicative, interactive experience. On the digital front, this new edition offers Connect Spanish and LearnSmart, with their unparalleled adaptive and digital learning resources. These powerful tools, now an integral part of the fifth edition, complement and support the goals of the *Punto y aparte* program and address the needs of the evolving intermediate Spanish course.

How do Connect Spanish and LearnSmart support the goals of the *Punto y aparte* program? In Connect Spanish, students have full access to the digitally enhanced eBook, the online Workbook / Laboratory Manual activities, LearnSmart, and all of the accompanying audio and video resources, providing ample practice for students in a digital environment.

- **connect** |SPANISH **Connect Spanish:** Interactive textbook and workbook activities for vocabulary and grammar, many of which provide automatic feedback and grading, give students the opportunity to complete their assignments and come to class better prepared to participate in paired and group activities.

- **LEARNSMART** ADVANTAGE **LearnSmart** modules for vocabulary and grammar have been developed specifically for *Punto y aparte*. This powerful adaptive system helps students pinpoint their weaknesses and provides them with an individualized study program based on their results. Audio prompts for vocabulary and grammar help students strengthen both their listening and writing skills. All students, no matter their previous language experience, can benefit from using LearnSmart, which includes built-in reporting and a competitive scoreboard to increase student engagement. Our research has shown that students using LearnSmart have significantly improved their learning and course outcomes, often by a full letter grade.

Core Communicative Functions

How does the *Punto y aparte* program empower your students to communicate with confidence in Spanish? *Punto y aparte* continually draws students' attention to seven communicative functions via marginal icons that appear continuously throughout every section of the book.

D DESCRIBIR	Descripción
C COMPARAR	Comparación
P PASADO	Narración en el pasado
R REACCIONAR RECOMENDAR	Reacciones y recomendaciones
G GUSTOS	Hablar de los gustos y las opiniones
H HIPÓTESIS	Hacer hipótesis
F FUTURO	Hablar del futuro

instructor review, and grading to take place online with ease.

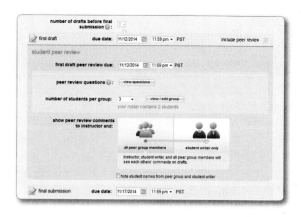

Each chapter highlights a separate communicative function and explicitly links it with the grammatical structures students will use to complete that function. At the same time, all seven communicative functions are recycled constantly and often used simultaneously from the very beginning of the program, just as they are used in natural language production. For example, after reading an anecdote in the past tense, a natural follow-up would be to offer advice, and thus the communicative value of the subjunctive becomes obvious. This also means that students don't run the risk of forgetting the structures practiced in the previous chapters because they continue to use the structures throughout the program. Additional explanations and practice with the grammatical structures associated with each communicative function are available in the Explicación gramatical section in the "purple pages" at the end of the text.

Meaningful Communicative Practice

The seven communicative functions are the organizing principle behind the *Punto y aparte* program, and that approach is supported by a commitment to offering students with numerous forms of communicative activities that mirror real-world scenarios.

Designed specifically to accommodate any class level, schedule, and pace, the **Puntos clave** grammar section offers explanations and quick comprehension-check activities. It then progresses to culturally based open-ended exercises for increasingly more sophisticated practice of the lesson material.

¡A escribir! follows **Puntos clave** so that students can begin writing in Spanish on the heels of the vocabulary and grammar presentations. Writing assignments have been finely tuned to ensure that students can naturally implement the vocabulary and grammar of the lesson. New digital Composition and Writing Tools integrated within Connect Spanish allow writing, editing, peer or

In the **Hablando del tema** section, students converse, debate, and offer reactions to questions and situations based on chapter theme. With Connect Spanish, these speaking activities now can extend beyond the classroom, to be practiced and completed at home or in the lab using the following tools:

- Blackboard Instant Messaging (IM) provides the necessary online tools for students to work online in pairs or to practice speaking together before coming to class.
- The Voice Board feature allows individuals to record their own voice as many times as they wish before they post their recording for their classmates to listen, react, and respond.

Recycling of Grammar and Vocabulary

Punto y aparte provides students with consistent recycling opportunities to match the natural use of the language. With LearnSmart, students may also quickly assess their knowledge of vocabulary and grammar and receive additional support and practice for those words or concepts with which they struggle.

Here are some ways in which vocabulary and grammar are presented, practiced, and recycled throughout *Punto y aparte*.

- Dialogues in the **La historia** section demonstrate vocabulary in context, allowing students to see and hear the nuances of natural language and to incorporate new words comfortably and confidently into their own vocabulary.
- In the **Vocabulario del tema** section, **Para repasar** boxes remind students of words they have already studied that will be helpful for communicating about the current topic.

- Students can check their command of the various grammar structures throughout the course by completing the **¿Cómo le va con estos puntos clave?** These chapter-culminating activities include a **Prueba diagnóstica** and an **Autoevaluación,** in which students can evaluate their confidence with the language material of the chapter.

- Students can also find clear and thorough grammar explanations of any formal rule that they need to review in the **Explicación gramatical** section that appears after Capítulo 6 of the main text. Each grammar structure is accompanied by grammar activities (**¡A practicar!**) whose answers can be found in **Apéndice 1** or with the corresponding digital practice materials in Connect Spanish.

Windows into Spanish-Speaking Cultures

The cultural content of *Punto y aparte* enriches students' experience of language learning and introduces them to people and places outside their realm of experience.

New to the fifth edition of *Punto y aparte*, **¡Cuéntennos!,** is a video feature that provides even more authentic context for each chapter's vocabulary, grammar, and culture. **¡Cuéntennos!**

¡Cuéntennos!

🎥 En este vídeo, Alberto, un guitarrista catalán, y Xianix, una bailarina dominicana-puertorriqueña de flamenco, hablan de sus culturas y su vida ahora en «La Gran Manzana».

Vea el vídeo y haga las actividades relacionadas que se encuentran en Connect Spanish.

features unscripted interviews, most of them conducted with two people who share an intimate connection, whether they be family members or close friends. These natural speech interviews offer a glimpse into real-life relationships that touch upon the chapter themes: first impressions and stereotypes, the importance of family, hopes for the future, and more. A series of pre- and post-viewing activities can be found in Connect Spanish.

The **Rincón cultural** section includes activities that reinforce the chapter theme, vocabulary, and grammar in creative, enticing, and contemporary ways.

- **Lugares fascinantes para estudiar** sections focus on four specific places within a region of the Spanish-speaking world and are presented in the format of a blog written by students studying abroad. Accompanying the blog posts are the vibrant

cultural segments of the **Lugares fascinantes** video program, produced by McGraw-Hill with footage from the BBC Motion Gallery. These videos are available online in Connect, and instructors may also request a complimentary DVD.

- **Un artista hispano** presents an artist from each featured region. Three new, contemporary artists—  Santiago Calatrava, Gustavo Dudamel, and Jorge Miyagui (**Capítulos 1, 2,** and **5**)—are highlighted in this edition, with more photos to help students appreciate the works and movements described.

- **La música…** sections introduce various types of music and artists from the featured regions. Accompanying discussion questions and activities ask students to listen to various artists online and give their impressions about lyrics, music videos and the general style of the music. (NOTE: All music selections can be found online via popular music sites such as iTunes, YouTube, eMusic, and Amazon. McGraw-Hill does not have artist or label permission to provide these tracks.)

- The **Un evento histórico** section offers insight into some of the most important historical events of the Spanish-speaking world. In addition, students can continue their exploration of these topics in Connect Spanish with additional readings and activities.

- The new **Más allá del Rincón cultural** feature offers suggestions for complementary films to watch. Practice activities are available on Connect Spanish and in the Instructor's Manual. (NOTE: All films can be found at popular online or physical retail outlets such as Amazon, iTunes and Netflix. McGraw-Hill does not have permission from the rights holders to provide these films.)

Finally, updated readings in the **Lectura** section, including three completely new works—interviews with Junot Díaz and Camila Vallejo and a piece by Shakira (**Capítulos 2, 4,** and **5**)—present fresh topics that encourage further cultural exploration and increase the enjoyment of studying Spanish.

Program Supplements

Whether using the *Punto y aparte* program in print form or in the exciting new Connect Spanish platform, a variety of additional components are available to support the needs of instructors and students. Many instructor materials are free to adopting institutions. Please contact your local McGraw-Hill representative for details on policies, prices, and availability.

Connect Spanish:

Used in conjunction with *Punto y aparte:* Connect Spanish (www.connectspanish.com) provides a digital solution for schools with face-to-face, hybrid, or 100% online offerings. In addition to the interactive eBook, complete Workbook / Laboratory Manual, grammar tutorials, and audio and video resources, some of the key features of Connect Spanish include:

- LearnSmart (described earlier in these pages) and LearnSmart Prep™, a powerful adaptive system designed specifically for students bridging the gap between the introductory and intermediate Spanish courses
- the ability to customize syllabi and assignments to fit the needs of individual programs;
- an integrated gradebook with powerful reporting features;
- access to all instructor resources, including the Instructor's Manual, Audioscripts, and a customizable testing program with audio for the online delivery of exams;
- access to Tegrity, McGraw-Hill's proprietary video capture software that allows instructors to post short videos, tutorials, and lessons for student access outside of class.

MH Campus and Blackboard:

Integration of MH Campus and Blackboard simplifies and streamlines course administration by integrating with the Learning Management System of individual campuses. With features such as single sign-on for students and instructors, gradebook synchronization, and easy-access to all of McGraw-Hill's language content (even from other market-leading titles), teaching an introductory language course has never been more simple.

Annotated Instructor's Edition:

The Instructor's Edition of *Punto y aparte* provides notes that offer extensive additional activities, teaching hints, and suggestions for using and expanding materials, as well as references to the supplementary activities in the Instructor's Manual and the Testing Program.

Workbook / Laboratory Manual:

This print supplement provides many form-focused activities to practice the structures presented in the textbook using a variety of written and audio activities. For students using the print version, the audio files are posted in Connect Spanish.

DVD Program:

The *Punto y aparte* DVD Program, which contains the **Lugares fascinantes** and the new **¡Cuéntennos!** video segments, is also available on DVD.

What's New for the Fifth Edition?

There have been many changes made for this edition. However those changes were not made lightly, nor without extreme feedback and confirmation from you, our clients, as evidenced by the lists of reviewers presented earlier in this Preface. Here are some of the highlights of this revision. For specific details, especially an exhaustive list of chapter-by-chapter changes, please see the Instructor's Manual (IM), available online at www.connectspanish.com.

General Details

- New interior design
- Larger trim size
- Many new photos and a greater use of photos (rather than drawings) whenever possible
- Exciting new technology: Connect Spanish. LearnSmart, Blackboard
- New DVD, with activities support in the text (¡Cuéntennos!), Connect Spanish, and the IM
- Revised Workbook / Laboratory Manual available in print or online as part of Connect Spanish.

Organizational Changes

¡A escribir!: Now follows **Puntos clave** so students begin written creation with the target language on the heels of the vocabulary and grammar presentations.

Vocabulary

- **La historia** dialogs have been updated to reflect the vocabulary and grammar presented within the chapter.
- **Vocabulario del tema** lists have been simplified
- New **Para repasar** boxes remind students of words they already studied.

Grammar

- Short diagnostic tests added to **Para empezar** to allow students to determine student understanding of the **metas comunicativas**

- Redesigned **Puntos clave** section accommodates a variety of class levels, schedules, and paces
- New, chapter culminating, **¿Cómo le va con estos puntos clave?** allows for comprehension check, cultural review, synthesis, and oral practice in each chapter
- Colorful images replace the word lists in the **Yo, experto** sections

Culture

- New **Rincón cultural** activities reinforce chapter theme, vocabulary, and grammar
- Revised **Lugares fascinantes para estudiar** sections have been reformatted as blog entries from students studying abroad as they explain their impressions and adventures.
- Bold new feature boxes direct students to Connect Spanish to watch the accompanying **¡Viaje conmigo a… !** videos.
- The **Un artista** section features new contemporary artists in Chapters 1, 2, 4, and 5
- The **La música** section contains updated descriptions, and examples of contemporary musicians and regional instruments.
- New **Un evento histórico** (brought from the Expanded Edition) offers insight into important historical happenings in the Spanish-speaking world. Students can continue their exploration of these topics in Connect Spanish with additional readings and activities.
- New **Más allá del rincón cultural** feature offers suggestions for complementary films to watch and a cue to go to Connect for film-related practice activities.
- Updated **Lecturas,** including three (3) completely new works (Chapters 2, 4, 5) present fresh topics

Activities

- Activities thoroughly revised for relevance and for clarity to students
- Many completely new activities
- Additional activities for Vocabulario del tema, Hablando del tema, and Rincón cultural are included in Connect Spanish

Thank you for helping shape *Punto y aparte*!

The authors wish to acknowledge the team at McGraw-Hill for their continuing support and enthusiasm: Katie Stevens, Scott Tinetti, Janet Banhidi, Katie Crouch, Sadie Ray, Jenni Kirk, Laura Ciporen, Erin Melloy, Brenda Rolwes, Helen Greenlea, Craig Gill, Jorge Arbujas, Leslie Briggs, and Caitlin Bahrey. We would also like to acknowledge our native reader, Laura Chastain, and our copyeditor, Allen Bernier. Special thanks as well to the **Connect Spanish** and **LearnSmart** teams for their dedication and creativity in the development of our new digital tools; **Connect Spanish:** Chris LaFond Pennie Nichols, Eileen Fancher, and Allen Bernier; **LearnSmart:** Julie Allen and Savannah Sullivan.

LearnSmart Beta Test Institutions
Brigham Young University
Indiana University, South Bend
Marquette University
University of Georgia
University of Michigan, Ann Arbor
University of Minnesota, Twin Cities
University of Tennessee, Knoxville
West Virginia University, Morgantown

Intermediate Spanish Symposium
Maria Akrabova
Metropolitan State University of Denver

Jackie Daughton
University of North Carolina, Greensboro

Fidel de León
El Paso Community College

María Dorantes
University of Michigan

Roberto Jiménez-Arroyo
Western Kentucky University

Sayo Murcia
University of Oregon

Danae Orlins
University of Cincinnati

Michelle Petersen
Arizona State University

Luz Porras
State University of New York

Francisco Salgado-Robles
University of Kentucky

Julie Szucs
Miami University

Laura Valentin
Texas Tech University

Kathi Wong
University of Tennessee, Knoxville

Jane W. Albrecht
Wake Forest University

Alexandria Burk
Boston College

María J. Cabrera-Puche
West Chester University of Pennsylvania

Loreto Catoira
Stanford University

An Chung Cheng
University of Toledo

Maite Correa
Colorado State University

Dulce de Castro
Collin College

Barbara Domcekova
Birmingham-Southern College

Hector Fabio Espitia
Grand Valley State University

Dr. Charles Fleis
Bridgewater College

Dr. Dolores Flores-Silva
Roanoke College

Katherine Fowler Cordova
Miami University

B. Alejandra Galindo
University of Tennessee, Knoxville

Tania Gómez
College of Saint Benedict and Saint Johns' University

Diego Emilio Gómez, Ph.D.
Saddleback Community College

Nicole Gómez
University of Tennessee, Knoxville

Marta C. Gumpert
Southeastern Louisiana University

Dr. Agnieszka Gutthy
Southeastern Louisiana University

Julie Kleinhans-Urrutia
Austin Community College

Kevin Krogh
Utah State University

Sergio Martínez
San Antonio College

Lornaida McCune
University of Missouri, Columbia

Mary Yetta McKelva
Grayson College

Esperanza Muñoz Pérez
Kirkwood Community College

Nela Navarro
Drew University

Yadira Ortega
University of San Diego

Ada Otruzar-Young
Drew University

Denise M. Overfield
University of West Georgia

Harland Rall
Abilene Christian University

Timothy Reed
Ripon College

Karen Rubio
University of Tulsa

Esther Sánchez Venable
Colorado State University

Heidi Astrid Schmaltz
Willamette University

Dora Schoenbrun-Fernández
San Diego Mesa College

Steven P. Sloan
Texas Christian University

Susana Solera Adoboe
Southern Methodist University

Dr. Phyllis E. VanBuren
St. Cloud State University

Michael Vrooman
Grand Valley State University

Cynthia Phelps Whipple
Bowling Green State University

Shirley A. Wright, Ph.D.
University of North Carolina, Charlotte

PARA EMPEZAR

Los cinco amigos

Metas comunicativas
- introducción a las metas comunicativas

Tema central
- los cinco amigos

¡Bienvenido/a a *Punto y aparte*! A lo largo de este libro de texto y en el *Manual que acompaña Punto y aparte,* Ud. va a trabajar con siete metas comunicativas en conversaciones con sus compañeros de clase, en composiciones y en ejercicios gramaticales. También, poco a poco irá conociendo, en la sección **La historia,** a los cinco amigos que aparecen en la foto. Todos viven en Austin, Texas.

Lea la pequeña biografía y el perfil (*profile*) personal de cada uno de los cinco amigos. Luego, conteste las preguntas que aparecen a continuación.

SARA CARRILLO JIMÉNEZ

Sara nació en un pueblo cerca de Salamanca, España. Estudió periodismo[1] en la Universidad Pontificia de Salamanca y trabajó en una emisora[2] de radio local, en la cual solo ofrecían programas musicales. Como quería aprender otras cosas relacionadas con el mundo de las comunicaciones, cuando a Sara le hablaron de la posibilidad de estudiar en los Estados Unidos, decidió «cruzar el charco».[3] Actualmente está acabando su maestría en Radio, Televisión y Cine y trabaja en la emisora universitaria, donde hace un programa dirigido a los hispanohablantes.

Habla Sara

DESCRIBIR

Rasgos[4] principales de mi carácter: Soy extrovertida, franca e impaciente.

COMPARAR

Mi estado de ánimo en estos días: Estoy más ocupada este semestre porque tengo tantas clases como el semestre pasado y encima tengo más horas de trabajo en la emisora universitaria.

PASADO

Un secreto de mi pasado: Cuando tenía 14 años, empecé a fumar.

REACCIONAR

RECOMENDAR

Mis amigos me recomiendan: Que piense antes de hablar.

GUSTOS

Lo que más me molesta: Me molesta la ropa formal.

HIPÓTESIS

Si pudiera invitar a dos personas a cenar: Invitaría a Concha Buika y a Soledad O'Brien.

F
FUTURO

Cuando tenga suficiente dinero, iré a: las Islas Canarias, donde descansaré y tomaré una clase de dibujo.

[1]*journalism* [2]*station* [3]«*cruzar… "to cross the pond"* (fig.: *the Atlantic Ocean*) [4]*Traits*

Preguntas

1. ¿Por qué decidió Sara estudiar en los Estados Unidos?
2. ¿Es tímida Sara? ¿Cómo lo sabe Ud.?
3. ¿Le gustarían a Sara las fiestas elegantes? ¿Por qué sí o por qué no?
4. ¿Sabe quiénes son Concha Buika y Soledad O'Brien? Si no, consulte rápido al Internet y comparta la información que aprendió con el resto de la clase.

JAVIER MERCADO QUEVEDO

Javier nació en Mayagüez, Puerto Rico. Tiene un hermano que se llama Jacobo. Trabaja como mesero en el café Ruta Maya, uno de los cafés de moda del centro de la ciudad. Hace dos años que Javier sacó su licenciatura en periodismo. Ahora, hace trabajos sueltos[1] para varios periódicos hispanos de los Estados Unidos, pero su sueño es conseguir un puesto de corresponsal en Latinoamérica y pasarse la vida viajando. Mientras tanto, sin embargo, está muy contento en Austin. Es soltero y no piensa casarse muy pronto, aunque es muy romántico.

[1]*hace… he freelances*

Habla Javier

Rasgos principales de mi carácter: Soy honesto, hablador y aventurero.

Mi estado de ánimo en estos días: Estoy menos estresado que el año pasado. Aunque tengo tantas obligaciones periodísticas como antes, me siento más cómodo en mi profesión.

Un secreto de mi pasado: Pasé seis semanas viajando por Venezuela con una novia, pero le dije a mi madre que estaba allá para tomar un curso universitario.

Mis amigos me recomiendan: Que tenga más paciencia con mi madre.

Lo que más me fascina: Me fascina la clientela diversa que visita Ruta Maya.

Si pudiera invitar a dos personas a cenar: Invitaría a Jorge Ramos y a Junot Díaz.

Cuando tenga suficiente dinero, iré a: México, donde trataré de entrevistar a Guillermo del Toro.

Preguntas

1. ¿Por qué cree Ud. que Javier trabaja en el café Ruta Maya?
2. ¿Qué característica tiene Javier que le servirá en su carrera de periodismo?
3. ¿Le gusta a Javier pasar mucho tiempo en casa? ¿Cómo lo sabe?
4. ¿Sabe quiénes son Jorge Ramos y Junot Díaz? Si no, consulte rápido al Internet y comparta la información que aprendió con el resto de la clase.

LAURA TAYLOR

Laura nació en Sacramento, California. Al estudiar español en la universidad se interesó mucho por la cultura hispana, así que, cuando se graduó, decidió ingresar en el Cuerpo de Paz.[1] Terminó[2] en Otavalo, cerca de Quito, Ecuador, donde trabajó en proyectos de salud rural. Después de dos años, regresó a los Estados Unidos para seguir un curso de posgrado en estudios latinoamericanos con énfasis en la salud rural. Después de graduarse, le gustaría trabajar en Latinoamérica.

Habla Laura

Rasgos principales de mi carácter: Soy perfeccionista, abierta y exigente.[3]

Mi estado de ánimo en estos días: Estoy más tranquila que antes porque este semestre mis clases no son tan difíciles como el semestre pasado.

Un secreto de mi pasado: Cuando tenía 12 años, leía el diario de mi hermana mayor.

Mis amigos me recomiendan: Que no trate de cambiar el mundo tan rápidamente.

Lo que más me interesa: Me interesan las culturas indígenas de los Andes.

Si pudiera invitar a dos personas a cenar: Invitaría a Camila Vallejo y a Sonia Sotomayor.

Cuando tenga suficiente dinero, iré a: las Islas Galápagos en el Ecuador, donde pasaré un rato tranquilo con mi novio Manuel.

[1]Cuerpo... *Peace Corps*   [2]*She ended up*   [3]*demanding*

Preguntas

1. ¿Cree Ud. que Laura sacó buenas notas en sus cursos universitarios? ¿Cómo lo sabe?
2. ¿Por qué se fue al Ecuador cuando terminó sus estudios?
3. ¿Piensa quedarse en los Estados Unidos cuando termine sus estudios de posgrado?
4. ¿Sabe quiénes son Camila Vallejo y Sonia Sotomayor? Si no, consulte rápido al Internet y comparta la información que aprendió con el resto de la clase.

DIEGO PONCE FLORES

Diego nació en San Julián, un pueblo de México, pero fue a Monterrey a vivir con su hermano mientras estudiaba en la Universidad Tecnológica. Se mudó a los Estados Unidos hace tres años y, poco después, con la ayuda de su primo Sergio, abrió una tienda de artesanía[1] latinoamericana que se llama Tesoros.[2] Aunque se especializó en administración de empresas,[3] siempre se ha interesado por las bellas artes. Así que su tienda resulta ser una perfecta combinación de sus dos pasiones.

Habla Diego

Rasgos principales de mi carácter: Soy ambicioso, muy cortés[4] y un poco inflexible.

Mi estado de ánimo en estos días: Estoy más nervioso que antes porque pienso abrir más tiendas, pero no sé si es posible tener tanto éxito en otros lugares como he tenido aquí en Austin.

Un secreto de mi pasado: Cuando tenía 17 años, fui modelo de Levi's Jeans.

Mis amigos me recomiendan: Que deje de trabajar tantas horas y que sea menos serio.

Lo que más me fascina: Me fascinan las comidas exóticas.

Si pudiera invitar a dos personas a cenar: Invitaría a Mark Zuckerberg y a Carlos Slim Helú.

Cuando tenga suficiente dinero, iré a: Perú, donde buscaré artesanías andinas para vender en Tesoros.

[1]*arts and crafts*   [2]*Treasures*   [3]administración... *business administration*   [4]*polite*

Preguntas

1. ¿Cree Ud. que Diego nació en una ciudad industrial? ¿Por qué sí o por qué no?
2. Parece que ser dueño de Tesoros es un puesto ideal para Diego. ¿Por qué?
3. A veces Diego les parece un poco formal a sus amigos. ¿Por qué será eso?
4. ¿Sabe quiénes son Carlos Slim Helú y Mark Zuckerberg? Si no, consulte rápido al Internet y comparta la información que aprendió con el resto de la clase.

SERGIO WILSON FLORES

Sergio nació en El Paso, Texas, pero pasó su infancia en Chihuahua, México, el estado de origen de su madre. Después, se mudó a Boston, Massachusetts, la ciudad natal de su padre. Actualmente vive en Austin con su primo, Diego, y trabaja como promotor de conjuntos musicales. De los cuatro grupos que están bajo su dirección, dos son conjuntos *tex-mex* y dos son grupos de rock. Hace dos años se graduó de la universidad, en donde se especializó en administración de empresas.

Habla Sergio

Rasgos principales de mi carácter: Soy alegre, cómico y optimista.

Mi estado de ánimo en estos días: Estoy más cansado que nunca. No duermo tantas horas como debo porque escucho muchos grupos que tocan hasta muy tarde.

Un secreto de mi pasado: Tomé clases de tango para impresionar a una chica.

Mis amigos me recomiendan: Que trate de conseguir entradas a los conciertos de grupos famosos.

Lo que más me molesta: Me molesta la falta[1] de conciencia social.

Si pudiera invitar a dos personas a cenar: Invitaría a Shakira y a Gustavo Dudamel.

Cuando tenga suficiente dinero, iré a: Chile, donde asistiré al gran festival de música en Viña del Mar.

[1]*lack*

Preguntas

1. Se puede describir a Sergio como una persona bicultural. ¿Por qué?

2. ¿Cree Ud. que Sergio es políticamente activo en su comunidad? ¿Cómo lo sabe?

3. ¿Es Sergio una persona solitaria?

4. ¿Sabe quiénes son Shakira y Gustavo Dudamel? Si no, consulte rápido al Internet y comparta la información que aprendió con el resto de la clase.

ACTIVIDAD

Perfil de un compañero/una compañera Entreviste a un compañero / una compañera de clase para hacerle un perfil personal, como el de los cinco amigos. Luego, escoja los dos o tres datos más interesantes sobre su compañero/a y compártalos con la clase.

Rasgos principales de su carácter:

Su estado de ánimo en estos días:

Un secreto de su pasado:

Sus amgos le recomiendan:

Lo que más le fascina/interesa/molesta:

Si pudiera invitar a dos personas a cenar:

Cuando tenga suficiente dinero, irá a:

Puntos clave*

McGraw Hill Education |LEARNSMART®

Introducción

The purpose of this section of **Para empezar** is to reintroduce you to the seven **metas comunicativas** and the **puntos clave** (the grammar points needed to express those seven communicative goals). The following chart is a *preview* of the seven communicative goals and the seventeen grammar points needed to accomplish those goals with accuracy. This section gives you the chance to review and then assess how much you remember about these grammar points. You are *not* expected to have mastered these grammar points, but you should be acquainted with most of them from your previous study of Spanish. After looking over the chart, do the diagnostic exercises on the following pages to see which points you remember well and which points you need to practice or perhaps learn for the first time.

LAS SIETE METAS COMUNICATIVAS Y LOS PUNTOS CLAVE

ICONO	META COMUNICATIVA	PUNTOS CLAVE
D DESCRIBIR	Descripción	• la concordancia de género y número • **ser/estar** • los participios como adjetivos
C COMPARAR	Comparación	• la concordancia de género y número • **tan… como, tanto/a/os/as… como** • **más/menos… que**
P PASADO	Narración en el pasado	• el pretérito • el imperfecto • los tiempos perfectos • **hace… que**
REACCIONAR **R** RECOMENDAR	Reacciones y recomendaciones	• el subjuntivo en cláusulas nominales • los mandatos
G GUSTOS	Hablar de los gustos y las opiniones	• los verbos como **gustar** • los pronombres de complemento indirecto • el subjuntivo después de **me gusta que, no creo que, no pienso que**
H HIPÓTESIS	Hacer hipótesis	• el pasado de subjuntivo • el condicional
F FUTURO	Hablar del futuro	• el futuro • el subjuntivo en cláusulas adverbiales

*Nouns used as adjectives in Spanish (like **clave** in the phrase **puntos clave**) do not alter their gender and number to agree with the noun they are modifying. Other examples are: **fechas límite, hombres rana, mujeres político, perros guía.**

D DESCRIPCIÓN: EL CAFÉ RUTA MAYA

DESCRIBIR

Paso 1   Mire la **Pista caliente** sobre la descripción y después lea el siguiente párrafo sobre el café Ruta Maya. Preste atención a las palabras **en negrilla**. Identifique el sustantivo que cada adjetivo describe. ¿Por qué se usa **ser** o **estar** en cada caso?

> ## Pista caliente: Descripción
>
> Remember to use **ser** to express inherent characteristics, origin, possession, time, dates, and where an event takes place. Use **estar** to express location, a health or mental condition, and the progressive tense. Pay attention to the agreement of nouns and adjectives: un**a** clase aburrid**a**, **un** problema delicad**o**.

Ojo

The purple pages in the back of the textbook contain detailed grammar explanations and practice exercises for each of the seven communicative goals. These will serve as your constant reference guide to be used throughout the course.

El café Ruta Maya **es** una bodega[1] **renovada** que **está** en el distrito **teatral** de Austin. **Es** el lugar **preferido** de los cinco amigos y de hecho casi todas sus reuniones **son** allí. Las paredes **están decoradas** con carteles de **varios** países **hispanos**. Cada mes se exponen obras de **diferentes** artistas **chicanos**. Allí se celebran las culturas **hispanas**, con café estilo **cubano**, empanadas[2] y flanes[3] **sabrosos** y una **gran** muralla estilo **azteca**. Los dueños **son** cubanos pero llevan mucho tiempo en Austin. Su clientela **es** muy **ecléctica** y los fines de semana por la noche el café siempre **está lleno**.[4] Allí la gente se reúne después de ir al teatro o después de cenar para comer uno de sus **deliciosos** postres y para disfrutar de la música en vivo.[5] ¡**Es** un lugar **maravilloso**!

[1]*warehouse*   [2]*turnovers*   [3]*custard desserts*   [4]*full*   [5]*en... live*

Javier, trabajando en el café Ruta Maya

Paso 2   Ahora complete el siguiente ejercicio diagnóstico para ver cómo le va con **ser** y **estar** y con la concordancia.

1. La librería favorita de Sara y Laura siempre *está* (ser / estar) llena de estudiantes de Latinoamérica porque hay muchos libros *hispanos* (hispano) y sirven café y postres *deliciosos* (delicioso).

2. La discoteca donde se reúnen los cinco amigos para bailar los viernes por *la* (el / la) noche *es* (ser / estar) un poco cara pero muy *divertida* (divertido).

3. Esta noche el concierto de Los Lonely Boys *está* (ser / estar) en Stubbs y los asientos que Sergio ha conseguido para sus amigos *son* (ser / estar) *fabulosos* (fabuloso).

Paso 3   En parejas, describan su lugar favorito para estar con sus amigos. ¿Dónde está ese lugar? ¿Cómo es? ¿Qué tipo de personas suele (*usually*) reunirse allí? ¿Por qué les gusta tanto ese lugar?

¿Cómo le va con estos puntos clave? These self-evaluations will appear throughout *Punto y aparte* to help you assess you progress. Whenever you see them, check the box that corresponds to how well you know and can use the **puntos clave** that correspond to each of the metas comunicativas.

[handwritten: Es un lugar tranquilo cerca de nuestra escuela y tiene siempre hay muchos conocemos casi que conocemos personas aquí que gratis Nos gusta tomar café y hablar sobre nuestros días with Starbucks]

META COMUNICATIVA	PUNTOS CLAVE	VERY WELL	SOMEWHAT WELL	NOT WELL
D DESCRIBIR Descripción	ser vs. estar	☒	☐	☐
	agreement	☒	☐	☐

COMPARAR

COMPARACIÓN: DOS COMPAÑERAS DE CUARTO

Paso 1   Mire la **Pista caliente** sobre la comparación y después lea sobre las dos compañeras de cuarto, Laura y Sara. Preste atención a las palabras **en negrilla**. ¿Se refieren a comparaciones de desigualdad o de igualdad? También, identifique qué sustativos modifican los adjetivos.

Pista caliente: Comparación

Remember that **más/menos… que** is used to compare things that are not the same (**desigualdad**) and **tan/tanto(…) como** are use for things that are the same (**igualdad**). When comparing equal nouns, pay attention to agreement: **Tiene *tantos problemas* como su hijo. Toma *tanta leche* como su hermana.**

Laura y Sara: dos amigas bastante distintas

Aunque Laura y Sara son íntimas amigas, son muy diferentes. Laura es **más reservada que** Sara, aunque si algo le apasiona, puede ser **tan habladora como** su amiga. A las dos les encanta saber los últimos chismes[1] en España y Latinoamérica, por eso Sara lee **tantos blogs como** Laura. Pero también las dos tienen intereses serios. Laura va a **más conferencias académicas que** Sara, pero está claro que Sara es **tan lista como** su amiga. Quizás se puede decir que Laura es **más intelectual que** Sara. Pero todos dicen que Sara es **la más creativa de** los cinco amigos: pinta, escribe poesía y siempre tiene **más de** cinco proyectos artísticos sin terminar. Lo bueno es que a Laura le gusta conversar **tanto como** a Sara, y con tantos intereses no les faltan temas fascinantes.

[1]*gossip*

Paso 2   Ahora, haga comparaciones entre Laura y Sara, utilizando las indicaciones.

1. Sara es ___más___ extrovertida ___que___ Laura. (+)
2. Creo que Laura debe ser ___tan___ estudiosa ___como___ Sara. (=)
3. Laura tiene ___tantos___ amigos en Facebook ___que/como___ Sara (=), pero Sara escribe ___más___ mensajes ___que___ Laura. (+)
4. Laura es ___tan___ inteligente ___como___ Sara (=), pero es ___menos___ artística ___que___ su amiga española. (−)
5. Sara compra ___tantas___ revistas sobre los ricos y famosos ___como___ Laura. (=)
6. No creo que Sara y Laura pasen más ___de___ dos horas cada semana leyendo revistas de chismes.

Paso 3   En parejas, hagan cuatro comparaciones entre Ud. y su mejor amigo/a.

yo / mi mejor amigo/a: atlético/a, cursos este semestre, dinero, hablar por teléfono, organizado/a, pasar tiempo en Facebook, salir, serio/a,…

META COMUNICATIVA	PUNTOS CLAVE	VERY WELL	SOMEWHAT WELL	NOT WELL
C COMPARAR Comparación	Comparing things that are equal	☒	☐	☐
	Comparing things that are unequal	☒	☐	☐
	Comparing with numbers		☐	☐

NARRACIÓN EN EL PASADO: SARA Y EL DÍA INOLVIDABLE

Paso 1 Mire la **Pista caliente** sobre la narración en el pasado y después lea la siguiente narración sobre un día que Sara recordará para siempre. ¿Por qué se usa el pretérito y el imperfecto en cada caso?

Pista caliente: Narración en el pasado

Remember that the preterite moves the story line forward in time and the imperfect fleshes out the narration with background information, descriptions and emotions: *Fuimos* al campo el sábado. *Hacía* frío aquella noche pero *llevábamos* abrigos calientes y cuando *empezamos* a bailar, ya no *sentíamos* el frío. When summarizing a past experience, use the preterite: **Fue una experiencia inolvidable**.

Cuando Sara **era** niña, siempre **visitaba** la emisora de radio donde **trabajaba** su tío. Le **fascinaba** ver cómo su tío **entrevistaba** a personas famosas. Cuando Sara **tenía** 15 años, **había** un cantante que **era** muy popular entre los jóvenes. Sus canciones **eran** muy divertidas y **tenían** mucho ritmo, así que todo el mundo **bailaba** en las discotecas al compás de[1] su música. Un día Sara **fue** a la emisora y **se encontró** con él en el estudio de grabación.[2] ¡**Estaba** tan sorprendida que **se quedó** sin habla[3]! Cuando por fin **recuperó** la voz, **se acercó** a[4] él y le **dijo** con mucha timidez: «Tú eres Miguel Bosé, ¿verdad?» El chico la **miró** y **respondió**: «Sí, y tú, ¿quién eres?» Entonces Sara **se presentó** y él le **dio** dos besos. Ese **fue** uno de los días más inolvidables de su vida.

[1]al... *to the beat of*   [2]de... *recording*   [3]sin... *speechless*   [4]se... *she approached*

Sara ha trabajado en varias emisoras de radio.

Paso 2 Complete el párrafo con el pretérito o el imperfecto según el contexto.

El tío de Sara *empezó* (empezar) su carrera en una emisora de radio cuando *tuvo tenía* (tener) solamente 22 años. *Hacía* (Hacer) muchas entrevistas con gente famosa durante su carrera y a Sara siempre le *encantaba* (encantar) pasar tiempo con él en su estudio. A los 15 años, Sara *decidió* (decidir) que *quería quiso* (querer) trabajar en una emisora de radio también. En Salamanca *trabajó* (trabajar) por dos años en una emisora de radio local y cuando *llegó* (llegar) a Austin, *estaba* (ser / estar) súper contenta cuando le *dio dieron* (dar) el trabajo en la emisora de UT.

Paso 3 Ahora, complete lo siguiente para hablar de su propio pasado.

1. Cuando era niño/a, una vez yo... *me escondí en un armario.*
2. El año pasado, mi mejor amigo/a y yo... *fuimos a un concerto.*
3. Al final del semestre pasado, mis profesores... *me dijeron adiós.*
4. Cuando tenía 16 años, siempre... *miraba "Mentes Criminales" en la televisión.*

META COMUNICATIVA	PUNTOS CLAVE	VERY WELL	SOMEWHAT WELL	NOT WELL
P PASADO Narración en el pasado	Preterite verb forms	X	☐	☐
	Uses of the preterite	☐	X	☐
	Imperfect verb forms	X	☐	☐
	Uses of the imperfect	☐	X	☐

Puntos clave   **9**

REACCIONES Y RECOMENDACIONES: ¡QUÉ TALENTO TIENE DIEGO!

Paso 1 Mire la **Pista caliente** sobre las reacciones y recomendaciones y después lea el siguiente párrafo sobre Diego y su familia. ¿Por qué se usa el subjuntivo en cada caso?

Pista caliente: Reacciones y recomendaciones

Remember that subjective, reactive, or value judgment statements such as **Es fantástico que…** and **Es terrible que…** are followed by the subjunctive. The subjunctive is also required when making recommendations, requests, or suggestions, since the result of the recommendation is not in our control: **Es bueno que *viajemos* este fin de semana. Por eso, recomiendo que *preparemos* las maletas esta noche.**

Tesoros, la tienda de Diego, ha tenido mucho éxito.[1] Ahora piensa abrir otra en Arizona o Miami, pero sus padres **quieren que abra** su nueva tienda en México. Para ellos **es triste que** su querido hijo no **viva** cerca de ellos y **tienen miedo de que se quede**[2] en los Estados Unidos para siempre. Pero es obvio que Diego es un excelente hombre de negocios[3] y sus padres **esperan que tenga** mucha suerte[4] en su trabajo. Por lo menos **están contentos de que** Diego **viaje** a México para comprar artesanías tres veces al año.

[1]*success* [2]*se… will stay* [3]*hombre… businessman* [4]*luck*

Paso 2 Ahora, complete las siguientes oraciones, utilizando el subjuntivo cuando sea necesario.

1. Es bueno que Tesoros ~~sea~~ *es sea* (ser) una tienda popular.
2. Los padres de Diego no quieren que él _*viva*_ (vivir) en los Estados Unidos para siempre.
3. Es evidente que Diego _*es*_ (ser) un buen hombre de negocios.
4. Sugiero que Diego _*vaya*_ (ir) a México a comprar artesanías más de tres veces al año.

Paso 3 Nuestros padres (hijos, abuelos, amigos…) comparten algunas de nuestras opiniones, pero no están de acuerdo con todas nuestras ideas, ¿verdad? Complete las siguientes oraciones.

1. Mis padres (hijos, abuelos, amigos) siempre recomiendan que yo… *duerma más.*
2. Sugiero que mis padres… *me den un carro.*
3. Es bueno que mis amigos (padres, hijos)… *son amables.*
4. Mis amigos (padres, hijos, abuelos) piensan que es horrible que yo… *no duerma.*

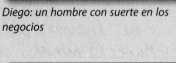
Diego: un hombre con suerte en los negocios

META COMUNICATIVA	PUNTOS CLAVE	VERY WELL	SOMEWHAT WELL	NOT WELL
REACCIONAR **R** RECOMENDAR Reacción y recomendación	Subjunctive verb forms Key expressions that require subjunctive	☒	☐ ☐	☐ ☐

HABLAR DE LOS GUSTOS Y LAS OPINIONES: ¡QUÉ EXTROVERTIDO ES JAVIER!

Paso 1 Mire la **Pista caliente** sobre los gustos y las opiniones y después lea el siguiente párrafo sobre Javier y lo que más le interesa. Identifique el sujeto gramatical y el complemento indirecto en cada caso.

Pista caliente: Gustos y opiniones

Remember that in sentences with **gustar**-type verbs, the noun (person, place or thing) that is liked is the grammatical subject, which therefore determines the conjugation of the verb. Whoever likes the grammatical subject is the indirect object and must be preceded by **a**: *A Javi le gustan los museos. A los turistas les molesta el ruido.*

Si a Ud. **le interesa** saber quién es quién y quién hace qué, debe hablar con Javier. Es que a Javier **le fascina** la clientela tan variada que visita Ruta Maya. Su formación[1] de periodista puede ser el resultado de su gran interés en conocer a la gente. Desde niño, **le interesaban** los chismes, mientras que a su hermano no **le importaban** para nada. La verdad es que **le encanta** enterarse de[2] lo que pasa en la vida privada de las personas. Lo único que **le fastidia**[3] es que los clientes interrumpan las conversaciones que tiene con sus amigos. Pero, de todas maneras, uno tiene que ganarse la vida,[4] ¿no?

[1]*training, education* [2]*enterarse... to find out about* [3]*le... bugs him* [4]*ganarse... earn a living*

Paso 2 Complete cada oración con el pronombre indirecto correcto y luego ponga un círculo alrededor de la forma correcta del verbo.

1. A Sara _le_ (fastidia / fastidian) la ropa formal.
2. A Laura _les_ (interesa / interesan) las conferencias profesionales.
3. A los cinco amigos _les_ (gusta / gustan) pasar tiempo en Ruta Maya.
4. A Sergio y a Diego _les_ (encanta / encantan) las fiestas familiares.
5. A Jacobo, el hermano de Javier, _le_ (molestaba / molestaban) los chismes.
6. A Sara y a Laura no _les_ (interesa / interesan) la música tejana.

Paso 3 Ahora, indiquen los gustos, las opiniones, las preferencias, las molestias, etcétera, de las siguientes personas. Usen las oraciones en el **Paso 2** como modelo.

1. yo — *A mí me gusta el chocolate.*
2. mi mejor amigo/a
3. mis profesores — *A mis profesores les molestaban los teléfonos celulares.*
4. nosotros, los estudiantes de la clase

A ella les interesan políticas.   *A nosotros nos gusta dormir.*

A Javier le encanta trabajar en Ruta Maya.

META COMUNICATIVA	PUNTOS CLAVE	VERY WELL	SOMEWHAT WELL	NOT WELL
G GUSTOS — Hablar de los gustos y las opiniones	indirect object pronouns using **gustar**-type constructions	☐	☒	☐

HACER HIPÓTESIS: LOS SUEÑOS DE SERGIO

Paso 1 Mire la **Pista caliente** sobre el condicional y las hipótesis y después lea el siguiente párrafo sobre Sergio y lo que le gustaría hacer. Preste atención al pasado del subjuntivo y el condicional.

Pista caliente: Condicional e hipótesis

To conjugate regular **-ar**, **-er**, and **-ir** verbs in the conditional, simply add these endings to the infinitive: **-ía, -ías, -ía, -íamos, -íais, -ían.**

> hablar: hablar**ía**, hablar**ías**, hablar**ía**, hablar**íamos**, hablar**íais**, hablar**ían**
>
> comer: comer**ía**, comer**ías**, comer**ía**, comer**íamos**, comer**íais**, comer**ían**
>
> vivir: vivir**ía**, vivir**ías**, vivir**ía**, vivir**íamos**, vivir**íais**, vivir**ían**

The following ten verbs have irregular stems, but their endings are the same as the regular verbs.

decir → **dir**ía	poner → **pondr**ía	salir → **saldr**ía
haber → **habr**ía	querer → **querr**ía	tener → **tendr**ía
hacer → **har**ía	saber → **sabr**ía	venir → **vendr**ía
poder → **podr**ía		

¿Qué **harías** con un millón de dólares?	*What would you do with a million dollars?*
¡Yo **viajaría** por el mundo!	*I would travel the world!*

To hypothesize, or to express what *would* happen if hypothetical situations occurred, the conditional is used in combination with the past subjunctive. For now you only need to concentrate on learning the conditional forms, but do pay attention to the past subjunctive forms that appear right after **si** (*if*) in hypothetical sentences. You will work with the past subjunctive later.

Si tuviera más dinero, **iría** a España.	*If I had more money, I would go to Spain.*
Si yo fuera a España, **visitaría** El Prado.	*If I went to Spain, I would visit the Prado (museum).*

Sergio llevaría a sus amigos a Los Ángeles si pudiera.

Aunque Sergio se siente feliz por lo general, a veces se pone a soñar con[1] las cosas que **haría** si **pudiera**. Por ejemplo, **le gustaría** mudarse a Los Ángeles, California. Allí **podría** conocer una comunidad y cultura mexicanoamericanas muy importantes. Además, quizás **tendría** más oportunidades profesionales, puesto que[2] Los Ángeles es ahora la capital del mundo de los espectáculos.[3] Si Sergio **llegara** a tener mucho éxito en su trabajo, **compraría** una casa al lado del mar. El único inconveniente de vivir en Los Ángeles **sería** que su familia le **quedaría** muy lejos. ¡Pero no **importaría**! Si **tuviera** tanto éxito, **dispondría** de[4] su propio avión para viajar entre Los Ángeles, Boston y México sin problema alguno.

[1]se... *he starts to dream about* [2]puesto... *since* [3]mundo... *entertainment industry* [4]dispondría... *he would have at his disposal*

Paso 2 Complete el siguiente párrafo con la forma apropiada de los verbos que están entre paréntesis.

Si yo fuera Sergio, <u>me mudaría</u> (mudarse) a Los Ángeles para conocer a más estrellas de cine. Para las vacaciones, <u>iría</u> (ir) a todos los festivales musicales de Latinoamérica. Con suerte, <u>conocería</u> (conocer) a gente famosa como Juanes y Shakira. Si <u>podría</u> (poder) hacerlo, los convencería de que fueran mis clientes. Si <u>tuviera</u> (tener) influencia en el mundo de la música, ganaría mucho dinero. <u>Sería</u> (Ser) una vida genial.

pudiera

tuviera

Paso 3 Ahora, pensando en sus propios sueños, complete las siguientes oraciones con la forma apropiada de los verbos y su propia opinión. Luego, comparta sus respuestas con un compañero / una compañera.

1. Si yo pudiera trabajar en cualquier profesión, _sería_ (ser) _teatro_ porque _me gustan obras de teatro_
2. Si quisiera tener éxito en esa profesión, _tendría_ (tener) que _practicar_ porque _es muy competitivo_
3. Si ganara mucho dinero en esa profesión, yo _viajaría_ (viajar) a _Australia_ donde _vería un canguro_ porque _canguros viven en Australia_

META COMUNICATIVA	PUNTOS CLAVE	VERY WELL	SOMEWHAT WELL	NOT WELL
H HIPÓTESIS Hacer hipótesis	Conditional verb forms	☒	☐	☐
	Past subjunctive verb forms	☒	☐	☐
	Using correct forms to hypothesize	☒	☐	☐

F FUTURO
HABLAR DEL FUTURO: LAS AVENTURAS DE LAURA

Paso 1 Mire la **Pista caliente** sobre el futuro y después lea la siguiente narración sobre las posibles aventuras de Laura en el futuro. Preste atención al uso del futuro y del subjuntivo después de ciertas cláusulas adverbiales.

Pista caliente: Futuro

Like the conditional, the future is formed by adding a set of endings to the infinitive: **-é, -ás, -á, -emos, -éis, -án.** Note that all forms have a written accent except for the **nosotros** form.

hablar: hablar**é**, hablar**ás**, hablar**á**, hablar**emos**, hablar**éis**, hablar**án**

comer: comer**é**, comer**ás**, comer**á**, comer**emos**, comer**éis**, comer**án**

vivir: vivir**é**, vivir**ás**, vivir**á**, vivir**emos**, vivir**éis**, vivir**án**

The irregular verbs in the conditional are also irregular in the future. The endings are the same as the regular verbs.

decir → **dir**é	poner → **pondr**é	salir → **saldr**é
haber → **habr**é	querer → **querr**é	tener → **tendr**é
hacer → **har**é	saber → **sabr**é	venir → **vendr**é
poder → **podr**é		

Iré a México este verano.	*I will travel to Mexico this summer.*
Haré mi tarea después de cenar.	*I will do my homework after eating dinner.*

Note that in adverbial clauses, pending future actions are expressed in the subjunctive.

Cuando **lleguemos,** iremos directamente al hotel.	*When we arrive, we'll go straight to the hotel.*
Antes de que **hagas** la tarea, llama a tu abuela.	*Before you do your homework, call your grandmother.*

Cuando Laura **termine** sus estudios de posgrado, **irá** de nuevo al Ecuador a vivir allí. **Vivirá** en Quito, donde tal vez **trabaje** con una organización internacional. En cuanto **llegue** a Quito, seguramente su novio Manuel la **recogerá** y la **llevará** a cenar. **Tendrán** mucho que decirse, ya que **habrán** pasado casi dos años sin verse. Laura no sabe cómo **irán** sus relaciones con Manuel. Como son de dos culturas distintas, los dos **tendrán** que adaptarse mucho a las actitudes, creencias y acciones del otro.

Manuel y Laura se comunican por Skype.

Paso 2 Complete las siguientes oraciones sobre Laura y Manuel con el futuro del verbo que está entre paréntesis.

1. El padre de Laura _tratará_ (tratar) de convencerla de que se quede en los Estados Unidos.
2. Laura y Manuel _estarán_ (estar) un poco nerviosos, pero muy contentos a la vez.
3. Manuel _empezará_ (empezar) a ahorrar (*save*) dinero.
4. Manuel _tendrá_ (tener) que adaptarse a la manera de ser de Laura, o sus relaciones no _durarán_ (durar) (*last*).

Paso 3 Ahora, complete estas oraciones diciendo lo que Ud. hará en las siguientes circunstancias.

1. Cuando termine mis estudios,…
2. Cuando tenga 40 (50, 60,…) años,…
3. Cuando hable mejor el español,…
4. Cuando lleguen las vacaciones,…
5. Tan pronto como pueda, yo…

META COMUNICATIVA	PUNTOS CLAVE	VERY WELL	SOMEWHAT WELL	NOT WELL
F FUTURO Hablar del futuro	Future verb forms	☐	☐	☐
	Adverbial clauses	☐	☐	☐
	Using correct forms to express future	☐	☐	☐
	Using subjunctive after certain adverbial phrases	☐	☐	☐

¡MANOS A LA OBRA!

Ahora vamos a empezar. A lo largo del curso Ud. va a avanzar hacia un nivel lingüístico que le permitirá expresarse en español con más fluidez y precisión.

¿CÓMO UD. VA A...?

- **Expandir su vocabulario** Vocabulary is key to communicating well. Without the appropriate words, it is very difficult to express your ideas. In fact we can say that vocabulary is at the center of all communication. This semester, you will add at least 300 new words to your repertoire.

- **Enfocarse en las siete metas comunicativas** You will be concentrating principally on seven communicative goals and the seventeen grammar points that are necessary to express those goals with grammatical accuracy.

- **Usar las siete metas comunicativas simultáneamente** You are going to get used to using the seven communicative goals simultaneously. At first you may be able to use just three or four of the goals at the same time, but slowly you will get to the point of being able to incorporate all seven communicative goals when speaking on any number of topics.

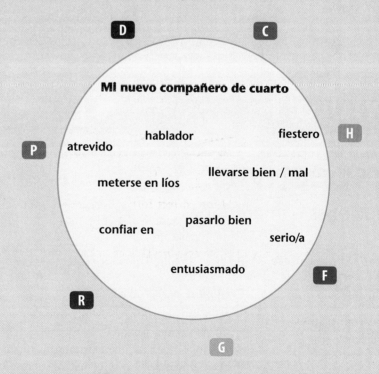

- **Hablar en párrafos** Rather than speak in discrete sentences, you are going to begin to use connectors to express yourself in paragraph form.

- **Aprender mucho sobre la cultura hispana** This textbook is full of cultural information about the Spanish-speaking world. In fact, all of the grammar and vocabulary exercises are designed to introduce you to a new cultural theme. Thus, by the end of the course you should be able to speak about many new themes with ever greater fluidity. Please enjoy this journey and take the time to explore, ask questions, and be creative. ¡Buena suerte!

El Bar Estrella en el barrio de Santa Cruz (Sevilla, España)

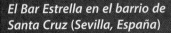

CAPÍTULO 1

Perspectivas:
Percepciones e impresiones

Metas comunicativas

 DESCRIBIR   COMPARAR

Temas centrales
- percepciones
- estereotipos

Zona de enfoque
- España

En este capítulo, Ud. va a explorar los temas de las percepciones y los estereotipos.

Preguntas para considerar

- ¿Cuáles son los factores que influyen en las primeras impresiones que Ud. forma de una persona?
- ¿Es lógico pensar que existe un norteamericano típico o un hispano típico?
- ¿De dónde viene la información que se utiliza para crear la imagen de una persona de otra región de su país o de otra cultura?
- ¿Cuáles son los programas de televisión más populares entre sus amigos?
- ¿Hay algo que le parezca estereotipado de España y de los españoles en el cuadro que se ve en esta página?

Las primeras impresiones

Situación: Javier y Sara hablan sobre los eventos relacionados con España que ocurren esta semana en Austin y de la diversa clientela que atrae el café Ruta Maya. Lea el diálogo y preste especial atención al uso del vocabulario nuevo que está **en negrilla.***

Javier y Sara en Ruta Maya

SARA: Hay mucha marcha[1] en Ruta Maya para ser miércoles. ¿Qué pasa?

JAVIER: Hoy abre una exposición fotográfica sobre la arquitectura de Antoni Gaudí y esta noche aquí al lado hay un espectáculo de flamenco.

SARA: Es **alucinante** que haya tanto interés en la cultura española. **Parece** que la mitad de la ciudad está aquí. Hay mucha gente que no conozco. ¿Quién es ese tipo sentado al lado de Diana? La cara me suena.[2]

JAVIER: ¿No lo reconoces? Es su hermano, David. Lo conociste hace dos años cuando visitaba a Diana.

SARA: ¡No puede ser! Mira qué **hablador y animado** es. Era un chico **callado** y **reservado.** Recuerdo que nos hablaba de que quería ponerse su primer **tatuaje.**

JAVIER: Pues, es él. Llegó ayer de Barcelona. **Tiene buena pinta,** ¿no?

SARA: Pues, sí. Tengo que acostumbrarme al **bigote y las patillas** pero **se ve** súper bien.

JAVIER: Diana dice que pasar un año en España ha sido fenomenal para él.

SARA: No cabe duda que salir de tu propia cultura y meterte en otra te cambia. ¿Te acuerdas? Cuando yo llegué a los Estados Unidos, **metía la pata** constantemente.

JAVIER: Por supuesto, como típica española, **no tenías pelos en la lengua.** A veces tus comentarios **parecían pesados.**

SARA: Pues, sí, he tenido que aprender a ser menos directa acá. Aunque todavía puedo ser franca con mis amigos...

JAVIER: Sí, como cuando recién nos conocimos y me dijiste que mis **patillas** y **bigote** eran **cursis.** ¡Y yo pensaba que **iba a la moda!**

SARA: En serio, con ese aspecto, **te veías serio y presumido.** Pero ya lo sé, **las apariencias engañan.** Jamás me imaginé que serías mi mejor amigo ni que pasaríamos tantas horas conversando aquí en Ruta Maya.

JAVIER: Je, je— tú me conoces, yo **hablo por los codos.**

SARA: ¡Por eso **nos llevamos** tan bien tú y yo!

[1]mucha... *lively social scene*   [2]la... *his face looks familiar to me*

*Words and phrases that are boldfaced in the dialogue appear as entries in the **Vocabulario del tema** following this section.

A. Detective Busque en el diálogo ejemplos de las siguientes metas comunicativas: Descripción (D) y Narración en el pasado (P). Subraye cada palabra o frase que represente una (o una combinación) de estas metas comunicativas. Luego, escriba al margen la(s) letra(s) que corresponde(n) a cada ejemplo subrayado (D o P).

MODELOS: Lo <u>conociste</u> hace dos años cuando <u>visitaba</u> a Diana. (P)
<u>Era</u> un chico tan <u>callado y reservado</u>. (P) (D)

B. Comprensión Conteste las siguientes preguntas, según el diálogo.

1. ¿Qué eventos relacionados con la cultura española hay en Austin esta semana?
2. ¿Qué opina Sara del aspecto físico de David?
3. ¿Qué opina Sara sobre el valor de pasar tiempo en otra cultura?
4. ¿Cómo era Sara cuando recién llegó a los Estados Unidos? Explique.
5. ¿Qué opinión tenía Sara de Javier cuando se conocieron por primera vez?
6. ¿Por qué se llevan bien Sara y Javier?

REACCIONAR

RECOMENDAR

C. Reacciones Complete las siguientes oraciones, basándose en la conversación de Javier y Sara. Debe utilizar uno de los conectores de la lista a la izquierda con cada oración.

Conectores

en cambio	on the other hand
por eso	therefore
porque	because
puesto que	since
sin embargo	nevertheless
ya que	since

MODELO: A Javier le gusta que su clientela sea diversa porque le encanta conocer a gente diferente.

1. A Sara le impresiona que...
2. Según Sara, es sorprendente que el hermano de Diana...
3. Es obvio que pasar tiempo en otra cultura...
4. Sara no cree que...

D. Diálogo En parejas, preparen un diálogo entre Sara y Diana en el que hablen de la apariencia física de David, el hermano de Diana. Luego, preséntenlo a la clase.

PARA DESCRIBIR CUALIDADES POSITIVAS O NEUTRAS*

agradable	pleasant
atrevido/a	daring
callado/a	quiet
chistoso/a	funny
culto/a	well-educated
dulce	sweet
educado/a[†]	polite
encantador(a)	charming
hablador(a)	talkative
llamativo/a	showy, flashy
sensible[†]	sensitive
serio/a	serious

COGNADOS: **reservado/a, tímido/a**

PARA DESCRIBIR CUALIDADES NEGATIVAS*

bruto/a	stupid, brutish
cursi	tasteless, pretentious, corny
despistado/a	absent-minded
grosero/a	rude
pesado/a	tedious, annoying
presumido/a	conceited
raro/a[†]	strange
tacaño/a	stingy
testarudo/a	stubborn
tiquismiquis[‡]	picky
vago/a	lazy

PARA HABLAR DEL ASPECTO FÍSICO

el arete / el pendiente	earring
la arruga	wrinkle
la barba	beard
el bigote	moustache
las gafas / los lentes	eyeglasses
la patilla	sideburn
la peca	freckle

—**Piensa que soy su mamá.**

¿Cómo son estas personas? Descríbalas hasta el más mínimo detalle.

el pelo	hair
calvo/a	bald
canoso/a	grey
liso/a	straight
pelirrojo/a	redhead
teñido/a	dyed
el piercing	piercing
la ceja	eyebrow
la lengua	tongue
el ombligo	navel
la oreja	ear
el rasgo	trait, characteristic
el tatuaje	tattoo

Repaso: Para hablar del cuerpo

el brazo	arm
el cuello	neck
la espalda	back
el hombro	shoulder
la pierna	leg
el tobillo	ankle

---

*These adjectives are usually used with **ser** to describe inherent characteristics. In **Capítulo 3**, you will learn another list of adjectives that are most often used with **estar** to express emotional states or physical conditions.

[†]Be careful when using these words. They are false cognates.

[‡]Otras palabras que pueden expresar el concepto de *picky* son: **quisquilloso/a, fastidioso/a, particular.**

PARA HABLAR DE LAS PERCEPCIONES

caerle (*irreg.*) bien/ mal (a alguien)*	to like/dislike (someone)
estar (*irreg.*) de moda[†]	to be in style
estar pasado/a de moda	to be out of style
ir (*irreg.*) a la moda[†]	to dress fashionably
llevarse bien/ mal con	to get along well/poorly with
parecer (parezco)	to seem, appear
parecerse a	to look like
verse (*irreg.*)[‡]	to look + *adj./adv.*

PARA DESCRIBIR LAS IMPRESIONES

alucinante	incredible, impressive
degradante	degrading
deprimente	depressing
emocionante	exciting
preocupante	worrisome
repugnante	disgusting

OTRAS EXPRESIONES ÚTILES

a primera vista	at first sight
las apariencias engañan	looks are deceiving
hablar por los codos[§]	to talk a lot
meter la pata	to put one's foot in one's mouth
no tener (*irreg.*) pelos en la lengua[§]	to speak one's mind
ser (*irreg.*) buena/ mala gente	to be a good/bad person
tener buena/ mala pinta	to have a good/bad appearance

ACTIVIDADES

A. Vocabulario en contexto En parejas, indiquen si las siguientes oraciones son ciertas o falsas. Modifiquen las oraciones falsas para que sean ciertas.

	CIERTO	FALSO
1. Una persona bien educada debe tener una educación universitaria. *Tiene maneras bien*	☐	☒
2. A la gente tacaña no le gusta gastar mucho dinero.	☒	☐
3. Ir en canoa por el Río Amazonas es algo característico de una persona atrevida.	☒	☐
4. A los estudiantes les gustan los profesores despistados porque son muy organizados. *No*	☐	☒
5. Es probable que una persona que no tiene pelos en la lengua meta la pata con frecuencia. *No*	☒	☐
6. A primera vista, una persona con muchos tatuajes y piercings puede parecer poco culta.	☐	☒
7. Para mucha gente mayor, la moda de hoy es algo preocupante. *rara* *No*	☒	☐
8. Es fácil viajar con una persona tiquismiquis porque le gusta probar cosas diferentes. *No*	☐	☒

---

*In this construction, **caer** functions like **gustar**: Mi nueva compañera de cuarto **me cae bien**, pero sus amigas **me caen mal.**

[†]**Estar de moda** is used with things, whereas **ir a la moda** is for people: Mi **compañera de cuarto** siempre **va a la moda.** Ayer se hizo cuatro **tatuajes** simplemente porque **están de moda** ahora.

[‡]¿**Cómo me veo?** *How do I look?* **Te ves bien/guapa/cansada.** *You look fine/pretty/tired.*

[§]Literally: *to talk through your elbows; not to have hair on one's tongue*

Penélope y Mónica Cruz

B. Penélope y Mónica Cruz*

Paso 1 Lea este breve comentario sobre Penélope Cruz y su hermana, Mónica, y llene los espacios en blanco con la forma apropiada de uno de los verbos de percepción.

Mónica _____[1] (verse / parecerse) bellísima en foto con su hermana. Físicamente _____[2] (parecer / parecerse a) muchísimo a Penélope. Estas dos bellezas españolas tienen personalidades muy diferentes pero _____[3] (caerle / llevarse) súper bien. Siempre _____[4] (estar de moda / ir a la moda) y han trabajado como diseñadoras[a] para diversas tiendas, tanto exclusivas como populares. _____[5] (Parecer / Parecerse) que todas las jóvenes de hoy quieren llevar el *look* de las hermanas Cruz. ¿Qué le _____ (parecer / parecerse) la tendencia a imitar la moda de las celebridades?

[a]*designers*

Paso 2 Hablen en grupos de tres sobre sus compañeros de clase, su profesor(a) o unas personas famosas. Hagan una oración original con las siguientes expresiones verbales.

1. parecerse a
2. verse
3. caerle bien / mal
4. llevarse bien / mal con

C. Lo cursi

El término cursi se aplica a algo o a alguien que presume de fino o elegante, cuando en realidad es ridículo y de mal gusto. Esta idea se ilustra en la expresión popular «Es más cursi que un cochinillo (*pig*) con tirantes (*suspenders*)».

Es más cursi que un cochinillo con tirantes.

Paso 1 En parejas, comenten las siguientes situaciones. Indiquen si en su opinión cada una se trata de algo cursi o guay (*cool*). Defiendan sus opiniones.

1. asistir a un concierto de los Gipsy Kings llevando un vestido de flamenco para parecer más «auténticamente español»
2. vestirse de negro y leer poesía deprimente en un café oscuro
3. ir a un partido de basquetbol vestido de la cabeza a los pies con ropa del color (o colores) de su equipo preferido, incluso con el pelo teñido de ese mismo color
4. llevar un bolso Gucci o un Rolex, ambos de imitación
5. llevar a una persona para la primera cita a algún evento artístico cultural, como la ópera o el ballet
6. llegar en limosina a un concierto de Shakira

---

*Mónica Cruz is a professional ballet and flamenco dancer who has a film career as well.

Ojo

Puesto que a lo largo del libro Ud. tendrá que usar todas las metas comunicativas, verá en las actividades y los ejercicios del libro algunos iconos que lo/la ayudarán a acordarse de los puntos gramaticales que debe usar en cierta situación. Estos iconos corresponden con los que están en la lista de las metas comunicativas y los puntos clave que aparece al final del libro. Si tiene alguna duda, puede consultar rápidamente esa lista o las páginas moradas que aparecen al final del libro.

D. Preguntas personales En parejas, háganse y contesten las siguientes preguntas, utilizando palabras o frases del **Vocabulario del tema.** Mientras Ud. escucha a su compañero/a, indique sus reacciones. Puede usar las expresiones de **Para conversar mejor** que aparecen a continuación. Luego, compartan con la clase lo que cada uno/a de Uds. averiguó sobre su compañero/a.

Para conversar mejor

¡Qué interesante!	
¡Qué chévere (*Carib.*) / guay (*Sp.*) / padre (*Mex.*)!	*How awesome!*
¡Qué curioso!	*How odd!*
¡Qué raro!	*How weird!*
Es igual para mí.	*It's all the same to me.*
A mí también.	*Me, too.*
(No) Estoy de acuerdo.	*I (don't) agree.*
¡Qué vergüenza!	*How embarrassing!*
¿En serio? / ¿De veras?	*Really?*
¡Buena idea!	*Good idea!*

DESCRIBIR

1. ¿Cómo es Ud.? Describa su aspecto físico y los rasgos positivos y negativos de su personalidad.

COMPARAR

2. Haga una comparación entre Ud. y uno/a de sus mejores amigos / amigas. ¿En qué se parecen y en qué se diferencian?

GUSTOS

3. ¿Le gusta ir a la moda o le interesa más vestirse de una manera original? ¿Por qué? ¿Refleja su estilo de vestirse un punto de vista filosófico?

REACCIONAR
RECOMENDAR

4. ¿Qué le recomienda que se ponga una persona que va a conocer por primera vez a la abuela de su novio/a? ¿o que quiere impresionar a los miembros de un grupo musical grunge con quienes quiere tocar la guitarra?

PASADO

5. Relate una situación en la que Ud. o un amigo / una amiga haya metido la pata. ¿Dónde y con quién estaba? ¿Qué hizo o dijo?

OPTATIVO

HIPÓTESIS

6. Si Ud. quisiera escandalizar a sus padres cuando regrese a casa para las próximas vacaciones, ¿cómo cambiaría su apariencia física? ¿Qué haría con sus rasgos físicos? ¿Cómo se vestiría?

E. ¡Cuéntennos!: David y Ana Antes de ver la entrevista, contesten las siguientes preguntas en grupos de tres.

1. Ana llegó a los Estados Unidos en un programa de intercambio. ¿Cómo puede cambiar la vida de una persona que estudia en el extranjero?

2. Ana y su familia viven en Middletown, Connecticut pero frecuentemente van a su ciudad natal, Sevilla, España para visitar a su familia. ¿Cuáles son algunas de las diferencias que debe haber entre las dos ciudades?

3. ¿Cuáles son algunas ideas generales, quizás estereotipadas, de cómo son los españoles, físicamente y de carácter? ¿y de cómo son los estadounidenses?

¡Cuéntennos!

 En este vídeo, una española, Ana, y su hijo David comparten sus experiencias y hablan de las diferencias culturales entre España y los Estados Unidos.
　　Vea el vídeo y haga las actividades relacionadas que se encuentran en Connect Spanish.

F. **Fiestas fascinantes**

Paso 1 Lea la información sobre tres fiestas fascinantes de España. Después, en parejas, hagan las actividades.

Los Sanfermines Los Sanfermines de Pamplona, quizás la fiesta española más conocida a nivel internacional, tienen lugar durante la semana del 7 de julio. Cada día, a las 8:00 de la mañana, cientos de personas se reúnen en las calles para correr delante de los toros que van a torear en la corrida de la tarde. Después de esta actividad tan peligrosa, la gente pasa el resto del día bebiendo y bailando por las calles.

Santiago de Compostela En esta ciudad de Galicia se celebran las fiestas del apóstol Santiago, el santo patrón de España, el 25 de julio. Cada año miles de personas de todas partes del mundo van a Santiago de Compostela para visitar la tumba del apóstol. Para llegar, muchos peregrinos[1] llegan por el «Camino de Santiago», que pasa por el norte de España desde la frontera francesa hasta la ciudad gallega.[2] Los peregrinos recorren cientos y hasta miles de millas a pie, en bicicleta o en coche.

La Tomatina En Buñol, una ciudad pequeña de Valencia, la gente puede disfrutar de un evento tan divertido como sorprendente. El último miércoles de agosto, entre el mediodía y la 1:00 de la tarde, miles de personas se dedican a tirarse,[3] unas a otras, 130 toneladas de tomates. Es una fiesta relativamente nueva, ya que empezó a mediados del siglo XX, y se está haciendo cada vez más popular.

[1]*pilgrims* [2]*Galician* [3]*to throw*

Paso 2 En parejas, contesten las siguientes preguntas.

1. ¿A cuál de las fiestas irían las siguientes personas? Expliquen por qué.

Una persona seria _____   Una persona culta _____
Una persona atrevida _____   Una persona rara _____

2. ¿A qué fiesta no deben ir las siguientes personas? Expliquen por qué.

Una persona despistada _____   Una persona grosera _____
Una persona tiquismiquis _____   Una persona reservada _____

3. ¿Cuál de las fiestas le interesa más a Ud.? ¿Por qué? ¿Cuál le interesaría más a su madre, a su padre, a su profesor(a) y a su mejor amigo/a? ¿Por qué?

Paso 3 Escriba un correo electrónico a un estudiante español que va a vivir con su familia por un año. Describa una fiesta típica de su ciudad, región o país. Compárela con una de estas fiestas españolas.

G. **Problemas cotidianos** Entre todos, revisen los siguientes problemas y hagan una lista de palabras nuevas de este capítulo que los ayuden a conversar con facilidad sobre cada problema cotidiano. Después, en parejas, preparen un diálogo espontáneo sobre cada problema.

1. Un(a) estudiante tiene un nuevo compañero / una nueva compañera de cuarto que le cae muy mal. Habla con la directora de residencias estudiantiles para quejarse de él/ella. Describe las cosas que no le gustan. La directora piensa que el/la que se queja es demasiado tiquismiquis.

2. Francisco es muy listo pero tiene una apariencia física muy rara y quiere conseguir trabajo en una compañía conservadora. Un amigo dice lo que debe hacer para cambiar su aspecto físico antes de la entrevista, pero Francisco es muy testarudo.

NOTA CULTURAL • ¿Somos tan sensibles?

La manera de hablar de los demás varía mucho de cultura a cultura. En este país, la gente tiende a[1] evitar expresiones que describen de manera directa y cruda la apariencia física de una persona. Por ejemplo, en vez de decir que una persona es *fat*, tal vez se diga que es *large*. O en vez de llamarle *old* o *elderly* a alguien, se diría que es *a bit older*.

Por lo general, en la cultura española no se considera ofensivo referirse a la apariencia física de una persona sin usar eufemismos. Por el contrario, los españoles suelen hablar de manera directa, y muchas veces hasta se refieren a una característica física sobresaliente,[2] favorable o no, para describir a alguien.

Esta diferencia cultural puede causar problemas. A los norteamericanos les puede parecer que los españoles no tienen pelos en la lengua. Por otro lado, los españoles pueden pensar que los norteamericanos usan demasiados eufemismos o incluso que no son sinceros. Esas diferencias hacen que a veces un español meta la pata cuando habla con un norteamericano. Eso es precisamente lo que le pasaba a Sara cuando recién llegó a los Estados Unidos. Hablaba de manera directa, natural para ella, y la gente la veía extrañada por[3] lo que decía. Al principio, Sara no entendía por qué la gente se ofendía tanto. Laura le tuvo que explicar que, por lo general, en los Estados Unidos se suavizan[4] las observaciones sobre algunos aspectos físicos.

[1]tiende... *tends to*   [2]*distinguishing*   [3]la... *people who saw her were amazed by*   [4]*soften*

Preguntas

1. ¿Conoce Ud. a alguien que no tenga pelos en la lengua? ¿Quién es y cómo es esa persona?

2. Si alguien le preguntara si se veía bien para ir a una fiesta (o una cita, o una entrevista de trabajo) y la verdad era que se veía mal porque su ropa era inapropiada o pasada de moda, ¿qué le diría? ¿Por qué?

Actividad

H
HIPÓTESIS Olivia, una amiga estadounidense de Sara, acaba de regresar de un programa de estudios en la Argentina. Ahora habla el español con mucha fluidez, tiene un novio argentino y pesa quince libras de más. Lea los tres comentarios que le hizo Sara a Olivia. Luego, en parejas, digan cómo responderían si fueran Olivia. Empiecen sus comentarios con: «Si yo fuera Olivia, yo diría… ».

1. Olivia, estás más gordita. La comida argentina debe ser buenísima.

2. ¿Este muchacho de la foto es tu novio? Pues, por lo que me habías dicho, pensé que era más joven.

3. Tu español ha mejorado mucho, pero no has perdido tu acento estadounidense.

Puntos clave

 Descripción y comparación

DESCRIBIR COMPARAR

En esta sección del capítulo, Ud. va a practicar las descripciones y comparaciones de personas y lugares. Para hacerlo bien, hay que utilizar las estructuras gramaticales (los puntos clave) de la siguiente tabla que pertenecen a cada meta comunicativa. Antes de continuar, estudie las explicaciones de estas estructuras gramaticales en las páginas moradas que están al final del libro.

LAS METAS COMUNICATIVAS DE ESTE CAPÍTULO		
ICONO	METAS COMUNICATIVAS	PUNTOS CLAVE
D DESCRIBIR	Descripción	• la concordancia de género y número • **ser/estar** • los participios como adjetivos
C COMPARAR	Comparación	• la concordancia de género y número • **tan... como, tanto/a/os/ as... como** • **más/menos... que**

PRUEBA DIAGNÓSTICA

Paso 1 Descripción Mire el cuadro del Bar Estrella. Luego, lea los siguientes párrafos y escriba la forma apropiada de los verbos y adjetivos que están entre paréntesis, según el contexto.

La gente que frecuenta el nuevo Bar Estrella _____[1] (ser/estar) muy _____[2] (impresionado) con todo lo que ha hecho Manolo, el nuevo dueño, para renovar el antiguo Bar Flores.

Manolo y su esposa _____[3] (ser/estar) _____[4] (encantador) y han creado un ambiente perfecto para sus clientes. En primer lugar, les ofrecen una selección _____[5] (grandísimo) de licores, vinos y cervezas, y las tapas _____[6] (ser/estar) _____[7] (delicioso) y _____[8] (variado). Antes, las tapas que servían en el Bar Flores no _____[9] (ser/estar) muy buenas. Doña Pepita, la dueña anterior, ya no tenía mucho interés en mantener el bar después de la muerte _____[10] (inesperado) de su marido. Venderles el bar a Manolo y a su esposa _____[11] (ser/estar) la solución _____[12] (perfecto).

(continúa)

Hoy _____[13] (ser/estar) viernes. _____[14] (Ser/Estar) las 4:30 de la tarde y todo _____[15] (ser/estar) preparado para una noche _____[16] (extraordinario). Las tapas _____[17] (ser/estar) listas y Mariluz ya ha llegado para practicar un poco antes de su acto. Ella _____[18] (ser/estar) de Cádiz, y su estilo de baile es _____[19] (típico) de su región. _____[20] (Ser/Estar) practicando un baile nuevo con un guitarrista _____[21] (alemán).

Mariluz va a bailar en el Bar Estrella por una hora y luego irá con Hans al Festival de Flamenco que _____[22] (ser/estar) en el Teatro Lope de Vega. Va a _____[23] (ser/estar) una noche _____[24] (estupendo).

Paso 2 Comparación Ahora, complete las siguientes comparaciones según la información de los párrafos anteriores.

1. Las tapas del Bar Estrella son _____ (mejor/peor) _____ (como/que) las tapas del Bar Flores.

2. Manolo debe tener _____ (más/menos) _____ (de/que) quince tipos de licores en su bar.

3. Doña Pepita no tenía _____ (tan/tanto) ganas de seguir con el negocio _____ (como/que) Manolo.

4. Doña Pepita está _____ (tan/tanta) contenta _____ (como/que) Manolo con la venta de su bar.

5. Al nuevo bar irán _____ (más/menos) clientes _____ (de/que) antes.

6. El Bar Estrella es el _____ (mejor/peor) bar _____ (de/que) la zona.

ACTIVIDADES

Las siguientes actividades le darán la oportunidad de hacer descripciones y comparaciones.

A. El botellón ¿Sabe Ud. qué es un botellón? El nombre viene de la palabra **botella** (*bottle*) y se ha convertido en una costumbre muy popular en España. Los jóvenes españoles compran botellas grandes de vino tinto y Coca-Cola, las mezclan y luego van a las plazas en donde pasan toda la noche, hasta las 6:00 de la mañana, bebiendo esa mezcla que llaman «kalimotxos*». Los vecinos de las plazas no están contentos con esta costumbre, pero a los jóvenes les parece muy guay y bastante económica.

El botellón en una plaza central de Madrid

La mañana después de un botellón

---

*Un kalimotxo (palabra de origen vasco) es una mezcla de partes iguales de vino tinto y Coca-Cola.

Paso 1 En parejas, completen la tabla con el artículo definido correcto y con uno de los adjetivos de la lista a continuación, para prepararse para describir el fenómeno del «botellón».

kind chistoso/a   rude grosero/a   repulsive repugnante
economic económico/a   fool lleno/a   ruidoso/a (*noisy*)
español(a)   problemático/a   sucio/a (*dirty*)

ARTÍCULO DEFINIDO	SUSTANTIVO	ADJETIVO
La	costumbre	
El	gente	
Los	jóvenes	
Las	plazas	
El	problema	
La	situación	
Los	vecinos	

Paso 2 En las mismas parejas, combinen las palabras del cuadro anterior para escribir siete oraciones acerca de la costumbre del botellón. Cuidado con el uso de **ser** y **estar** y con la concordancia.

Paso 3 En parejas, comenten lo siguiente.

DESCRIBIR

1. Describa las dos escenas de las fotos con el mayor número de detalles que pueda. Aplique las reglas gramaticales sobre la concordancia entre género y número.

COMPARAR

2. Haga una comparación entre un «botellón» de España y una fiesta de *fraternity* (u otro tipo de fiesta) a la que Ud. haya asistido.

GUSTOS

3. ¿Qué es lo que les gusta del botellón a los jóvenes? ¿Por qué les molesta esta costumbre a los vecinos?

Paso 4 Escriba una entrada en un blog sobre el papel del alcohol en la vida de los jóvenes en este país.

B. **Joaquín Sorolla y Pablo Picasso: dos pintores, dos visiones**   De Valencia, Joaquín Sorolla es un pintor famoso por sus pinturas impresionistas llenas de la luz intensa y el color vibrante del Mediterráneo. Pintó *Paseo a orillas de mar* en 1909. Su famosísimo compatriota, Pablo Picasso, pintó *La tragedia* en 1903, durante esa misma década. Las obras que Picasso realizó en esa década forman parte de lo que se llama su «período azul». Al mirar los dos cuadros, ¿qué puede deducir Ud. en cuanto a la distinta visión que cada artista tiene sobre el momento histórico en el que pinta?

Paso 1   En parejas, terminen las oraciones para describir cada cuadro por separado.

Paseo a orillas del mar, *de Joaquín Sorolla* (1863–1923)

La tragedia, *de Pablo Picasso* (1881–1973)

Paseo a orillas del mar

1. Las dos mujeres son...
2. Hoy, ellas están...
3. La ropa que llevan es...
4. La mujer de la izquierda es tan... como la de la derecha.

La tragedia

1. La familia está...
2. Los padres son...
3. El niño es... , y hoy está...
4. La madre está tan... como el padre.

Paso 2   Hagan algunas comparaciones entre el cuadro de Picasso y el de Sorolla. Usen **más/menos que,** y **tan... como, tanto/a/os/as... como.**

Paso 3   Ahora, preparen un diálogo entre las señoritas del cuadro de Sorolla y las tres personas del cuadro de Picasso. Luego, preséntenlo a la clase.

DESCRIBIR

C. **La naturaleza humana**   Los programas de telerrealidad son muy populares en todo el mundo. Programas como «*Big Brother*», «*Survivor*», «*American Idol*», «*America's Next Top Model*» y otros tienen sus contrapartidas en otros países: «*El gran hermano*», «*Supervivientes: Expedición Robinson*», «*El aprendiz*», «*Operación triunfo*» y «*Supermodelo*». Lea los comentarios de una española, Montserrat Ayala, y un norteamericano, Daniel Cifuentes, sobre este fenómeno.

Paso 1 Llene los espacios en blanco con la forma correcta de **ser** o **estar**.

MONTSERRAT

«Los programas de telerrealidad _____¹ escapistas. Nos permiten imaginar otra realidad cuando nuestra vida no _____² tan fascinante ni complicada. Acepto que estos programas _____³ de moda y _____ (yo)⁴ de acuerdo que pueden ser inocuos.ª Sin embargo tienen su lado negativo. Casi sin excepción estos programas humillan a sus participantes. Sí, _____⁵ verdad que pueden salir con un nuevo cuerpo, una casa remodelada, su pareja ideal o un millón de dólares. Pero en el proceso tienen que revelarlo todo, desnudarseᵇ emocionalmente, y a veces literalmente, ante el país entero. Pierden la dignidad ante la cámara y _____⁶ francamente, degradante.»

ªharmless ᵇlay themselves bare

DANIEL

«Para mí, *Survivor* _____⁷ un programa para toda la familia. Lo empecé a ver con mis hijos desde su comienzo. Los engaños,ᶜ las traiciones,ᵈ las mentiras, la manipulación _____⁸ cosas que enseñan en Naturaleza Humana 101. Yo _____⁹ fascinado con los dilemas alucinantes que nos presentan. Mis hijos han visto a gente de color desmentirᵉ y reforzar los estereotipos, a mujeres mayores que _____¹⁰ fuertes y hombres jóvenes que _____¹¹ a punto de llorar, a conductores de camiones súper inteligentes y a abogados tontos. Yo _____¹² contento cuando surgenᶠ preguntas como '¿_____¹³ aceptable mentir bajo ciertas circunstancias?' y '¿_____¹⁴ la lealtadᵍ tan importante?' La verdad es que le han ofrecido a mi familia una oportunidad para comentar temas muy importantes sobre la vida real.»

ᶜdeceptions ᵈbetrayals ᵉcontradict ᶠarise ᵍloyalty

Paso 2 ¿Cuál es su opinión sobre estos programas y sus participantes? Complete la frase modelo con su opinión sobre cada uno de los seis tipos de programas de telerrealidad, y su descripción de las personas que participan en estos programas. Luego compare sus respuestas con las de un compañero / una compañera. ¿Están de acuerdo? Expliquen.

> Este tipo de programa es _____ (alucinante, degradante, deprimente, emocionante, repugnante...). En mi opinión, los participantes son _____.

1. programas para encontrar el hombre o la mujer de sus sueños
2. programas que ponen a los participantes en peligro en un lugar exótico
3. programas en los cuales los participantes pierden mucho peso
4. programas que les dan a los participantes la oportunidad de ser cantantes
5. programas que dan la oportunidad de ser una modelo famosa
6. programas que dan la oportunidad de ser un cocinero (*chef*) famoso / una cocinera famosa

Paso 3 **En parejas,** contesten las siguientes preguntas.

1. ¿Está Ud. de acuerdo con Montserrat o con Daniel? ¿Tiene una opinión completamente diferente? Explique.
2. Si Ud. pudiera participar en un programa de telerrealidad, ¿en cuál participaría? ¿Por qué? ¿Cuáles son las características que Ud. posee que le permitirían ganar en ese programa?
3. ¿Por qué cree Ud. que los programas de telerrealidad son tan populares?
4. Algunos dicen que la vida privada ya no tiene importancia en nuestra sociedad. ¿Está Ud. de acuerdo? Explique.

D. Los estereotipos

Paso 1 En parejas, contesten las siguientes preguntas.

¿Qué es un estereotipo? ¿De dónde viene la información que se utiliza para crear la imagen de una persona de otra región de su país o de otra cultura?

Paso 2 Lea lo que dicen los españoles de la gente de varias regiones o comunidades autónomas de España. Luego, en parejas, escojan dos o tres adjetivos que describan a los habitantes de las siguientes regiones de los Estados Unidos, según los estereotipos que Uds. conozcan.

Sevilla

a. «Los gallegos son supersticiosos e introvertidos.»

b. «Los andaluces son graciosos, vagos, alegres y juerguistas (*partyers*).»

c. «Los aragoneses son brutos y testarudos.»

d. «Los catalanes son arrogantes y tacaños.»

1. los tejanos
2. los de la ciudad de Nueva York
3. los jóvenes de Orange County, California
4. los de la Florida

Paso 3 Ahora, con otra persona, usen los adjetivos que apuntaron en el **Paso 2** y hagan tres comparaciones entre los grupos regionales.

Paso 4 Luego, contesten las siguientes preguntas.

1. ¿Pueden nombrar a gente de cada región (políticos, actores, deportistas, activistas, amigos, etcétera)? ¿Corresponden esas personas a los estereotipos?

2. ¿Qué adjetivos piensan Uds. que los extranjeros utilizan para describir a los norteamericanos en general? ¿Qué adjetivos utiliza la gente para describir a los hispanos en general?

3. ¿Cuál es el papel de las películas y la televisión en reforzar los estereotipos de un país o una cultura? Piensen en tres programas o películas populares. ¿Cuál es la imagen que presentan de los norteamericanos? ¿de los hispanos? ¿de otras etnias o culturas?

E. Las apariencias engañan ¿Cuáles son los factores que influyen en las diferentes reacciones que experimenta la gente ante las mismas personas, situaciones o cosas?

Paso 1 En parejas, observen las siguientes fotos. A primera vista, ¿qué impresión tienen Uds. de estas tres personas? Por su apariencia física, ¿qué tipo de persona es cada una? ¿cuál es su profesión? Recuerden utilizar el vocabulario nuevo en sus descripciones. **¡OJO!** Acuérdense de que las apariencias engañan.

1.

2.

C COMPARAR

Paso 2 Ahora, en grupos de cuatro, comparen algunas de las impresiones que Uds. tienen de estas personas. Expliquen también en qué se basaron para llegar a cada conclusión.

C COMPARAR **D** DESCRIBIR

Paso 3 Su profesor(a) les va a decir quiénes son estas personas. ¿Concuerda la verdadera identidad de cada persona con la primera impresión que tuvieron Uds. de él o ella? ¿Cuáles son los factores que influyen en las primeras impresiones que uno tiene de alguien? Hagan una lista de esos factores y luego presenten sus ideas a la clase.

3.

A. **Lluvia de ideas**

Paso 1 Lea la siguiente opinión sobre los programas de telerrealidad, expresada por un ex concursante.

Ser concursante es muy emocionante: hay fotos de paparrazi, entrevistas para las revistas de chismes, dinero, fiestas con celebridades. La posibilidad de ser rico y famoso te afecta mucho. Salir en la tele y saborear la fama es alucinante. Pero nada está garantizado. Tienes que tener cuidado y no dejar que se te suba a la cabeza.

Paso 2 La clase entera debe hablar sobre cómo la fama puede afectar la vida de la gente desconocida que de repente se vuelve famosa. Su profesor(a) puede anotar en la pizarra algunas de las ideas sobresalientes.

B. **Composición: Descripción** Imagínese que su profesor(a) o su mejor amigo/a o un familiar ha salido ganador en un programa de telerrealidad (por ejemplo, «The Amazing Race», «Survivor», «The Voice»). Su vida ha cambiado completamente. Escriba un artículo para una revista de chismes sobre su nueva vida. Exagere la información para hacer el artículo más interesante. Siga el siguiente bosquejo.

- escoger un título llamativo (por ejemplo: **Ganador de «The Voice» en una villa privada de Mallorca con Paul McCartney o Nuevos negocios tiendas del ganador de «Survivor» conectadas con la Mafia**)

DESCRIBIR
- escribir una oración introductoria, usando por lo menos tres adjetivos para describir a la persona y el programa en el que participó

PASADO
- escribir un párrafo que describa la vida de esta persona antes de participar en la competencia de _____ (nombre del programa); (**Era..., Tenía..., Iba a..., Salía con..., Estaba...**)

COMPARAR   GUSTOS
- describir su vida actual y cómo ha cambiado después de la competencia; hablar sobre sus gustos y preferencias en cuanto a la moda, sus vacaciones, la gente famosa con quien pasa tiempo ahora, etcétera.

PASADO
- revelar algo escandaloso o fascinante que haya hecho esta persona recientemente

FUTURO
- hablar de sus planes para el futuro
- escribir una conclusión

C. **Diálogo** Lea el artículo de un compañero / una compañera y luego presente un diálogo espontáneo entre un reportero / una reportera y la persona descrita en su artículo. El reportero / la reportera es muy atrevido/a y franco/a en sus preguntas y la persona entrevistada responde de una manera muy presumida y arrogante.

Hablando del tema

SÍNTESIS

Antes de empezar a conversar con sus compañeros de clase sobre los siguientes temas, prepare una ficha para la conversación y otra para el debate. Cada ficha debe tener tres sustantivos, tres verbos y tres adjetivos. Vea el siguiente modelo.

Dinámicas de grupo		
la bondad	la interacción	los vínculos
compartir	comunicar	socializar
amable	unido/a	variado/a

Al dorso (*on the back*) de cada ficha debe añadir lo siguiente:

1. Para la **Conversación,** escriba una oración, utilizando una de las nueve palabras y tres diferentes metas comunicativas. En este caso, una oración con una descripción, una con una comparación y otra que puede incluir cualquier meta que sea apropiada para expresar sus ideas.
2. Para el **Debate,** escriba tres de sus argumentos a favor del tema y tres en contra.

Luego, siga las indicaciones para cada tema. Verá cómo las fichas lo/la ayudarán a conversar con mayor facilidad.

A. **Conversación: Dinámicas de grupo** Revise las expresiones de **Para conversar mejor.** Luego, en parejas o grupos de tres, conversen sobre los siguientes puntos.

Para conversar mejor

Qué interesante.	En mi/nuestro caso…
Parece que….	No lo puedo creer.
(No) Estoy de acuerdo.	Para mí, es evidente que…
¿De veras?	Y tú, ¿qué opinas?

- ¿Cómo es el grupo de personas con el que Ud. pasa más tiempo? ¿Quiénes son? (compañeros de dormitorio, miembros de un club o de una fraternidad/sororidad, compañeros de trabajo, etc.) Describa a las personas que forman parte de este grupo.
- Compare a dos o tres personas del grupo. ¿Se parecen mucho o son muy diferentes? ¿Quién es el más atrevido/a, reservado/a, chistoso/a, tacaño/a, testarudo/a, etcétera.?
- Describa la dinámica de grupo. ¿Todos se llevan bien? ¿Hay alguien del grupo que a Ud. le cae mal? En su opinión, ¿qué factores contribuyen a que las personas de un grupo se lleven bien o mal?

B. **Debate: El derecho de vestirse tal como uno quiera** Revise las expresiones de **Para debatir mejor.** Después, prepare tres argumentos a favor y tres en contra de la siguiente afirmación. Luego, en grupos de cuatro (dos parejas) presenten sus argumentos en un debate apasionado. No sabrán cuál de los siguientes puntos de vista tendrán que defender hasta que su profesor(a) se lo indique.

Para debatir mejor

A FAVOR	EN CONTRA
Así es.	De ninguna manera. No way
Exacto.	Lo siento, pero…
Podría ser. could be	No sabes lo que dices.
Tienes razón.	Temo que estés equivocado/a.

«Las instituciones educativas y las corporaciones tienen el derecho de dictar reglas sobre la apariencia física de sus estudiantes o empleados.»

Rincón cultural

Lugares fascinantes para estudiar:

España

Estudiar en el extranjero es una experiencia alucinante. Salir de tu propia cultura y meterse en otra le enseña mucho. Lea los blogs de cuatro estudiantes que están estudiando en España y vea los videoblogs de Gabriela y Santiago, dos videógrafos que están preparando una serie de videos para promocionar programas de estudio en países hispanohablantes.

¡Hola! Soy Gabriela. Este mes me llevó a España, donde filmé en cuatro ciudades extraordinarias. Antes de filmar, leí los blogs de unos estudiantes norteamericanos que estudian en esos lugares. Como Ud. verá, en cada lugar, lo están pasando bomba. Mire lo que dicen...

La Casa Batlló en Barcelona

Barcelona   Escogí Barcelona por varias razones. Además de las prestigiosas universidades que atraen estudiantes españoles y extranjeros de todas partes, es una ciudad cosmopolita con mucha marcha. Entre sí, los barceloneses hablan catalán, aunque todos dominan también el español. El corazón de la ciudad es Las Ramblas. Me encanta pasear por esta zona vibrante porque es muy animada, con músicos, vendedores de flores, estatuas humanas, espectáculos improvisados de teatro y espectáculos de títeres.[1] Los innumerables restaurantes, discotecas, clubes de jazz y playas garantizan una vida social extraordinaria. Pero la razón principal por haber escogido Barcelona es que mi especialización académica es arquitectura y esta ciudad es conocida en todo el mundo por su arquitectura. Barcelona tiene edificios góticos y contemporáneos renombrados, pero por ahora me quedo obsesionado con las obras de Antoni Gaudí. La primera vez que vi la Casa Milá y la Casa Batlló me quedé sin aire. Gaudí utilizó materiales tradicionales, como piedras, ladrillos[2] y azulejos,[3] de una manera totalmente original y trató de evitar completamente las líneas rectas. El parque Güell es quizá la obra más creativa de Gaudí. Hay bancos coloridos en forma de serpientes de mar, una fuente con una escultura de dragón cubierta de mosaicos y una gran plaza abierta rodeada de paredes onduladas.[4] Pero la obra que me fascina más que cualquier otra es la Basílica La Sagrada Familia. No puedo pensar en ningún lugar más perfecto para contemplar la creatividad del ser humano que Barcelona.
—**Robert G. / University of Massachusetts**

Sevilla   Pasar la primavera en Sevilla ha sido un sueño para mí desde que empecé a tomar clases de guitarra a los 12 años. Ahora estudio la guitarra flamenca y como es de imaginar, estar en esta famosa ciudad andaluza con su gente amable, sus fiestas fascinantes, su alucinante vida nocturna, su gran riqueza histórica y arquitectónica y la constante presencia de música flamenca, estoy en la gloria. En primavera la ciudad se transforma. Las calles se empapan[5] del olor de los naranjos

[1]espectáculos... *puppet shows*   [2]*bricks*   [3]*tiles*   [4]*wavy*   [5]se... *are permeated*

La Feria de Abril, Sevilla

en flor y la gente se prepara para los dos eventos culturales más importantes del año. El primero, la Semana Santa, es una celebración religiosa a la que asisten miles de personas. Durante la semana antes del Domingo de la Resurrección,[6] la gente se reúne en las calles para ver pasar las procesiones realizadas por diversas cofradías.[7] Poco después de la Pascua, da inicio la Feria de Abril, que empezó en 1847 como una feria de ganado[8] con diecinueve casetas[9] y ahora cuenta con más de mil. La Feria paraliza la ciudad durante una semana entera y la convierte en un lugar sin igual, con el desfile de caballos y enganches,[10] las casetas coloridas, la música de las sevillanas y las tradicionales corridas de toros. Sin duda, este momento del año es glorioso para la ciudad. Pero Sevilla es mucho más. Vale la pena pasear por el Barrio de Santa Cruz, antigua judería,[11] o por la calle Betis, paralela al Guadalquivir, río de suma importancia en la época del descubrimiento de América. No hay que olvidar el Parque María Luisa, sede de la Exposición de 1929, con su magnífica Plaza de España adornada con azulejos[12] hechos en el Monasterio de la Cartuja. Pasear por las calles de Sevilla es meterse en su historia, folclor y tradición. Va a ser dificilísimo marcharme de Sevilla a finales de mayo.

—Stephanie W. / San Diego State

El Alcázar (castillo) de Toledo

Toledo   Estudio en Toledo porque durante la época medieval, Toledo era uno de los centros intelectuales y culturales más importantes de Europa. Con una especialización en historia y un interés en religiones mundiales, no puedo estar en un mejor lugar. Desde 711 hasta 1492, España estuvo bajo el control de los moros,[13] quienes establecieron en Toledo un centro donde convivían las tres grandes culturas de la región: la árabe, la cristiana y la judía.[14] Caminar por las calles de Toledo es como regresar a la Edad Media. Uno puede visitar edificios que antes eran sinagogas y mezquitas[15] y que en el siglo XVI se convirtieron en iglesias católicas sin perder por completo su carácter original. También durante la época medieval funcionaba la importantísma Escuela de Traductores, que traducía documentos en árabe, castellano y latín. Sin esta escuela, es posible que nunca hubiéramos conocido la obra de filósofos tan importantes como Aristóteles, o la de matemáticos, médicos y astrónomos fundamentales de la Grecia antigua. Hoy en día, Toledo aún ofrece al visitante la oportunidad de apreciar su historia multicultural. También se puede admirar la pintura religiosa de El Greco en varios edificios e iglesias de la ciudad o visitar los baños musulmanes de Tenerías, construidos en el siglo X. Aunque es una ciudad pequeña, es muy fácil llegar a Madrid por el AVE,[16] así que tengo lo mejor de dos mundos.

—Seth R. / Oberlin College

El Museo Guggenheim en Bilbao

Bilbao   Me fascinan los idiomas y siendo bilingüe en español e inglés, quería explorar la lengua y la cultura de mi bisabuelo, quien llegó a Idaho desde el País Vasco[17] hace más de 100 años. Estudiar en Bilbao, una ciudad bicultural y bilingüe, me ha dado la oportunidad de explorar parte de mi herencia. La gente habla vasco, una lengua no románica cuyos orígenes no se saben a ciencia cierta. Estoy seguro que va a ser bastante difícil aprenderlo. Desde hace mucho tiempo, algunos vascos quieren que su región se separe de España y tenga autonomía. La ETA es un grupo separatista militante cuyas actividades terroristas han resultado en tragedias nacionales. Pero después de 53 años, el 20 de octubre de 2011, ETA anunció el final de su actividad armada. Ese cese de violencia provee la esperanza de poder vivir en paz a todos los españoles, aunque seguramente todavía habrá las diferencias políticas tensas.

[6]Domingo… *Easter Sunday*   [7]*religious brotherhoods*   [8]*cattle*   [9]*booths*   [10]*wagons*   [11]*Jewish quarter*   [12]*tiles*   [13]*Moors*   [14]*Jewish*   [15]*mosques*   [16]*speed train*   [17]País… *Basque Country*

(continúa)

Bilbao ha sido un centro comercial desde el siglo XIV, y durante el siglo XIX tuvo un papel importante en la industrialización del país. Si bien durante la Revolución Industrial Bilbao se conocía por sus fábricas de acero,[18] su construcción de buques,[19] sus plantas químicas y su contaminación, ahora en la época posindustrial, Bilbao ha recreado su imagen. En 1997 se abrió el Museo Guggenheim, una belleza arquitectónica y un centro artístico para toda Europa. Artistas e investigadores de todas partes del mundo van para estudiar en el Guggenheim y en el Museo de Bellas Artes. También la ciudad hace mucho para promover lo mejor de la cultura vasca: su lengua, literatura, arte, historia y, por supuesto, su famosa cocina,[20] «la nueva cocina vasca.»

—Iñigo E. / Boise State

[18]fábricas… *steel mills*   [19]*ships*   [20]*cuisine*

¡Viaje conmigo a España!

Vamos a Barcelona, Sevilla, Toledo y Bilbao para ver de cerca el ambiente que experimentan los estudiantes que estudian allí.

Vaya a Connect Spanish para ver el vídeo.

Video footage provided by

BBC Motion Gallery

REACCIONAR
R
RECOMENDAR

ACTIVIDADES

A. Comprensión En parejas, después de leer los blogs y de ver el vídeo de Gabriela, contesten las siguientes preguntas sobre los cuatro lugares fascinantes.

1. ¿Cuáles son algunos de los elementos originales que Gaudí incorporó en sus edificios y parques que han impresionado a Robert G.?

2. ¿Por qué le gusta a Stephanie W. estar en Sevilla en primavera? Si Ud. solo pudiera asistir a una de las fiestas sevillanas descritas aquí, ¿a cuál iría? ¿Por qué?

3. ¿Por qué le fascina Toledo a Seth R.?

4. ¿Cuáles son las indicaciones de que Bilbao es un centro comercial importante? ¿Cuáles son algunos de los aspectos culturales más interesantes de Bilbao?

5. Hagan comparaciones entre Toledo y Bilbao o entre Sevilla y Barcelona.

6. ¿Cómo cambiaron sus impresiones de cada ciudad al ver el vídeo de Gabriela?

7. ¿En cuál de las cuatro ciudades le gustaría estudiar? ¿Por qué? ¿Cómo contribuiría a su plan de estudios?

B. ¿Cómo es España? Ahora, completen las oraciones a continuación como si fueran Gabriela, hablando con una amiga que piensa ir a España. **¡OJO!** No se olviden de usar el subjuntivo para expresar deseos, recomendaciones, reacciones subjetivas o dudas.

1. En Las Ramblas hay mucha actividad. Es increíble que _____ (haber) tantos artistas y músicos en la calle. Cuando vayas a Barcelona, te recomiendo que…

2. Durante la Feria de Abril en Sevilla toda la ciudad está de fiesta. Dudo que nadie _____ (dormir). Cuando visites Sevilla, te sugiero que…

3. En Toledo, uno se siente como si estuviera en la Edad Media. Me parece fascinante que los edificios _____ (mostrar) la influencia de las tres culturas. Si vas a Toledo, es importante que…

4. Bilbao es una ciudad moderna e industrial. Es sorprendente que haya muchas personas que _____ (ser) bilingües y biculturales. Antes de que vayas a Bilbao, te recomiendo que…

Mar Cantábrico
FRANCIA
Galicia
Santiago de Compostela
Bilbao
Pamplona
País Vasco
Navarra
Cataluña
Océano Atlántico
PORTUGAL
Salamanca
Barcelona
Madrid
Valencia
Toledo • Madrid
Menorca
Extremadura
Mallorca
Mérida
ESPAÑA
Buñol • • Valencia
Ibiza
las Islas Baleares
Mar Mediterráneo
Córdoba • Andalucía
Sevilla
Granada
las Islas Canarias
Tenerife
Gran Canaria

PASADO

REACCIONAR

R

RECOMENDAR

C. **Mi blog** Escriba una entrada en un blog sobre un viaje imaginario que Ud. haya hecho durante las vacaciones de primavera para visitar a uno de sus amigos / una de sus amigas que estudia en España. Siga el siguiente bosquejo y use todo el vocabulario nuevo de este capítulo que pueda.

Iba a visitar a _____ (*nombre del estudiante*), quien estudiaba en _____ porque...
Él/Ella es _____ y le gusta _____, pero yo soy más _____ y prefiero...
Por eso al final decidí ir a... porque...
Primero,... Luego,... Otro día...
Pero lo mejor fue que un día conocí a (*una persona famosa*) en...

Como pueden ver, fue un viaje _____.
Si mis amigos piensan visitar España, les recomiendo que...

D. **Un viaje a España** En parejas, hagan los papeles de dos amigos/as que se encuentran después de las vacaciones. Los dos han estado en España y conversan sobre sus experiencias en ese país. Usen el viaje imaginario que describieron en sus blogs como base para la conversación. También utilicen algunas de las expresiones útiles que se encuentran en esta página.

Expresiones útiles

Las siguientes expresiones le pueden servir para conversar mejor.

Para iniciar una conversación

Hola, ¿qué tal las vacaciones?
¡Cuánto tiempo sin verte!

Para reaccionar ante el viaje de su amigo/a

¡Qué guay/raro!
¡No me digas!
¡Genial/Fenomenal!
¿En serio?
¡No me lo puedo creer!

Para pedir más información

Dime más sobre...

Para terminar la conversación

¡Fue un gusto verte!
Disculpa, tengo que...

Un artista hispano:

Santiago Calatrava

Santiago Calatrava es un arquitecto e ingeniero valenciano conocido particularmente por sus construcciones de puentes y de estaciones de trenes, pero también ha diseñado museos, teatros y edificios de vivienda. Aunque sus construcciones se encuentran en todas partes del mundo, ningún lugar ha sido tan impactado por sus creaciones como Valencia. Sus diseños se inspiran tanto en el cuerpo humano como en los animales y la naturaleza. En Valencia, se aprecia La Ciudad de Artes y Ciencias, un complejo de museos al lado del mar, que incorpora el agua como elemento artístico central. Dentro de ese complejo, tenemos L'Hemisferic, un planetario y teatro IMAX, cuya forma evoca un ojo humano.

L'Hemsiferic, un planetario y teatro IMAX

Las alas[1] son un tema recurrente en su obra. La estación del ferrocarril del aeropuerto de Lyon, Francia, por ejemplo, parece un pájaro con las alas extendidas—una alusión simbólica al vuelo de los aviones. Otra innovación de los diseños de Calatrava

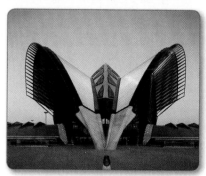

La estación de ferrocarril del aeropuerto de Lyon, Francia

[1]*wings*

(*continúa*)

son sus partes movibles. El Museo de Arte de Milwaukee tiene una cubierta solar que abre por la mañana y cierra por la noche, como las alas de un pájaro.

Calatrava ha sido recipiente de los premios más prestigiosos de su profesión. Algunos critican su obra por ser demasiado impráctica, extravagante y costosa, pero no cabe duda de que Calatrava es uno de los artistas más originales hoy en día.

ACTIVIDADES

A. Comprensión En parejas, contesten las siguientes preguntas.

DESCRIBIR

1. Calatrava es considerado uno de los arquitectos contemporáneos más originales del mundo. ¿Cuáles son los elementos que hacen sus estructuras tan originales? ¿Qué impresión tienen Uds. sobre su estilo?

HIPÓTESIS

2. ¿Cómo es el estilo de arquitectura en su recinto (*campus*) universitario? ¿Puede imaginar un edificio del estilo de Calatrava allí? ¿Dónde localizaría ese edificio? ¿Cómo sería? ¿Permitiría el presidente / la presidenta de su universidad la construcción de algo tan original? Expliquen.

B. Un proyecto importante En 2004 se seleccionó un diseño de Calatrava para el intercambiador de transportes (*transportation hub*) en el «punto cero» (*ground zero*) en Manhattan. Lea la carta de un neoyorquino al editor sobre el controvertido proyecto de Calatrava. En parejas, llenen los espacios en blanco con **ser** o **estar**, según el contexto. Después, contesten las preguntas a continuación.

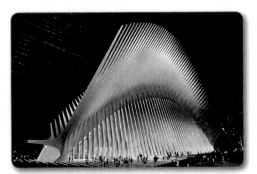
Dibujo del futuro monumento para comemorar el 11 de septiembre. Zona de impacto, New York

Antes que nada tengo que admitir que _____¹ totalmente obsesionado con las obras de Calatrava. Su diseño de nuestro intercambiador de transportes _____² inspirado por la imagen de un pájaro liberado por las manos de un niño. No _____³ posible negar el significado emocional de esta representación. Pero, entiendo por qué los ciudadanos y los administradores _____⁴ frustrados con el proyecto. En primer lugar, el precio _____⁵ casi el doble del presupuesto original y los ciudadanos ya _____⁶ impacientes para poder utilizar esta nueva estación de trenes y metros.* Sin embargo, hay que tener en cuenta que este complejo incluye, no solamente la parte que _____⁷ visible, sino también la parte enorme que _____⁸ debajo de la tierra y que va a incluir cinco vías de trenes y doce líneas de metro, más tiendas y restaurantes. La parte exterior _____⁹ formada por un arco ovalado de cristal y acero que permitirá que entre la luz al metro. Cuando se termine, cada 11 de septiembre se abrirá la cubierta del edificio para revelar el cielo en homenaje a las víctimas del ataque a las Torres Gemelas (*Twin Towers*). Sé que Calatrava tiene muchos críticos, pero _____¹⁰ convencido de que va a _____¹¹ una obra maravillosa de la que todos los neoyorquinos se sentirán orgullosos.

1. ¿De qué se quejan los administradores y los ciudadanos de Nueva York?
2. Describe la visión de Calatrava para el intercambiador de transportes en el punto cero.

REACCIONAR
DESCRIBIR RECOMENDAR

C. ¿Qué piensa Ud.? Busque imágenes en Internet de los puentes de Calatrava. Presente la imagen más alucinante a la clase con una breve descripción. Pida reacciones de sus compañeros de clase. Utilice expresiones como **Es fascinante, impresionante, alucinante, sorprendente que...**

---

*El presupuesto original fue de 2 mil millones y ahora es de 3,9 mil millones. El proyecto iba a ser completado en cuatro años y ahora dicen que estará listo en diez años.

♫ La música española

El flamenco «clásico» viene de la cultura gitana en el sur de España. En reuniones familiares y fiestas particulares, se reunían los gitanos andaluces para tocar guitarra, bailar y cantar canciones de temas melancólicos o dolorosos. Hoy en día sigue siendo una música muy social tocada en fiestas que empiezan a las 10:00 de la noche y terminan al día siguiente. Varios guitarristas se turnan cantando y tocando mientras que el público acompaña a los músicos y bailadores, haciendo ritmo con las palmas.[1] Hay que notar también la manera de cantar, el *cante jondo,* un canto profundo, de lamento o tristeza. Así que la voz, la guitarra, el cajón[2] y las palmas son los «instrumentos» que se asocian con el flamenco clásico.

A mediados de los años 70, con la llegada del guitarrista Paco de Lucía y luego Camarón de la Isla, empezó lo que se conocía como el «flamenco contemporáneo». A través de los años, el contacto con géneros diferentes ha provocado una fusión que hoy en día vemos en flamenco-blues, flamenco chill, flamenco jazz, flamenco pop, flamenco punk, flamenco rap, flamenco rock y flamenco salsa. Son estilos que han captado el interés de las nuevas generaciones. La música rock y pop en España empezó a florecer después de la dictadura de Franco en 1975. Hay cantantes como Miguel Bosé y Alaska de esa época que siguen siendo populares hoy en día. Algunos de los cantantes más populares entre la gente joven de hoy son Alejandro Sanz, David Bisbal, Mala Rodríguez y Marta Sánchez. Dos grupos musicales impresionantes son Jarabe de Palo y La oreja de Van Gogh.

[1]*palms of the hand* [2]*box*

ACTIVIDADES

A. **Comprensión** En parejas, contesten las siguientes preguntas.

1. ¿Cuál es el origen del flamenco clásico?
2. ¿Cuáles son los temas del cante jondo?
3. ¿Cuál de los géneros del flamenco fusión le interesaría escuchar?
4. ¿Cuál le parece la fusión más rara? ¿Por qué?
5. ¿Ha oído la música de alguno de los cantantes de pop o rock mencionados?

REACCIONAR
G **R**
GUSTOS RECOMENDAR

B. **¡A escuchar!** Para apreciar más el flamenco contemporáneo, vaya a YouTube™ y escuche la música de Paco de Lucía o Camarón de la Isla. Para conocer el flamenco fusión, escuche a Bebe (flamenco-punk), Rosario Flores (flamenco-pop), Pata Negra (flamenco-blues), Chambao (flamenco-chill), Concha Buika (flamenco-africano), La Shica (flamenco-rap) o Pitingo (flamenco-góspel). Luego, con sus compañeros de clase, comparta sus impresiones sobre la letra, la videografía y su impresión general. Utilice frases como **Me gusta(n)... porque...** , **Me encanta que...** , **Es fantástico/impresionante que...** , **Me sorprende que...** y **Es evidente que...**

La cantante Concha Buika

 C. **¡A escribir!** Escriba un comentario para Amazon.com en el que describa su impresión sobre la calidad del vídeo, las letras y si le interesaría escuchar más de su música.

Un evento histórico

La Guerra Civil española

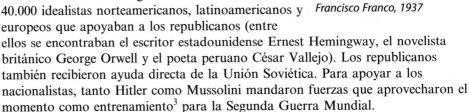

La Guerra Civil española (julio de 1936 a abril de 1939) fue el resultado de profundas divisiones políticas, económicas y culturales entre «las dos Españas», como las llamó el aclamado poeta Antonio Machado. Por un lado, los seguidores del gobierno del momento, conocidos como los «republicanos», eran en su mayor parte los más liberales de la sociedad: socialistas, comunistas, anarquistas y nacionalistas catalanes y vascos. Por otro lado, los «nacionalistas», bajo el liderazgo de Francisco Franco, representaban las fuerzas más conservadoras del país: la élite terrateniente,[1] la burguesía[2] y la Iglesia Católica.

Las fuerzas internacionales que participaron en la Guerra incluían las «Brigadas Internacionales», unos 40.000 idealistas norteamericanos, latinoamericanos y europeos que apoyaban a los republicanos (entre

Francisco Franco, 1937

ellos se encontraban el escritor estadounidense Ernest Hemingway, el novelista británico George Orwell y el poeta peruano César Vallejo). Los republicanos también recibieron ayuda directa de la Unión Soviética. Para apoyar a los nacionalistas, tanto Hitler como Mussolini mandaron fuerzas que aprovecharon el momento como entrenamiento[3] para la Segunda Guerra Mundial.

Al final, triunfaron los nacionalistas y Franco asumió el poder, instalando en el país una dictadura fascista que duró 36 años. Como toda guerra civil, fue una confrontación sumamente violenta y trágica. Mientras la cifra de muertos no se sabe a ciencia cierta, se estima que España perdió entre medio millón y un millón de habitantes.

Con la muerte de Franco en 1975, España pasó a ser una monarquía parlamentaria constitucional. Franco mismo nombró al Rey Juan Carlos I como su sucesor pensando que iba a imponer una monarquía autoritaria. Sin embargo, el rey estableció una monarquía democrática y las primeras elecciones generales tuvieron lugar en 1977.

[1]*landholding*　[2]*bourgeoisie*　[3]*training*

Para leer más sobre el impacto de la Guerra Civil española en la España de hoy y hacer actividades relacionadas con este tema, vaya a Connect Spanish.

ACTIVIDAD

Comprensión　Conteste las siguientes preguntas.

1. ¿Quiénes participaron en la Guerra Civil española?
2. ¿Qué representaba cada lado?
3. ¿Cuál fue la participación internacional en ese conflicto?

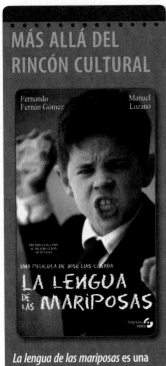

MÁS ALLÁ DEL RINCÓN CULTURAL

Fernando Fernán Gómez　Manuel Lozano

PREMIO GOYA 1999 AL MEJOR GUION ADAPTADO

UNA PELÍCULA DE JOSÉ LUIS CUERDA

LA LENGUA DE LAS MARIPOSAS

La lengua de las mariposas es una película excelente que trata la época de la Guerra Civil española. Vea la película y haga las actividades relacionadas que se encuentran en Connect Spanish.

For copyright reasons, McGraw-Hill does not provide the feature films referenced in *Más allá del Rincón cultural*. These films are readily available through retailers or online rental sites such as Amazon, iTunes or Netflix. Please consult your instructor for details on how to view this film.

Lectura

Esta lectura viene de una serie biográfica de la revista popular *Vanidades,* titulada «Salvador Dalí: La novela de su vida». En esta sección, la autora, Eunice Castro, narra el tiempo que Dalí pasó en la Escuela de Bellas Artes de San Fernando, en Madrid.

NOTA HISTÓRICA

Salvador Dalí fue uno de los pintores más importantes del arte moderno. Captó la atención del mundo no sólo por su genio artístico manifestado en sus cuadros, esculturas, ilustraciones de libros, escenarios y vestuario de ballet, publicidad y diseño de joyas, sino también por su personalidad provocadora, su apariencia física llamativa y su excentricidad. Dalí escribió numerosos libros en los que explica sus ideas sobre el arte. En una entrevista declaró lo siguiente:

«El surrealismo soy yo. Soy el único surrealista perfecto y trabajo dentro de la gran tradición española... Tuve la certeza de que yo era el salvador del arte moderno, el único capaz de sublimar, integrar y racionalizar todas las experiencias revolucionarias de los tiempos modernos, dentro de la gran tradición clásica del realismo y el misticismo, que es la misión suprema y gloriosa de España... »

Salvador Dalí

ANTES DE LEER

A. **Para comentar** En parejas, miren la foto de Dalí y comenten los siguientes temas.

1. Describan la apariencia física de Dalí en la foto. ¿Cómo influye la apariencia física del artista en cómo percibimos su personalidad? Basándose en este retrato de Dalí, describan su personalidad con muchos detalles.

2. Si vieran a una persona así caminando por la calle, ¿qué pensarían y qué harían?

3. Piensen en otras personas famosas cuya apariencia física es especialmente llamativa. ¿Qué impresión tienen Uds. de su personalidad?

4. ¿Creen Uds. que la sociedad tolera el hecho de que los artistas, actores y cantantes tengan una apariencia física rara y personalidad extravagante? ¿Por qué?

B. **Acercándose al tema** Lea el título de la ficha en la página siguiente y las nueve palabras y frases asociadas con el tema de la vida estudiantil de Salvador Dalí. En parejas, decidan si los espacios en blanco requieren un sustantivo, un verbo o un adjetivo. Luego, completen las oraciones con la forma apropiada de las palabras de la ficha.

1. Desde joven, _____ de Dalí era algo rara con su pelo largo y sus patillas _____.

2. El día de su examen final, Dalí llevaba una chaqueta de cuadros y una gardenia enorme y olorosa. A los que lo vieron les parecía _____.

Un estudiante excéntrico		
la apariencia	la falta de	el payaso[1]
física	respeto	
examinar	expulsar	meter la pata
borracho/a	llamativo/a	presumido/a

[1]clown

3. Antes del examen, Dalí había tomado un vaso de un licor para estar «inspirado». Así que llegó al examen _____.

4. Antes de escoger sus tres preguntas, Dalí exclamó que los profesores eran incompetentes para juzgarlo, y salió del salón. ¡Qué _____ era!

5. El director lo _____ de la Escuela para siempre por _____ ante los profesores.

Ojo

VISUALIZAR = Al ver este icono Ud. debe imaginarse lo que se describe o lo que pasa en esa parte del relato.

VOCABULARIO = Si no sabe el significado de una palabra, piense en las palabras relacionadas, búsquela en un diccionario u olvídela por completo.

Salvador Dalí: La novela de su vida

Ese mismo año de la muerte de doña Felipa, Dalí decidió ingresar en la Escuela de Bellas Artes de San Fernando, en Madrid. En el mes de octubre, vestidos de luto[1] por la reciente muerte de doña Felipa, su padre y su hermana lo acompañaron a Madrid, donde debía tomar el examen de ingreso en San Fernando y resolver el problema de vivienda.

Don Salvador traía una recomendación de un amigo para la Residencia de Estudiantes, adjunta a la Institución Libre de Enseñanza, una escuela elitista progresista y auténtica. Una verdadera excepción en los años 20.

En la Residencia, Dalí conocería a García Lorca, a Luis Buñuel y a otras figuras de la incipiente vanguardia artística y literaria de la época.

En esa época, el pintor era un joven apuesto,[2] de grandes ojos oscuros, alto, pero de constitución más bien frágil. Pero su estilo de arreglarse era insólito.[3] **Él llevaba pelo largo y frondosas patillas hasta la comisura[4] de los labios (cosa que no estaba de moda) y le comenzaba a crecer un bigotillo de curiosos perfiles.*** [...]

—Dalí fue el hazmerreír* de todos —diría un condiscípulo. —Lo llamábamos el «señor patillas». [...]

A pesar de su aspecto, Dalí fue bien acogido[5] en la Residencia de Estudiantes en cuanto descubrieron su talento pictórico. Allí la alegría, las fiestas y las bromas de los jóvenes corrían a la par que las serias tertulias[6] donde discutían sobre arte, literatura, teatro, poesía, cine y religión. [...]

VISUALIZAR

VOCABULARIO

[1]de... in mourning [2]handsome [3]unusual [4]comisura... corners of his mouth [5]welcome [6]gatherings

VERIFICAR

¿Quién(es)? ¿Dónde? ¿Qué pasó?

No tardó Dalí en tener problemas en San Fernando, al asumir una actitud protagónica en una protesta estudiantil, que se rebelaba[7] a admitir como catedrático[8] de la Escuela al pintor Torres García.

—Alumno Salvador Dalí, está expulsado de la Escuela por un año —lo castigó la Junta Directiva.

[7]se... refused [8]head of department

*Visualizar icons refer to words and phrases that are written in purple text. **Vocabulario** icons in the margin refer to words and phrases that are underlined within the text.

Sus familiares <u>se solidarizaron</u> con él, pero cuando regresó a casa se llevaron una inesperada sorpresa.

—Estás transformado —exclamó su padre al recibirlo.

Dalí parecía otra persona. Él vestía un elegante traje de corte inglés como sus compañeros de la Residencia y llevaba el cabello cortado a la moda y bien engominado.[9] Sus espectaculares patillas habían desaparecido.

Pero eso no era todo. **Don Salvador pudo apreciar que su hijo también había evolucionado pictórica e intelectualmente.** [...]

Llegó el día de los exámenes teóricos finales del curso, programados para el 14 de junio de 1926. Dalí hizo lo inconcebible. Se presentó ante el Tribunal Académico, que ya estaba reunido en sesión pública dispuesta a examinarlo, **con una llamativa chaqueta a cuadros y una enorme y olorosa gardenia en el ojal.**[10]

—Parecía un payaso —lo criticaron todos los que lo vieron.

Dalí, que nunca bebía, antes se había tomado un vaso de licor para estar «inspirado», según él.

Eran las 12:30 minutos del día, cuando el Dr. Manuel Menéndez lo invitó a extraer tres bolas numeradas del <u>bombo</u> que contenían las lecciones que él debía explicar. De pronto, sorpresiva e irrespetuosamente, Dalí proclamó:

—¡No! Como todos los profesores de la Escuela de San Fernando son incompetentes para juzgarme, me retiro.

—¡Fuera! —rugió el director.

Así, Dalí obtuvo la expulsión definitiva de la Escuela de San Fernando.

—Estoy convencido de que mi hijo será para siempre un hombre sin oficio ni beneficio —dijo su padre, disgustado.[11]

[9]*slicked-down*   [10]*lapel*   [11]*very upset*

¿Quién(es)? ¿Dónde? ¿Qué pasó?

DESPUÉS DE LEER

A. **Comprensión**   Conteste las siguientes preguntas, según la lectura.

1. ¿Qué acababa de pasar en su vida personal cuando Dalí entró a la Escuela de Bellas Artes?

2. ¿A quiénes conoció Dalí en la Residencia de Estudiantes? ¿Quiénes son estas personas?

3. ¿Qué pensaron los otros estudiantes de Dalí? ¿Por qué?

4. ¿Cómo era el ambiente social e intelectual de la Residencia de Estudiantes?

5. ¿Por qué fue expulsado de San Fernando la primera vez?

6. ¿Cómo había cambiado Dalí cuando regresó a casa después de esta primera expulsión?

7. ¿Cómo se presentó Dalí a sus exámenes finales?

8. ¿Qué hizo Dalí que provocó su expulsión definitiva de la Escuela de Bellas Artes?

DESCRIBIR

B. El Museo de Dalí Complete el siguiente párrafo con la forma correcta de **ser** o **estar,** según el contexto. Trate de visualizar este alucinante museo mientras lee.

El Museo de Dalí se encuentra en Figueres, un pueblo que _____^{1} a tan solo una hora y media de Barcelona. Vale la pena ir porque _____^{2} uno de los museos más fascinantes de España. El visitante debe _____^{3} preparado para vivir una experiencia única. Al llegar a Figueres, lo primero que sorprende al visitante _____^{4} que el techo del edificio _____^{5} decorado con más de veinte huevos blancos gigantescos. Cada cuarto del museo _____^{6} lleno de una extravagante combinación de pinturas, muebles, esculturas, joyas y decoraciones surrealistas. En el interior del complejo se encuentra la tumba donde _____^{7} enterrado el artista. Visitar la casa y el museo de Dalí _____^{8} como entrar en otro mundo: un mundo surrealista.

El Museo de Dalí

Dalinal

¿Sufre usted tristeza intelectual periódica? ¿Depresión maníaca, *mediocridad congénita, imbecilidad gelatinosa,* piedras de diamante en los riñones, impotencia o frigidez? Tome **Dalinal,** la chispa artificial que logrará estimular su ánimo de nuevo.

C. Dalí News En 1945, Dalí creó su propio diario, el *Dalí News.* Junto a la información sobre las actividades del pintor, este diario contenía anuncios de productos inventados por él, como el «Dalinal».

Paso 1 Imagínese que Ud. es periodista y tiene que entrevistar a Dalí sobre su nuevo diario. Un(a) estudiante hace el papel del periodista y otro/a el del excéntrico Dalí. Juntos preparen una lista de preguntas para hacer la entrevista, y luego presenten su diálogo delante de la clase.

Paso 2 En grupos pequeños, preparen algunos testimonios sobre la efectividad de «Dalinal». Escriban un párrafo para presentar a la clase, describiendo cómo cambió su vida. Pueden empezar así: **«Dalinal» es alucinante. Antes tenía…, era…, sufría de…. Ahora…**

D. Para discutir En grupos pequeños, contesten las siguientes preguntas.

1. Castro dice que en la Residencia de Estudiantes, «la alegría, las fiestas y las bromas de los jóvenes corrían a la par que las serias tertulias donde discutían sobre arte, literatura, teatro, poesía, cine y religión». ¿Cómo es la vida en las residencias estudiantiles de su universidad? ¿Cómo se compara con la de la residencia de Dalí, Lorca y Buñuel?

2. Cuando Dalí regresó a casa la primera vez, su padre notó varios cambios en la apariencia física y el intelecto de su hijo. Cuando Ud. regrese a casa la próxima vez, ¿qué cambios notará su familia?

3. ¿Cuál es su reacción ante la actitud de Dalí con respecto a los profesores de la Escuela de San Fernando? ¿Ha sentido Ud. a veces algún impulso similar?

E. Autorretrato blando con beicon frito El mismo Dalí definió este autorretrato como «el guante (*glove*) de mí mismo», ya que quiere ser un autorretrato antipsicológico en el que en vez de pintar el alma —es decir, lo interior—, decidió pintar únicamente lo exterior, o sea, la piel. «Como soy el más generoso de todos los pintores, me ofrezco siempre como alimento para de esta manera alimentar nuestra época de forma suculenta», declaró Dalí en 1962.

1. ¿Cuál es la impresión inmediata que tienen Uds. al ver el autorretrato de Dalí?

2. ¿Cuáles son los adjetivos que Uds. utilizarían para describir *Autorretrato blando con beicon frito?*

3. ¿Qué piensa Ud. de la explicación que nos dio Dalí sobre su autorretrato?

Autorretrato blando con beicon frito

¿CÓMO LE VA CON ESTOS PUNTOS CLAVE?

A. Prueba diagnóstica

D **C**
DESCRIBIR COMPARAR

Complete el siguiente párrafo con la forma correcta de la palabra apropiada entre paréntesis, para ver cómo le va con las metas comunicativas **Descripción** y **Comparación.**

Este semestre (yo) _____[1] (ser/estar) encantada de mi clase de Historia Contemporánea de España. Mi profe _____[2] (ser/estar) de Barcelona y _____[3] (ser/estar) aquí en Madrid por un año para dar clases en mi universidad. Su clase es más interesante _____[4] (de/que) mis clases de historia _____[5] (norteamericano) porque todo es nuevo para mí. Vamos a ver más _____[6] (de/que) cinco películas este semestre. _____[7] (Ser/Estar) súper contenta porque para mí, las películas que tratan temas de la realidad _____[8] (histórico) de cualquier país son tan importantes _____[9] (que/como) los reportajes _____[10] (periodístico) y los libros de historia. Vamos a ver ¡Ay, Carmela!, una película _____[11] (cómico) que tiene lugar durante la Guerra Civil _____[12] (español). Los protagonistas, Carmela y Paulino, _____[13] (ser/estar) dos artistas de teatro que entretienen a los soldados del ejército _____[14] (republicano) que luchan contra Francisco Franco, el líder fascista de los nacionalistas. Rumbo[a] a Valencia son capturados y _____[15] (ser/estar) a punto de ser fusilados.[b] Pero cuando un oficial italiano se entera de que los dos son cómicos, en vez de matarlos, les pide que hagan algo que los hacen sentir _____[16] (tan/tanto) angustiados como se sentían pensando en que iban a morir. El oficial quiere que presenten a las tropas _____[17] (republicano) un espectáculo glorificando a Hitler y a Mussolini. La película trata el tema _____[18] (ético) que este dilema presenta. Carmela tiene _____[19] (tan /tanto) miedo _____[20] (de/como) Paulino de los nacionalistas. Ella es _____[21] (tan/tanto) patriótica _____[22] (que/como) él, pero el problema es que ella es mucho más _____[23] (testarudo) _____[24] (de/que) él. Vamos a ver qué decisión toman y qué pasa.

[a]*On the way* [b]*shot*

B. Autoevaluación

Complete la autoevaluación de su progreso en estas metas comunicativas.

Ojo

If you are still having trouble with these **Metas comunicativas,** you can complete (or redo) the LearnSmart modules for this chapter for additional practice.

META COMUNICATIVA	VERY WELL	SOMEWHAT WELL	NOT WELL
D DESCRIBIR Descripción	☐	☐	☐
C COMPARAR Comparación	☐	☐	☐

C. Yo, experto

Mire el siguiente tablero (*grid*) con aspectos interesantes de la cultura española que se presentaron en este capítulo. Identifique todas las imágenes que pueda. Después, escoja por lo menos cuatro imágenes, y escriba un comentario para cada una utilizando cada una de las siguientes metas comunicativas por lo menos una vez:

REACCIONAR

D C R G

DESCRIBIR COMPARAR RECOMENDAR GUSTOS

Un barrio de
La Habana
(Cuba)

CAPÍTULO 2

Conexiones:

Nuestras raíces

Meta comunicativa

P
PASADO

Temas centrales
- conexiones
- relaciones entre las generaciones
- la familia y la inmigración

Zona de enfoque
- el Caribe

En este capítulo, Ud. va a explorar el tema de los lazos (*ties*) que tiene con la familia y con el lugar donde nació o se crió (*you were raised*).

Preguntas para considerar
- ¿Cómo es Ud. en comparación con sus padres?
- ¿Es natural que haya conflictos familiares entre las generaciones?
- ¿Cómo se sentiría si tuviera que dejar su país de origen y nunca pudiera regresar?
- ¿Cómo cambian las relaciones entre personas de diferentes generaciones cuando también hay diferencias culturales?
- ¿Qué tradiciones tiene su familia que recuerden sus raíces étnicas y culturales?
- ¿Cuántas generaciones se representan en el cuadro que se ve en esta página?
- ¿Es raro ver a personas de diferentes generaciones interactuando en el barrio donde Ud. vive, o es algo común?

¡La quiero mucho, pero me vuelve loco!

Situación: Hace cinco días la madre de Javier llegó de Puerto Rico para visitarlo en Austin. Javier habla con Laura sobre la visita y las **expectativas** que su madre tiene de él. Lea el diálogo y preste especial atención al uso del vocabulario nuevo que está **en negrilla.**

¿Se queja Ud. de sus padres cuando está con sus amigos?

LAURA: ¿Por qué estás tan callado, Javi? Todo va bien con la visita de tu madre, ¿no?

JAVIER: Bueno, tú sabes cómo es cuando viene. **Me vuelve loco.**

LAURA: La verdad es que me parece menos **exigente** esta vez. No te **regañó** ni una vez en todo el fin de semana. Y es tan **cariñosa** como siempre.

JAVIER: Pues tienes razón. **Se portó** bien, aunque en privado me dijo varias veces que me ve más americanizado que nunca. Y no deja de **quejarse** de que mi hermano Jacobo **se haya mudado** a Seattle. Para ella es **insoportable** que sus hijos estén lejos y que pierdan sus **valores** culturales.

LAURA: Pero, ¿ha leído tus artículos sobre las familias inmigrantes y los reportajes que hiciste sobre la pintura de Nick Quijano? Casi todo lo que haces profesionalmente tiene que ver con la cultura hispana. ¿No es cierto?

JAVIER: Sí, sí. Está muy **orgullosa** de mí y siempre **alaba** mis logros, pero al mismo tiempo le gusta **quejarse** de sus hijos **rebeldes** y **egoístas.**

LAURA: Las relaciones familiares a larga distancia son **desafiantes.** Es posible que ella se sienta un poco **rechazada** por sus hijos. Quiere que su «tribu» esté cerca de ella. Eso lo entiendo.

JAVIER: Es difícil. A mí me encanta Puerto Rico. De hecho, si no vuelvo cada seis meses lo **extraño** mucho, pero como tú sabes, mi vida aquí ha sido fenomenal. ¡Tengo tantas oportunidades **enriquecedoras!** En realidad, como tantos de mi generación, **pertenezco a** dos mundos, dos culturas.

LAURA: Estoy segura que, en el fondo,[a] tu madre lo entiende. Habla con ella y pídele su **apoyo.**

JAVIER: Tienes razón. Debo hablar de modo más **abierto** con ella.

[a]en... *deep down*

ACTIVIDADES

A. **Detective** Busque en el diálogo ejemplos de las siguientes metas comunicativas: Comparación (C), Reacciones y recomendaciones (R), Narración en el pasado (P) y Hablar de los gustos (G). Subraye cada palabra o frase que represente una (o una combinación) de estas metas comunicativas. Luego, escriba al margen la(s) letra(s) que corresponde(n) a cada ejemplo subrayado (C, R, P o G).

MODELOS: No te <u>regañó</u> ni una vez en todo el fin de semana. (P)
Para ella <u>es insoportable</u> que sus hijos <u>estén</u> lejos. (R)

B. **Comprensión** Conteste las siguientes preguntas, según el diálogo.

1. ¿Cómo se ha portado la madre de Javier durante esta visita?
2. ¿Javier tiene paciencia con su madre? Explique su respuesta.
3. ¿Cómo expresa Javier su aprecio por su cultura?
4. Aunque a Javier le encanta Puerto Rico, ¿por qué no vive allí?
5. ¿Qué le aconseja Laura a Javier?

REACCIONAR
R
RECOMENDAR

C. **Reacciones y recomendaciones** Complete las siguientes oraciones, basándose en la situación de Javier y utilizando un conector en cada oración.

Conectores

además	*besides*
para que + *subjuntivo*	*so that*
por eso	*therefore*
por otro lado	*on the other hand*
puesto que	*since*
sin embargo	*nevertheless*

MODELO: A la Sra. de Mercado no le gusta que sus hijos estén tan lejos, puesto que los quiere mucho.

1. A Javier no le gusta que su madre...
2. Yo recomiendo que Javier...
3. Es una lástima que el hermano de Javier...
4. Es obvio que la madre de Javier...

D. **Diálogo** En parejas, preparen una conversación telefónica en la que Javier argumente que Jacobo es el que debe regresar a la Isla, porque él —Jacobo— está casado y tiene hijos que deben criarse cerca de sus abuelos.

PARA DESCRIBIR A LOS PARIENTES*

abierto/a	open
comprensivo/a	understanding
decepcionado/a	disappointed
entrometido/a	meddlesome
exigente	demanding
involucrado/a	involved
mandón/mandona	bossy
orgulloso/a	proud
quejón/quejona	complaining

COGNADOS: **conservador, estricto, indulgente, protector**

PARA DESCRIBIR A LOS NIÑOS†

cariñoso/a	loving
egoísta	selfish
ensimismado/a	self-centered
inquieto/a	restless
insoportable	unbearable
malcriado/a	ill-mannered
mimado/a	spoiled
rebelde	rebellious
sumiso/a	submissive
travieso/a	mischievous

COGNADOS: **cooperador(a), cortés, envidioso/a, obediente**

PARA HABLAR DE LAS RELACIONES FAMILIARES

alabar	to praise
apoyar	to support (emotionally)
castigar	to punish
compartir	to share
criar(se) (me crío)	to bring up; to be raised
cuidar (de)	to take care of
heredar	to inherit
mudarse	to move (residence)
obedecer (obedezco)	to obey
pelearse	to fight
portarse	to behave
quejarse (de)	to complain (about)

—Esta es la señora que ocupaba la cama contigua a la mía en maternidad.

COSPER

¿Por qué es chistosa esta tira cómica?

regañar	to scold
soportar	to tolerate
volverle loco/a	to drive (someone) crazy

PARA DESCRIBIR LAS RELACIONES FAMILIARES

cercano/a	close
pésimo/a	abysmal, terrible
unido/a	close-knit

COGNADOS: **disfuncional, estable, sólido/a, la armonía, la estabilidad, la protección, la unidad**

Repaso: Los miembros de la familia

los antepasados	ancestors
el/la gemelo/a	twin
el/la hermanastro/a	stepbrother, stepsister
el/la hijo/a adoptivo/a	adopted child
el/la hijo/a único/a	only child
la madrastra	stepmother
el/la medio/a hermano/a	half brother, half sister
el padrastro	stepfather

---

*Remember to use **ser** with adjectives when describing inherent characteristics and **estar** when referring to emotional or physical states.
†These terms can also be used to describe adults. See the **Vocabulario del tema** from **Capítulo 1** (page 19) for adjectives used to describe people in more positive terms.

PARA HABLAR DE LAS RELACIONES INTERGENERACIONALES

la brecha generacional	generation gap
el comportamiento	behavior
la comprensión	understanding
la desilusión	disappointment
la esperanza	hope
la expectativa	expectation
el malentendido	misunderstanding
las raíces	roots
los valores	values

PARA HABLAR DE LA INMIGRACIÓN

acostumbrarse (a)	to adjust (to)
experimentar	to experience
extrañar (a)*	to miss
pertenecer (pertenezco)	to belong

COGNADOS: **asimilarse; mantenerse en contacto**

aislado/a	isolated
confundido/a	confused
perdido/a	lost
rechazado/a	rejected
desafiante	challenging
enriquecedor/a	enriching
ilusionante	exciting, hopeful

ACTIVIDADES

A. Vocabulario en contexto En parejas, completen las oraciones con la palabra más apropiada, según el contexto. Hagan los cambios necesarios para que haya concordancia. Luego, ofrezcan su opinión o un consejo para cada situación.

1. Es posible que un hijo único se sienta _____ (inquieto, envidioso) cuando llega un nuevo hermanito. Por eso, pienso que los padres...

2. Es probable que la hija menor de una familia sea _____ (entrometido, mimado). Para que no se porte mal, toda la familia debe...

3. Es normal que los adolescentes sean un poco _____ (rebelde, sumiso). Para mantener unas relaciones cercanas con ellos, los padres deben...

4. A los niños no les gusta que sus padres los _____ (regañen, extrañen) en público. Pero a veces...

5. Un niño / una niña que se cría en un ambiente _____ (estable, estricto) puede ser rebelde durante la adolescencia. Por eso, creo que...

6. Los padres tacaños no quieren que sus propios hijos _____ (hereden, apoyen) su dinero. Si los hijos quieren el dinero, deben...

7. Los psicólogos sugieren que los padres _____ (castiguen, apoyen) a sus hijos cuando tengan problemas morales. Si no lo hacen...

8. Muchas veces los malentendidos ocurren por falta de (*lack of*) _____ (comprensión, comportamiento) entre las generaciones. Es importante...

9. Los nuevos inmigrantes deben _____ (mantenerse en contacto, experimentar) con los parientes y amigos de su país de origen porque...

10. Una persona que inmigra a otro país donde no se habla su idioma, se puede sentir _____ (orgulloso, aislado), por eso debe...

---

*This verb expresses the emotion that people feel when they are far from someone or something they love. To express the same emotion in Spain, the phrase **echar de menos** is used.

¿Podría Ud. dejar su país y emigrar a otro?

B. Sus antepasados En parejas, háganse las siguientes preguntas y respondan activamente a las respuestas de sus compañeros utilizando las expresiones de **Para conversar mejor.**

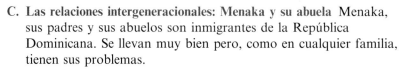

Para conversar mejor

¿De veras?	Nunca había pensado en eso.
En el caso de mi familia…	Puede ser.
Es/Fue deprimente/preocupante.	¡Qué fascinante / interesante!
¿Me puedes hablar de eso un poco más?	Se me ocurre que…

1. ¿De dónde son sus antepasados? ¿Cómo llegaron a este país? ¿Por qué emigraron de su país de origen?

2. ¿Cómo se mantiene en contacto con la cultura de sus antepasados? ¿Qué tradiciones culturales conserva su familia?

3. ¿Cuáles son las ventajas de vivir en una sociedad multicultural? ¿y las desventajas?

C. Las relaciones intergeneracionales: Menaka y su abuela Menaka, sus padres y sus abuelos son inmigrantes de la República Dominicana. Se llevan muy bien pero, como en cualquier familia, tienen sus problemas.

Menaka con su madre y su abuela

Paso 1 En parejas, lean las descripciones de cada mujer y luego contesten las preguntas. Luego, compartan sus respuestas con el resto de la clase.

1. A veces, la madre puede ser mandona. ¿Qué hace ella que le vuelve loca a su hija?

2. La abuela es indulgente. ¿Qué hace para mimar (*spoil*) a su nieta?

3. Últimamente (*recently*), Menaka está un poco ensimismada. ¿Qué hace que le molesta a su madre?

4. La madre es quejona. ¿De qué comportamientos de Menaka se queja?

5. La abuela es muy protectora. ¿Qué no permite que haga Menaka?

Paso 2 Recién llegados a los Estados Unidos, los miembros de la familia experimentaron diferentes emociones respecto a su asimilación a la cultura estadounidense. En parejas, traten de imaginar cómo fue la vida para la familia durante los primeros años. Terminen las siguientes oraciones como si Uds. fueran Menaka. Usen el **Vocabulario del tema** cuando sea posible.

1. Cuando tenía mucha tarea y mi madre pedía que la ayudara en casa, me sentía _____ (emocionado/inquieto) porque…

2. Durante el primer semestre de quinto grado de la escuela primaria, no hablaba casinada de inglés y muchas veces me sentía _____ (orgulloso/confundido) porque… Pero cuando mi inglés mejoró…

3. Al principio, para mí, el comportamiento de las familias estadounidenses era raro. Los padres eran _____ (protector/indulgente); se lo permitían todo a los hijos. A mis padres, los hijos les parecían _____ (educado/malcriado); tenían pésimos modales (*manners*). Sin embargo, en mi familia, los padres eran… y los hijos…

D. Preguntas personales En parejas, hagan y contesten las siguientes preguntas. Reaccione ante las respuestas de su compañero/a con las frases de **Para conversar mejor.** Después, compartan sus respuestas con el resto de la clase.

Para conversar mejor

¡Qué bien/difícil!	¡Qué malo/a eras!
¡Qué suerte!	(No) Estoy de acuerdo.
¡Qué horror!	(No) Tienes razón.
No me digas. / No lo puedo creer.	Claro. / Por supuesto.
¿De veras? / ¿En serio?	Suena bien, pero…

PASADO

1. ¿Cómo era Ud. cuando tenía 5 años? ¿Y cuando tenía 15 años? ¿Qué travesuras hacía en su niñez?

2. ¿Cómo eran sus padres cuando Ud. era niño/a o adolescente? ¿Estrictos, conservadores, protectores? ¿Abiertos, indulgentes? ¿…? ¿Son diferentes ahora que Ud. es adulto/a? Explique.

REACCIONAR
R
RECOMENDAR

3. ¿Qué recomienda Ud. que hagan los padres divorciados para mantener sus relaciones con sus hijos? ¿Qué problemas puede haber entre hermanastros?

PASADO

4. Cuando era joven, ¿vivía en el mismo lugar o se mudaba mucho su familia? ¿Vivía cerca de otros parientes? ¿Piensa que es importante escoger una universidad o un trabajo que le permita estar cerca de sus parientes?

C
COMPARAR

E. «De tal palo, tal astilla»*

Paso 1 ¿Cómo es Ud. en comparación con sus padres? Vea las siguientes características personales e indique si Ud. es más (+), menos (−) o igual (=) que su padre y su madre.

¿MÁS, MENOS O IGUAL?		
CARACTERÍSTICAS	MI PADRE	MI MADRE
ambicioso/a		
sensible		
involucrado/a en la política		
tiquismiquis		
quejón, quejona		
abierto/a		
rebelde		
religioso/a		
exigente		
conservador(a)		

***De tal palo, tal astilla** is a saying whose English equivalent is *Like father, like son.*

¿Se lleva bien con su padre?

Paso 2 En grupos de cuatro, comparen sus respuestas y comenten lo siguiente.

1. ¿Es Ud. muy parecido a sus padres o muy diferente?

2. ¿Cree Ud. que las diferencias tienen que ver más con la personalidad de cada uno, con el sexo o con el hecho de que son generaciones distintas?

3. ¿Se lleva Ud. mejor con el padre al que más se parece o con el padre al que menos se parece? ¿En qué sentido? ¿Por qué cree Ud. que es así?

H **OPTATIVO**

HIPÓTESIS

Paso 3 Hoy en día los avances en el campo de la genética son alucinantes. Es posible que en el futuro diseñemos a nuestros hijos. ¿Diseñaría Ud. a su hijo/a si pudiera? Explique por qué sí o por qué no. Si lo hiciera, ¿qué características tendría? ¿En qué aspectos se parecería a Ud.? ¿En qué aspectos sería diferente?

F. ¡Cuéntennos!: Alberto y Xianix Antes de ver la entrevista, contesten las siguientes preguntas en grupos de tres.

1. ¿Por qué es Nueva York un lugar muy atractivo para los inmigrantes?

2. ¿Qué diferencias puede haber entre la familia de Xianix, una dominicana-puertorriqueña, y la de Alberto, un español?

3. ¿Piensa que es fácil para Alberto, un guitarrista, y Xianix, una bailarina, ganarse la vida en Nueva York? Explique.

G. Problemas cotidianos Entre todos, revisen los siguientes problemas y hagan una lista de las palabras nuevas de este capítulo y del **Capítulo 1** que los ayuden a conversar con facilidad sobre cada problema cotidiano. Después, en parejas, preparen un diálogo espontáneo sobre cada problema.

1. Ud. es maestro/a de primer grado. Está exasperado/a por el comportamiento de un estudiante, Nacho. Llame al padre / a la madre del niño para decirle que su hijo está portándose muy mal en la escuela. El padre / La madre insiste en que su hijo es un angelito inocente.

2. Un hijo mimado / Una hija mimada pelea con su padre/madre porque cree que su padre/madre debe darle un carro nuevo y más dinero para comprar ropa. El padre / La madre quiere que su hijo/a sea popular, pero en el fondo sabe que debe ser más estricto/a con él/ella.

¡Cuéntennos!

■ En este vídeo, Alberto, un guitarrista catalán, y Xianix, una bailarina dominicana-puertorriqueña de flamenco, hablan de sus culturas y su vida ahora en «La Gran Manzana».

Vea el vídeo y haga las actividades relacionadas que se encuentran en Connect Spanish.

NOTA CULTURAL • Nombres raros: El caso de Venezuela

Los nombres raros son comunes en algunos países latinoamericanos como, por ejemplo, en Venezuela. Al ponerle un nombre a su hijo/a, algunos padres buscan inspiración en figuras históricas internacionales; otros, en estrellas del cine o famosos deportistas; los más intrigantes, en la pura creatividad. En el registro electoral venezolano encontrará nombres como Hitler Adonys Rodríguez Crespo, Hochiminh Jesús Delgado Sierra, Dwight Eisenhower Rojas Barboza, Hiroshima Jennifer Bravo Quevedo. Otros nombres únicos son Alkaselser, Air Jordan, Batman, Yesaidú[a] y Yahoo. A otros venezolanos les gusta mezclar algunas letras de los nombres de sus parientes para crear uno nuevo. Por ejemplo, Raftina viene de Rafael y Robertina y Yolimar viene de Yolanda y Mario. En 2007 La Asamblea Nacional propuso una ley que prohibiría nombres raros porque un nombre ridículo o extravagante es muy dañino para la autoestima de un niño, una niña o un(a) adolescente. Pero a muchos venezolanos no les gustó que el gobierno tratara de controlar los nombres de sus hijos. Al final, el gobierno retiró la propuesta, dándoles a sus ciudadanos la libertad de ser creativos en el momento de ponerle un nombre a sus hijos.

[a]*Yes I do*

Preguntas

1. ¿Qué le parece la creatividad de algunos venezolanos al escoger nombres para sus hijos?
2. ¿Qué le parece la idea de ser nombrado/a en honor de un lugar? ¿Le gustan los nombres como París, Dakota, Cleveland, Austin, Madison?
3. ¿Cuáles son los nombres más raros que Ud. ha escuchado? Piense, tal vez, en los nombres que las celebridades les ponen a sus hijos? ¿Por qué cree Ud. que los padres escogieron esos nombres para sus hijos?
4. ¿Por qué escogieron sus padres su nombre? ¿Sabe Ud. qué significa? ¿Le gusta?

Actividad

C
COMPARAR
Imagínese que Ud. está casado/a con una persona venezolona y que van a tener un bebé. Su dilema es que la familia venezolana tiene expectativas sobre el nombre que le pondrá a su hijo/a. Todos los hermanos de su esposo/a venezolano/a les han puesto a sus hijos nombres que combinan los nombres de parientes queridos. Vea la lista que debe usar para inventar un nombre original. María, Concha, Lucía, Gabriela, Marta, Isabel, Héctor, Roberto, José, Paco, Ignacio, Fernando. Cree un nombre para una niña y uno para un niño. Luego, comparta los nombres con la clase y decidan cuál es el más bonito, el más feo y el más original.

Narración en el pasado

En esta sección del capítulo, Ud. va a practicar la narración en el pasado. Para hacerlo bien, hay que utilizar las estructuras gramaticales (los puntos clave) de la siguiente tabla que pertenecen a la meta comunicativa. Antes de continuar, estudie las explicaciones de estas estructuras gramaticales en las páginas moradas que están al final del libro.

LA META COMUNICATIVA DE ESTE CAPÍTULO

ICONO	META COMUNICATIVA	PUNTOS CLAVE
P PASADO	Narración en el pasado	• el pretérito • el imperfecto • los tiempos perfectos • **hace… que**

Las arrugas de la ciudad, *de Alfonso Ramón Fontaine Batista, Cuba, 2012*

PRUEBA DIAGNÓSTICA

Lea el siguiente párrafo sobre las experiencias de un fotógrafo cubanoamericano durante una visita a Cuba. Luego, llene los espacios en blanco con la forma apropiada del pretérito o del imperfecto (según el contexto) de los verbos que están entre paréntesis. Escoja entre **ser** y **estar** cuando sea necesario.

El año pasado _____ (ser/estar)[1] en la Habana por diez días con un grupo de fotógrafos. _____ (Ser/Estar)[2] una experiencia alucinante. (Nosotros) _____ (Visitar)[3] varias galerías y _____ (conocer)[4] a unos artistas muy talentosos. Toda la gente _____ (ser/estar)[5] muy amable. El proyecto que más me _____ (fascinar)[6] _____ (ser/estar)[7] una instalación mural llamada *Las arrugas de la ciudad.* El artista francés, JR, _____ (trabajar)[8] con el artista estadounidense José Parlá, de origen cubano, para crear unos murales enormes pintados sobre edificios viejos alrededor de La Habana. JR _____ (fotografiar)[9] y _____ (entrevistar)[10] a veinticinco personas mayores que _____ (vivir)[11] la Revolución cubana. JR _____ (decir)[12] que _____ (querer)[13] «redefinir la noción de héroes», poniendo las caras de personas reales en lugares públicos. No pueden imaginar lo emocionante que _____ (ser/estar)[14] andar por las calles y de repente encontrar uno de estos murales con las gigantescas fotos de caras ancianas y con la calígrafa de Parlá. (Yo) _____ (poner)[15] aquí arriba una foto de uno de los murales que me _____ (gustar)[16] mucho para darles una idea de lo impresionante que son. Pero también (yo) _____ (comprar)[17] un libro con los retratos, breves biografías de los sujetos y las fotografías de estos murales pintados alrededor de La Habana.

ACTIVIDADES

P
PASADO

Las siguientes actividades le darán la oportunidad de narrar en el pasado. Recuerde que se suele usar el imperfecto para hacer descripciones en el pasado y para hablar de lo que hacía una persona habitualmente. En cambio, se usa el pretérito para adelantar (*advance*) el argumento de una historia.

A. Una despedida emocionante Nick Quijano nació en Nueva York en 1953 de padres puertorriqueños. Cuando tenía 14 años, su familia regresó a Puerto Rico permanentemente. Por eso, Quijano debe su formación cultural a Puerto Rico y su arte refleja una celebración del espíritu de la gente de la Isla.

El Viejo San Juan, *de Nick Quijano, Puerto Rico*

Paso 1 En *El Viejo San Juan,* Quijano representa una calle del centro histórico donde tiene lugar la despedida de un padre de su hijo que va a cumplir el servicio militar. En parejas, escriban una oración para cada circunstancia, fijándose primero en el tiempo verbal que se tiene que usar. Antes de escribir, pongan un círculo alrededor del tiempo verbal apropiado.

1. **Para dar información de trasfondo** (pretérito / imperfecto)
   a. descripción del día, del clima, de la hora
   b. el ambiente de la calle
   c. las relaciones entre el hijo y el padre

2. **Para describir condiciones físicas y estados emocionales** (pretérito / imperfecto)
   a. la apariencia del lugar
   b. una descripción física de algunos de los hombres, incluyendo al padre y su hijo
   c. los sentimientos del padre y sus amigos al despedirse del hijo

3. **Para narrar acciones completas** (pretérito / imperfecto)
   a. tres acciones hechas por el hijo antes de llegar al lugar de encuentro
   b. alguna acción ocurrida después de la despedida / cuando el hijo se sube al autobús para irse

4. **Para describir acciones habituales** (pretérito / imperfecto)
   a. las acciones cotidianas del padre y sus amigos, cómo pasan sus días normalmente
   b. acciones o hábitos del hijo que van a cambiar cuando empiece su servicio militar

5. **Para describir una acción interrumpida por otra** [Mientras … . (pretérito / imperfecto), … (pretérito / imperfecto)]
   a. lo que hace el guitarrista / lo que hacen el padre y el hijo
   b. las acciones de los amigos / la llegada del autobús

6. **Para resumir el evento entero desde el principio hasta el final** (pretérito / imperfecto)
   a. un resumen de esa tarde triste

Paso 2 Usando las oraciones que Ud. acaba de escribir con su compañero/a, además de otras ideas, imagínese que Ud. había observado la escena que tuvo lugar en el bar. Añada más detalles para describir lo que pasó aquella tarde en el Viejo San Juan. Describa el evento completo, en forma de párrafos, utilizando los conectores apropiados para que su narración fluya.

Remember:
✗ ～
↓ ～
✗ ～
↓ ～
✗

Pretérito   Imperfecto

"he was able to... an action
appreciate... an action
that occurred?" Why
pretérito?

B. Jack Delano

Paso 1   Lea el siguiente párrafo sobre el artista Jack Delano (1914–1997), prestando atención a los verbos subrayados. En parejas, analicen por qué se usa el pretérito o el imperfecto en cada caso.

underlined

"analizar" (in subjunctive/command

Jack Delano <u>nació</u> en Ucrania en 1914 e <u>inmigró</u> con su familia a los Estados Unidos en 1923. De joven, <u>estudió</u> artes gráficas, fotografía, composición musical y viola en Filadelfia. En 1941, cuando <u>tenía</u> 27 años, la Farm Security Administration lo <u>contrató</u> para fotografiar la vida en Puerto Rico. En ese momento, Puerto Rico <u>pasaba</u> por una época de pobreza extrema. Delano <u>pasó</u> varios meses sacando fotos de la Isla y su gente. <u>Se enamoró</u> de Puerto Rico. La gente <u>era</u> cariñosa y abierta; a pesar de la falta de trabajo y el hambre, los puertorriqueños <u>mostraban</u> una dignidad, alegría y bondad que Delano <u>pudo</u> apreciar. Por eso, en 1946 <u>regresó</u> a Puerto Rico para quedarse definitivamente. Junto con su esposa, Irene, <u>estableció</u> una conexión intensa con la Isla y <u>fue</u> uno de los principales contribuyentes a la cultura puertorriqueña. Sus cuadros, películas, composiciones musicales y fotografías <u>documentaron</u> casi 50 años de historia de la isla.

goodness

subjunctive/command

Paso 2   En parejas, escojan el verbo más apropiado y expliquen el porqué de su elección.

1. Jack Delano **era** (fue/era) ucraniano, pero **se sentía** (se sintió/se sentía) conectado con la cultura puertorriqueña.
2. Delano **dirigió** (dirigió/dirigía) *Los peloteros* (*The baseball players*), una película sobre niños rurales y su amor por el béisbol. *to manage/run/direct* *dirigir*
3. Además de fotógrafo, Delano **era** (fue/era) un compositor prolífico. Le **encantaba** (encantó/encantaba) combinar la música clásica con los sonidos naturales y la música folclórica de la isla. *composer*
4. En sus fotografías, Delano **buscaba** (buscó/buscaba) captar la esencia humana de sus sujetos.
5. Delano **murió** (murió/moría) en 1997 en Puerto Rico.

Paso 3   En parejas, escriban una oración en el pasado para cada categoría, para describir las fotos de Jack Delano que se reproducen en esta página. La mitad de la clase debe describir una de las fotos y la otra mitad debe describir la otra. Después, compartan sus oraciones con la clase entera. **¡OJO!** Piensen si necesitan usar el pretérito o el imperfecto antes de escribir cada oración.

1. edad
2. aspecto físico
3. estado emocional
4. dos acciones completas antes de posar para la foto
5. una reacción emocional al momento de tomar la foto o un resumen de ese día

Dos niñas en Utuado, Puerto Rico

Una procesión religiosa en San Juan, Puerto Rico

Las siguientes expresiones le pueden servir para narrar en el pasado.

Para empezar una historia

Te voy a contar algo increíble.
Escucha lo que sucedió.

Para reaccionar ante una historia

¡Increíble!
¡Qué locura! (*How crazy*)
¡Pobrecito/a!
¡Qué mala onda/pata!
   (*What a bummer!*)
¡Qué suerte! (*How lucky!*)

Para continuar la historia

Pero eso no fue nada.
Ahora viene lo peor.
Se dio cuenta de que…
   (*He/she/You* (Ud.)
   realized)
De repente

Para terminar la historia

Como ves, fue…
Todo salió bien/mal

C. **Cuando era más joven** En parejas, miren las cinco oraciones y decidan si cada oración necesita el pretérito o el imperfecto. Para ayudarlos/las a decidirse, pongan un círculo alrededor de la palabra o frase que les da la pista (*hint*). Después, cada uno/a debe terminar cada oración según su propia experiencia. Mientras hable su compañero/a, escuche, reaccione y trate de conseguir más detalles. Utilice diferentes palabras interrogativas, como **¿Quién? ¿Con quién? ¿Cuándo? ¿Dónde? ¿Por qué? ¿Cuánto? ¿Qué? ¿Cómo?**

En casa

1. Cuando tenía _____ años, siempre…
2. Una vez, mientras estaba con una niñera (*babysitter*)…

En la escuela

3. Cuando estaba en la escuela primaria, siempre… pero casi nunca…
4. Un día, mientras estaba en _____ (primer, segundo, tercer, cuarto, quinto) grado,…

De vacaciones

5. Durante los veranos, normalmente mi familia,…
6. Un verano en particular…

D. **Verdades y mentiras**

Paso 1 Conjugue el verbo que está entre paréntesis para hacer las siguientes preguntas a un compañero/una compañera y responda a las mismas preguntas cuando él/ella se las haga. **¡OJO!** Cuando responda, debe **mentir** en sus respuestas por lo menos **dos** veces.

¿Alguna vez ha…

	SÍ	NO
1. (utilizar) un documento de identidad falso?	☐	☐
2. (estar) obsesionado/a con una persona famosa?	☐	☐
3. (decir) una mentira gorda a sus padres?	☐	☐
4. (salir) con alguien que haya conocido a través de un servicio del Internet?	☐	☐
5. (heredar) dinero que no esperaba?	☐	☐
6. (compartir) un secreto que había prometido guardar?	☐	☐
7. (viajar) a un país de habla española?	☐	☐
8. (portarse) de una manera insoportable enfrente de sus amigos?	☐	☐

Paso 2 Ahora, Ud. va a tratar de adivinar (*guess*) cuándo su compañero/a ha mentido. Mire las respuestas de su compañero/a. Pídale detalles sobre las respuestas que Ud. cree que son mentiras. Algunas preguntas posibles para pedir detalles son: **¿Qué pasó? ¿Cuántos años tenías? ¿Se enojaron tus padres? ¿Cómo te sentiste?**

Paso 3 Después de interrogar a su compañero/a, presente a la clase la afirmación de su compañero/a que le parezca la más interesante o atrevida. La clase decidirá si es verdad o mentira.

E. La inmigración y las nuevas generaciones

Paso 1 Lea esta entrevista que tiene opiniones de tres inmigrantes caribeños, sobre cómo el vivir en los Estados Unidos ha afectado su vida familiar.

El entrevistador: ¿Cómo te sientes, más latinoamericano o más estadounidense? ¿Eso afecta tus relaciones con tu familia?

Yolanda Rodríguez, dominicanoamericana (21 años). «Llegué aquí a los 15 años, así que vamos a decir que todavía me siento como dominicana, pero con claras influencias norteamericanas. Mis padres quieren que estudie, que tenga una carrera buena, pero como mujer también se espera que yo esté muy apegada[a] a la familia; que ayude a cuidar a mis abuelitos, por ejemplo. Veo que mis amigos estadounidenses no tienen muchas obligaciones familiares y que a ellos les importa más su vida social que su vida familiar.»

Julio Martínez, puertorriqueño (48 años). «Yo soy 100% boricua,[b] pero mi familia… no tanto. Mis hijos llevan una vida muy ocupada aquí en Nueva York y me parece que sus amigos son más importantes que su propia familia. Mis nietos no hablan ni una palabra de español y no saben nada de la historia de Puerto Rico. Me gustaría poder cantarles y leerles en mi idioma. Creo que nuestras relaciones se afectan por la distancia cultural. Ellos no me entienden.»

Ana Rosario Pozo, cubano-americana (14 años). «Nací y me crié aquí. Aunque valoro mi herencia cubana, tengo que admitir que me siento más estadounidense que cubana. Muchas veces mis padres no me entienden para nada. Quiero poder salir con mis amigas, quizás tener un novio, pero my madre es muy estricta. Necesito más libertad que la que ella tenía en Cuba. Ella llevaba una vida muy protegida y nunca discutía[c] con sus padres. Yo la respeto pero quiero que entienda que estoy en los Estados Unidos ahora.»

[a]*attached*   [b]*Puerto Rican*   [c]*argued*

Paso 2 En parejas, imagínense lo que hizo cada entrevistado/a en cada situación.

a. Yolanda le dijo a su madre que iba a la biblioteca para estudiar, pero en realidad…

b. Julio les llamó a sus nietos a su casa diciéndoles que estaba muy enfermo, pero en realidad…

c. Ana le dijo a su madre que salía con sus amigas, Brooke y Maya, pero en realidad…

Paso 3 En grupos de tres, ofrezcan un consejo a Yolanda, a Julio y a Ana utilizando las formas verbales indicadas abajo. Roten los papeles para que cada uno/a tenga la oportunidad de practicar las diferentes formas verbales. Escriban sus consejos en un papel.

ESTUDIANTE A: Utilice «Debe…»
ESTUDIANTE B: Utilice «Tiene que…»
ESTUDIANTE C: Utilice «Recomiendo que…»

F. **Un chico rebelde** Miren los siguientes dibujos y usen su imaginación para escribir una narración de lo que pasó cuando Héctor salió de la casa sin permiso. Revisen los usos del pretérito e imperfecto antes de empezar y usen el vocabulario nuevo cuando sea posible.

¡A escribir!

A. **Lluvia de ideas**

Paso 1 Lea las siguientes opiniones de Adela, una joven dominicana, y de un abuelo estadounidense.

ADELA: Veo a mis padres y mis abuelos casi todos los días. Me encanta el apoyo y la seguridad que me dan, pero a veces me siento atrapada sin la posibilidad de explorar y ver el mundo.

ABUELO: Solo veo a mis hijos y mis nietos dos o tres veces al año porque viven lejos de nosotros. Todos tienen una carrera excelente que les gusta y tienen muchos amigos. Pero tengo poca influencia en la vida de ellos, y me siento muy frustrado y triste al no poder compartir la cultura que es mi herencia y un poco de mi sabiduría (*wisdom*) con mis nietos.

Paso 2 Ahora, entre todos en la clase preparen una lista de las ventajas de vivir cerca de su familia y otra lista de las desventajas.

Conectores

al contrario
en cambio
por otro lado

DESCRIBIR

DESCRIBIR   COMPARAR

DESCRIBIR   COMPARAR

REACCIONAR

RECOMENDAR

B. **Composición: Ventajas y desventajas**   Imagínese que Ud. es periodista y escriba un artículo sobre las diversas dinámicas que puede haber en la vida familiar. Siga el bosquejo.

- escoger un título provocativo
- escribir una oración introductoria usando como mínimo dos adjetivos
- describir las ventajas de convivir con la familia utilizando ejemplos específicos
- describir las desventajas de vivir cerca de los parientes utilizando ejemplos específicos
- ofrecerles consejos a los que vivan cerca de su familia para independizarse, y consejos a los que vivan lejos para mantener las relaciones familiares a larga distancia
- escribir la conclusión

C. **Diálogo**   Lea el ensayo de un compañero / una compañera y luego invente un diálogo entre el abuelo y Adela en el que hablen de sus frustraciones y se ofrezcan consejos.

Hablando del tema

Antes de empezar a conversar con sus compañeros de clase sobre los temas de este capítulo, prepare una ficha para la conversación y otra para el debate. Revise las instrucciones sobre cómo preparar una ficha de vocabulario que se encuentran en **Hablando del tema** del **Capítulo 1.**

A. **Conversación: Los padres helicóptero o velcro**   Revise las expresiones de **Para conversar mejor.** Luego, en parejas o grupos de tres, conversen sobre los siguientes puntos.

Para conversar mejor

Desde mi punto de vista…	Me fastidia (que)…
Es deprimente/preocupante que	Mi situación ha sido diferente.
Dudo que	Para mí, es evidente que…
Lo mejor/peor es que…	Pensaba que…

- Hable sobre las ventajas y desventajas de tener padres muy involucrados en su vida.
- ¿Cuánta influencia deben tener los padres en la vida de sus hijos mayores?
- ¿Qué le recomienda a un amigo / una amiga cuyos padres se meten constantemente en su vida y que quiere librarse de ellos?

B. **Debate: Prácticas de crianza**   Revise las expresiones de **Para debatir mejor.** Después, prepare tres argumentos a favor y tres en contra de la siguiente afirmación. Luego, en grupos de cuatro (dos parejas), presenten sus argumentos en un debate apasionado. No sabrán qué lado les toca defender hasta que su profesor(a) se lo indique.

Para debatir mejor

A FAVOR	EN CONTRA
Eso es.	No es siempre así.
Estoy de acuerdo.	¿Hablas en serio?
Muy bien dicho.	Lo siento, pero…
No cabe duda.	Todo lo contrario.

«Es importante ser estrictos y establecer límites claros con los adolescentes que no respeten las reglas familiares. De otra manera, el comportamineto de un adolescente desobediente puede hacerle daño a toda la familia.»

Lugares fascinantes para estudiar:

El Caribe

Estudiar en el extranjero cambia la forma de ver su propio país y amplía su perspectiva sobre los diferentes lugares, personas y culturas del mundo.

Hola, soy Santiago y ahora me encuentro gozando del sol del Caribe. ¡Me encanta este trabajo! Acabo de filmar en cuatro países diferentes. Después de leer los blogs de los estudiantes, sabía que iba a ser muy chévere explorar estos lugares. ¡Tuve razón!

El Malecón, La Habana

La Habana, Cuba Estoy pasando el mes de enero en Cuba tomando una clase de historia caribeña. Me fascina La Habana. Lo primero que se nota es que por todas partes hay carros estadounidenses de los años 50 en muy buenas condiciones. Se ve por todas partes un montón de bicicletas y coco taxis—estos son motocicletas de tres ruedas en forma de coco y pintadas de amarillo. También no se puede perder la referencia constante a la Revolución cubana –por todas partes hay murales pintados con la cara del revolucionario Che Guevara y con frases sobre los beneficios del socialismo.

Por la mañana tenemos clase y luego por la tarde hacemos visitas culturales que me fascinan. Antes de la Revolución cubana, La Habana era la ciudad más cosmopolita del Caribe. Hoy, aunque muchos de los edificios necesitan reparaciones, hay museos y monumentos de gran interés y belleza. El capitolio,[1] por ejemplo, es casi igual en estilo y tamaño al que hay en Washington, D.C. Otros lugares fascinantes incluyen el Museo de la Revolución, el Museo de Bellas Artes, el majestuoso Gran Teatro de La Habana —sede del famoso Ballet Nacional de Cuba y de la Ópera Nacional— y el Castillo del Morro construido en el siglo XVI para protejer la ciudad de ataques militares y de piratas. El Museo Nacional de Música me fascinó. Tiene una colección impresionante de tambores[2] africanos que muestra la historia y el desarrollo de la música cubana. Cuba tiene fama por su riqueza artística: hay festivales de hip hop cubano; de música contemporánea, ballet y jazz; de nuevo cine latinoamericano y mucho más.

[1]*capitol building* [2]*drums*

Como es de imaginar, estar en el Caribe en enero es maravilloso. Disfrutamos de pasear por las calles y nos encanta pasar las tardes en la playa. El Malecón, una avenida marítima de siete kilómetros, es conocido como «el sofá habanero» por ser un lugar donde la gente se sienta para charlar, cantar y ver la puesta del sol.

Estoy aprendiendo mucho pero no es fácil procesar todo lo que significa ser cubano. Aquí hay cosas maravillosas y a la vez cosas que no funcionan. Pero también hay un espíritu entre los cubanos que he conocido que me ha impresionado profundamente. Creo que poco a poco su país va cambiando y espero poder volver algún día para ser testigo a los cambios.

—**Courtney G. / George Mason University**

Práctica de béisbol, San Pedro de Macorís

San Pedro de Macorís, República Dominicana Cada año mi universidad ofrece a los estudiantes del departamento de trabajo social la oportunidad de pasar una semana en la República Dominicana durante las vacaciones de primavera. El año pasado pasé la semana cerca de Santo Domingo trabajando en La Fundación Batey. Este año he vuelto por mi cuenta.[3]

Dado que soy muy aficionado al béisbol San Pedro de Macorís me pareció el lugar perfecto porque es bien sabido que este deporte es una obsesión aquí. Muchos de los jugadores de esta ciudad terminan en las ligas mayores estadounidenses, como por ejemplo, Sammy Sosa. Cada año, entre octubre y febrero, los aficionados al béisbol acuden[4] a la ciudad para ver los partidos de la temporada de invierno.

Pero además de su fama como centro beisbolístico, San Pedro tiene mucha importancia histórica. Fue el lugar donde se instaló la primera estación telefónica del país en el siglo XIX. Y la ciudad ha sido un centro de producción de azúcar, lo cual la convirtió en un centro de riqueza a principios del siglo XX. Por la producción azucarera llegaron a la zona trabajadores de ascendencia africana, quienes han contribuido de manera profunda a la cultura, la música, la danza y las prácticas religiosas de la ciudad. Nos interesó mucho visitar los ingenios[5] y aprender sobre la producción de azúcar. Hoy en día, San Pedro está experimentando un renacimiento, con la atención que recibe por sus contribuciones al béisbol y por su industria.

Marzo no es el mes ideal para ver los partidos, pero pude jugar un poco con unos estudiantes de la Universidad Central del Este. Participé en unos intercambios de conversación con los universitarios que estudian inglés. Luego, por las tardes visité otros lugares de interés con un grupo de voluntarios.

Me quedan dos días más. La última noche la pasaré en la playa con los estudiantes dominicanos que conocí en la universidad. Seguramente habrá una fiesta de despedida con música chévere y promesas de volver a esta isla con su gente amigable y generosa.

—**Marshall T. / University of New Hampshire**

[3]*by myself* [4]*van* [5]*sugar (mill)*

El Viejo San Juan

El Viejo San Juan, Puerto Rico Estoy por terminar mi programa de artes culinarias y entre semestre decidí asistir a unos seminarios en Puerto Rico ofrecidos por La Escuela Hotelera de San Juan. Los tres seminarios que escogí son: Caribe fusión, Salsas, y Cocina nueva latina. Puerto Rico es un lugar ideal para estudiar todo lo que tiene que ver con el turismo. Los grandes cruceros paran aquí y los turistas esperan gozar de una gastronomía muy variada con influencias criollas, francesas, españolas, mexicanas y cubanas. Además de los seminarios, he podido comer en restaurantes exquisitos, como Pikayo, un restaurante de cocina «fusión» puertorriqueña, del renombrado Chef Wilo Benet. A veces, ¡hasta he podido comer con descuentos por estar inscrita en los seminarios de La Escuela Hotelera!

Nunca había visitado el Caribe y estoy en la gloria. Me quedo en el Viejo San Juan, el centro colonial que ofrece una fascinante mezcla de lo viejo y lo nuevo. He visitado fortalezas[6] españolas como El Morro y San Cristóbal; la Catedral de San Juan, donde yacen[7] los restos del conquistador Juan Ponce de León; las murallas[8] originales que protegían la ciudad y casas coloniales que datan de los siglos XVI y XVII.

Cuando no tengo clases, paseo por las calles empedradas[9] y visito las hermosas plazas, como el Parque de las Palomas, donde cada día se reúnen familias puertorriqueñas para dar de comer a los centenares de palomas que habitan en la plaza. Por la noche, el centro colonial se convierte en una zona de entretenimiento, con sus bares, clubes de salsa y teatros, frecuentados por puertorriqueños jóvenes y mayores. También aprendí que San Juan tiene uno de los puertos más importantes de las Américas y, junto con la zona metropolitana, es un centro burocrático, financiero y farmacéutico. Un día, para escaparme de la intensidad de la vida urbana, fui al Yunque, un bosque lluvioso que queda a solo veintidós millas de San Juan. ¡Qué maravilla!

—Jill D. / Oregon Culinary Institute

El teleférico de Mérida

Mérida, Venezuela Estudio este semestre en Mérida, Venezuela, una ciudad localizada entre los picos[10] más altos de los Andes venezolanos. La Universidad de los Andes atrae a muchos estudiantes, incluso a los extranjeros. Estudio para maestro bilingüe y creo que es un lugar perfecto porque además de asistir a clases, tengo la oportunidad de dar clases de inglés en una escuela primaria. He podido ver de cerca el programa que se llama «El Sistema», que les da a estudiantes de bajos recursos[11] la oportunidad de aprender a tocar un instrumento. Es fenomenal.

También, dado que Mérida es un centro cultural, ofrece muchos eventos, los cuales aseguran que uno no se puede aburrir nunca. Hay conciertos, lecturas de poesía, exposiciones de arte, visitas a museos y varios festivales internacionales.

Otro «evento» semanal que a todos los estudiantes les encanta, es visitar la heladería más famosa del mundo, la Heladería Coromoto. Desde 1991 esta heladería aparece en el *Libro Guinness de los Récords* porque ofrece 832 sabores de helado. Algunos de los sabores son pasta con parmesano, rosas, cerveza, whisky y ajo.

[6]*fortresses* [7]*lie buried* [8]*city walls* [9]*cobblestoned* [10]*mountain peaks* [11]de... *low income*

(handwritten annotations: "advantage" above "ventaja"; "we take adv. of" above "aprovechamos"; "how does this translate?" at top right; "outdoors" pointing to "al aire libre"; "en mula? or mule" pointing to "en mula")

Otra ventaja de estudiar en Mérida es que hay tantas actividades que se pueden hacer al aire libre y aprovechamos al tope las posibilidades de explorar. La ciudad es famosa por sus deportes de aventura, como el andinismo,[12] el esquí, el parapente,[13] la bicicleta de montaña y el *rafting* en aguas blancas. Para llegar a los puntos de partida para muchas de esas actividades, se puede experimentar otra aventura: ¡montarse en el teleférico[14] más alto y largo del mundo! Dos excursiones que no se pueden perder son una visita al Parque Nacional Los Nevados (tiene que llegar en mula) y una visita al Salto Ángel, la cascada más alta del mundo (veinte veces más alta que las cataratas del Niágara). Como puede ver, pasar un semestre en Venezuela es interesantísimo.

—**Kevin M. / University of Minnesota**

[12]*mountain climbing*   [13]*paragliding*   [14]*cable car*

ACTIVIDADES

¡Viaje conmigo al Caribe!

▶ Vamos al Caribe para ver de cerca el ambiente que experimentan los estudiantes allí. al Caribe.

Vaya a Connect Spanish para ver el vídeo.

Video footage provided by

BBC Motion Gallery

A. Comprensión En parejas, después de leer las entradas de los blogs y ver el vídeo de Santiago, contesten las siguientes preguntas sobre los cuatro lugares fascinantes.

1. ¿Cuáles son los atractivos culturales de La Habana, Cuba que le encantan a Courtney? ¿A cuál de estos lugares les gustaría visitar a Uds. y por qué?

2. ¿Por qué le interesa a Marshall San Pedro de Macorís? ¿Cuáles son otras actividades que hizo Marshall en la República Dominicana?

3. ¿De qué manera es el Viejo San Juan, en Puerto Rico, una mezcla de lo antiguo y lo moderno? ¿Por qué es un lugar ideal para estudiar las artes culinarias?

4. ¿Por qué es Mérida una ciudad perfecta para Kevin? ¿Cuál de las actividades deportivas le interesaría a Ud.? Explique.

5. ¿Cómo cambiaron las impresiones que tenía de cada ciudad al ver el vídeo de Santiago?

6. ¿Conoce a un(a) estudiante que se beneficiaría de una estancia en uno de estos lugares del Caribe? ¿Quién es? ¿Cómo coincide lo que ofrece esta ciudad con sus intereses académicos? ¿Cuáles son los rasgos de su personalidad que le hacen pensar que este lugar sería ideal para él/ella?

REACCIONAR
R
RECOMENDAR

B. ¿Cómo es el Caribe? Ahora, completen las siguientes oraciones como si Uds. fueran Santiago, hablando con una amiga que piensa ir a Cuba. ¿Qué tiempo verbal hará falta para completarlas?

1. En Cuba, no hay muchos recursos modernos. Siempre hay que «resolver» (*make do*). Es impresionante que _____ (haber) tantos carros antiguos que funcionan. Cuando estés en Cuba, es importante que...

2. En San Pedro de Macorís, escuché mucho el merengue y la bachata. Es impresionante ver que tantos dominicanos _____ (bailar) tan bien. Antes de ir a la República Dominicana, recomiendo que...

3. San Juan tiene una fascinante mezcla de lo viejo y lo moderno. Es increíble que el Viejo San Juan, con 500 años de historia, _____ (estar) tan bien preservado. Cuando vayas a San Juan, te sugiero que...

4. Mérida tiene algo para todos los gustos. Es impresionante que uno _____ (poder) practicar tantos deportes extremos en ese lugar. Cuando visites Mérida, ojalá que...

C. Viaje de familia Imagínese que Ud. es agente de viajes. Escriba un correo electrónico al padre de la familia López Montero dándole recomendaciones para su reunión familiar en el Caribe. Hay seis personas que viajan: la abuela, el padre, la madrastra, unos gemelos de 17 años y la hija menor de 8 años. Siga el siguiente bosquejo.

DESCRIBIR

GUSTOS

PASADO
REACCIONAR

RECOMENDAR

- Creo que el mejor lugar para su reunión es _____ por varias razones. En primer lugar...

- Entiendo que a algunos de Uds. les gusta..., pero a otros les interesa...

- El año pasado otro cliente fue con su familia a esta misma ciudad y les gustó mucho...

- Estoy seguro de que... Y por eso recomiendo que...

D. Una reunión familiar En parejas, hagan los papeles de dos miembros de la familia López Montero: la abuela y la madrastra, el padre y el hijo o el hermano y la hermanastra. Hablen sobre el lugar ideal para la reunión. No están de acuerdo y deben tratar de convencer a la otra persona de que el lugar que Ud. ha escogido es el mejor para toda la familia. Usen el correo electrónico del agente de viajes que prepararon en la **Actividad C** como base para la conversación. También utilicen algunas de las expresiones útiles para persuadir a su compañero/a.

Expresiones útiles

Para pedir una opinión

¿Qué opinas tú?
¿Qué piensas de...

Para dar una opinión

En mi opinión...
A mí me parece que...
Francamente pienso/creo que...
Siento decirte esto pero...

Para expresar frustración y dificultad en creer algo

Estoy desilusionado/a contigo porque...
¡No (me) lo puedo creer!
Esto es el colmo.
¿En serio?
No tiene sentido lo que dices.

Para persuadir

Es importante que...
Debemos (+ *infinitivo*)...
No quiero perder esta oportunidad de...

Un artista hispano:

Gustavo Dudamel

Quizás uno no asocia la superfama con la música clásica, pero en muchos círculos, y especialmente en su país natal, Gustavo Dudamel es tan famoso como cualquier estrella de rock. Hijo de padres humildes de Barquisimeto, Venezuela, Dudamel nació en 1981 y empezó sus estudios de violín a los 4 años como parte del famoso programa de

Gustavo Dudamel

enseñanza musical, «el Sistema». Hoy, sin lugar a dudas, Dudamel es su ex alumno más famoso.

Conocido por su energía, pasión y magnetismo, Dudamel empezó su primer trabajo de director en 1999 con la Orquesta Sinfónica Juvenil Simón Bolívar, la orquesta más importante de «El Sistema». Llamó la atención internacional cuando a los 23 años ganó el primer premio en el primer Concurso de Dirección Gustav Mahler en Alemania. Desde 2008, desempeña una función doble, como director tanto de la Orquesta Filarmónica de Los Ángeles como de la Orquesta Sinfónica Simón Bolívar de Venezuela. Ha recibido múltiples premios internacionales. Junto con el Dr. José Antonio Abreu, su mentor, recibió el «Premio Q», otorgado por Harvard University a personas que han tenido un impacto excepcional en la vida de los jóvenes. En 2009, fue nombrado por la revista *Time* una de las cien personas más influyentes.

Es una experiencia extraordinaria ver a Dudamel dirigir una orquesta. Despierta pasión y energía no solamente en sus músicos sino también en los espectadores. Por su entusiasmo exuberante, su creatividad, su entrega absoluta a la música y, sobre todo, por su fe en la habilidad de la música de cambiar vidas, Dudamel se considera uno de los directores de orquesta más importantes del mundo hoy en día.

ACTIVIDADES

A. Comprensión En parejas, contesten las siguientes preguntas.

1. ¿Cuáles son las cualidades más impresionantes de Gustavo Dudamel?

2. ¿Por qué podría parecer raro que a Dudamel lo traten como una estrella de rock?

B. José Antonio Abreu, fundador de «El Sistema» Lea sobre el fundador de «el Sistema» en Venezuela, José Antonio Abreu, un amante de la música y un héroe de los niños pobres. Luego, en parejas, llenen los espacios en blanco con el pretérito o el imperfecto, según el contexto.

Conocido oficialmente como El Sistema de Orquestas Infantiles y Juveniles de Venezuela, «el Sistema» _____ (ser/estar)[1] fundado en 1975 por el economista José Antonio Abreu. _____ (Saber)[2] que la brecha socioeconómico entre los ricos y los pobres de su país

José Antonio Abreu, fundador de «El Sistema»

_____ (ser/estar)[3] una de las peores del mundo. Abreu _____ (tener)[4] la idea de ofrecer clases de música gratuitas con la esperanza de combatir problemas de pobreza, crimen, pandillas[a] y drogas en su país. _____ (Creer)[5] con todo corazón que «en el momento en el que se le entrega el instrumento al niño, este ya no es pobre en ningún sentido». Así que _____ (crear)[6] un espacio seguro donde los jóvenes _____ (poder)[7] aprender a tocar un instrumento y a la vez aprender a escucharse, a respetarse y a prepararse para ser parte de una comunidad productiva. En su primer concierto en 1975 solo _____ (haber)[8] once músicos jóvenes. Pero Abreu no _____ (querer)[9] dejar su sueño porque _____ (ser/estar)[10] convencido de que la música _____ (ir)[11] a ser un salvavidas para la juventud de su país. Y _____ (tener)[12] razón. Hoy a nivel nacional, hay 120 orquestas juveniles y 60 orquestas infantiles que proveen de clases de música a más de 350.000 niños.

[a]*gangs*

C. ¿Qué piensa Ud.? Busque en Internet un vídeo de un concierto de la Orquesta Juvenil Simón Bolívar, conducido por Dudamel. Después, escriba una pequeña presentación para describir la Orquesta y la obra de Dudamel a alguien que no los conozca. Escriba por lo menos dos oraciones de descripción y dos oraciones de reacción (**es impresionante, es sorprendente, es alucinante,…**). En clase, comparta su descripción con otros compañeros en grupos de tres o cuatro.

♫ La música caribeña

La mayoría de la música que se conoce en los Estados Unidos como «música latina» o «salsa» es realmente un conjunto de diversos estilos musicales originarios del Caribe. Estos tipos de música provienen de la historia rica y compleja de dos tradiciones culturales que se fusionaron en el Caribe: la africana y la europea.* Cada país tiene sus propios estilos: el son y la guajira de Cuba, el merengue y la bachata de la República Dominicana o la bomba y la plena de Puerto Rico. Lo que se conoce como «salsa» es en realidad una fusión de jazz y ritmos caribeños que se originó en Nueva York, aunque hoy en día el epicentro de la salsa se encuentra en Puerto Rico. El éxito sorprendente del grupo Gloria Estefan and the Miami Sound Machine, de la película *Buena Vista Social Club* y la popularidad de la canción «Livin' la Vida Loca» de Ricky Martin

Eduardo José Cabra Martínez y René Pérez Joglar de Calle 13

han contribuido al interés en la música caribeña a nivel mundial. Los instrumentos esenciales para crear los ritmos latinos incluyen las claves, las maracas, los bongos, los timbales, las congas, la guitarra y el bajo, entre otros. Hoy en día hemos visto canciones como «Gasolina» de Daddy Yankee y «La tortura» de Shakira entre las 40 canciones más exitosas en los Estados Unidos. También cada vez más artistas latinos hacen el *crossover* y cantan con artistas norteamericanos como Romeo y Usher, Shakira y Beyoncé, y Juanes y Nelly Furtado.

ACTIVIDADES

A. **Comprensión** En parejas, contesten las siguientes preguntas.

1. ¿Cuáles son las tradiciones musicales que influyen en la música caribeña?
2. ¿Cuáles son algunos de los estilos que se asocian con cada país?
3. ¿De dónde viene la salsa?
4. ¿Cuáles son algunos de los instrumentos musicales más importantes en la tradición caribeña?
5. ¿Qué cantantes caribeños han tenido éxito en los Estados Unidos?

REACCIONAR
GUSTOS RECOMENDAR

B. **¡A escuchar!** Para apreciar la gran variedad de música caribeña, vaya a YouTube™ y escuche unos de los siguientes cantantes o grupos: música tradicional (Celia Cruz, Tito Puente), nueva trova cubana (Pablo Milanés, Silvio Rodríguez), reggaetón (Daddy Yankee, Don Omar), rap cubano (Orishas), merengue y bachata (Juan Luis Guerra, Prince Royce, Romeo Santos) y merengue electrónico (Rita Indiana y Maffia). Unas canciones que tienen que ver con el tema de la inmigración son *La hora de volver* de Rita Indiana, *Latinoamérica* de Calle 13 y *Cuba libre* de Gloria Estefan. Después de ver los videos, comparta sus impresiones sobre la letra, el videografía y su impresión general. Utilice frases como **Me gusta(n)... porque..., Es impresionante que..., Me sorprende que...** y **Es evidente que...**

C. **¡A escribir!** Escriba un comentario para Amazon.com en el que describa su impresión sobre la calidad del video, las letras y si le interesaría escuchar más de su música.

---

*Aunque los habitantes originales del Caribe fueron, por supuesto, indígenas, por enfermedades y maltrato de los europeos, los habitantes originales casi desaparecieron. Sus formas musicales prácticamente no tuvieron ningún impacto en la música caribeña.

Un evento histórico

La Revolución cubana

Fidel Castro

En 1959, después de casi seis años de resistencia y rebeliones, Fidel Castro y sus tropas revolucionarias tomaron control de La Habana poniendo fin a la dictadura totalitaria y sanguinaria de Fulgencio Batista. Al asumir el poder, Castro y sus seguidores, entre los que se encontraban su hermano Raúl y el legendario Ernesto «Che» Guevara, optaron por el modelo económico socialista y se aliaron con el bloque soviético. El nuevo régimen nacionalizó las tierras y negocios de dueños extranjeros, además de las propiedades de la Iglesia Católica y plantaciones y compañías de los cubanos ricos. También, implementó una serie de cambios políticos y estructurales destinados a mejorar la situación de la mayoría pobre del país. Entre esos cambios estaban la reforma del sistema escolar nacional, la reforma agraria y la implementación de un sistema de salud para todos. También hubo esfuerzos dirigidos a eliminar las clases sociales y a disminuir el

Un mural de Che Guevara en La Habana

prejuicio racista y sexista. Por esta razón, recibió mucho apoyo de la gente más pobre. Por otro lado, alienó a los que no estaban de acuerdo con los ideales marxistas y a las clases media alta y alta, quienes perdieron muchos de los beneficios que habían gozado bajo el régimen de Batista. Por eso, muchos dejaron la Isla y se mudaron a los Estados Unidos y a España. Desde el principio de la Revolución, la relación entre los Estados Unidos y Cuba ha sido muy conflictiva. Aunque la Revolución trajo cambios positivos, el régimen sigue manteniendo un control estricto sobre la actividad política y limita la libertad de expresión.

Para leer más sobre el impacto de la Revolución cubana en la Cuba de hoy y para hacer actividades relacionadas con este tema, vaya a Connect Spanish.

ACTIVIDAD

A. Comprensión   Conteste las siguientes preguntas.

1. ¿Quiénes eran algunos de los líderes de la Revolución cubana?

2. ¿Cuáles han sido algunos de los beneficios de la Revolución?

3. ¿Cuáles son algunos de los problemas del régimen de Castro?

Junot Díaz

Junot Díaz nació en la República Dominicana en 1968 y emigró con su familia a Nueva Jersey cuando tenía 6 años. Como inmigrante, vivía entre dos mundos y nunca dejó al lado su profundo cariño por su país natal. Aunque sufría por la discriminación racial y la pobreza, pudo escaparse a través de los libros; desde joven leía constantemente. Se graduó de la Universidad de Rutgers y la universidad de Cornell y actualmente es profesor de escritura creativa en el Instituto de Tecnología de Massachusetts (MIT).

Dados sus comienzos precarios en este país, es alucinante que se haya convertido en un escritor tan importante y respetado. La revista *The New Yorker* le nombró uno de los veinte mejores escritores del siglo XXI. Después de su primer libro, *Drown* (traducido al español bajo el título *Negocios*), tardó once años en escribir la novela *La breve y maravillosa vida de Óscar Wao* por la que ganó el Premio Púlitzer (2008). En 2012 fue seleccionado como uno de los cinco finalistas del prestigioso Premio Nacional del Libro por su serie de historias de amor *This is How You Lose Her*. El mismo año ganó la beca «Genio» de la Fundación MacArthur, con un premio en metálico de $500.000. Por sus éxitos literarios y profesionales, su carisma y su entendimiento astuto de la sociedad latina actual, Junot Díaz se ha convertido en un héroe de muchos jóvenes inmigrantes e incluso del público anglosajón.

ANTES DE LEER

A. Para comentar En parejas, comenten los siguientes temas.

1. Cuando Ud. tiene que escribir un trabajo para una clase, ¿cómo empieza? ¿Es Ud. un escritor organizado / una escritora organizada? ¿Se prepara con tiempo o tiene la tendencia de dejar las cosas para el último momento?

2. Para ser un escritor exitoso / una escritora exitosa, ¿cuáles son algunos de los hábitos que hay que tener?

3. ¿Ha oído Ud. historias de sus antepasados que vinieron a este país como inmigrantes? Explique.

4. ¿Ha conocido a inmigrantes procedentes de Latinoamérica? ¿Cómo ha sido su experiencia aquí?

5. El *Spanglish** es cualquier forma de español que utiliza palabras prestadas del inglés, como substitutos de palabras que existen en español (Tiene que *babysit* a su hermanita) o palabras inventadas con la raíz en inglés (Después de comer voy a *mopear* el piso). ¿Ha escuchado Ud. el *Spanglish* hablado alguna vez? ¿Qué le parece la idea de un idioma híbrido?

6. ¿Lee Ud. novelas o lecturas que no son un requisito de sus clases académicas? Explique.

---

*Junot Díaz insists that his literary language is not Spanglish but code switching, which is a mix of two or more languages within the same discourse. ("Of course, when I saw them *me quedé fría.* I thought, no way *que ellos están juntos otra vez.*") He is adamant about this fluid interchange of both English and Spanish and refuses to allow Spanish words to be italicized in his published works.

B. Acercándose al tema Lea el título de la ficha y las palabras nuevas asociadas con la lectura. En parejas, indiquen si los espacios en blanco requieren un sustantivo, un verbo o un adjetivo. Luego, escojan la palabra apropiada de la ficha para completar las oraciones.

Una entrevista con Junot Díaz		
el ambiente	el sacrificio	el vínculo[a]
mezclar	obedecer	soportar
cómodo/a	híbrido/a	profundo/a

[a]*bond*

1. El proceso de escribir la novela, *La breve y maravillosa vida de Óscar Wao*, no fue nada fácil para Junot Díaz. Se levantaba temprano y escribía entre tres o cinco horas pero la novela no quería _____, no quería cooperar.

2. El tema principal de la obra de Díaz es la inmigración, y el autor conoce el tema íntimamente por haber vivido las presiones y los cambios _____ que uno siente al dejar su país de origen.

3. Cuando Díaz se mudó a los 6 años de la República Dominicana a Nueva Jersey, hablaba solo español en el _____ familiar. Pero cuando asistió a la escuela no había programas bilingües, así que tuvo que aprender a leer y escribir en inglés. Por eso, aunque habla bien el español, le es mucho más _____ escribir en inglés.

4. Aunque los inmigrantes hispanos han reconstruido sus comunidades aquí en este país, siguen teniendo un _____ muy fuerte con los países de Latinoamérica.

5. Dice Díaz que el lenguaje de sus obras no es *Spanglish* sino un estilo _____ en el que se _____ los dos idiomas.

6. En medio de la locura típica de la vida moderna, la gente no lee mucho. Prefiere comprar su iPhone y meterse en Facebook o jugar videojuegos. Es una cosa difícil leer una novela, es como un _____ de su tiempo. El lector / La lectora tiene que abrir el corazón, tiene que integrar esa novela, ese libro de poesía en su vida emocional e intelectual, y es un proceso que mucha gente no _____.

Entrevista: Junot Díaz

22BBC (ESTUDIO ABIERTO) 24 de octubre de 2008.

En esta conversación, conducida por José Baig, Junot Díaz respondió a las preguntas de los lectores y para aquellos que quieren escribir confió cuáles fueron «las tres cosas que me ayudaron muchísimo a ser escritor».

LECTOR: ¿Por qué contar una historia de inmigrantes?

JUNOT DÍAZ: [...] Yo veo que la mayoría de la gente en los Estados Unidos y también el Caribe tiene algo que ver con la inmigración. Aunque yo tengo familiares que nunca han salido de Santo Domingo, ellos todavía tienen familiares que son inmigrantes. Ese proceso los ha impactado.

(continúa)

Entrevista: Junot Díaz (continuado)

LECTOR: *En tu novela, la inmigración es como un trasfondo, un telón de fondo[a] en que se mueven los personajes en un universo que es más bien de relaciones humanas conflictivas, con complejos de la infancia, canalladas[b] de la política, hay como de todo un poco por encima de este telón de fondo.*

JUNOT DÍAZ: Tienes razón, porque hay gente que cree que conoce su familia, su padre, su hermano, su hijo, pero mira, hasta que uno vive la inmigración uno no conoce nada, no conoce su familia, ni te conoces tú mismo, porque la inmigración le pone una presión a la gente, cambia todo. Hay gente que es muy seria, buenísima gente en su propio país, pero después cuando tiene que **aguantar[c] esa pérdida de cultura,** de idioma, cuando tiene que luchar en una tierra ajena,[d] se vuelve loca. Y la misma gente que parece medio vagas en su propio país, cuando ya toman ese vuelo se convierten en campeones. [...]

VISUALIZAR

LECTOR: *Tú mismo eres un inmigrante, creciste en Nueva Jersey que es uno de los destinos de la diáspora dominicana. ¿Hay en esta novela elementos autobiográficos?*

JUNOT DÍAZ: No mucho, no creo que nada. Yo escribí esta novela porque, mira, el primer libro mío era algo que yo **arranqué de mi corazón,** de mi vida, y en esta novela yo quería inventar todo, personajes, la trama. Entonces aunque toma lugar en New Jersey y en Santo Domingo, afuera de esas cosas muy básicas de veras esta novela no tiene nada que ver con mi vida. [...]

VISUALIZAR

LECTOR: *¿Por qué escribiste en inglés y no en español la versión original de la novela?*

JUNOT DÍAZ. Es una pregunta muy clave. Imagínate, yo aprendí cómo leer y escribir en inglés, yo salí de mi país a los seis años. En la casa, con mi mamá, entre mis hermanos, en ese ambiente familiar nosotros hablábamos solo español. Pero escribir y leer, eso fue algo que yo aprendí aquí en los Estados Unidos, entonces yo creo que esto tiene mucho que ver con la historia mía, mi propia historia, no con un acto político. Si hubiera vivido gran parte de mi vida en Santo Domingo, si hubiera salido más tarde, si hubiera aprendido a leer y escribir en español, entonces imagino que esta novela yo la habría escrito en español. Cuando yo llegué a los Estados Unidos en los 70 no había estos programas bilingües, había que aprender en inglés.

LECTOR: *Hay toda una generación, mucha gente que aunque nunca pisó[e] República Dominicana se sigue sintiendo dominicana, en Miami hay gente que se sigue sintiendo cubana, aunque en muchos casos no han pisado nunca la isla. ¿Por qué ese fenómeno?*

VISUALIZAR

JUNOT DÍAZ: Yo creo que eso tiene que ver con cómo las comunidades latinas se construyen aquí en los Estados Unidos, porque **hay comunidades radicadas en New Jersey, en la Florida, en Nueva York,** que se parecen a su país. Donde yo me crié en New Jersey uno podía hablar español todos los días, tenías todos los negocios dominicanos, boricuas,[f] cubanos, hasta colombianos, peruanos. Los inmigrantes han reconstruido sus comunidades aquí en este país.

VISUALIZAR

Hay un vínculo muy fuerte con los países de Latinoamérica. Hay dominicanos que yo conozco, que nacieron en EE.UU. y ellos hablan inglés nada más un

---

[a]telón... *background* [b]*dirty tricks* [c]soportar [d]*foreign* [e]*set foot in* [f]puertorriqueños

(continúa)

Entrevista: Junot Díaz (*continuado*)

par de horas, viven su vida en español, comen en restaurantes dominicanos, pertenecen a negocios dominicanos.

Yo creo que nosotros estamos viviendo aquí una etapa en este país muy interesante, donde un inmigrante —a veces, no todos los inmigrantes— puede llegar a un barrio latino y sentirse más cómodo. Antes cuando llegabas era una locura, llegabas y tenías que aprender inglés, bregar[g] con el frío, con esa cultura norteamericana, pero eso ha cambiado en varios lugares.

LECTOR: ¿Considera que en el futuro incierto de esta mezcla de idiomas se pueda producir un nuevo dialecto orientado desde el inglés hacia el español? ¿En vez de spanglish, un angloñol?

JUNOT DÍAZ: Ya eso existe, tú nada más tienes que pararte[h] en una esquina de Santo Domingo o en Puerto Rico. Hay mucha gente que habla español, que son hispanoparlantes, que hablan un español con muchísimo inglés. Lo que yo quiero ver en el futuro son países bilingües, un EE.UU. donde la gente habla inglés y español. Yo quiero ver un Santo Domingo donde la gente habla español e inglés y quizás portugués. Claro que siempre van a existir idiomas mezclados, eso se ve muchísimo en los barrios de Santo Domingo, un muchacho que habla español pero cada otra palabra, es inglés. El sueño mío es un mundo bilingüe o trilingüe. [...]

LECTOR: ¿Qué hacer para lograr la concentración en la lectura en medio del bullicio[i] típico de nuestros barrios?

JUNOT DÍAZ: Ese señor es un genio, porque es verdad, hombre, la clase media de Latinoamérica prefiere comprar ropa y vainas,[j] PlayStation3, no va a comprar muchos libros.

He visto eso en muchos de los países, la cultura del lector se está perdiendo, la gente prefiere comprar su iPhone y su Macintosh, porque es una cosa difícil leer una novela, es como un sacrificio, tú tienes que entrar en una relación. Comprar una vaina, un aparato por ahí, eso es bien fácil, tú nomás[k] entras a la tienda y lo compras. Pero con un libro, tú tienes que abrir tu corazón, tienes que integrar esa novela, ese libro de poesía en tu vida emocional, intelectual, y es un proceso que mucha gente no lo aguanta, no lo soporta.

Yo creo que para crear más lectores tenemos que cambiar esta cultura. Yo no creo que nadie lo vaya a poder cambiar por ahora. Yo creo que ahora mismo vamos a tener que luchar una batalla medio perdida, pero **tenemos que seguir bregando,** porque aunque estamos perdiendo el juego no significa que no podemos lograr algunos goles, eso es lo importante.

VISUALIZAR

LECTOR: Decías que para leer una novela hay que establecer una relación difícil. ¿Qué pasa con el escritor? En tu caso transcurrieron once años entre la publicación de tu libro Drown *que es una serie de relatos y la publicación de la novela. ¿Fueron once años de trabajo o simplemente el tiempo que pasó entre una cosa y la otra?*

JUNOT DÍAZ: No hombre, yo no sé por qué pero me metí en un hoyo[l] con esta novela, fue como un niño malcriado, no quería obedecer, no quería respetar. Yo me levantaba a las siete de la mañana, escribía por tres, cinco horas y todo

[g]*deal* [h]*stand* [i]*noise* [j]*things* [k]*just* [l]*hole*

(*continúa*)

Entrevista: Junot Díaz (continuado)

lo que yo escribía era una mierda, lo tenía que botar, no sé por qué este libro salió tan difícil.

A veces **hay obras que uno las lanza de una vez** y hay obras como esta novela en que uno tiene que luchar, en que uno tiene que sufrir mucho. Yo todavía no lo puedo explicar, por qué me tardé once años con esta novela. Yo no me lo puedo explicar, yo trabajé como un animal, pero la novela no quería obedecer, no quería cooperar. [...]

LECTOR: *Tengo que decirte sin embargo, que entre los comentarios que recibimos, mucha gente nos dijo que* **la novela los atrapó** *tanto desde el principio que la leyeron en muy pocos días. Una vez que se establece esa conexión con el lector de la que hablabas antes, creo que el proceso de leer, por lo menos tu novela, se hace relativamente fácil y un placer. Hablando de tu esfuerzo por escribir la novela, [los lectores] te piden consejo sobre qué deben hacer para convertirse en escritores.*

JUNOT DÍAZ: El consejo que a mí me han dado que me ayudó mucho es que uno tiene que leer como un atlético, como un pelotero, ellos se ponen a hacer sus ejercicios todos los días. La gente que quiere ser escritor tiene que leer, si tú no estás haciendo eso, el camino es mucho más difícil. Es importante leer, es como tu ejercicio y después tienes que practicar. Yo le digo a la gente que por lo menos tienen que escribir una página, aunque esa página sea una mierda, lo tienen que hacer, eso es parte de la práctica, leer y escribir.

Y también un escritor joven o que está empezando, tiene que integrarse a una comunidad de escritores. ¿Qué significa eso? Buscarte un grupo, un taller, un par de panas, meterte en un ambiente donde la gente está hablando de literatura, donde te pueden criticar, donde te pueden ayudar. Para mí esas fueron las tres cosas que me ayudaron muchísimo. [...]

LECTOR: *Junot Díaz, gracias por haber estado con nosotros Y gracias a los lectores, por haber mandado tantas preguntas y tan brillantes.*

DESPUÉS DE LEER

A. **Comprensión** Indique si las siguientes oraciones son ciertas o falsas, según la lectura. Corrija las oraciones falsas.

1. Junot Díaz tardó once años en escribir *La breve y maravillosa vida de Óscar Wao.*

2. No es sorprendente que un inmigrante dominicano gane un Premio Púlitzer.

3. Junot siente una conexión fuerte con la comunidad dominicana de Nueva York y Nueva Jersey.

4. A los padres de Junot les pareció importante que su hijo aprendiera inglés cuando la familia emigró a los Estados Unidos. Por eso solo hablaban en inglés en casa.

5. En Nueva Jersey, donde se crió Junot, es posible hablar español todo el día sin decir ni una palabra en inglés.

6. Junot prefiere la pureza de los idiomas y no le gustar mezclar el inglés y el español ni cuando habla ni en sus libros.

7. Junot piensa que va a ser muy difícil animar a la gente joven para que lean más libros.

8. Según Junot es muy importante leer mucho para ser un buen escritor.

B. La niñez de Junot Díaz Lea sobre la juventud de Junot Díaz llenando los espacios en blanco con el pretérito o el imperfecto, según el contexto. Luego, en parejas, comenten los diferentes aspectos de ser un niño inmigrante.

Junot Díaz _____ (nacer)[1] en Santo Domingo en 1968. Cuando solo _____ (tener)[2] 6 años, su madre _____ (llevar)[3] a la familia a vivir en Nueva Jersey para estar con su padre que _____ (trabajar)[4] allí. Poco después, su padre los _____ (abandonar).[5] Según Junot, su padre _____ (ser/estar)[6] un monstruo que _____ (tratar)[7] a la familia como si fuera un dictador: «Mi papá _____ (mantener)[8] a Trujillo vivo en nuestra casa».

Cuando era joven, su familia _____ (recibir)[9] asistencia económica del gobierno y _____ (usar)[10] cupones de alimentos. De adolescente, _____ (lavar)[11] platos en unos restaurantes y _____ (llevar)[12] mesas de billar[a] a las casas de los ricos. Para entretenerse _____ (bailar)[13] merengue y bachata y _____ (leer)[14] libros prestados de la biblioteca pública cerca de su casa.

Cuando Junot _____ (llegar)[15] a Nueva Jersey, no _____ (hablar)[16] ni una palabra de inglés. Al principio _____ (sentirse)[17] abrumado y perdido. Pero una vez que _____ (empezar)[18] la escuela, pronto _____ (incorporar)[19] los modismos típicos de Nueva Jersey y _____ (desarrollar)[20] las particularidades notorias de su habla y su escritura que sus fanáticos[b] aprecian tanto.

[a]*pool* [b]*fans*

C. En la prensa *La breve y maravillosa vida de Óscar Wao* recibió mucha atención en la prensa. En parejas, lean los siguientes trozos de resúmenes, reseñas y entrevistas que salieron en diversos lugares. Después, reaccionen ante cada uno y expresen su opinión sobre cada situación.

1. «—*¿En Estados Unidos todavía se siente un inmigrante?*

   —¡Claro! ¿Tú crees que cuando uno domina el idioma y conoce más o menos la cultura eso cambia? Ser inmigrante es como ser alcohólico. Eso nunca se quita. Mis hijos, si nacen acá, no van a ser inmigrantes. Pero yo, siempre. Siempre, siempre, siempre.» (*Clarín Revista de cultura,* 3 de enero de 2009, Patricia Kolesnicov)

   a. Es interesante que Díaz...
   b. Si yo me tengo que mudar a otro país, (no) creo que...
   c. Recomiendo que los hijos de Junot Díaz...

2. «En una entrevista un estudiante le preguntó a Junot...

   —*¿Qué tiene que ver su vida con la de Óscar Wao?*

   —Uf, no mucho.

   —*Yo pensaba que un poco sí; usted fue a buenas universidades, se escapaba del barrio a la biblioteca...*

   —Imagínate, no conozco un escritor que no sea *nerd.* Yo soy *nerd-nerd-nerd.* Pero no tan *nerd* como Óscar. Hay niveles: si Óscar es un 8, yo soy un 3.» (*Clarín Revista de cultura,* 3 de enero de 2009, Patricia Kolesnicov)

   a. (No) Pienso que hoy en día ser un *nerd*...
   b. De los *nerds* famosos, creo que Bill Gates / Zuckerberg / ¿ ?...
   c. Me fascina que...

3. «Durante una visita que hizo a Cornell, un estudiante le preguntó cómo se sentía enseñando en el MIT, universidad sumamente exclusiva y destacada por su enfoque científico con estudiantes con poco interés en las humanidades. Díaz respondió que cree que su misión es enseñarles a ser compasivos y admitir la necesidad del error para equilibrar la creencia en la infalibilidad de la mirada científica.» (*La Nación,* 26 de abril de 2008, Alicia Borinsky)

    a. (No) creo que los ingenieros y científicos…

    b. Me gusta que Díaz…

    c. En mi opinión, las ciencias… pero las artes…

4. «El protagonista de *La maravillosa vida breve de Óscar Wao* es un *nerd* obsesionado con las novelas gráficas, los juegos de video y la computadora. Es dulce y obeso y vive con su madre y su hermana en un barrio pobre en Nueva Jersey. Óscar sueña con convertirse en un J.R.R. Tolkien dominicano y más que nada está desesperado por encontrar el amor de su vida. Pero parece que nunca va a alcanzar sus metas debido a una extraña maldición (el Fuku) presente en su familia desde hace generaciones; enviando a los Wao a prisión, predisponiéndolos a accidentes trágicos y, ante todo, al desamor, hasta el verano decisivo en que Óscar decide cambiar su destino.» (*Amazon,* 8 de julio de 2011)

    a. (No) Me interesaría leer su novela porque…

    b. Es gracioso que…

    c. (No) creo que una maldición como el Fuku dominicano…

Chinatown, Nueva York

D. Para discutir En grupos de tres, comenten los siguientes temas.

1. ¿Qué barrios étnicos hay en su ciudad o pueblo? ¿Las comunidades han estado allí por mucho tiempo o son de inmigrantes recién llegados?

2. ¿Cómo han cambiado estas comunidades el aspecto de ese lugar?

3. ¿Qué idiomas, además del inglés, se hablan en su ciudad o pueblo?

4. ¿Cómo se ha enriquecido su comunidad con la presencia de culturas diversas?

E. Composición Imagínese que Junot Díaz vino a su universidad para dar un discurso y leer fragmentos de su libro *La breve y maravillosa vida de Óscar Wao.* Ud. no sabía nada de su fama de salpicar (*sprinkle*) sus discursos con palabrotas (*curse words*). Es algo que no esperaba de un profesor de MIT. Su discurso fue fabuloso y Ud. aprendió mucho, y se rio mucho también. Después, quiere compartir su experiencia con un amigo venezolano que es fanático de la literatura contemporánea. Escríbale un e-mail con una descripción de la experiencia sorprendente de escuchar a Junot Díaz, utilizando lo que ha aprendido sobre el escritor en esta sección del capítulo.

¿CÓMO LE VA CON ESTOS PUNTOS CLAVE?

DESCRIBIR   COMPARAR   PASADO

A. Prueba diagnóstica

Paso 1   Complete el párrafo con la forma correcta de la palabra apropiada entre paréntesis, para ver cómo le va con las metas comunicativas Descripción, Comparación y Narración en el pasado. Conjugue los verbos en letra normal en el pasado, escogiendo entre **ser** y **estar** cuando sea necesario, y ponga los adjetivos en la forma correcta. Forme adjetivos con los verbos en **negrilla,** usando el participio pasado y teniendo cuidado con la concordancia.

Patricia, Dedé, Minerva y María Teresa _____ (ser/estar)[1] cuatro hermanas que fueron _____ (**criar**)[2] en una vida relativamente _____ (**acomodar**)[3] durante la dictadura de Rafael Leonides Trujillo en la República Dominicana (1928–1961). La dictadura _____ (ser/estar)[4] _____ (totalitario),[5] _____ (opresivo)[6] y _____ (sangriento[a]).[7] En la escuela secundaria, Patricia, Minerva y María Teresa, _____ (**conocer**)[8] como «las Mariposas», _____ (empezar)[9] a trabajar por la resistencia _____ (clandestino).[10] _____ (Ser/Estar)[11] un trabajo sumamente _____ (peligroso)[12] ya que Trujillo _____ (castigar)[13] a sus opositores con la tortura y hasta con la muerte. De hecho, por sus actividades, las tres _____ (ser/estar)[14] _____ (**encarcelar**[b])[15] por un tiempo en el famoso centro de tortura, «La 40». El 25 de noviembre de 1960, después de salir de «La 40», _____ (ser/estar)[16] _____ (**asesinar**)[17] mientras _____ (viajar)[18] a ver a sus esposos, quienes también _____ (encontrarse)[19] en la cárcel. _____ (**Morir**)[20] las tres, _____ (dejar)[21] a Dedé, quien _____ (quedarse)[22] en el país, cuidando el legado[c] de sus hermanas. La historia de las hermanas Mirabal _____ (ser/estar)[23] _____ (**contar**)[24] por la escritora dominicana Julia Álvarez, en su novela *En el tiempo de las mariposas.*

[a]*bloody*   [b]*to jail*   [c]*legacy*

Patricia, Minerva y María Teresa Mirabal

Paso 2   Ahora, haga comparaciones en el pasado, utilizando las siguientes indicaciones. Cuando tenga que hacer una comparación con un adjetivo, escoja entre **ser** y **estar** para realizar la comparación.

1. Las maestras de las hermanas Mirabal // preocupado // sus parientes (=)
2. Patricia, Minerva y María Teresa // pasar // un año en la cárcel (+)
3. Dedé // rebelde // sus hermanas (−)
4. Con la muerte de sus hermanas, Dedé // llorar // los esposos de ellas (=)
5. «Las Mariposas» // tener admiradores // otros héroes nacionales (=)

B. Autoevaluación

Complete la autoevaluación de la progreso en estas metas comunicativas.

META COMUNICATIVA	VERY WELL	SOMEWHAT WELL	NOT WELL
D DESCRIBIR Descripción	☐	☐	☐
C COMPARAR Comparación	☐	☐	☐
P PASADO Narración en el pasado	☐	☐	☐

C. Yo, experto

Mire el siguiente tablero con aspectos interesantes de la cultura carbeña que se presentaron en este capítulo. Identifique todas las imágenes que pueda. Después, escoja por lo menos cuatro imágenes, y escriba un comentario para cada una de las siguientes metas comunicativas por lo menos una vez:

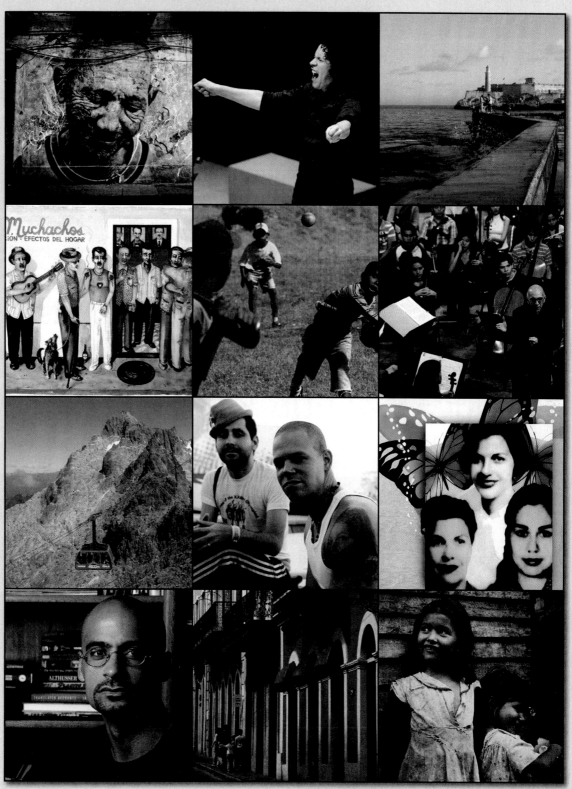

El Callejón del Beso
(Guanajuato, México)

CAPÍTULO 3

Pasiones y sentimientos:

Las relaciones humanas

Meta comunicativa

REACCIONAR

R

RECOMENDAR

Temas centrales

- el amor
- los sentimientos
- las pasiones

Zona de enfoque

- México

En este capítulo Ud. va a explorar los temas de las pasiones y las relaciones sentimentales.

Preguntas para considerar

- ¿Qué nos atrae de otra persona?
- ¿Qué hace que las relaciones sentimentales sean duraderas (*lasting*) o pasajeras (*fleeting*)?
- ¿Qué emociones surgen en las relaciones humanas?
- En el cuadro que se ve en esta página, se representa el amor prohibido. Hoy en día, ¿tienen los padres una influencia fuerte en la selección de la pareja de sus hijos?

Buscando el equilibrio

Sergio le da consejos a su primo Diego.

Situación: Diego le habla a Sergio sobre una reunión emocionante que tuvo hace dos días. También le confiesa que sus **relaciones sentimentales** con su novia Cristina han sufrido recientemente por su obsesión con el trabajo. Lea el diálogo y preste especial atención al uso del vocabulario nuevo, que está **en negrilla.**

SERGIO: Hombre, qué gusto verte aquí en Ruta Maya. ¿Qué me cuentas?

DIEGO: Pues estoy muy **emocionado** y tenía que compartir unas noticias con alguien. Anteayer me reuní con Lupe Flores, la nueva directora del Museo Mexic-Arte, para hablar del proyecto que propuse hace tres meses.

SERGIO: ¿Te refieres a la exposición de pinturas y fotos de parejas mexicanas famosas?

DIEGO: Sí. Lupe está tan entusiasmada como yo con la posibilidad de montar la exhibición en febrero. Pensamos incluir a Diego Rivera y a Frida Kahlo, a La Malinche y a Hernán Cortés, y a Felipe Carrillo Puerto y a Alma Reed, entre otros. Hace años que **sueño con** este proyecto.

That's cool!

SERGIO: ¡Qué padre! Así que conseguiste **un compromiso** oficial de Lupe para hacerlo.

DIEGO: Pues oficial, oficial, no. Lupe quiere reunirse conmigo de nuevo.

SERGIO: Uy, primo, ¿estás seguro que es necesario reunirse tanto?

DIEGO: ¿Qué estás insinuando?

SERGIO: Nada, nada. No quiero **meterme en líos** con Cristina.

DIEGO: Espera, ¿qué pasa?

SERGIO: Es que hablé con Cristina ayer y me dijo que la **dejaste plantada** y ahora, escuchándote, creo que fue la noche en que estuviste con Lupe.

DIEGO: Sí, ya lo sé. Cristina está muy **enojada** conmigo. **Se puso rabiosa** y hasta me dijo que quería **romper conmigo.**

SERGIO: La entiendo, mano. Cristina **te quiere** mucho y **merece** mejor **trato.** Uds. son **almas gemelas** y no quiero que algún día lamentes tus decisiones por culpa de Lupita y tu trabajo.

DIEGO: Tienes toda la razón. Conversar con alguien tan **apasionada** por el arte como Lupe fue **genial.** Se me fue el tiempo por completo.

SERGIO: ¡Cuidado con Lupita!

DIEGO: No, no es lo que que tú estás pensando. **Coqueteamos** un poco, pero no hay absolutamente nada entre nosotros.

SERGIO: ¿Dirías lo mismo si fuera Cristina reuniéndose con otro hombre y **dejándote plantado** a ti?

ACTIVIDADES

A. Detective Busque en el diálogo ejemplos de las siguientes metas comunicativas: Descripción (D), Narración en el pasado (P), Comparación (C) y Reaccionar y recomendar (R). Subraye cada palabra o frase que represente una (o una combinación) de estas metas comunicativas. Luego, escriba al margen la(s) letra(s) que corresponde(n) a cada ejemplo subrayado (D, P, C o R).

> MODELOS: <u>Se puso</u> rabiosa y hasta me dijo que <u>quería</u> romper conmigo. (P)
> Pues <u>estoy</u> muy <u>emocionado</u>. (D)

B. Comprensión

1. ¿Por qué está emocionado Diego?
2. ¿Cuál es la exposición que piensa montar?
3. ¿Por qué puede causarle problemas con Cristina este trabajo?
4. ¿Por qué piensa Sergio que lo que está haciendo Diego es peligroso?

C. Reacciones y recomendaciones Complete las siguientes oraciones, basándose en la situación de Diego y Cristina y utilizando en cada oración un conector de la siguiente lista.

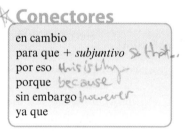

Conectores

en cambio
para que + *subjuntivo* so that.
por eso this is why
porque because
sin embargo however
ya que

> MODELO: Es una lástima que Diego trabaje tanto porque ahora no tiene tiempo para sus amigos.

1. Es fantástico que el museo Mexic-Arte…
2. A Cristina no le gusta que…
3. Sergio cree que…
4. Dudo que Diego y Cristina…

D. Diálogo En parejas, preparen una conversación entre Diego y Cristina en la que hablen de lo que pasó esa noche cuando Diego la dejó plantada.

Vocabulario del tema

PARA HABLAR DE LAS RELACIONES SENTIMENTALES

abrazar	to hug
atraer (*irreg.*)	to attract
besar	to kiss
casarse (con)	to marry, get married (to)
coquetear	to flirt
dejar a alguien	to leave someone
dejar plantado/a	to stand (someone) up
discutir	to argue
divorciarse (de)	to get a divorce (from)
enamorarse (de)	to fall in love (with)
merecer (merezco)	to deserve
meterse en líos	to get into trouble
odiar	to hate
piropear	to compliment (romantically)*
ponerse (*irreg.*)	to become, get[†]
querer (*irreg.*)	to love
romper con	to break up with
salir (*irreg.*) con	to date
ser fiel	to be faithful
soñar (ue) con	to dream about

VERBOS PARA INFLUIR

aconsejar	to advise
recomendar (ie)	to recommend
rogar (ue)	to beg
sugerir (ie, i)	to suggest

PARA DESCRIBIR LAS RELACIONES SENTIMENTALES[‡]

dañino/a	harmful
duradero/a	lasting
exitoso/a	successful
genial	wonderful
inolvidable	unforgettable
pasajero/a	fleeting
tempestuoso/a	stormy

—Mi amor . . . prométeme que nunca más volverás a ordenar en francés . . .

Describa la «noche inolvidable» de esta pareja.

PARA DESCRIBIR LAS EMOCIONES[‡]

alucinado/a	amazed
apasionado/a	passionate
apenado/a	pained, sad
asustado/a	frightened
avergonzado/a	embarrassed
cauteloso/a[§]	cautious
celoso/a	jealous
deprimido/a	depressed
emocionado/a	excited
enojado/a	angry
halagado/a	flattered
harto/a (de)	fed up (with), sick (of)
nostálgico/a	nostalgic; homesick
rabioso/a	furious
satisfecho/a	satisfied

MÁS SOBRE LAS RELACIONES SENTIMENTALES

el alma gemela	soul mate
la amistad	friendship
el compromiso	commitment
el equilibrio	balance
el fracaso	failure
la media naranja[¶]	other half
el soltero / la soltera	single person
el trato	treatment

---

*Piropear carries a special significance in Hispanic culture. See the **Nota cultural** on page 90.
[†]Remember that **ponerse** is used with adjectives to communicate the English concept of *to become/ get + adjective* when describing emotional or physical states.

Me puse nerviosa.	I became/got nervous.
Él se puso rojo.	He blushed. (*Literally:* He became/got red.)

[‡]Remember to use **ser** with adjectives when describing inherent characteristics and **estar** when referring to emotional or physical states.
[§]**Cauteloso/a** is only used with **ser.**
[¶]Literally: *the half of an orange.*

A. Vocabulario en contexto En parejas, lean las siguientes afirmaciones y comenten por qué están de acuerdo o no con ellas. Deben reaccionar ante las opiniones de su compañero/a.

Para conversar mejor

Desde mi punto de vista...	No estoy de acuerdo en absoluto.
En mi opinión... / Yo creo que...	Pero, ¿qué dices?
Estoy completamente de acuerdo.	¡Qué barbaridad!
Me sorprende que creas eso.	Tienes toda la razón.

1. No es prudente salir con alguien que siempre coquetea con otros.
2. Es natural sentirse enojado/a si alguien lo/la deja plantado/a.
3. Es esencial hacer todo lo posible para no divorciarse nunca.
4. Una amistad entre personas sin intereses similares es imposible.
5. No es una buena idea casarse con una persona súper guapa.
6. Enamorarse de una persona de otro país es meterse en líos.
7. Las personas apasionadas con su trabajo no hacen buenos amigos.
8. Sería genial conocer a la futura pareja a través del Internet.
9. Ser fiel a su pareja es lo más importante en una relación amorosa.

B. Problemas sentimentales En parejas, terminen las oraciones en el tiempo pasado para dar más información sobre los problemas presentados. Luego, ofrezcan sugerencias a su compañero/a para remediar cada situación. Utilicen una frase diferente para cada una de las situaciones.

REACCIONAR

R

RECOMENDAR

Debe...	Es necesario...	Es evidente que...
No creo que...	Recomiendo que...	Tiene que...

1. Mi nueva relación sentimental es muy tempestuosa. La semana pasada, tres veces...
2. No hay equilibrio en mi vida. Mi novio dice que trabajo demasiado. Por ejemplo, anteayer,...
3. Mi novio es superguapo. Yo soy celosa y me pongo rabiosa cuando las otras mujeres lo miran. Por ejemplo, el día de mi cumpleaños...
4. Estoy muy enojada con mis amigos porque dicen que merezco un novio más sensible. Ellos lo odian porque una vez...

¿Por qué tendrá esta pareja problemas sentimentales?

5. Estoy apenado/a porque después de un largo noviazgo, me di cuenta de que mi pareja no es mi media naranja. Lo sé porque...
6. La amistad más importante en mi vida es la que tengo con mi vecino, David. Nos conocimos cuando teníamos 8 años. El problema es que mi nuevo novio no cree que sea posible que exista la amistad entre amigo del sexo opuesto. La última vez que David me saludó con un beso, mi novio...

C. Preguntas personales En parejas, contesten las siguientes preguntas, utilizando palabras del **Vocabulario del tema.** Mientras escucha a su compañero/a, reaccionen con algunas expresiones de **Para conversar mejor.** Luego, deben compartir con la clase lo que cada uno/a averiguó sobre su compañero/a.

> ## Para conversar mejor
>
> | | |
> |---|---|
> | ¡Qué barbaridad! | ¡Bárbaro! |
> | ¡Qué bueno! | ¡Fenomenal! |
> | ¡Qué chévere/guay/padre! | ¿De veras? ¿En serio? |
> | ¡Qué horror! | Sí, tienes razón. |
> | ¡Qué lío! | ¿Tú crees? |
> | ¡Qué suerte! | (No) Estoy de acuerdo. |
> | ¡Qué vergüenza! | |

PASADO

1. ¿Recuerda algún incidente de su niñez en el que se haya sentido muy avergonzado/a, asustado/a o halagado/a? ¿Cuántos años tenía? ¿Qué pasó?

GUSTOS

2. ¿Qué actividades le apasionan a Ud.? ¿Cree que pasa demasiado tiempo o muy poco haciendo las actividades que le apasionan? Explique su opinión. ¿Ha hecho amistades a través de esas actividades? Describa esas amistades.

REACCIONAR
RECOMENDAR

3. ¿Qué piensa Ud. del hecho de romper con alguien por correo electrónico o por un texteo? Una amiga acaba de decirle que va a textear a su novio para romper con él. ¿Qué sugeriencias le puede ofrecer?

REACCIONAR
COMPARAR RECOMENDAR HIPÓTESIS

4. Haga una comparación entre el comportamiento de una pareja que tiene relaciones exitosas y el de una pareja que tiene relaciones dañinas. ¿Qué haría Ud. para no meterse en líos en sus relaciones sentimentales?

«El divorcio express D.F.» y los matrimonios renovables

Septiembre de 2011

En la Ciudad de México la mitad de los matrimonios terminan en divorcio. En el 2008, hubo tantos divorcios en el D.F. que crearon un proceso llamado «Divorcio express D.F.» que permite disolver un matrimonio en cuatro semanas. En los primeros tres años, hubo cerca de 60.000 divorcios.

Semejantemente, en el 2011, unos diputados[2] propusieron una solución radical para reducir el número de divorcios: contratos matrimoniales renovables. Querían ofrecerle a cualquier pareja la opción de renovar su matrimonio cada dos años. Al final del contrato, los esposos podrían decidir si querían seguir casados o separarse, sin pasar por el proceso costoso y doloroso[3] del divorcio. En su opinión, de esa manera, romper con la pareja sería menos traumático y vergonzoso.

La mitad de los matrimonios en el Distrito Federal terminan en divorcio.

D. Matrimonios renovables Una idea radical propone cambiar completamente la forma en que se lleva a cabo el matrimonio en México. En parejas, lean el artículo periodístico y completen las actividades.

Paso 1 Mire los adjetivos en la tabla de la siguiente página y fíjese en la diferencia entre las terminaciones **-ado/a** (del participio pasado) y **-ante** o **-ente** y en los verbos que se usan en cada caso.

ESTAR		SER	
alucinado/a	*amazed*	alucinante	*amazing*
deprimido/a	*depressed*	deprimente	*depressing*
emocionado/a	*excited*	emocionante	*exciting*
fascinado/a	*fascinated*	fascinante	*fascinating*
impresionado/a	*impressed*	impresionante	*impressive*
preocupado/a	*worried*	preocupante	*worrisome*
relajado/a	*relaxed*	relajante	*relaxing*
soprendido/a	*surprised*	sorprendente	*surprising*

Paso 2 Lea las reacciones de dos mexicanos ante la propuesta de los matrimonios renovables y complételas con la forma correcta del adjetivo más apropiado.

GLORIA: Esa propuesta es _____ (alucinado/alucinante).[1] No puedo creer que hayan propuesto algo así.

SALVADOR: Bueno, estoy tan _____ (sorprendido/sorprendente)[2] como tú, pero no me parece tan _____ (preocupado/preocupante).[3] De hecho, es _____ (fascinado/fascinante)[4] pensar en las ramificaciones sociales y legales que implica.

GLORIA: Pues sí, normalmente, el principio de un matrimonio es _____ (emocionados/emocionante).[5] Todos piensan que sus relaciones serán duraderas.

SALVADOR: Es a los dos años, aproximadamente, que las cosas se ponen difíciles. Los esposos están _____ (estresado/estresante)[6] por el trabajo y _____ (preocupado/preocupante)[7] por su situación económica. No tienen ni un centavo para tomarse unas vacaciones _____ (relajado/relajante).[8]

GLORIA: Qué _____ (deprimido/deprimente)[9] es verlo así, pero es cierto. Muchos matrimonios fracasan en los primeros años. Quizás la idea de un contrato renovable no sea tan ridícula.

REACCIONAR
R
RECOMENDAR

Paso 3 Complete las siguientes frases de manera original, usando la información sobre el artículo.

1. Dudo que...

2. Es posible que...

3. Es una lástima que...

E. **¿Qué nos atrae?** Piense en su grupo de amigos íntimos. ¿Tienen todos una personalidad semejante? ¿Tienen Uds. los mismos intereses?

Paso 1 Llene la siguiente tabla indicando con una X cuáles de los adjetivos se pueden aplicar a su propia personalidad y a la personalidad de su mejor amigo/a. Luego, indique cuáles de las actividades les interesan a Ud. y a su mejor amigo/a. Finalmente, añada algunas características y algunos intereses de Ud. y su mejor amigo/a que no aparezcan en la tabla.

CARACTERÍSTICAS			INTERESES		
ADJETIVOS	YO	MI MEJOR AMIGO/A	ACTIVIDADES	YO	MI MEJOR AMIGO/A
atrevido/a			chismear		
cómico/a			hacer ejercicio		
estudioso/a			ir a los bares		
fiestero/a			ir de compras		
hablador(a)			jugar videojuegos		
religioso/a			leer		
testarudo/a			mirar deportes		
tranquilo/a			mirar telenovelas		
¿ ?			¿ ?		

Paso 2 Ahora, calcule los resultados.

1. ¿Cuántas características tienen en común?
2. ¿Cuántos intereses comparten?
3. Comparta esta información con un compañero / una compañera de clase, explicándole por qué ha sido exitosa su amistad con su mejor amigo/a.

Paso 3 En grupos de tres, compartan los resultados y comenten las siguientes preguntas.

1. ¿Cree Ud. en la idea de que los polos opuestos se atraen?
2. ¿Pueden ser exitosas las relaciones entre personas muy diferentes?
3. En una amistad duradera, ¿qué es más importante: poseer características personales similares o compartir muchos intereses?
4. ¿De qué manera puede una pasión interferir en las relaciones interpersonales?
5. ¿Conoce Ud. a alguien que tenga una pasión que lo/la haya alejado (*has distanced him/her*) de sus amigos o familiares?

F. **¡Cuéntennos!: Juan y Verónika** Antes de ver la entrevista, contesten las siguientes preguntas en grupos de tres.

1. ¿Cree Ud. en el amor a primera vista? ¿por qué sí o no?

2. Para tener una mejor posibilidad de tener un matrimonio duradero, ¿es importante primero ser amigos? Explique.

3. ¿Piensa que hoy en día es necesario que el novio le pida la mano al padre de la novia?

4. ¿Cómo cambia la vida de una pareja una vez que tengan hijos?

G. **Problemas cotidianos** Entre todos, revisen los siguientes problemas y hagan una lista de las palabras nuevas de este capítulo y de los capítulos anteriores que los ayuden a conversar con facilidad sobre cada uno. Después, en parejas, preparen un diálogo espontáneo sobre cada problema cotidiano.

1. Un novio / Una novia acaba de mandarle una tarjeta virtual (o flores virtuales) para el Día de San Valentín a través del Internet en vez de una tarjeta convencional o flores de verdad. Su pareja está furiosa y él/ella no comprende su reacción.

2. Una persona acaba de conocer a un hombre / una mujer a través del Internet. Su mejor amigo/a es muy cauteloso/a y cree sin la menor duda que no es prudente salir con esa persona, pero la primera persona está seguro/a de que esa persona es su media naranja.

NOTA CULTURAL • Los piropos

Imagínese la siguiente situación: Varios chicos están reunidos en un lugar público, charlando.[1] De repente, ven pasar un coche descapotable,[2] último modelo, de una buena empresa[3] automovilística. Uno de los chicos exclama: «¡Vaya máquina!». Ahora tenemos una situación similar, pero esta vez los chicos ven pasar a una chica muy guapa y no pueden evitar un comentario: «¡Vaya monumento!». Estos chicos acaban de piropear a una joven atractiva.

El piropo es una forma de expresión muy hispana que los chicos usan normalmente para halagar a las chicas. Cuando los piropos son alabanzas discretas, cuando tienen gracia[4] y son inofensivos, pueden ser bien recibidos por las chicas. Por desgracia, las cosas que se dicen no siempre son un modo inocente de coqueteo. Es posible que reflejen el mal gusto y la grosería de quien las dice y, por lo tanto, pierden su validez como piropos y pasan a ser algo diferente y desagradable. Cuando esto ocurre, la reacción de la chica será de disgusto y rechazo.

A algunas mujeres hispanas les puede agradar que las piropeen por la calle, siempre que se trate de un verdadero piropo y no de una barbaridad obscena. Es indudable que hasta los piropos más simpáticos implican una coquetería «sensual», pero cuando un chico traspasa los límites permitidos ya no se trata de un sencillo piropo, sino de una agresión que nunca será bien recibida.

[1]hablando [2]convertible [3]compañía [4]tienen... *they're charming*

Preguntas

1. En grupos de tres, comenten la costumbre de piropear a las mujeres. ¿Son sexistas los piropos?

2. ¿Piensan que a los hombres les gustaría escuchar piropos sobre su aspecto físico mientras caminan por la calle? Expliquen.

Actividad

C
COMPARAR
En grupos de tres, lean los siguientes piropos e indiquen cuál es el más cursi, el más romántico, el más poético y el más tonto.

1. Si yo fuera pintor, te haría un retrato y lo llamaría *Perfección*.

2. Estoy celoso hasta de tu espejo (*mirror*).

3. ¡Tantas curvas y yo sin frenos!

4. Si mi corazón volara, tu alma sería mi aeropuerto.

5. Estoy buscando diosas para una nueva religión y acabo de elegirte a ti.

6. Jennifer López es una bruja (*witch*) junto a ti.

7. Eres mi príncipe y siempre lo serás, y yo tu princesa hasta la eternidad.

8. Quisiera ser gato para vivir siete vidas a tu lado.

Puntos clave

 LEARNSMART®

REACCIONAR
R
RECOMENDAR

Reacciones y recomendaciones

En esta sección del capítulo, Ud. va a practicar las reacciones y recomendaciones. Para hacerlo bien, hay que utilizar las estructuras gramaticales (los puntos clave) de la siguiente tabla que pertenecen a la meta comunicativa. Antes de continuar, estudie las explicaciones de estas estructuras gramaticales en las páginas moradas que están al final del libro.

LA META COMUNICATIVA DE ESTE CAPÍTULO		
ICONO	META COMUNICATIVA	PUNTOS CLAVE
REACCIONAR **R** **RECOMENDAR**	Reacciones y recomendaciones	• el subjuntivo en cláusulas nominales • los mandatos

Una estudiantina en Hacienda de los Santos Álamos, México

PRUEBA DIAGNÓSTICA

A. El subjuntivo Las estudiantinas son grupos de jóvenes universitarios que pasean por la ciudad de noche, vestidos de trovadores medievales, cantando canciones tradicionales y serenatas románticas. La costumbre empezó en España en el siglo XIII e inmigró a las Américas. Además de ser una gran diversión, es una buena manera de ganarse un poco de dinero para los gastos de la universidad. Lea la siguiente historia sobre unos futuros tunos y llene los espacios en blanco con la forma apropiada de los verbos que están entre paréntesis.

Beto y su amigo, Esteban, quieren ser músicos en una estudiantina de su universidad. Esperan que _____[1] (ser) una buena manera de ganar dinero y de conocer a muchachas. Pero la madre de Beto no quiere que él _____[2] (ser) parte de la estudiantina hasta el año que viene porque teme que _____[3] (interesarse) demasiado por la música y que no _____[4] (hacer) su tarea. Sus hermanos mayores fueron tunos y desean que Beto _____[5] (seguir) la tradición familiar. Pero su madre sabe que es muy posible que el benjamín (menor) de la familia _____[6] (meterse) en líos. Los hermanos creen firmemente que Beto _____[7] (poder) aprender a encontrar un buen equilibrio entre sus estudios y la música. Además, ellos saben que su amigo, Esteban, es un estudiante muy serio y esperan que _____[8] (ayudar) a su hermano menor a organizar su tiempo. ¡Ojalá que su madre _____[9] (escuchar) a sus hijos mayores!

B. Los mandatos   Beto y Esteban ya son tunos. Complete las siguientes oraciones con los mandatos que les da el director de la estudiantina. Como el director es también estudiante, utilice la forma informal del imperativo.

1. «Beto, _____ (hacer) la tarea antes de practicar con la estudiantina. No _____ (posponer) el trabajo.»

2. «Esteban y Beto, _____ (divertirse) durante sus presentaciones pero no _____ (coquetear) tanto con las muchachas del público.»

3. «Beto, _____ (venir) a la plaza para tocar a las 10:00 de la noche. No _____ (llegar) tarde.»

4. «Muchachos, _____ (practicar) sus instrumentos todos los días. No _____ (olvidarse) de su compromiso con la estudiantina.»

ACTIVIDADES

REACCIONAR
R
RECOMENDAR

Las siguientes actividades le darán la oportunidad de practicar la expresión de reacciones y recomendaciones. Recuerde que debe usar el subjuntivo en la mayoría de los casos y a veces los mandatos.

A. Una visita a Guanajuato   Imagínese que Ud. conoce Guanajuato muy bien y unos amigos van a estudiar allí el semestre que viene. Haga comentarios sobre la ciudad completando las siguientes oraciones con la cláusula más apropiada. Luego compare sus respuestas con las de un compañero / una compañera. ¿Es posible que los dos estén correctos? Explique la razón por la cual su respuesta es correcta.

Dudo que	Espero que	Recomiendo que
Es alucinante que	Estoy seguro/a de que	Sé que
Es posible que	Me gusta que	Sugiero que
Es una lástima que	Ojalá que	Temo que ~~I'm afraid that~~

Varias personas construyen altares para el Día de los Muertos en la Universidad de Guanajuato.

1. ___Sé que___ hay muchos estudiantes internacionales en Guanajuato.

2. ___Sugiero que___ visiten el museo de la Momias y la casa natal de Diego Rivera.

3. ___Recomienda que___ coman en el restaurante Trucha 7. El ambiente es fantástico.

4. ___Estoy segura que___ las enchiladas mineras son deliciosas y los postres también.

5. ___Temo que___ haya muchos turistas durante los festivales.

6. ___Es posible que___ puedan escuchar la música de la estudiantina los fines de semana.

7. ___Espero que___ traten de comprar entradas para el festival «El Cervantino» pronto. Es muy popular.

8. ___Ojalá que___ puedan asistir a muchos conciertos en el Teatro Juárez.

9. ___Dudo que___ sea posible conseguir una habitación cerca del centro durante la celebración del Día de los Muertos.

10. ___Es posible que___ se enamoren de esta ciudad porque es muy romántica.

El Callejón del Beso, Guanajuato, México

B. El Callejón del Beso

Paso 1 Hay muchas versiones de la leyenda del «Callejón del Beso», lugar de una historia romántica en la ciudad de Guanajuato, México. En parejas, lean la siguiente versión y llenen los espacios en blanco con la forma apropiada del pretérito o del imperfecto de los verbos entre paréntesis.

Carmen, hija de españoles ricos, _se enamoró_ (enamorarse)[1] de Carlos, un pobre minero mexicano que _vivía_ (vivir)[2] en una casa al cruzar la calle. Los dos _estaban_ (estar)[3] locamente enamorados y _llevaban_ (llevar)[4] unas relaciones románticas clandestinas a pesar de la fuerte oposición de los padres de Carmen. Los encuentros inocentes de los novios desde los balcones de sus respectivos cuartos, que estaban tan próximos que casi se _tocaban_ (tocar),[5] _terminaron_ (terminar)[6] trágicamente cuando el padre de Carmen, los _descubrió_ (descubrir)[7] besándose de balcón a balcón. En una furia apasionada, el padre _mató_ (matar)[8] a su hija ante los ojos de su amado.

Hoy en día, según la leyenda, si dos enamorados se besan en el tercer escalón (*step*) del mismo callejón, tendrán quince años de buena fortuna. Si pasan sin darse el beso, tendrán siete años de mala suerte.

Paso 2 Complete las siguientes oraciones con la forma apropiada de los verbos entre paréntesis para saber los pensamientos íntimos de Carmen. ¿Qué regla gramatical usó Ud. para determinar sus respuestas?

1. Quiero _casarme_ (casarse) con Carlos. *I want to marr...*
   Mi padre quiere que (yo) _me case_ (casarse) con un hombre rico.
2. Carlos espera _coquetea_ (coquetear) conmigo esta noche en el balcón.
   Mi padre prohíbe que Carlos y yo _coqueteemos_ (coquetear) en el balcón.
3. Es necesario _esconde_ (esconder) nuestro amor.
   Es necesario que (nosotros) _escondamos_ (esconder) nuestro amor.
4. Tengo miedo de _meterme en líos_ (meterse en líos) con mis padres.
   Tengo miedo de que (nosotros) _nos metamos en líos_ (meterse en líos) con nuestras familias.
5. No quiero _sentirme_ (sentirse) deprimida cuando pienso en el futuro.
   Tampoco quiero que mi padre _si sienta_ (sentirse) enojado conmigo.

Paso 3 En parejas, llenen los espacios en blanco para saber los pensamientos del padre. Luego, analicen por qué cada oración requiere el indicativo o el subjuntivo, poniendo la letra apropiada al lado de cada oración.

- Se usa el indicativo para expresar (a) hechos (*facts*), (b) certeza y (c) objetividad. *objectivity*
- Se usa el subjuntivo para (d) influir en algo o alguien, (e) expresar emoción, (f) hacer evaluaciones subjetivas, (g) indicar duda o falta de certeza.

1. Estoy seguro de que mi hija no _sabe_ (saber) tomar buenas decisiones. _b._
   Espero que Carmen _sepa_ (saber) tomar la decisión correcta. _e._
2. Es cierto de Carlos _es_ (ser) un hombre trabajador y serio. _c._
   No es posible que Carlos _sea_ (ser) un buen marido para Carmen. _f. o g._
3. Dudo que ese minero _tenga_ (tener) intenciones honradas. _g._
   Es obvio que él _tiene_ (tener) ganas de aprovecharse de mi hija. _c._
4. Prefiero que Carlos _se vaya_ (irse) a otro pueblo a conquistar mujeres. _d._
   Sé que él no _se va_ (irse) si Carmen está aquí. _b._

Expresiones útiles

Las siguientes expresiones le pueden servir para expresar sus sentimientos y sus opiniones. ¿Cuáles de ellas requieren el subjuntivo?

Para quejarse

¡Esto es el colmo!	*This is the last straw!*
Estoy decepcionado/a porque...	*I'm disappointed because . . .*
No me gusta que...	*I don't like it that . . .*
Estoy harto/a (de que...)	*I'm fed up (that) . . .*
Ya no puedo soportarlo/la más.	*I can't stand it/him/her anymore.*

Para pedir perdón

Lo siento mucho.	*I'm very sorry.*
Mil disculpas/perdones.	*A thousand pardons.*
Perdón, me equivoqué.	*Sorry, I made a mistake.*
Se me olvidó por completo.	*I totally forgot.*
Siento que...	*I'm sorry that . . .*

Para enfatizar una respuesta negativa

Me importa tres narices/un pepino (que...)	*I couldn't care less.*
¡Ni hablar!	*No way!*
Ni lo pienses.	*Don't even think about it.*
¡Ni soñarlo!	*In your dreams!*

Para reaccionar ante una situación

No es para tanto.	*It's not such a big deal.*
¡Qué chévere/guay/padre!	*How cool!*
¡Qué cara tiene!	*What nerve he/she has!*
¡Qué horror!	*How awful!*
¡Qué vergüenza (que...)!	*How embarrassing!*

C. Algunas situaciones delicadas   En parejas, hagan un diálogo para las siguientes situaciones. Luego, añadan su opinión sobre cada situación. Utilicen algunas de las Expresiones útiles.

1. Dos novios discuten en una fiesta porque la novia piensa que el novio está coqueteando con otra mujer.

    EL NOVIO AVERGONZADO: Perdóname, mi amor. Siento que...

    LA NOVIA CELOSA: ¡Esto es el colmo! Estoy harta de que...

    ¿Creen Uds. que la novia debe perdonar a su novio? Expliquen.

2. Una madre se queja porque su hija y su nuevo novio se besan en público constantemente.

    LA MADRE ESTRICTA: Es preocupante que Uds... Estoy decepcionada porque...

    LA HIJA EGOÍSTA: No es para tanto, mamá. Me importa un pepino que...

    ¿Creen Uds. que la madre tiene una preocupación razonable? Expliquen.

3. Dos amigas discuten porque una deja plantada a la otra constantemente. Lo acaba de hacer por tercera vez este mes.

    LA AMIGA HARTA: ¡Ya no puedo soportarlo más! Me molesta que... Tienes que...

    LA AMIGA DESPISTADA: Se me olvidó por completo. Siento que... Pero espero que...

    ¿Creen Uds. que esta amistad vaya a durar mucho más? Expliquen.

PASADO

D. Una noche desilusionante

Paso 1 En parejas, miren los siguientes dibujos y comenten lo que les pasó a Diego y Cristina la semana pasada.

Paso 2 ¿Qué consejos le daría a Cristina el día después de que Diego la dejó plantada? En parejas, preparen un diálogo en el cual un amigo / una amiga le da consejos y Cristina reacciona.

REACCIONAR

R

RECOMENDAR

E. Los polos opuestos

Paso 1 En parejas, imagínense que son los miembros de una de las siguientes parejas. Conversen entre sí, tratando de imponer sus ideas y ganar la discusión. Utilicen mandatos informales y expresiones como **Quiero que...** , **Espero que...** , **No me gusta que...** , y **Es absurdo que...** Añadan expresiones como **amor mío, cariño, mi cielo, querido/a,** etcétera. Después, su profesor(a) escogerá algunas parejas para presentar sus diálogos frente a la clase.

- Lola es una chica muy tiquismiquis. Su novio Miguel es muy dominante. En un mercado de Oaxaca, Miguel compra chapulines (*grasshoppers*) fritos y quiere que Lola los pruebe.
- Catalina es una mujer culta y seria. Sale con Fernando por primera vez y se nota inmediatamente que él es muy chistoso y la hace reír mucho, pero a veces tiene ideas locas. Por ejemplo, Fernando quiere que los dos tomen clases para aprender a cantar mariachi.
- Óscar es un chico reservado y muy cuidadoso con su dinero, hasta tacaño a veces. Su novia, Bárbara, es dulce, algo llamativa en su manera de vestirse y no tiene límites para gastar dinero. Bárbara quiere ir a un concierto de Julieta Venegas y llegar en limosina.

PASADO

Paso 2 En grupos de tres, túrnense para explicar lo que pasó en cada caso.

1. Ayer Lola probó chapulines fritos por primera vez...
2. Para sorprender a Catalina el día de su cumpleaños, Fernando pagó por clases privadas para los dos para aprender a cantar mariachi...
3. Anoche Bárbara llegó al concierto en limosina...

Diego Rivera y Frida Kahlo

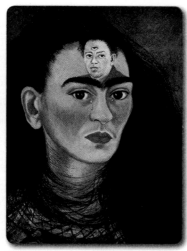

Diego y yo, *de Frida Kahlo (1907–1954)*

F. Una pareja famosa Las tempestuosas pero apasionadas relaciones sentimentales entre Diego Rivera y Frida Kahlo son ya famosísimas. Se casaron, se separaron y se casaron de nuevo, pero las aventuras amorosas de los dos imposibilitaron su felicidad absoluta. Diego mismo admitió que cuanto más amaba a Frida más quería hacerle daño. Este conflicto se refleja a menudo en los cuadros de Frida.

P **Paso 1** Aquí hay un artículo sobre cómo se enamoraron Diego y Frida. Lea el artículo. Haga un círculo alrededor de los verbos que están en el pretérito y subraye los que están en el imperfecto. Luego, en parejas, comenten las razones posibles por las que se usaron esos tiempos verbales en cada caso.

¿QUÉ VIERON EL UNO EN EL OTRO? LA HISTORIA DE LA CHISPA[1] QUE INCENDIÓ[2] ESTOS CORAZONES

La pintora mexicana Frida Kahlo se enamoró locamente del pintor Diego Rivera cuando apenas tenía 15 años. «Mi ambición es tener algún día un hijo de Diego Rivera», les dijo Frida a sus amigas. «Algún día se lo voy a hacer saber.»

Como Rivera estaba casado y tenía veinte años más que ella, Frida no llegó a conseguir su objetivo hasta siete años más tarde, cuando la voluntariosa[3] estudiante volvió a «la carga[4]»: fue a ver a Diego a la Escuela de Arte, lo hizo bajar de una enorme escalera desde la que trabajaba en un mural, le pidió opinión sobre sus pinturas... y el pintor se sintió muy intrigado por la atrevida chica que había sufrido un espantoso accidente y tenía una pierna destrozada, pero que tenía una cara exótica y bella y mostraba un espíritu indomable. Así fue como, ya divorciado y lleno de curiosidad por aquella mujer con quien «podía hablar de todos los temas de la Tierra», la empezó a cortejar,[5] hasta que Guillermo Kahlo, el padre de Frida, decidió hablarle a Diego. «Mire, Rivera, quiero hacerle una advertencia. Mi hija Frida es una chica inteligente, pero... tiene un demonio oculto.[6]» A lo que el pintor contestó: «Yo lo sé, Sr. Kahlo, yo lo sé.» Kahlo respiró tranquilo: «Ah, qué bien Rivera, he cumplido con mi deber y ya me siento en paz habiéndole advertido.» Y con esa semibendición del padre de Frida, la pareja contrajo matrimonio el 21 de agosto de 1929, sin que nunca Diego le hiciera la pregunta clave.

[1]*spark* [2]*ignited* [3]*willful* [4]la... *the task at hand* [5]*court* [6]*hidden*

Paso 2 Use su imaginación y las claves indicadas a continuación para expresar la opinión negativa de una amiga de Frida sobre la relación sentimental de Frida con Diego. Luego, compare sus respuestas con las de un compañero o una compañera.

1. Diego es... Además, él está... Por eso sugiero que no...
2. Sé que te encanta la idea de casarte con Diego porque tú... Pero es importantísimo que...
3. Es evidente que los dos... Pero dudo que...

Paso 3 Complete lo siguiente.

1. Después de haber visto la fotografía de Diego y Frida y el cuadro de Frida, y después de haber leído el artículo sobre los dos, describa la personalidad de Frida. Luego, haga una comparación de los atributos físicos de la pareja.

2. ¿Qué hizo Frida para que Diego se fijara en ella?

3. ¿Por qué cree Ud. que a Diego le interesó la joven artista?

4. En su opinión, ¿es posible que unas relaciones duren si un hombre tiene veinte años más que su esposa? ¿Por qué sí o por qué no?

OPTATIVO

5. Si su padre le dijera a su novio/a que Ud. es una persona encantadora pero que tiene problemas psicológicos, ¿cómo se sentiría? ¿Qué le diría a su padre?

¡A escribir!

A. **Lluvia de ideas** En grupos pequeños, generen ideas para crear una historia de amor que cada uno/a de Uds. va a escribir como composición.

1. **¿Dónde?** Hagan una lista de cinco lugares posibles donde pueda empezar la acción de su cuento.
2. **¿Quién(es)?** Luego, hagan una lista de cinco personas que puedan formar parte del conflicto entre los amantes de su historia.
3. **¿Qué pasó?** Finalmente, hagan una lista de cinco situaciones que puedan utilizar en la trama de su historia.

B. **Composición: Narración en el pasado** Escoja un lugar, una persona y una trama para su historia de amor. Siga el siguiente bosquejo.

- escoger un título intrigante
- escribir un párrafo introductorio explicando dónde se conocieron los amantes de su historia de amor
- describir a los amantes con detalles, su apariencia física y sus sentimientos

- explicar cómo una tercera persona complica la vida de los amantes

- escribir una conclusión describiendo cómo terminó la historia

C. **Diálogo** Lea la historia de amor de un compañero / una compañera y luego juntos preparen un diálogo entre una de las personas de cada historia en el que cuenten lo que pasó un año después.

Hablando del tema

Antes de empezar a conversar con sus compañeros de clase sobre los siguientes temas, prepare una ficha para la conversación y otra para el debate.

A. **Conversación: Las relaciones exitosas**   Revise las expresiones en **Para conversar mejor.** Luego, en parejas o grupos de tres, conversen sobre los siguientes puntos.

Para conversar mejor

En principio pienso que...	No hay ninguna duda que...
Creo que...	Está claro que....
En este caso...	Es evidente que...
Es alucinante/interesante que...	Tienen... en común.

- Describa a una pareja que Ud. admira. ¿Quiénes son?
- ¿Son semejantes en cuanto a su personalidad e intereses?
- Explique por qué piensa que la relación de ellos ha sido exitosa.

B. **Debate: Los matrimonios renovables**   En 2011 algunos legisladores mexicanos, preocupados por la alta taza de divorcio en su país, propusieron la creación de un contrato renovable de matrimonio con un rango de duración tan breve como de dos años (véase **Actividad D,** página 87 de este capítulo). La propuesta no se aprobó. Revise las expresiones en **Para debatir mejor.** Después, prepare tres argumentos a favor y tres en contra de la idea de los contratos matrimoniales renovables. Luego, presente sus argumentos en un debate. No sabrá qué lado tendrá que defender.

Para debatir mejor

A FAVOR	EN CONTRA
Así es.	De ninguna manera.
Exacto.	Lo siento, pero...
Podría ser.	No sabes lo que dices.
Tienes razón.	Temo que estés equivocado/a.

«El matrimonio es una institución sagrada y la pareja debe tomar sus votos (*vows*) en serio. No debería ser tan fácil terminar unas relaciones matrimoniales.»

Lugares-fascinantes para estudiar:

México

Visitar los lugares hermosos y sagrados de otro país es un punto de partida para comprender y apreciar a la gente y sus historias personales.

¡Saludos! Soy Gabriela de nuevo. Esta vez me encuentro en México, donde grabé otra serie de videos sobre lugares, costumbres, comidas, ruinas prehispánicas y festivales padrísmos, como dicen los mexicanos.

La Basílica de Nuestra Señora de Guanajuato

Guanajuato   Pasar el otoño en Guanajuato es increíble. Mi especialización académica es español y mi proyecto final es sobre la Guerra de Independencia de México. He pasado horas en la Alhóndiga de Granaditas, uno de los lugares donde empezó la Guerra en 1810. Aprender la historia en el lugar donde ocurrieron eventos importantes ha sido fenomenal. Pero además de esto, Guanajuato tiene muchos otros atractivos. Por ejemplo, hay el Museo de Diego Rivera, que está en la casa donde nació el artista, y el Teatro Juárez, considerado uno de los mejores de México. El otoño es la temporada para experimentar dos eventos extraordinarios. En octubre se celebra el Festival Internacional Cervantino que atrae a artistas, músicos, bailarines, actores, cantantes y más de 150.000 visitantes de todas partes del mundo. Sabía de este Festival porque Ashland, Oregón, donde vivo, es la Ciudad Hermana de Guanajuato. También el 1° de noviembre empieza la celebración del Día de los Muertos. La familia con la que vivo me ha invitado a ir al cementerio con ellos para observar cómo celebran y recuerdan a sus parientes y amigos muertos. He aprendido que los mexicanos tienen una relación más cómoda y natural con la muerte que nosotros. Una experiencia que no me gustó tanto fue la visita al Museo de las Momias. En Guanajuato, los cadáveres se momifican de forma natural a causa de los minerales que existen en la tierra y el agua que bebe la gente. Cuando las familias de los muertos no pueden pagar un lugar en el cementerio, los cuerpos momificados se instalan en el museo.

La verdad es que esta ciudad es un lugar muy romántico también. Entre la bella arquitectura colonial, el Jardín de la Unión, el Callejón del Beso,[1] las serenatas de las estudiantinas y las calles estrechas con flores colgadas de los balcones, es fácil de enamorarse.

La mejor decisión de mi vida ha sido estudiar en Guanajuato. Sé que voy a volver algún día, quizás para pasar mi luna de miel aquí. ¿Quién sabe?
—**Lindsay B. / Southern Oregon University**

[1]Callejón... Véase la página 94.

El Zócalo en México D.F.

México, D.F.[2] Estudiar en la capital de México, una megaciudad con más de 20 millones de habitantes, es un cambio radical para mí. Soy de una ciudad pequeña cerca de San Antonio, Texas. Desde edad temprana, me interesaba la historia y poder vivir en esta ciudad con una historia tan compleja es un sueño. El «D.F.», como le dicen los mexicanos, fue una ciudad construida simbólicamente encima de Tenochtitlán, la antigua capital de los aztecas, cuyas ruinas no se encontraron sino hasta el siglo XX, durante las excavaciones para la construcción del metro. Siempre ha sido el centro político y cultural del país. Igual que muchas ciudades latinoamericanas, el D.F. es un lugar donde coexiste lo viejo con lo moderno. Hay elegantes casas coloniales, iglesias barrocas y rascacielos que sirven de testigos de la larga historia de la ciudad. Una de las joyas del D.F. es el Museo Nacional de Antropología, cuyos edificios hospedan tesoros de las culturas indígenas del país.

Aparte, es una ciudad con muchos lugares públicos para pasear, como el Parque Alameda, el Zócalo y el Parque de Chapultepec, donde muchas familias pasan sus días libres. También están los famosos canales de Xochimilco. Hace siglos, estos canales interminables formaban una parte importante del comercio de la ciudad. Hoy en día, los canales, con sus trajineras[3] adornadas de flores, le ofrecen a todo el mundo una manera agradable de disfrutar de la naturaleza y uno de los sitios más pintorescos del Distrito Federal.

Entre mis clases, las excursiones a diferentes museos y mis intercambios con estudiantes mexicanos estoy aprendiendo un montón.
—Jorge H. / University of the Incarnate Word

«El castillo», la gran pirámide de Chichén Itzá

Yucatán Muchos conocen esta región sobre todo por sus bellas playas, como las de Cozumel y Cancún, pero el Yucatán tiene mucho más que ofrecer. Este semestre estudio arqueología en La Universidad Autónoma de Yucatán localizada en Mérida, una ciudad colonial que me encanta. Esta semana estamos pasando unos días en Cozumel para descansar un poco en sus playas hermosas, visitar Xcaret, un parque de diversiones y espectáculos culturales, y conocer Sian Ka'an, una reserva biológica donde se puede observar más de 200 proyectos de conservación y preservación de los ecosistemas del área. Pero el propósito principal de esta excursión es visitar las ruinas de Chichén Itzá y Tulum. La Península del Yucatán fue la cuna[4] de la civilización maya y allí se encuentran algunas de las ruinas precolombinas más importantes del continente americano. Tulum, una de las últimas ciudades mayas, está localizada a orillas del mar. En su apogeo,[5] del siglo XIII al siglo XV, fue un puerto y centro comercial para toda la zona del Yucatán. Chichén Itzá fue un centro religioso de los mayas. «El castillo», el templo mayor, da evidencia de los avances de los mayas en la arquitectura, las matemáticas y la astronomía. En el equinoccio de primavera (el 21 de marzo) el juego de luz solar en las crestas de la escalera norte del templo crea la ilusión de que una serpiente desciende hacia el pie de la pirámide. Este efecto les indicaba a los mayas que era hora de sembrar[6] el maíz. En contraste, en el equinoccio de otoño (el 21 de septiembre), el ascenso de la serpiente indicaba el inicio de la cosecha.[7] Actualmente, todos los años hay grandes festivales en estas fechas para celebrar el inicio de la primavera o la llegada del otoño. Llegan personas de todas partes del mundo para conectarse con la espiritualidad del lugar. Es realmente fascinante.
—Emily G. / Northwestern University

[2]D.F. = Distrito Federal = *Mexico City*   [3]*decorative boats for hire*   [4]*Cradle*   [5]*peak, height*
[6]*to plant/sow*   [7]*harvest*

La Guelaguetza en Oaxaca

[handwritten annotations: inheritance; little stands full of weavings; boiled pot; Zapotecs indigenous Mexican civilization]

Oaxaca   Mi universidad ofrece un curso de cuatro semanas en Oaxaca, una de las más diversas y bellas ciudades de México. El zócalo[8] es el centro de la vida oaxaqueña, con sus mercados al aire libre, iglesias coloniales, puestos llenos de tejidos[9] y artesanías y sus cafés y restaurantes. Por todas partes, se nota claramente la fuerte herencia de las culturas prehispánicas en su cocina, en su música, sus fiestas, calles y mercados.

En mi programa, estudiamos por la mañana en La Universidad Autónoma Benito Juárez. Por la tarde hay clases de cocina y baile. Me apunté a la clase de cocina porque me fascinan las comidas y bebidas típicas de esta región. Entre los platos que hemos cocinado hay una sopa de flor de calabaza,[10] chapulines[11] fritos, varios moles[12] (hechos con más de 30 tipos de chile) y el café de olla hervido con canela y caña de azúcar. Unos de mis compañeros no son tan atrevidos como yo, así que ni piensan probar esos platos.

Los fines de semana hay excursiones guiadas a los pueblos cercanos para ver los mercados típicos o visitar a famosos artesanos. Cerca de Oaxaca se encuentra la zona arqueológica de Monte Albán, donde los zapotecas construyeron su ciudad sagrada —aún muy bien preservada— alrededor del año 500 a. C.[13]

Aunque todo lo que acabo de describir es fenomenal, la parte más alucinante es la clase de una semana en la Costa Chica en el Pacífico donde visitamos pueblos remotos afromexicanos (los Pueblos Negros). Hay unos 40 pueblos cuyos habitantes son descendientes de esclavos negros. No es bien sabido que existe esta rama de afromexicanos de la diáspora africana. Aprendemos algo de su historia y hacemos un servicio comunitario. Fue un viaje increíble. Nos encantó.

Ha sido una experiencia inolvidable pasar un mes en Oaxaca. Espero volver en julio para el festival de la Guelaguetza. En esta gran fiesta relacionada con el ciclo agrícola, los indígenas de las siete regiones del estado hacen demostraciones de la música y baile de su región y hacen ofrendas de los productos típicos de su tierra.

—**Jamal K. / Morehouse College**

[8]*plaza principal*   [9]*weavings*   [10]*sopa… squash blossom soup*   [11]*grasshoppers*   [12]*flavorful sauces*   [13]*«antes de Cristo»*

¡Viaje conmigo a México!

🎥 Vamos a México para ver el ambiente que experimentan los estudiantes allí.

Vaya a Connect Spanish para ver el vídeo.

Video footage provided by

BBC Motion Gallery

ACTIVIDADES

A. Comprensión Después de leer los testimonios y de ver el vídeo de Gabriela y en parejas, contesten las siguientes preguntas sobre los cuatro lugares fascinantes.

1. ¿Cuáles son algunas de las atracciones culturales de Guanajuato que le encantan a Lindsay?
2. ¿Por qué es Guanajuato un buen lugar para una luna de miel?
3. ¿Por qué le fascina a Jorge México D.F.?
4. ¿Qué fue Tenochtitlán y cuál fue su importancia?
5. ¿Por qué se considera el Museo Nacional de Antropología una joya del D.F.?
6. ¿Por qué le podría interesar a un estudiante de arqueología visitar el Yucatán?
7. ¿Qué lugares en Oaxaca que le interesaría visitar y qué comidas o bebidas le gustaría probar allí?
8. ¿Qué hizo Jamal con sus compañeros de clase en la Costa Chica?
9. ¿En cuál de los cuatro lugares le gustaría estudiar? ¿Por qué? ¿En qué coincide lo que ofrece ese lugar con los intereses suyos?

B. Recomendaciones. Ahora, completen las oraciones a continuación como si Uds. fueran Gabriela, hablando con una amiga que piensa ir a México. ¿Qué tiempo verbal hará falta para completarlas?

1. Guanajuato es una ciudad muy romántica. Cuando estés allí, te recomiendo que...

2. ¡Hay tanto tráfico en el D.F.! Si piensas pasar mucho tiempo allí, es importante que...

3. En el Yucatán puedes ver ruinas mayas. Antes de que vayas, debes...

4. El mercado de Oaxaca es fascinante. Tan pronto como llegues, te sugiero que...

C. Mi blog Escriba una entrada en un blog sobre un viaje imaginario que Ud. haya hecho con su novio/a a uno de los lugares fascinantes de México. Describa lo que hicieron y explique por qué siguen siendo pareja o por qué han roto. Siga el siguiente bosquejo.

> Nuestro viaje a _____ fue _____

P
PASADO
> Primero..., Luego..., Más tarde..., Finalmente...
>
> (narración en el pasado con cuatro verbos en el pretérito y cuatro en el imperfecto)

G
GUSTOS
> Nos encantó / Nos encantaron...

D
DESCRIBIR
> Durante el viaje me di cuenta de que él/ella...
>
> Al final de diez días juntos, decidimos que nuestra relación...

R
REACCIONAR
RECOMENDAR
> Si una pareja piensa ir a México para su luna de miel, (no) recomiendo que... porque...

D. Un viaje a México En parejas, hagan los papeles de dos amigos que se encuentran después de sus vacaciones en México. Conversen sobre sus respectivos viajes, interrumpiéndose con preguntas y comentarios como se hace en una conversación entre amigos. Usen el viaje imaginario que describieron en sus blogs como base para la conversación, y utilicen las expresiones útiles para conversar mejor.

Expresiones útiles

Para iniciar una conversación

Hola, ¿qué tal las vacaciones?
¡Qué gusto verte!

Para reaccionar ante el viaje de tu amigo/a

¡Qué padre/raro!
¡Vaya!
¡No me digas!
¡Genial!/¡Fenomenal!
¿En serio?
¡Qué pena!
¡No (me) lo puedo creer!

Para pedir más información

Dime más sobre...

Para terminar la conversación

En fin... (*Anyway . . .*)
Me alegro tanto de que...
Siento mucho que...

Rincón cultural   **103**

Un artista hispano:

José Guadalupe Posada

José Posada and Friends *de James Todd*

El artista mexicano José Guadalupe Posada nació en Aguascalientes en 1852. Desde muy pequeño le gustaba dibujar. A los 19 años hizo sus primeras caricaturas políticas para una revista local. En 1888 se marchó[1] a la capital, donde empezó a producir miles de grabados[2] que reflejaban los intereses, los miedos y la conciencia del pueblo mexicano.

Posada fue prolífico. Hizo más de 20.000 dibujos a lo largo de su vida. Gran parte de su obra artística se centra en «las calaveras[3]». En estas caricaturas, Posada capta un tema muy presente en la conciencia mexicana: la muerte. Sin embargo, sus calaveras no representan la muerte triste y solemne, sino la humanidad, la vanidad y la alegría de la vida. Creó miles de «calaveras» de gente humilde, políticos, revolucionarios, ricos y criminales haciendo todo tipo de actividades humanas. Posada también documentó en sus grabados una gran variedad de escándalos, chismes, crímenes horribles y catástrofes naturales. A través de sus dibujos trazó una crítica social con sentido del humor.

Los grabados de Posada aparecieron en muchísimos periódicos: foro público donde la gente mexicana podía apreciar su arte. Por esta razón, para los muralistas Diego Rivera y José Clemente Orozco, Posada fue un precursor del movimiento nacionalista en el arte público. Diego Rivera dijo: «Analizando la obra de José Guadalupe Posada puede realizarse el análisis más completo de la vida social del pueblo de México».

[1]se... se fue   [2]*engravings*   [3]*skulls*

ACTIVIDADES

A. **Comprensión** En parejas, contesten las siguientes preguntas.

1. ¿Qué tipo de arte hizo Posada? ¿Cuáles eran los temas más importantes para él?

2. ¿Qué tipo de figura usa para representar la muerte? ¿Cómo retrata esas figuras?

3. ¿Dónde publicaba su arte? ¿Por qué era bueno publicar su arte así?

4. ¿Por qué opinaba Diego Rivera que el arte de Posada es clave para realizar un análisis social del pueblo mexicano?

5. Igual que durante el tiempo de Posada, hoy en día las historietas, o las narrativas gráficas, son muy populares en casi todas las culturas. ¿A Ud. le gustan las historias gráficas? ¿Cuáles? ¿Cómo comparan con los dibujos de Posada?

B. Las Calaveras más populares Lea sobre las calaveras más populares de Posada. Luego, reaccione ante cada grabado terminando la oración con el verbo apropiado, según el contexto.

Don Chepito Marihuano

La Calavera Catrina

Baile de las calaveras

1. ***Don Chepito Marihuano:*** Entre las calaveras más populares de Posada están las de *Don Chepito Marihuano,* un soltero de la clase alta, rico y cursi. Los grabados de Don Chepito relatan una serie de aventuras de amor, peligro y violencia. Representa al pseudointelectual que se cree culto y mejor que nadie pero que en realidad es ridículo. Su nombre viene de su adicción a la marihuana.

   a. Es gracioso que…
   b. No sabía que…
   c. No creo que Don Chepito…

2. ***La Calavera Catrina:*** La calavera más famosa de Posada es *la Calavera Catrina.* Esta imagen de una mujer joven de la clase alta, con un sombrero elegante, se ha convertido en icono mexicano. Se puede encontrar a Catrina reproducida en múltiples espacios culturales en México. Una de las reproducciones más famosas es su inclusión en el mural de Diego Rivera *Sueño de una tarde dominical en la Alameda.*

   a. (No) Me gusta que Posada…
   b. No creo que la Calavera Catrina…
   c. Está claro que (a) la gente mexicana…

3. ***Baile de las Calaveras:*** En el grabado, *Baile de las calaveras,* se ven los esqueletos coqueteando, bailando, bebiendo y cantando, imitando las mismas actividades que muchos mexicanos de la época hacían en vida.

   a. Es repugnante que…
   b. Es bueno que los mexicanos…
   c. Me sorprende que…

D
DESCRIBIR

C. La Calavera Catrina Este icono está presente en muchos géneros del arte mexicano. Busque en el Internet los diferentes tipos de imágenes de calaveras que se ven durante la celebración del Día de los Muertos en México. Presente la imagen más interesante a la clase y comente las diversas expresiones artísticas que celebran en esta fiesta de los muertos.

♫ La música mexicana

¿Qué es la música mexicana? Muchas personas, al hablar de la música mexicana, piensan en los grupos de mariachis con sus trajes de charro, sombreros enormes y guitarras, trompetas y violines. Esta es ciertamente una de las formas de la música mexicana que ha penetrado en la imaginación popular estadounidense. Sin embargo, «mariachi» no se refiere a un estilo de música, sino a un grupo de músicos que toca varios estilos de música de diferentes regiones de México. Cada estilo tiene su propio ritmo e instrumentos, además de su propio baile y traje típicos. También, la variedad de guitarras que se usan en la interpretación de la música mexicana es sorprendente, así como los diversos géneros musicales (la chilena, el gusto, la polka, el ranchero, el son, el huapango, el norteño) que, como joyas preciosas, forman una parte integral de la cultura mexicana. Esta cultura se ha transmitido de generación a generación porque los niños típicamente aprenden las canciones y los bailes de su región en las escuelas primarias, además de géneros musicales de otras regiones. Saber bailar o cantar piezas de la propia región es saber expresar con orgullo el amor por la tierra natal.

A partir de los años 90 aparecieron cantantes y grupos que incorporaron elementos de la música tradicional y la música pop. Por ejemplo, hay Luis Miguel, quien volvió a inventar el bolero para un público contemporáneo, Alejandro Fernández, cuyas canciones combinan estilos ranchero, mariachi y pop, y Los Tucanes de Tijuana con su música norteña. En esa

Jesse y Joy

misma época el famoso grupo de rock mexicano Maná y el grupo Café Tacuba tuvieron mucho éxito. Hoy entre la gente joven, cantantes como Lila Downs, Reyli Barba, Paulina Rubio, Thalía, Julieta Venegas, Jesse y Joy y grupos como Belanova, Reik y Camila son muy populares.

ACTIVIDADES

A. Comprensión En parejas, contesten las siguientes preguntas.

1. ¿Cuál es la imagen estereotípica de la música mexicana?
2. ¿A qué se refiere el término «mariachi»?
3. ¿Qué tipos de música han influido en la música folclórica mexicana?
4. ¿Cuáles son algunos de los cantantes o grupos populares hoy en día?
5. ¿Ha escuchado Ud. alguna vez música mexicana? ¿Qué escuchó? ¿Le gustó?

REACCIONAR

G **R**

GUSTOS **RECOMENDAR**

B. ¡A escuchar! Para apreciar más la gran variedad de música mexicana regional, vaya a YouTube™ y escuche la música de Luis Miguel (boleros), Los Tigres del Norte (norteño), Los Panchos o Lucero. Luego, para conocer la música contemporánea de México, escuche a Julieta Venegas, Paulina Rubio, Víctor García, Maná, Jesse y Joy, Cristián Castro o a Thalía. Unas canciones románticas que han tenido mucho éxito son «365 Días» de Los Tucanes de Tijuana, «Amor del Bueno» de Reyli, «Eres para mí» de Julieta Venegas y «Corre, corre» de Jesse y Joy. Luego, comparta con sus compañeros de clase sus impresiones sobre los artistas y las canciones que escuchó utilizando frases como **Me gusta(n)... , porque... , Me encanta que... , Es impresionante/ fantástico que... , Me sorprende que...** y **Es evidente que...** .

C. **¡A escribir!** Escriba para Amazon.com un comentario describiendo sus impresiones sobre la calidad del vídeo y la letra de una canción de uno de los artistas mencionados en la **Actividad B.** También, mencione si le interesaría escuchar más de su música.

Un evento histórico

La Revolución mexicana

poder, educación

La Revolución mexicana se inició en 1910 bajo el mando de Francisco Madero y produjo líderes importantes como PanchoVilla (en el norte) y Emiliano Zapata (en el sur). Estos luchaban junto con campesinos y obreros en contra de los abusos de poder de la dictadura de Porfirio Díaz (cuya administración controló el gobierno mexicano por más de 30 años [1876–1911]). *"el Porfiriato"*

pobre, agraria

El choque entre los federales (los representantes del gobierno) y los revolucionarios (quienes también tenían conflictos internos) destrozó el país. La Constitución de 1917 fue la más radical de su época y estableció las pautas legales de la Revolución: específicamente, (1) apropiación de tierras de la Iglesia Católica, (2) confirmación del derecho del estado de limitar la propiedad privada, (3) establecimiento de escuelas seculares dirigidas por el estado y (4) garantía del derecho laboral de organizar sindicatos. La violencia acabó con las elecciones de 1920 y con el nuevo gobierno de Álvaro Obregón, que realizó importantes cambios políticos, laborales, educativos y culturales.

No fue sino hasta el gobierno de Lázaro Cárdenas (1934–1940) que los ideales de la Constitución de 1917 realmente se implementaron. Pronto después comenzó una serie de administraciones conservadoras que se alejaron de estos ideales.

Eventualmente se consolidó el poder en un solo partido político, el «Partido Revolucionario Institucional» (PRI). El PRI controló el gobierno mexicano por más de 50 años.

Para leer sobre el impacto de la Revolución mexicana en el México de hoy y para hacer actividades relacionadas con este tema, vaya a Connect Spanish.

Emiliano Zapata

ACTIVIDAD

Comprensión   Conteste las siguientes preguntas.

1. ¿Quiénes eran algunos de los líderes de la Revolución mexicana?
2. ¿Cuáles eran algunos de los principios de la Constitución de 1917? ¿Está Ud. de acuerdo con estos principios o no?
3. ¿Qué es el PRI y cuál es su importancia?

MÁS ALLÁ DEL RINCÓN CULTURAL

Como agua para chocolate explora el tema de las relaciones románticas en un pueblo rural mexicano durante la época de la Revolución. Vea la película y haga las actividades relacionadas que se encuentran en Connect Spanish.

For copyright reasons, McGraw-Hill does not provide the feature films referenced in *Más allá del Rincón cultural*. These films are readily available through retailers or online rental sites such as Amazon, iTunes or Netflix. Please consult your instructor for details on how to view this film.

Aunque en este país se sabe poco de las relaciones románticas entre el gobernador socialista de Yucatán, Felipe Carrillo Puerto, y la periodista estadounidense Alma Reed, su historia es fascinante.* Tiene lugar en la década de 1920, justo después de la Revolución mexicana[†] (ver **Un evento histórico** en este capítulo) y su historia de amor incluye sueños utópicos, ideales políticos apasionados, descubrimientos arqueológicos, complots secretos y hasta asesinatos. En esta lectura, Arturo Ortega Morán nos da un resumen de esta trágica historia de amor, la cual inspiró una de las canciones más populares y duraderas en la historia de México, «La Peregrina». Ortega Morán es ingeniero y escritor, y contribuye a un programa de radio nacional en México, *«Cápsulas de lengua»*. Su interés personal en la historia de Alma Reed y Felipe Carrillo Puerto viene de la importancia de «La Peregrina» en su tradición familiar: era la canción favorita de su suegra. En una ocasión, su suegro acompañó en piano a un coro de niños que cantaba «La Peregrina» en el teatro de Bellas Artes en la Ciudad de México. Al terminar la canción, de entre el público se paró una anciana de ojos intensamente azules y con trabajo subió al escenario para darle un beso a cada uno de los niños y, al final, a su suegro. Era Alma Reed, quien, emocionada, acababa de escuchar un concierto conmovedor, quizá su último, ya que al poco tiempo murió.

NOTA HISTÓRICA Felipe Carrillo Puerto fue elegido gobernador del estado de Yucatán en 1922 y empezó a poner en marcha las metas de la Revolución mexicana detalladas en la Constitución de 1917. Fue conocido como «El Dragón de los Ojos Verdes» y «El Apóstol de la Raza de Bronce» por su apoyo feroz de la gente indígena. Solo gobernó veinte meses, pero su gobierno socialista abrió 417 escuelas, fundó la Universidad Nacional del Sureste, dio a la gente indígena cargos públicos, otorgó derechos políticos a la mujer —incluyendo el voto—, comenzó el reparto de tierras y apoyó la exploración de las ruinas mayas en las zonas arqueológicas de la región.

---

*La autobiografía de Alma Reed, *Peregrina: mi idilio socialista con Felipe Carrillo Puerto* (2007, editada por Michael K. Schuessler con prólogo de Elena Poniatowska) le da al público un punto de vista más íntimo del período de la Revolución mexicana, época muy importante para la historia de méxico.

A. Para comentar En grupos de tres, contesten las siguientes preguntas.

1. ¿Qué políticos de este u otro país han sido defensores de los pobres? ¿Cuál era/es su visión para la gente menos afortunada o explotada?

2. ¿Se ha enamorado Ud. alguna vez de algún lugar que haya visitado, ya sea en su propio país o en el extranjero? ¿Por qué se enamoró de ese lugar?

3. ¿Conoce Ud. alguna canción cuya letra haya sido inspirada por una persona real?

B. Acercándose al tema Lea el título de esta ficha y las nueve palabras asociadas con el tema del amor trágico. En parejas, decidan si los espacios en blanco requieren un sustantivo, un verbo o un adjetivo. Luego, completen las oraciones con la forma apropiada de las palabras de la ficha.

Una historia de amor		
el dolor	la crisis	el preparativo
dejar	divorciarse	enamorarse
apasionado/a	apenado/a	utópico/a

1. Al llegar a Yucatán, Alma conoció a Felipe y _____ de inmediato de ese hombre _____ y visionario.

2. Creció entre ellos un amor intenso. Compartían ideales similares, enmarcados por sus sueños _____ de crear un mundo más justo.

3. Pero Felipe estaba casado con hijos y su relación con Alma les causó mucho _____. Sin embargo, su amor por Alma era tan fuerte que _____ de su mujer e hizo planes para casarse con Alma.

4. Alma volvió a San Francisco para empezar los _____ para la boda, pero Felipe, mientras tanto, se encontró con una _____ política de fuertes dimensiones en Yucatán.

5. Doce días antes de la boda, Felipe fue asesinado por los enemigos del estado. Así _____ a su alma gemela destrozada y profundamente _____.

Peregrina

VOCABULARIO

VISUALIZAR

«*Por la tarde había llovido, y al cruzar por la barriada del suburbio de San Sebastián, la vegetación y la tierra recién <u>humedecidas</u> por el aguacero*[1] ***exhalaban esa penetrante fragancia*** *que les es peculiar en tales casos. Alma aspiró profundamente aquel perfume, y dijo: «que bien huele*[2]*»,*

y yo, por gastarle una galantería[3] *le repliqué: «Sí, huele porque usted pasa. Las flores silvestres*[4] *se abren para perfumarla...* » *Carrillo Puerto dijo al punto: «Eso se lo vas a decir a Alma en una poesía». No, le repliqué yo, se lo diré en una canción. Y en efecto, en esa misma noche hice la letra*[5] *y al siguiente día vi a Ricardo Palmerín y se la entregué para que le pusiera música. Así nació* «*La Peregrina*».

Alma Reed

VOCABULARIO

Con estas palabras narró Luis Rosado Vega, el poeta, el momento que dio origen a una de las más hermosas canciones yucatecas.

Alma María Sullivan fue de las primeras mujeres que <u>ejercieron</u> el periodismo en San Francisco, California. De un breve matrimonio con Samuel Payne Reed, tomó el apellido y desde entonces fue conocida como Alma Reed. Escribía una columna llamada «Mrs. Goodfellow» en la que daba consejos legales a familias de inmigrantes ilegales que padecían[6] los abusos de aquella sociedad. En 1921, su labor periodística logró salvar la vida de un joven de 17 años condenado a muerte, de origen mexicano, llamado Simón Ruiz; de este caso resultó que las Leyes de California modificaron la manera de juzgar a los menores. La relevancia de este trabajo motivó que el presidente Álvaro Obregón la invitara a México y así, en 1922, por primera vez visitó a nuestro país, del que se enamoró profundamente.

VERIFICAR

¿Quién(es)? ¿Dónde? ¿Qué pasó?

A su regreso a San Francisco, la esperaba un ofrecimiento de trabajo del *New York Times,* el que aceptó y fue asignada para cubrir los trabajos arqueológicos en la zona maya, en Yucatán. Ahí entrevistó a Edward Thompson, el arqueólogo que tenía años excavando en la zona. Éste le confesó que había sacado muchas piezas <u>valiosas</u> del Cenote Sagrado de Chichén Itzá y las había enviado al Museo Peabody de Harvard. Alma Reed inició una serie de reportajes denunciando este hecho y a la larga, se logró la repatriación de muchas de estas piezas.

VOCABULARIO

En febrero de 1923, su camino se cruzó con el de Felipe Carrillo Puerto, gobernador de Yucatán. Personaje de fuerte personalidad e ideas socialistas, que tenía años luchando por los indígenas mayas y que se encontraba en <u>la cúspide</u> de su carrera. Dicen, quienes fueron testigos,[7] que fue un amor a primera vista. Durante ese año, vivieron un intenso romance que desembocó[8] en el divorcio de

VOCABULARIO

[1]*downpour* [2]*it smells* [3]*por... to be gallant toward her* [4]*wild* [5]*lyrics* [6]*sufrían* [7]*witnesses* [8]*culminated*

Carrillo Puerto y una promesa de boda que nunca se consumó. Este tiempo, vio coincidir[9] a una pareja de soñadores enamorados, a un poeta (Luis Rosado Vega) y a un músico (Ricardo Palmerín); que en una canción dejaron una eterna huella[10] de aquella historia.*

VERIFICAR

¿Quién(es)? ¿Dónde? ¿Qué pasó?

VISUALIZAR   VOCABULARIO

VOCABULARIO

Felipe Carrillo Puerto

El 3 de enero de 1924, mientras Alma Reed hacía los preparativos para la boda en San Francisco, Carrillo Puerto moría fusilado[11] en la ciudad de Mérida por tropas de Adolfo de la Huerta que se habían rebelado contra el presidente Álvaro Obregón. Se cuenta que, cuando era conducido al paredón,[12] sacó de uno de sus bolsos un anillo[13] y le pidió a uno de sus ejecutores que lo entregara a Pixan Halel, **en maya: Alma y Caña (Reed).** La herida en el corazón de Alma Reed nunca cerró. No obstante, siguió trabajando intensamente en lo que le gustaba… el periodismo. En 1928, conoció a José Clemente Orozco y se convirtió en su admiradora y promotora, exponiendo sus trabajos en New York.

Cuentan las malas lenguas que hubo entre ellos una relación sentimental, que no llegó a mayores porque Orozco era casado y Alma nunca olvidó a Felipe. Su labor de promotora de artistas mexicanos se extendió también a David Alfaro Siqueiros. En 1961, el presidente Adolfo López Mateos reconoció el amor que Alma Reed tenía por México y le otorgó el Águila Azteca.[14]

VERIFICAR

¿Quién(es)? ¿Dónde? ¿Qué pasó?

VISUALIZAR

En un día del año 1965, una anciana de mirada azul dormido, **se acercó al entonces senador por Yucatán,** Carlos Loret de Mola y le dijo: «Usted ocupará algún día la silla de Felipe, yo no lo veré como gobernador porque moriré pronto; pero quiero pedirle que cuando yo muera, me sepulten[15] en Mérida, cerca de Felipe». Unos meses después, el 20 de noviembre de 1966, Alma Reed murió a los 77 años en la Ciudad de México, a causa de un cáncer en el estómago. Tuvo que esperar casi un año para que uno de sus viejos amigos recuperara sus cenizas[16] que habían quedado retenidas por falta de pago en las funerarias Gayosso. Fue entonces que Loret de Mola, aún sin ser gobernador, cumplió el último deseo de Alma Reed y hoy sus restos yacen[17] en la Ciudad Blanca, muy cerca de los de Felipe Carrillo Puerto. Así respondió «La Peregrina» a esa plegaria[18] que nació cuando coincidieron: un par de soñadores enamorados, un músico y un poeta.

[9]vio… *saw the coming together of* [10]*print, mark* [11]*shot* [12]*lugar de fusilamiento* [13]*ring* [14]Águila… *The Order of the Aztec Eagle, the highest honor awarded by the Mexican government to a foreign national, for services given to Mexico or humankind in general* [15]*bury* [16]*ashes* [17]*lie* [18]*prayer*

*Se refiere aquí a la canción «La Peregrina».

A. Comprensión Conteste las siguientes preguntas sobre la nota histórica y la lectura.

1. ¿Qué hacía Alma Reed antes de ir a México? ¿Qué evento hizo que viajara a México?

2. ¿Qúe hizo Alma después de entrevistar al arqueólogo Edward Thompson?

3. ¿Por qué fue Felipe Carrillo Puerto tan importante para la gente indígena yucateca?

4. ¿Cuál era la situación matrimonial de Carrillo cuando conoció a Reed?

5. ¿Qué pasó días antes de la boda de Alma y Felipe?

6. ¿Qué hizo Felipe minutos antes de ser fusilado?

7. ¿Cómo mantuvo Alma contacto con su querido México después de perder a su alma gemela?

8. ¿Qué favor quería Alma del senador Carlos Loret de Mola?

PASADO

B. La famosa canción «La Peregrina»

Paso 1 Complete el siguiente párrafo con la forma correcta del pretérito, del imperfecto o del pluscuamperfecto (según el contexto).

Alma Reed llegó a México por primera vez en 1921. Al bajar del tren un grupo de mariachis _____¹ (estar) allí para cantar una serenata a la esposa de un diplomático mexicano que _____² (haber / viajar) en el mismo tren con Alma. La primera canción que _____³ (cantar) fue «Alma de mi alma». Alma _____⁴ (pensar) que la canción _____⁵ (ser) para ella y _____⁶ (estar) tan afectada que _____⁷ (empezar) a llorar. Luego, _____⁸ (abrazar) al representante del presidente Obregón, que _____⁹ (haber / venir) a recogerla. Dos años más tarde, al escuchar la historia de la reacción emotiva de Alma ante la canción «Alma de mi alma», Felipe _____¹⁰ (querer) regalarle una canción que contara la historia de una joven de California que _____¹¹ (haber / venir) a México para entrevistar al gobernador y cómo ellos _____¹² (haber / enamorarse). Con la ayuda del poeta Luis Rosado Vega y el compositor Ricardo Palmerín _____¹³ (nacer) la famosísima canción «La Peregrina».

Paso 2 En parejas, contesten las siguientes preguntas sobre la canción.

1. ¿Cómo piensa que Alma se sintió cuando se dio cuenta de que la canción no era para ella?

2. ¿Cómo se sentiría si alguien escribiera una canción dedicada a Ud. y luego esta canción se convirtiera en una canción popular a nivel nacional?

La Peregrina

Cuando dejes mis palmeras
y mi tierra,
Peregrina del semblante
encantador:
No te olvides, no te olvides
de mi tierra,
no te olvides, no te olvides
de mi amor.

C. Para discutir En grupos de tres o cuatro, discutan lo siguiente.

1. El padre de Alma le contaba cuentos sobre sus viajes a México. Estos cuentos despertaron en la niña un profundo interés en México y su gente. ¿Recuerda Ud. algunas historias de su infancia que todavía tengan un impacto en su vida? ¿Le contaron sus padres o abuelos cuentos de otros lugares o personas que hayan hecho que Ud. quisiera aprender más sobre otras culturas o viajar a otros países?

2. Algunas personas se sienten atraídas por personas de otras culturas. Otros creen que las diferencias culturales tienen un impacto negativo en las relaciones. ¿Cuál es su opinión? ¿Se casaría Ud. o saldría con una persona de otra cultura? En su opinión, ¿se aceptan las relaciones interétnicas o interculturales en su comunidad?

3. Los editores de Alma Reed le pidieron que fuera a México para entrevistar al gobernador socialista de Yucatán, al que le decían «la copia tropical de Abraham Lincoln». ¿Qué dos o tres preguntas habrá preparado Reed para hacerle a Felipe Carrillo antes de conocerlo?

4. Hoy en día, en este país la palabra «socialista» evoca pánico para mucha gente. ¿Por qué cree Ud. que esta palabra está tan cargada de connotaciones negativas?

REACCIONAR
R
RECOMENDAR

D. Reacciones En parejas, imagínense que son mexicanos/as que viven durante la época de Alma Reed y Felipe Carrillo Puerto. Lean las siguientes oraciones y reaccionen ante cada una con una expresión como **Es triste que ...** , **Es increíble que...** , **Es bueno que...** Explique su reacción a cada una.

1. Alma defiende a jóvenes mexicanos en los Estados Unidos y, en particular, a uno que es acusado falsamente de asesinato.

2. Como el nuevo gobernador de Yucatán, Felipe Carrillo Puerto le da su primer discurso al público en la lengua maya.

3. Aunque Felipe está casado con otra mujer, Alma y Felipe son almas gemelas. Están verdaderamente enamorados y comparten los mismos ideales y sueños utópicos.

4. Un momento antes de ser fusilado, el gobernante yucateco llama a uno de sus ejecutores, pone en sus manos un anillo y le dice: «Entrégaselo a *Pixán Halal*».*

Las tumbas de Alma Reed y Felipe Carrillo Puerto (en el fondo)

PASADO

E. El telegrama Alma estaba ensayando para su boda en el Hotel Fairmont de San Francisco, con su vestido de novia y azahares (*orange blossoms*) tras las orejas, cuando de repente le pasaron un telegrama que acababa de llegar al hotel donde vivía. El telegrama decía: «Felipe Carrillo Puerto Asesinado».

Paso 1 En parejas, escriban cuatro o cinco oraciones describiendo lo que pasó cuando Alma leyó el telegrama.

Paso 2 Escríbanle a Alma un breve mensaje de pésame (*condolence*). Palabras útiles: **afectado/a, el dolor, el sentimiento, la tristeza.**

---

*Pixán significa **alma** (*soul*) en lenguaje maya-quiché y *Halal* significa **junco** (*reed*).

¿CÓMO LE VA CON ESTOS PUNTOS CLAVE?

REACCIONAR

DESCRIBIR   COMPARAR   PASADO   RECOMENDAR

A. Prueba diagnóstica

Paso 1   Complete el siguiente párrafo con la forma correcta de los verbos entre paréntesis para ver cómo le va con las metas comunicativas **Descripción, Comparación, Narración en el pasado** y **Reacciones y recomendaciones.**

Hace muchos años, cuando Salma Hayek _____ (oír)[1] hablar del proyecto de hacer una película sobre la vida de Frida Kahlo, _____ (decidir)[2] que _____ (querer)[3] el papel principal. Pero en esos años todavía _____ (ser/estar)[4] una actriz desconocida. Los directores le dijeron: «Es necesario que nosotros _____ (encontrar)[5] una actriz más famosa. También queremos que _____ (ser/estar)[6] mayor que tú. Y además, dudamos que tu aspecto físico _____ (ser/estar)[7] apropiado para este rol». Pero años más tarde, Salma _____ (conseguir)[8] el papel de Frida y también _____ (participar)[9] en la producción de la película.

Para parecerse a Frida, Salma _____ (tener)[10] que añadir a su apariencia dos rasgos característicos de la pintora: las cejas unidas y el bigote. Los artistas de maquillaje siempre _____ (ser/estar)[11] preparados para convertir a un actor en otra persona. Cuando Hayek _____ (aparecer)[12] el primer día en el estudio, todos _____ (decir):[13] «Es alucinante que una belleza como Salma _____ (poder)[14] convertirse en Frida».

Hayek espera que al ver la película *Frida,* los espectadores _____ (salir)[15] sabiendo apreciar la pasión, el talento excepcional y la valentía de Frida Kahlo. Ojalá que también _____ (entender)[16] mejor la importante época histórica en la que Frida Kahlo y Diego Rivera _____ (vivir).[17]

Paso 2   Ahora, haga comparaciones utilizando las siguientes indicaciones.

1. Salma Hayek / Frida Kahlo (+ guapo)
2. Salma Hayek / Frida Kahlo (= tener talento)
3. Ser pintora / ser actriz (= divertido)
4. Salma Hayek / $1 millón por película (+ ganar)
5. Frida Kahlo / Salma Hayek (= trabajar)

B. Autoevaluación

Complete la autoevaluación de su progreso en estas metas comunicativas.

META COMUNICATIVA	VERY WELL	SOMEWHAT WELL	NOT WELL
D DESCRIBIR Descripción	☐	☐	☐
C COMPARAR Comparación	☐	☐	☐
P PASADO Narración en el pasado	☐	☐	☐
REACCIONAR **R** RECOMENDAR Reacción y recomendación	☐	☐	☐

Frida, interpretada por Salma Hayek

Ojo

If you are still having trouble with these **Metas comunicativas,** you can complete (or redo) the LearnSmart modules for this chapter for additional practice.

C. Yo, experto

Mire el siguiente tablero que muestra aspectos interesantes de la cultura mexicana que se presentaron en este capítulo. Identifique todas las imágenes que pueda. Después, escoja por lo menos cuatro imágenes y escriba un comentario para cada una utilizando las siguientes metas comunicativas por lo menos una vez:

REACCIONAR

DESCRIBIR   COMPARAR   PASADO   RECOMENDAR

CAPÍTULO 4

La vida moderna:

Las obligaciones y el tiempo libre

Meta comunicativa

GUSTOS

Temas centrales
- el estrés
- el ocio
- el humor

Zona de enfoque
- El Cono Sur

En este capítulo Ud. va a explorar el tema de sus obligaciones, en cuanto a sus estudios y el trabajo, y lo que hace para pasarlo bien y relajarse.

Preguntas para considerar
- ¿Se siente Ud. estresado/a por sus obligaciones académicas y su trabajo?
- ¿Qué hace para aliviar el estrés?
- ¿Cuáles son las actividades que lo/la ayudan a relajarse?
- ¿Tiene Ud. un lugar especial para escaparse de vez en cuando?
- ¿Cuáles son las ventajas y desventajas del acceso constante a la tecnología?
- ¿Qué aparato o aplicación podría dejar de usar? ¿Cuál sería imposible de dejar de usar?
- La escena que se ve en esta página muestra uno de los escapes de la vida diaria en la Argentina. ¿Qué papel desempeñan la música y el baile en su vida?

Hay que ser más fiesteros

¡Tienes que relajarte, Diego!

Situación: Diego y Sara hablan del negocio de Diego y de los diferentes cambios que éste está haciendo para **aumentar** las ventas y **disminuir** las tensiones y el estrés que él experimenta en el trabajo. Lea el diálogo y preste especial atención al uso del vocabulario nuevo, que está **en negrilla.**

DIEGO : La próxima semana viajo al Cono Sur a buscar nuevos productos para vender en Tesoros.

SARA : Ay, Diego. ¿Tienes que viajar otra vez? **Trabajas como una mula.** Me preocupa que estés tan **tenso** y **agotado** estos días.

DIEGO : Aprecio tu preocupación por mi **bienestar,** pero me fascina mi trabajo. No me gusta estar de **vago.** Sin embargo, acabo de contratar a un ayudante, Francisco Ramos.

SARA : ¡Fenomenal! Francisco es buenísima gente. Me encanta su sentido de humor. Y está claro que él le cae bien a todo el mundo.

DIEGO : Sí, pues. Además, es experto en **las redes sociales.** Abrió una **cuenta** de Facebook y Twitter, y yo empecé un **blog** para Tesoros. Hemos **subido** fotos de nuestros productos y puedes **descargar** videos de las entrevistas con los artesanos que los producen.

SARA : Te veo muy **animado** con estos cambios—es importante **ponerse al día** con los avances tecnológicos. Y, ¿qué piensas hacer en el Cono Sur?

DIEGO : **Aprovecharé** los primeros días en Buenos Aires para comprar productos de cuero (*leather*) en la calle Murillo. Después cruzaré el Río de la Plata para reunirme con unos artesanos de productos de lana (*wool*) en Montevideo. Y luego, en Paraguay, hacen unas hamacas extraordinarias…

SARA : Oye, oye, Diego. Es importante que **realices** tus metas empresariales, pero debes **tratar de disfrutar de** la vida también. Buenos Aires **tiene mucha marcha** y Montevideo es una ciudad fantástica…

DIEGO : Claro, claro. En mis **ratos libres** iré al teatro y a la ópera, que son realmente extraordinarios en Buenos Aires. Seguramente veré algún **espectáculo** de tango. Y te prometo **desvelarme** bailando en alguna discoteca. Seguro que lo pasaré de maravilla.

ACTIVIDADES

A. Detective Busque en el diálogo ejemplos de las siguientes metas comunicativas: Reacciones y recomendaciones (R), Narración en el pasado (P), Hablar de los gustos y las opiniones (G) y Hablar del futuro (F). Subraye cada palabra o frase que represente una (o una combinación) de estas metas comunicativas. Luego, escriba al margen la(s) letra(s) que corresponde(n) a cada ejemplo subrayado (R, P, G o F).

MODELO : Aprecio tu preocupación por mi <u>bienestar,</u> pero <u>me fascina</u> mi trabajo. (G)

B. Comprensión Conteste las siguientes preguntas, según el diálogo.

1. ¿Por qué está preocupada Sara?
2. ¿Qué cambio va a ayudar a Diego a relajarse un poco?
3. ¿Qué hizo Francisco ya para modernizar el negocio de Diego?
4. ¿Por qué va al Cono Sur Diego?
5. ¿Qué sugerencias le ofrece Sara para pasarlo bien en el Cono Sur?

REACCIONAR

RECOMENDAR

C. Reacciones y recomendaciones Complete las siguientes oraciones sobre la conversación de Diego y Sara, utilizando un conector en cada oración.

Conectores

además *additionally*
en cambio
para que + *subjuntivo*
por lo tanto *therefore*
porque *because*
puesto que
sin embargo *however*
ya que

por consiguiente

MODELO : Es bueno que Diego pueda tomar un poco de tiempo para cargar las pilas, ya que trabajar demasiado no es bueno para la salud.

1. Es fantástico que su amigo Francisco...
2. A sus amigos no les gusta que Diego...
3. Sara cree que Diego...
4. A los clientes de Tesoros les va a gustar que...

D. Diálogo En parejas, preparen un diálogo entre Diego y Francisco en el que hablen del contenido del blog y de la página de Facebook de Tesoros y de lo que estos harán para mejorar el negocio. Luego, preséntenlo a la clase.

PARA HABLAR DE LAS OBLIGACIONES

aprovechar(se) (de)	to take advantage of
aumentar	to increase
desvelarse	to stay awake all night
disminuir	to decrease
madrugar	to get up early
mejorar	to improve (make better)
ponerse al día	to catch up
posponer (*like* poner)	to postpone
realizar	to accomplish, fulfill (a goal)
seguir + -ndo	to keep doing something
tener éxito	to be successful
trabajar como una mula	to work like a dog
tratar de	to try to

PARA DESCRIBIR EL ESTADO DE ÁNIMO

agobiado/a	overwhelmed
agotado/a	exhausted
angustiado/a	distressed
animado/a	in good spirits
desanimado/a	bummed
descansado/a	rested
dispuesto/a (a)	willing (to)
entusiasmado/a	enthusiastic
estresado/a	stressed (out)
harto/a	fed up
hasta las narices	fed up to here
quemado/a	burned out
renovado/a	renewed
satisfecho/a	satisfied
tenso/a	tense
vago/a	lazy

PARA HABLAR DEL TIEMPO LIBRE

aliviar	to relieve
bromear	to joke around
cargar las pilas	to recharge one's batteries
disfrutar de	to enjoy
entretener(se) (*like* tener)	to entertain (oneself)
estar de buen/mal humor	to be in a good/bad mood
levantar el ánimo	to lift one's spirits
pasarlo bien/mal	to have a good/bad time
reírse a carcajadas	to laugh out loud / to die laughing
relajarse	to relax

De vacaciones: ¿Cómo carga Ud. sus pilas?

reunirse (me reúno) (con)	to get together (with)
tener mucha marcha	to have a lively social scene

PARA DESCRIBIR LAS DIVERSIONES

el/la aguafiestas	party pooper
el bienestar	well-being
el chisme	gossip
el espectáculo	show, performance
la madrugada	early morning
los ratos libres	free time
el recreo	recreation
la resaca	hangover

PARA HABLAR DE LOS MEDIOS SOCIALES

bloguear	to blog
chatear	to chat
conectar	to connect
descargar	to download
enterarse de	to find out about
enviar (envío) / mandar un mensaje de texto	to text
un correo electrónico*	to e-mail
googlear	to google
postear/poner	to post
subir	to upload
tuitear	to tweet

(handwritten: Pretérite: saber = to find out)

(handwritten: cogar?)

COGNADOS : **la aplicación (la app), el ciberespacio, el Internet, la página Web, la realidad virtual, la tecnología digital, el (teléfono) celular/móvil**

---

*Por la influencia del inglés, en algunos países también se dice un **e-mail** y, como chiste (*as a joke*), un **emilio.** Esta última es una transformación de la palabra inglesa *e-mail* en el nombre español de persona **Emilio.**

Expresiones útiles

Para hablar del tiempo libre

¡Que lo pases / pase / pasen bien!

¡Que te diviertas / se divierta / se diviertan!

¿Cómo lo pasaste / pasó / pasaron?

Lo pasé muy bien / de maravilla / fatal

ACTIVIDADES

A. Vocabulario en contexto

Paso 1 Indique quién hace las siguientes cosas: Ud., su madre, padre, hermano/a, hijo/a, amigo/a, compañero/a de cuarto, nadie, etcétera.

1. Les levanta el ánimo a los que están quemados.
2. Trabaja como una mula y no es capaz de relajarse.
3. Está dispuesto/a a desvelarse para ayudar a un amigo con un proyecto.
4. Sabe los chismes de todos sus amigos y también de los ricos y famosos.
5. Le es imposible dejar de mandar mensajes de texto mientras maneja.
6. No le importa su privacidad, por eso postea cualquier cosa en Facebook sin pensarlo dos veces.
7. Está angustiado/a porque con frecuencia pospone el trabajo que tiene que hacer.
8. Aprovecha sus ratos libres para ponerse al día con los estudios o el trabajo.
9. Está agobiado por el número de mensajes de texto que recibe cada día.
10. Se entretiene sin reunirse cara a cara con nadie, porque su Xbox 360 le provee todas las interacciones sociales que necesita.

Paso 2 En parejas, compartan sus respuestas del **Paso 1**. Escojan dos situaciones y amplíen sus respuestas para dar ejemplos concretos de lo que hace la persona indicada en cada situación.

B. Decisiones

HIPÓTESIS

¿Qué haría yo?

Paso 1 En parejas, contesten las siguientes preguntas y explíquense sus respuestas.

	SÍ	NO
1. Después de haberse desvelado en una fiesta fantástica, ¿madrugaría Ud. al día siguiente para hacer ejercicio antes de asistir a su primera clase?	☐	☐
2. ¿Pospondría una entrevista para un trabajo importante si tuviera la oportunidad de asistir a un concierto de su grupo musical favorito?	☐	☐
3. ¿Iría a clase con una resaca tremenda?	☐	☐
4. ¿Estaría dispuesto/a a suspender sus estudios por un año para trabajar en Cancún?	☐	☐
5. ¿Gastaría más de 200 dólares en una de las siguientes cosas: un partido de fútbol, una obra de teatro de *Broadway* en Nueva York, un concierto, una botella de vino, un suéter, un masaje?	☐	☐
6. ¿Iría de compras para aliviar el estrés?	☐	☐
7. Después de trabajar como una mula todo el día, ¿iría a un lugar con mucha marcha para pasarlo bien?	☐	☐
8. Después de romper con su novio/a ¿seguiría siendo su amigo/a en Facebook?	☐	☐

Paso 2 Según las respuestas y las explicaciones ¿es su compañero/a una persona atrevida o cautelosa? Explique por qué.

C. Adicto al Internet

Paso 1 En grupos de tres, contesten las siguientes preguntas.

1. ¿Conoce Ud. a alguna persona adicta al Internet, a Facebook o a su iPhone? ¿Cómo es esa persona? ¿Cómo le afecta a su vida diaria su «adicción»? ¿Le molesta estar con esta persona o le parece normal su comportamiento?

2. ¿Qué aparato o aplicación podría Ud. dejar de usar? ¿Cuál le sería imposible dejar de usar? Explique.

 Paso 2 Complete las siguientes oraciones con la forma correcta del verbo entre paréntesis y luego añada un adjetivo del vocabulario nuevo para describir su estado de ánimo en cada caso. Luego, comparta sus respuestas con un compañero / una compañera.

1. Si no pudiera googlear para buscar información, _____ (sentirse)...

2. Si un amigo posteara una foto muy fea de mí en Facebook, _____ (estar)...

3. Si tuviera que terminar un ensayo importante para una clase y mi novio/a insistiera en chatear _____ (estar)...

4. Si perdiera mi iPhone, _____ (sentirse)...

5. Si recibiera más de 100 correos electrónicos en un día, _____ (sentirse)...

6. Si inventara una app muy exitosa, _____ (estar)...

 Paso 3 ¿Le ha pasado a Ud. o a alguien que conoce alguno de los incidentes mencionados en el **Paso 2**? Hablen en parejas sobre lo que pasó, las complicaciones de la situación, cómo se sintió Ud. o la persona involucrada y cómo se resolvió el caso.

D. Preguntas personales En parejas, contesten las siguientes preguntas. Mientras escucha a su compañero/a, reaccione con algunas expresiones de **Para conversar mejor.** Luego, revelen a la clase lo que cada uno/a averiguó de su compañero/a.

Para conversar mejor

¡Increíble!	Estoy de acuerdo.
¡Qué chistoso!	Es igual para mí.
¿De veras?	Yo (A mí) también/tampoco.
¿En serio?	¡Fenomenal!
¡Qué horror!	¡Qué idea más buena!

1. Describa a la persona más fiestera que Ud. conozca. ¿Qué le gusta hacer a esta persona en las fiestas?

2. ¿Qué hace el aguafiestas típico? ¿Ha sido alguna vez un(a) aguafiestas? Explique su respuesta.

3. ¿Qué le gusta hacer para aliviar el estrés?

Si fuera el decano / la decana (*dean*) encargado/a de (*in charge of*) los servicios estudiantiles, ¿qué recursos ofrecería para ayudar a los estudiantes a disminuir el estrés?

4. ¿Por qué cree que los medios sociales son tan importantes para la sociedad? ¿Hay algo negativo en la conectividad constante? Explique.

E. Para combatir el estrés

Paso 1 Lea las descripciones de tres lugares excelentes para divertirse en el Cono Sur durante el mes de febrero, cuando las temperaturas del verano son perfectas y el ambiente es alucinante.

1. **Punta del Este, Uruguay** Es una ciudad que está en la costa del Océano Atlántico y es un lugar favorito de los ricos y famosos para veranear. Se considera como «la Riviera de Sudamérica». La playa está rodeada de bellos bosques de pinos; las olas, de más de diez pies de altura, son perfectas para hacer surfing. Hay grandes mansiones, pistas de golf y tenis y casinos lujosos.

2. **Viña del Mar, Chile** Es una ciudad balnearia[1] que fue fundada hace más de 100 años. Tiene lujosas villas de comienzos del siglo XX con torrecillas miradores[2] que dan al mar,[3] así como casas modernas de estilo elegante. Cada mes de febrero se celebra allí el gran Festival de Música de Viña del Mar, en el que tocan músicos hispanos de todo el mundo. Este festival es tal vez la reunión de estrellas hispanas más grande del mundo.

3. **Buenos Aires, Argentina** Es conocida como «el París de Sudamérica». Se puede encontrar cafés en casi todas las esquinas, desde los más elegantes y caros hasta los más sencillos. En el centro de la ciudad hay más de 70 cines. Las representaciones teatrales en Buenos Aires, por otro lado, son más numerosas que en París o Nueva York. La vida nocturna es alucinante. Se dice que en la calle Corrientes, la calle principal, nunca se duerme. ¡Las discotecas y los clubes no cierran hasta la madrugada!

[1]*resort* [2]torrecillas… *little watchtowers* [3]dan… *face the sea*

Paso 2 Ahora, lea las descripciones de tres paraguayos estresados que necesitan escaparse de su rutina. En parejas, recomienden el lugar más apropiado para cada uno para aliviar el estrés, divertirse y cargar las pilas. Compartan sus sugerencias con otra pareja. ¿Están todos de acuerdo?

1. Arturo Baca, un actor que está angustiado porque no consiguió un papel en un espectáculo, dado que no sabe bailar bien.

   Arturo, sabemos que Ud.… Por lo tanto, le aconsejamos que…

2. Teresa Palacios, una estudiante que está hasta las narices con sus estudios y con su ex novio, quien sigue llamándola tres veces al día.

   Teresa, es muy importante que Ud.… Por eso sugerimos que…

3. Carolina Castañeda, una bibliotecaria que está desanimada porque vive en un pueblo pequeño, sin mucha marcha.

   Carolina, recomendamos que… porque…

¡Cuéntennos!

En este vídeo, Wálter y Ángeles, dos bailarines argentinos de tango, hablan del estrés, del ocio, y de ser inmigrantes en Nueva York.
  Vea el vídeo y haga las actividades relacionadas que se encuentran en Connect Spanish.

F. **¡Cuéntennos!: Wálter y Ángeles** Antes de ver la entrevista, contesten las siguientes preguntas en grupos de tres.

1. ¿Por qué es Nueva York una «meca» para los bailarines?

2. ¿Cuáles son las cosas que probablemente les causan estrés a los bailarines?

3. ¿Por qué puede ser bailar tango un escape muy sano?

4. Además del baile, ¿cuáles son otras maneras sanas de relajarse?

G. **Problemas cotidianos** Entre todos, revisen los siguientes problemas y hagan una lista de palabras nuevas de este capítulo y de los capítulos anteriores que los ayuden a conversar con facilidad sobre cada problema repentino. Después, en parejas, preparen un diálogo espontáneo sobre cada problema.

1. Un consejero / Una consejera y una persona que está «quemada» por el exceso de trabajo están en una sesión de terapia. El/La paciente se queja de su trabajo y el consejero / la consejera sugiere que tome clases de baile o música para aliviar el estrés. Al cliente le parece ridícula la idea.

2. Dos personas están saliendo en una cita por primera vez. Una de ellas se lo pasa mirando los mensajes de texto que recibe en su iPhone. La otra persona está harta de su comportamiento, lo cual considera maleducado.

NOTA CULTURAL • ¿Quiénes son los más fiesteros?

La primera vez que Diego recibió una invitación para ir a una fiesta en los Estados Unidos, se sorprendió mucho. ¡La invitación indicaba la hora en que iba a terminar la fiesta! Eso nunca pasaría en el mundo hispano, en donde se indica la hora en que comienza una fiesta (algo que no siempre se respeta), pero se considera de mala educación decirles a los invitados que tienen que irse a una hora determinada. La costumbre estadounidense puede resultar un choque cultural para los hispanos. De hecho, a Javier le molesta tanto que él se niega a ir a una fiesta si la invitación indica cuándo va a terminar.

En el mundo hispano, el invitado tiene derecho a quedarse todo el tiempo que quiera en una reunión o una fiesta, y el anfitrión tiene el deber de atenderlo. En el Ecuador, Laura asistió a una boda que empezó a las 7:00 de la noche y no terminó hasta las 7:00 de la mañana del día siguiente. Era muy diferente de las bodas estadounidenses que ella conocía, pero no parecía que los novios estuvieran enojados con sus invitados. Al contrario, se rieron, cantaron y bailaron con los otros hasta que se fue la última persona. Sergio también prefiere las fiestas alegres y largas de su familia mexicana a las cenas cortas y secas que tiene con su familia de los Estados Unidos.

En fin, cada cultura es diferente y hay que respetar las costumbres especiales. Sin embargo, cuando Ud. vaya a una fiesta en un país hispano, ¡no se sorprenda si no termina nunca!

Preguntas

1. ¿Por qué sería de mal gusto ponerle horas fijas a una fiesta en Latinoamérica?

2. ¿Qué le parece a Ud. la flexibilidad que hay en el mundo hispano en cuanto al horario de las fiestas? ¿Por qué?

3. ¿A qué hora suelen empezar y terminar las bodas en su país? ¿Le gustaría ir a una boda que durara hasta la mañana siguiente?

Actividad

En parejas, escriban un diálogo en el que uno de Uds. haga el papel de un anfitrión / una anfitriona estadounidense que está cansado/a y quiere pedirles a sus invitados, de manera educada, que se vayan. La otra persona será un invitado hispano / una invitada hispana que no entiende las indirectas (*discreet hints*) de su anfitrión/anfitriona.

GUSTOS

Hablar de los gustos y las opiniones

En esta sección del capítulo, Ud. va a practicar la meta comunicativa **Hablar de los gustos y las opiniones.** Para hacerlo bien, hay que utilizar las estructuras gramaticales (los puntos clave) de la siguiente tabla que pertenecen a la meta comunicativa. Antes de continuar, estudie las explicaciones de estas estructuras gramaticales en las páginas moradas que están al final del libro.

LA META COMUNICATIVA DE ESTE CAPÍTULO		
ICONO	**META COMUNICATIVA**	**PUNTOS CLAVE**
G GUSTOS	Hablar de los gustos y las opiniones	• los verbos como **gustar** • los pronombres de complemento indirecto • el subjuntivo después de **me gusta que, no creo que, no pienso que**

PRUEBA DIAGNÓSTICA

Un amigo argentino de Javier nos habla de la importancia del fútbol en su país. Llene los espacios en blanco con la forma más apropiada del verbo que está entre paréntesis, junto con el pronombre de complemento indirecto adecuado.

Un partido calificador entre Bolivia y la Argentina

Desde niño, (a mí) _____[1] (encantar) ver el fútbol con mi padre y mi abuelo. (A nosotros) _____[2] (emocionar) especialmente los campeonatos[a] grandes, como la Copa Libertadores o la Copa Mundial.

No somos solamente fanáticos «de sofá». Mi padre juega en una liga de hombres de su edad y, cuando yo siento mucho estrés, _____[3] (dar ganas de[b]) correr por el campo de fútbol y patear la pelota duro.[c] Desde luego, _____[4] (convenir) hacer ejercicios para aliviar las tensiones en vez de fumar o tomar alcohol.

En contra de lo que se suele pensar, el fútbol no es un espacio exclusivamente masculino. Es cierto que a mi madre y mi abuela _____[5] (aburrir) los partidos de fútbol, pero a muchas chicas jóvenes _____[6] (fascinar) este deporte tanto como a los chicos. Hay cada vez más ligas femeninas. A algunos de mis amigos _____[7] (fastidiar) que las chicas ocupen «sus» campos de fútbol en los parques, pero a mí no. De hecho, _____[8] (caer fenomenal) las chicas deportistas.

[a]*championships* [b]*get a desire/craving to* [c]*patear... kick the ball hard*

Expresiones útiles*

Para hablar de lo que le gusta

me apetece(n)	*I feel like*
me cae(n) bien/fenomenal	*I really like (person or people)*
me conviene(n)	*It's good (a good idea) for me to*
me da(n) ganas de	*I feel like*
me emociona(n)	*I'm excited by*
me encanta(n)	*I love, really like*
me fascina(n)	*I'm fascinated by*
me importa(n)	*I care about*
me interesa(n)	*I'm interested in*

Para expresar lo que no le gusta

me aburre(n)	*I'm bored by*
me cae(n) mal/fatal	*I don't like (person or people)*
me da(n) asco	*I'm disgusted by*
me disgusta(n)	*I'm annoyed by*
me fastidia(n) ⎫	
me molesta(n) ⎭	*I'm bothered by*
me preocupa(n)	*I'm worried about*

Para expresar indiferencia

me da igual ⎫	
me da lo mismo ⎬	*I don't care, it's all the same to me*
me es igual ⎭	
no me importa(n)	*I don't care (about)*
no me interesa(n)	*I'm not interested (in)*

ACTIVIDADES

GUSTOS

Las siguientes actividades le darán la oportunidad de practicar las metas comunicativas. Habrá un énfasis particular en expresar los gustos.

A. **Unos empleados de Fiestaturs a quienes les encanta su trabajo** Las siguientes personas trabajan en la Argentina para Fiestaturs, una agencia de viajes. Esteban lleva a los clientes en excursiones al aire libre, Cecilia enseña clases de cocina y lleva a los turistas a comer a varios restaurantes y Daniela da clases de tango. Mire las fotos y lea lo que los clientes están pensando en su interior acerca de sus instructores.

---

*Note that for all of these **gustar**-like constructions, if they are immediately followed by **que** + *verb phrase*, the verb in that following verb phrase must be in the subjunctive.

  Me molesta *que* **mis vecinos** *hagan* **ruido después de la medianoche.**
  but
  Me molesta *el ruido.* (followed by a noun)
  and
  Me molesta *desvelarme* **por el ruido que hacen mis vecinos.** (followed by an infinitive)

«Hombre, ¿estás loco? ¡Nos asustas!»

Paso 1 Lea las conversaciones que Esteban, Cecilia y Daniela han tenido con unos clientes recientes. Complete cada oración con el objeto indirecto correcto y luego seleccione la forma apropiada del verbo.

1. Esteban lleva a algunos clientes miedosos a escalar montañas en la Patagonia.

> ESTEBAN : (A mí) _____ (apasiona/apasionan) los deportes extremos.
>
> LOS CLIENTES : Pues (a nosotros) _____ (preocupa/preocupan) no tener la práctica necesaria para hacer lo que propones.
>
> ESTEBAN : A los clientes atrevidos no _____ (importa/importan) los riesgos.
>
> LOS CLIENTES : ¡Y parece que a ti no _____ (molesta/molestan) perder clientes!

2. Cecilia ofrece una clase que muestra la diversidad culinaria de la Argentina, influida por los diversos grupos inmigrantes a ese país. Esta vez, tiene un cliente muy tiquismiquis.

«Me caes* súper bien y eres excelente maestra de cocina.»

> CECILIA : A muchos clientes _____ (fascina/fascinan) los platos exóticos. A otros, _____ (interesa/interesan) más aprender las técnicas de cocina. ¿Qué le interesa a Ud.?
>
> EL CLIENTE TIQUISMIQUIS : Pues, no _____ (apetece/apetecen) probar platos muy raros. Pero sí _____ (interesa/interesan) aprender a cocinar un buen bife con salsa chimichurri.

3. Daniela es excelente maestra de tango. El problema es que ella es muy bonita y el tango es un baile muy sensual. A veces sus clientes se enamoran de ella.

> DANIELA : El tango es un baile muy complicado. Hasta a los tangueros con algo de experiencia _____ (conviene/convienen) tomar clases de repaso.
>
> EL CLIENTE : No tengo talento para bailar. _____ (fastidia/fastidian) los pasos complicados. ¡Pero quiero aprender!
>
> DANIELA : _____ (emociona/emocionan) los clientes que llegan sin esperanza y salen bailando bien.
>
> EL CLIENTE : Pues, _____ (encanta/encantan) tus clases de tango. ¡Me gusta el tango y me gustas tú!

«Daniela, me gustas,* ¿podemos practicar el tango en un boliche esta noche?»

Paso 2 En parejas, preparen un diálogo entre un(a) cliente potencial y uno de los instructores de Fiestaturs en el que el/la cliente le haga preguntas sobre la clase y el instructor / la instructora le explique lo que le puede gustar/interesar de su clase.

---

*Remember that with verbs like **gustar**, in general the subject of the sentence is what would be the direct object in English and the subject in English becomes the indirect object in Spanish. Thus, in the sentence **nos caes súper bien, tú** is the subject and **nosotros** is the indirect object. The sentence is translated as *we really like you*. Likewise, **me gustas** means *I like you* (*Lit.: you are pleasing to me*). For example, **Me gustas tal como eres:** *I like you just the way you are.*

B. **Algunos pasatiempos en el Cono Sur**

Paso 1 Lea cada descripción y luego, en parejas, hagan oraciones completas con los elementos dados.

Un gaucho con su mate

1. *El mate: un ritual de la amistad:* El ritual del mate refleja la esencia del Cono Sur. El mate se hace de yerba mate, una hierba amarga (*bitter*), similar al té. Para beber el mate, es típico utilizar un recipiente especial que también se llama «mate». Se pasa este recipiente de persona a persona y cada uno bebe por la misma bombilla (*drinking straw*).

   a. los uruguayos / gustar / el ritual del mate
   b. los extranjeros / molestar que / la gente / usar la misma bombilla para beber mate, porque...
   c. No pienso que...

Un boliche argentino

2. *Buenos Aires tiene mucha marcha:* Se dice que los argentinos nunca duermen. Buenos Aires es una ciudad con mucha marcha. Muchos extranjeros que visitan esta capital porteña quedan alucinados por su intensa actividad nocturna. En los clubes, a la medianoche termina la primera sesión designada para los chicos menores de 18 años y empieza la marcha de verdad. Los boliches (discotecas) permanecen abiertos hasta las 5:00 de la madrugada.

   a. los porteños menores de 18 años / encantar / bailar en los boliches
   b. los jóvenes / no gustar que/terminar la primera sesión a la medianoche, porque...
   c. Creo que...

Una joven juega un videojuego

3. *El Ciberespacio:* Según Sergio Balardini, un psicólogo argentino, los chicos se sienten más libres en el ciberespacio. Opinan que el Internet no está controlado por los adultos—sean sus padres, sus maestros o el gobierno.

   a. los padres de los jóvenes / preocupar / los posibles peligros presentes en el ciberespacio
   b. los jóvenes / molestar que / sus padres vigilar sus actividades en el Internet, porque
   c. No creo que...

Paso 2 Dos de las actividades mencionadas en el **Paso 1,** tomar mate y bailar en boliches, requieren que la persona socialice. La otra puede ser más solitaria. ¿Cómo preferiría Ud. pasar una noche de fin de semana después de haber trabajado todo el día? ¿Tomando mate o café con un amigo / una amiga? ¿Pasando tiempo con amigos en un bar, una discoteca o una fiesta? ¿O navegando el Internet o jugando videojuegos? En grupos de tres, comenten sus preferencias.

C. Noticias de Montevideo   Anita está pasando un semestre estudiando en Montevideo.

Paso 1   Reaccione ante sus entradas en Facebook sobre su nueva vida en Uruguay. Primero, complete las entradas de Anita con la forma correcta del verbo entre paréntesis. Después, ofrezca una reacción o un consejo y una pregunta, según las indicaciones.

Para reaccionar: **es lógico / normal / fascinante / increíble / emocionante…**

Para aconsejar: **Recomiendo que… , sugiero que… , es importante que…**

Para hacer preguntas: **¿Por qué? ¿Dónde? ¿Cuándo? ¿Cómo?**

Anita No _____ (yo: gustar) bailar tango, pero un chico guapo me ha invitado a una milonga

Ud. (consejo/pregunta) _____

_____

Anita _____ (mis «hermanos» uruguayos: molestar) que yo no esté dispuesta a mirar todos los partidos de fútbol con ellos.

Ud. (reacción/pregunta) _____

_____

Anita _____ (mis nuevos amigos y yo: fascinar) los espectáculos gratis que se ven en las calles y en las plazas de Montevideo.

Ud. (reacción/pregunta) _____

_____

Anita A veces _____ (mis amigos : fastidiar) leer las entradas de mi blog porque son tan largas.

Ud. (reacción/pregunta) _____

_____

Anita _____ (yo: importar) mis clases académicas pero Montevideo tiene mucha marcha y con frecuencia me desvelo bailando hasta la madrugada.

Ud. (consejo/pregunta) _____

_____

REACCIONAR

PASADO   RECOMENDAR

Paso 2   Túrnese con su compañero/a para repetir los rumores que Uds. ha oído sobre Anita. Luego, su compañero/a le va a preguntar: «¿Qué dijiste?». Deben repetir el chisme, empezando su oración con: «Dije que… ». Acuérdense de respetar el orden de los tiempos verbales al repetir el chisme. Al final, su compañero/a debe reaccionar ante el chisme. Sigan el modelo.

MODELO : ESTUDIANTE A: Anita está enamorada de su hermano uruguayo.
ESTUDIANTE B: ¿Qué dijiste?
ESTUDIANTE A: Dije que Anita estaba enamorada de su hermano uruguayo.
ESTUDIANTE B: ¡Qué locura!

1. Anita saca malas notas en sus clases porque sale demasiado.
2. A Anita le caen bien los los profesores, pero su vida social es más importante.
3. A Anita se le acaba el dinero porque lo gasta saliendo a discotecas.
4. Anita piensa que aprende más español conversando con su novio que estando en clase.
5. Anita no quiere que sus padres sepan que está enamorada y no piensa volver a los Estados Unidos.

D. ¿Por qué se levantaron fatal los dos?

Paso 1 En parejas, miren los siguientes dibujos y usen su imaginación para escribir una narración de lo que hicieron anoche el empollón (*bookworm*) Eduardo y el fiestero Fernando. Revisen los usos del pretérito e imperfecto antes de empezar y usen el vocabulario nuevo de este capítulo cuando sea posible.

Paso 2 Preparen un diálogo entre los dos en el que expresen lo que le molesta a cada uno de los hábitos de su compañero.

Paso 3 En parejas, una persona debe reaccionar ante los hábitos de Eduardo como si fuera su ex novia. Luego, ofrézcale unas sugerencias para tener una vida más divertida. La otra persona debe reaccionar ante las notas malas de Fernando como si fuera su padre. Entonces dígale que hará si sigue actuando como un fiestero sin control.

E. Unas empresas muy creativas

Paso 1 En parejas, lean las descripciones de proyectos creativos de algunos artistas del Cono Sur. Después, completen las oraciones de manera original, prestando atención especial a los tiempos verbales. En la primera oración de cada grupo, simplemente rellenen los espacios en blanco, prestando atención al uso del imperfecto del subjuntivo.

1. *Un arma de instrucción masiva:* El artista argentino Raul Lemesoff convirtió un Ford Falcón de 1979 —el mismo tipo de coche que usaban los militares durante la dictadura represiva en su país en los años 80— de un símbolo de represión y destrucción a un arma para educar y crear comunidad. El vehículo es ahora una biblioteca móvil que pasa por las calles de Buenos Aires repartiendo libros gratis a cualquier persona que quiera leer. La biblioteca, que contiene unos 900 libros, se mantiene a base de donaciones. Lemesoff considera su creación una contribución a la paz, por medio de la literatura.

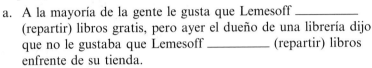

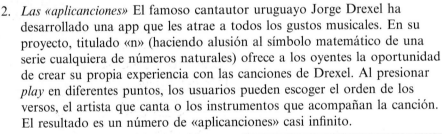

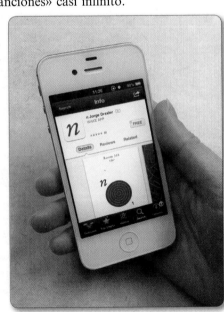

Un tanque convertido en un arma de instrucción masiva

   a. A la mayoría de la gente le gusta que Lemesoff _____ (repartir) libros gratis, pero ayer el dueño de una librería dijo que no le gustaba que Lemesoff _____ (repartir) libros enfrente de su tienda.
   b. Regalar libros en la calle es (+/−/=) _____ _____ (que/como) otras maneras de promover la paz porque…
   c. Es sorprendente que… puesto que…
   d. (No) Creo que… porque…
   e. (No) Me interesa(n)…

2. *Las «aplicanciones»* El famoso cantautor uruguayo Jorge Drexel ha desarrollado una app que les atrae a todos los gustos musicales. En su proyecto, titulado «n» (haciendo alusión al símbolo matemático de una serie cualquiera de números naturales) ofrece a los oyentes la oportunidad de crear su propia experiencia con las canciones de Drexel. Al presionar *play* en diferentes puntos, los usuarios pueden escoger el orden de los versos, el artista que canta o los instrumentos que acompañan la canción. El resultado es un número de «aplicanciones» casi infinito.

   a. A los jóvenes les encanta que esta app les _____ (dar) tanta flexibilidad a los usuarios. Sin embargo, a un crítico de música conservador no le encantó que Drexel _____ (desarrollar) una manera tan complicada de escuchar su nuevo disco.
   b. Escuchar un disco tradicional es (+/−/=) _____ _____ (que/como) usar una app como esta porque…
   c. Es increíble que… ya que…
   d. (No) Dudo que… pero…
   e. Me fascina…

Una nueva «aplicaNción»

Unos jóvenes paraguayos y sus instrumentos reciclados

3. *Una orquesta reciclada*: Cuando el director de orquesta Luis Szarán y el profesor de música Favio Chávez decidieron enseñar clases de música en el barrio pobre de Caetura, Paraguay, se dieron con el problema de que no había suficientes instrumentos para todos los niños interesados—en Caetura un violín cuesta más que una casa. En Caetura se había establecido un vertedero (*landfill*), y la basura forma parte de la vida de los habitantes. ¿Por qué no usarla para hacer los instrumentos? Así fue que se empezó a fabricar una orquesta completa de basura reciclada. Los resultados son realmente alucinantes. Se puede aprender más sobre la historia de la Orquesta Reciclada en el documental *Landfill Harmonics*.

a. A los padres les entusiasma que sus hijos _____ (tener) clases de música y les entusiasmó de manera particular que un renombrado director de orquesta _____ (interesarse) en la educación de los niños.

b. Dar clases de música en barrios pobres es (+/−/=) _____ _____ (que/como) construir más escuelas porque...

c. Me parece alucinante que... porque...

d. (No) Pienso que...

e. (No) Me sorprende...

Paso 2   En grupos de tres, contesten las siguientes preguntas.

1. ¿Tiene el arte el poder de transformar a la gente? ¿a la sociedad? ¿Puede Ud. pensar en unos ejemplos?

2. ¿Le interesaría la app de Drexler? ¿Hay unas apps que tienen que ver con la música que le intriguen? Explique.

3. ¿Cuál es el papel de la literatura —novela, cuento o poesía— en la vida personal de Uds. o en la vida de los de su generación? ¿Lee aparte de lo que está asignado para sus cursos? ¿Prefiere leer libros en su Kindle o iPad en vez de leer libros de manera tradicional?

4. El director de orquesta Luis Szarán dice: «Para mí, la música es como la sonrisa del alma». ¿Cuál es el papel de la música en la vida de Uds. y en la vida de los de su generación? ¿Qué tipo de música escuchan? ¿Piensan que la letra de una canción es tan importante como su ritmo?

¡A escribir!

A. Lluvia de ideas

Paso 1   Lea la siguiente explicación sobre el fenómeno de las tribus urbanas.

Hay diversas maneras de que diferentes grupos de jóvenes expresan su identidad. Vemos la manifestación de la individualidad generacional en las llamadas «tribus urbanas». Son distintos grupos que se reúnen en los mismos lugares, llevan el mismo corte de pelo, se visten parecido, hablan parecido y escuchan la misma música. Algunos de los grupos que son omnipresentes en Santiago de Chile son los siguientes:

los Punkies   las Peloláis   los Góticos   los Emos   los Hiphoperos   los Otakus

Paso 2   La clase entera debe hablar de los diferentes grupos que se ven en su ciudad o en su recinto universitario. Describan cada grupo, su estilo estético, sus intereses, y su ideología.

B. Composición: Recomendaciones   Escriba un artículo para su periódico universitario sobre la presencia de diversos grupos que se distinguen por su apariencia física o por sus actividades.

DESCRIBIR   COMPARAR
REACCIONAR

RECOMENDAR

DESCRIBIR   GUSTOS

REACCIONAR

RECOMENDAR

- escoger un título creativo que atraiga a los lectores
- escribir un párrafo introductorio describiendo y comparando tres de los grupos que son omnipresentes en su alrededor
- hablar de la falta de interacción y tolerancia entre los grupos utilizando frases como «Es una lástima / preocupante / necesario ...»
- introducir y describir una nueva «tribu» de su creación incluyendo el tipo de persona que quiere que sea parte de su tribu (en vez de tener requisitos sobre su apariencia física, su tribu debe tener atributos que contribuyan a la ideología del grupo); hablar de las actividades que les interesan y lo que les importa contribuir a su comunidad.
- explicar sus recomendaciones para aumentar la comunicación y apoyo entre los diversos grupos presentes en su recinto universitario
- escribir una conclusión que hable del valor de su nuevo tribu y sus esfuerzos para fomentar la tolerancia entre grupos diversos

C. Diálogo   Lea el artículo de un compañero / una compañera y luego, trabajando juntos/as, creen un diálogo en el que hablen de cómo pueden organizar un encuentro entre los dos nuevos grupos que acaban de proponer y otros grupos que ya existen en su recinto universitario.

Antes de empezar a conversar con sus compañeros de clase sobre los temas de este capítulo, prepare una ficha para la conversación y otra para el debate. Cada ficha debe tener tres sustantivos, tres verbos y tres adjetivos.

A. **Conversación: El estrés en mi vida**   Revise las expresiones en **Para conversar mejor.** Luego, en parejas o grupos de tres, conversen sobre los siguientes puntos.

Para conversar mejor

En cambio...	Me encantaba(n)...
¿En serio?	Me fascina(n)...
Era más/menos... que	Qué bueno que...
Es necesario que...	Sería fenomenal...

- ¿Qué hace cuando se siente estresado/a?
- ¿Hay un lugar adonde vaya Ud. para relajarse?
- ¿Ha tratado de desconectarse por un rato para aliviar el estrés? ¿Funcionó?
- ¿Cuáles son unas recomendaciones para aliviar o prevenir el estrés que puede ofrecer a los estudiantes del primer año?

B. **Debate: El uso constante de los teléfonos inteligentes**   Revise las expresiones en **Para debatir mejor.** Después, prepare tres argumentos a favor y tres en contra sobre la omnipresencia de la tecnología en nuestra vida. Luego, en grupos de cuatro (dos parejas) presenten sus argumentos en un debate. No sabrán qué lado tendrán que defender hasta que su profesor(a) se lo indique.

Para debatir mejor

A FAVOR	EN CONTRA
Eso es.	Eso no tiene sentido.
Estoy de acuerdo.	¿Hablas en serio?
Muy bien dicho.	Lo siento, pero...
No cabe duda.	Todo lo contrario.

«Los medios sociales están creando una generación que ha perdido todo sentido de cortesía y la habilidad de estar presente en el momento. Es preocupante que utilicen sus teléfonos constantemente y en cualquier lugar para ver mensajes de texto o Facebook.»

Lugares fascinantes para estudiar: El Cono Sur

Puede ser difícil adaptarse a una cultura diferente. Para hacerlo bien, hace falta una mente abierta y un buen sentido de humor.

¡Hola! Soy Santiago, de nuevo, y este mes me ha llevado al Cono Sur. ¡Tenía mucho terreno que cubrir! Aproveché al tope el «trabajo» que realicé. Me van a ver en las montañas, en la pampa, en el desierto y también relajándome tomando mate y bailando tango. ¡Me divertí un montón!

La Patagonia, Argentina Esta primavera estoy pasando el semestre en Buenos Aires donde tomo clases en la Universidad de Belgrano. Ha sido una experiencia bárbara como dicen acá en la Argentina. Acabo de entregar un ensayo sobre la figura emblemática del gaucho para la clase de Estudios Culturales Argentinos y tengo un examen final más para la clase de Latinoamérica y la Economía Global. Voy a extrañar Buenos Aires. Es una ciudad maravillosa, con tantas oportunidades. Me ha encantado. Pero pasado mañana salgo para la Patagonia. He leído mucho sobre esta zona y me fascina. Es un terreno muy diverso con llanos desiertos,[1] un distrito de lagos y montañas (los Andes). Allí se han encontrado importantes restos de dinosaurios. Charles Darwin pasó por la Patagonia y fue uno de los lugares que más le intrigó.

La Patagonia, Argentina

También las famosas aventuras de Butch Cassidy y el Sundance Kid los llevaron a la Patagonia para escaparse de las autoridades.

En la clase de Ecología en la Argentina vimos imágenes sobre los parques nacionales y voy al Parque Nacional Nahuel Huapi, un bosque petrificado de 15.000 hectáreas[2] creado para preservar la flora y la fauna nativas de la zona. También me emociona poder visitar el Parque Nacional Los Glaciares donde está el famoso Glaciar Moreno, uno de los pocos glaciares del mundo que sigue avanzando; y la Cueva de las Manos, donde las paredes están marcadas de huellas[3] de manos humanas que datan de entre 13.000 y 9.500 a.c.

Va a ser fenomenal. Pero tengo que admitir que la razón principal para explorar esta parte al extremo sur de la Argentina es que soy de Montana y los deportes de invierno son una parte integral de mi vida. ¡Poder esquiar en julio va a ser genial! He aprendido tanto durante este semestre pero todavía hay otras partes de la Argentina que no conozco. Así que volveré un día para explorar el norte de este país que aprecio tanto.

—**Brett L. / Montana State University**

El Observatorio Paranal, Chile Estoy pasando seis semanas en la Universidad de Chile en un programa de colaboración entre la Universidad de Yale y la Universidad de Chile. El curso es una introducción a la astrofísica y la parte práctica incluye técnicas de observación. Lo más interesante ha sido las excursiones a las instalaciones de investigación en el Cerro[4] Calán y los observatorios de Cerro Tololo que están ubicados al borde del Desierto de Atacama.

El Observatorio Paranal, Chile

[1]llanos… *deserted plains* [2]*a measurement of land equivalent to approximately 2.5 acres*
[3]*prints* [4]*Hill*

Este lugar se considera el más seco del mundo, y es hogar de flamencos, géiseres, un valle lunar y volcanes nevados de casi 6.000 metros de altura. Es también el sitio perfecto para poner un observatorio: ofrece 350 noches despejadas[5] al año, un aire extremadamente seco y estabilidad atmosférica. Es poco probable que los seres humanos quieran vivir allá y hace falta[6] una zona aislada para que no haya contaminación[7] de luz para el observatorio. Al final del curso voy al Observatorio Paranal que está localizado encima del Cerro Paranal, una montaña de 2.635 metros de altura. Allí se encuentra el telescopio más grande y avanzado del mundo. Científicos de todas partes del mundo van allí para realizar investigaciones astronómicas.

Estar en Chile y aprender de sus científicos apasionados y prestigiosos ha sido una de las experiencias más inolvidables de mi vida.
—**Sanjay M. / Yale University**

Montevideo, Uruguay

Montevideo, Uruguay   Estoy súper contenta de haber decidido estudiar en la Universidad de Montevideo. Es una ciudad cosmopolita donde se concentra más de la mitad de la población uruguaya, pero a la vez es un lugar tranquilo y no muy caro donde la gente tiene tiempo para gozar de la vida. Es muy fácil ir a cualquier lugar, a los museos o galerías de arte, a la rambla[8] o a la playa.

La universidad es estupenda, con profesores muy amigables que ya conocen mi nombre y con estudiantes de todas partes. En mis clases hay alemanes, japoneses, brasileños, españoles, y lo que me gusta más que nada es que los uruguayos se mezclan con todos los estudiantes internacionales. Cuando llegamos, nos dieron una excursión de orientación al centro histórico en la Ciudad Vieja. Allí se encuentra el Mausoleo de Artigas (la tumba del héroe de la independencia uruguaya, José Gervasio Artigas) en la Plaza Independencia, y el Palacio Salvo, que, con veintiséis pisos, fue el edificio más alto de Sudamérica cuando se inauguró en 1927. Otra zona de interés es el Barrio Sur, donde a principios del siglo XIX unos esclavos fugitivos del Brasil se instalaron y establecieron las bases de la cultura afrouruguaya.

Montevideo goza de un magnífico puerto natural, lo cual hace de esta ciudad un importante centro de comercio. El Mercado del Puerto era uno de los mejores mercados del continente cuando se inauguró en 1868. Ahora ofrece parrillas[9] típicas con las famosas carnes uruguayas y también restaurantes elegantes. Los sábados por la tarde casi siempre vamos a este mercado para disfrutar del ambiente de fiesta, con artistas, artesanos y músicos. Los montevideanos son fiesteros y nos invitan a los bares de tango, candombe (música afrouruguaya) y rock y lo pasamos súper bien viendo partidos de fútbol con ellos —es la pasión nacional.

Les recomiendo que vengan al Uruguay y que estudien en la Universidad de Montevideo. Es un país poco conocido y vale la pena descubrirlo. El ambiente es relajado, la ciudad de Montevideo bellísima, la gente muy amable, la comida, especialmente el asado, fabulosa y sobre todo es un lugar que te hace sentir cómodo y que te invita a integrarte y a aprovechar de su vida cultural.
—**Maya I. / American University**

Las Cataratas del Iguazú

Las Cataratas del Iguazú   Ya llevo un año en el Paraguay trabajando de voluntaria con el Cuerpo de Paz. Ha sido una experiencia muy interesante, a veces frustrante y a veces muy emocionante. Aunque tengo varias tareas, ahora mismo estoy encabezando el campamento para los niños de mi barrio. Es un evento bianual y ha tenido mucho éxito. Durante estas dos semanas los niños juegan, cantan y les

[5]*clear* [6]*hace… there needs to be* [7]*pollution* [8]*promenade* [9]*casual restaurants that serve grilled meats*

presentamos lecciones sobre la prevención de los parásitos y el control y manejo de la basura. Después, un día limpiamos juntos dos partes del barrio. El evento más emocionante fue el día en que plantamos árboles alrededor de la cancha de fútbol cantando la balada de John Muir* que les enseñamos a los niños en la clase de inglés. ¡Genial! Les gustó muchísimo.

En tres semanas voy con otros voluntarios a las Cataratas del Iguazú. Estas impresionantes cataratas, cuatro veces más grandes que las del Niágara, se encuentran en la frontera entre la Argentina, el Brasil y el Paraguay. Dado que me especialicé en la historia, me fascinó saber del «descubrimiento» de las cataratas por el español, Álvar Núñez Cabeza de Vaca en 1541. Este conquistador quedó impresionado no solo por esas fabulosas cascadas, sino también por la naturaleza que las rodeaba. Vio un bosque lleno de orquídeas, begonias, pájaros exóticos y 500 clases diferentes de mariposas. Las cataratas entran a formar parte del Río Iguazú —cuyo nombre significa «grandes aguas» en guaraní[10]— con una fuerza tremenda, creando nubes de vapor de 30 metros de altura. Dentro de las nubes el juego de luz solar crea arcos íris[11] radiantes. Otros voluntarios que ya han visitado las cataratas me han dicho que la experiencia es totalmente alucinante. Darío, un voluntario que trabaja en Asunción, se quedó en un hotel de lujo[12] con sus padres. Este hotel está ubicado dentro del Parque Nacional Iguazú y es el único que ofrece a sus huéspedes una vista exclusiva a la Garganta del Diablo, el conjunto de cascadas más espectacular de todos. Dice que el sonido del agua de las cataratas es tan fuerte que puede escucharse a todas horas desde sus habitaciones y restaurantes. Aunque no nos quedamos en ese hotel, estoy segurísima de que lo pasaremos en grande.
—**Jill N. / Peace Corps Paraguay**

[10]lengua indígena de la zona   [11]arcos... *rainbows*   [12]de... *luxury*

ACTIVIDADES

A. **Comprensión** En parejas, contesten las siguientes preguntas sobre los cuatro lugares fascinantes.

1. ¿Cómo es la geografía de la Patagonia? ¿Cuáles son sus atractivos turísticos?
2. ¿Por qué sería la Patagonia un lugar atractivo para una persona de Montana?
3. ¿Por qué es el Cerro Paranal un lugar idóneo para poner un telescopio?
4. ¿Qué le ha interesado a Sanjay M. de sus estudios en Chile?
5. Si fuera Ud. a Montevideo, ¿qué podría hacer en el Mercado del Puerto?
6. ¿Qué tipo de trabajo hace Jill N. para el Cuerpo de Paz?
7. ¿Cuáles son los atractivos naturales de las Cataratas del Iguazú?

*John Muir (1838–1914) was a North American naturalist and founder of the Sierra Club. Muir Woods in California was named in honor of his conservation efforts.

¡Viaje conmigo al Cono Sur!

▶ Vamos al Cono Sur para ver de cerca el ambiente que experimetan los estudiantes allí.

Vaya a Connect Spanish para ver el vídeo.

Video footage provided by

BBC Motion Gallery

B. Recomendaciones Ahora, en parejas, completen las siguientes oraciones como si Uds. fueran Santiago, quien habla con una amiga que piensa pasar un año viajando por el Cono Sur. ¿Qué tiempo verbal deben usar? (*Pista:* Revise las reglas para las cláusulas adverbiales en **Hablar del futuro** en las páginas moradas).

1. Los asados de la Argentina son los mejores—¡especialmente los de la Pampa! Por eso, cuando tú _____ (ir) a la Patagonia, te recomiendo que…

2. El Desierto de Atacama es el más árido del mundo. Por lo tanto, antes de que _____ (partir) para el Observatorio de Paranal, te sugiero que…

3. Yo no soy buen bailarín, pero mis amigos uruguayos insistieron en que fuéramos a un club de tango. Para que no _____ (sentirse) avergonzada como yo, es importante que…

4. Hay muchos animales interesantes en el Parque Nacional Iguazú. Por eso, cuando _____ (visitar) las cataratas, te recomiendo que…

C. Un viaje al Cono Sur Ahora imagínese que Ud. es una de las siguientes personas que quiere hacer un viaje al Cono Sur. Escriba un correo electrónico a un agente de viajes explicándole (1) lo que le fascina sobre el Cono Sur, (2) lo que le gusta hacer cuando viaja, (3) lo que le molesta de ciertos hoteles, (4) lo que le preocupa sobre la comida y el clima y (5) lo que le interesa aprender antes de su viaje.

- Un(a) guía que hace deportes extremos quiere ir a la Patagonia.
- Un astrónomo / Una astrónoma quiere ir al Desierto de Atacama.
- Un actor / Una actriz súper rico/a quiere ir a Montevideo.
- Un hombre / Una mujer que vive cerca de las Cataratas del Niágara quiere ir a Iguazú.

D. La agencia de viajes En parejas, hagan los papeles de un/una agente de viajes y la persona que quiere hacer un viaje al Cono Sur. El jefe de la agencia de viajes quiere que el/la agente venda un paquete específico a _____ (escoja uno de los cuatro lugares). El/la agente escucha las preferencias y preocupaciones del cliente / de la cliente y trata de convencerle que vaya al lugar que debe vender, a pesar de los criterios citados. Utilicen algunas de las expresiones útiles que se encuentran abajo.

Expresiones útiles

Para pedir una opinión

¿Qué opinas tú?
¿Qué piensas de… ?

Para dar una opinión

En mi opinión…
A mí me parece…
Francamente pienso/creo que…

Para expresar confusión

Estoy confundido/a porque…
No estoy seguro/a de que…

No creo que…
¿En serio?
No tiene sentido lo que dices.

Para persuadir

Es mejor que…
Más bien… (*rather*)
Debe (+ infinitive)…
No quiero que pierda esta oportunidad de…

Una artista hispana:

Maitena Burundarena

*Maitena Burundarena,
humorista*

Maitena Burundarena nació en Buenos Aires en 1962. Es conocidísima en Sudamérica y Europa por sus tiras cómicas llenas de sarcasmo, ironía, realismo y mucho humor. Empezó en los años 80 como ilustradora gráfica para varios diarios y revistas de la Argentina. En 1993, salieron por primera vez sus tiras cómicas en una página de humor semanal de *Para ti,* una revista femenina de la Argentina. Maitena llamó *Mujeres alteradas* a su serie de viñetas, que trata el tema del mundo femenino. Maitena es una gran observadora de la humanidad y sus tiras representan situaciones cotidianas que todos reconocen. Tanto mujeres como hombres pueden relacionarse con las situaciones que retrata. Parecen ser fragmentos pequeños de la vida, pero en sus manos se convierten en chistes que nos hacen reír y ver las cosas de una manera diferente. Las mujeres de sus viñetas son casadas, solteras, viudas, adolescentes, jóvenes y viejas. Las hay guapas, feas, trabajadoras estresadas, amas de casa agotadas y novias frustradas; es decir, hay de todo. Nadie escapa el ojo observador de Maitena. La periodista y novelista española Rosa Montero dice: «Leer a Maitena es una auténtica experiencia. Sus viñetas son como un espejo de la vida cotidiana, pero hay algo más, lo que hace de ella una artista de genio: te hace pensar, y esa es la finalidad del arte. Todo arte es un intento de entender cómo somos, y Maitena es una artista en el sentido más profundo y absoluto de la palabra». Hoy en día, Maitena es tan célebre que sus tiras cómicas y viñetas aparecen en más de 30 países y han sido traducidas a doce idiomas.

La tira cómica titulada *Esos momentos en que no podés contener tu estúpida risa* refleja las varias situaciones de la vida diaria que nos hacen reír a carcajadas.

ACTIVIDADES

A. Comprensión En parejas, contesten las siguientes preguntas.

1. ¿De qué se tratan las tiras cómicas de Maitena?
2. Según Rosa Montero, ¿cuál es el objeto principal de todo arte?
3. ¿Lee Ud. algunas tiras cómicas? ¿Cuáles son y por qué le gustan?

HIPÓTESIS

B. La risa incontrolable

Paso 1 Mira la tira cómica sobre la risa incontrolable. Luego, en parejas, hagan un comentario sobre cada situación según las indicaciones.

1. Si fuera el hombre que se cayó...
2. Es de mal gusto que la mujer en el velorio...
3. Si fuera la madre del niño que se le cortó el pelo así, le diría: «_____».
4. Al médico le molesta que su paciente...
5. Si yo perdiera control y empezara a reírme a carcajadas en el salón de clase, ...
6. Si mi pareja se riera cuando le pedía la mano, ...

Para conversar mejor

chistoso	funny
comiquísimo	hilarious
entretenido	entertaining
de buen/	in good/
mal gusto	bad taste

© 2005 Maitena

Paso 2 En parejas, escojan una de las situaciones y preparen respuestas a las siguientes preguntas.

DESCRIBIR

PASADO

HIPÓTESIS

COMPARAR

1. ¿Quiénes son? ¿Dónde están?

2. ¿Qué pasó para que la persona se riera a carcajadas?

3. ¿Cómo se sentía la otra persona / sentían las otras personas?

4. ¿Qué le diría a la persona que está riéndose a carcajadas?

C. **Comparaciones** Busque en el Internet las tiras cómicas de Maitena y las de Quino, otro caricaturista argentino. Escoja una tira cómica que le guste de cada artista para traer a la clase. En grupos de tres, hagan comparaciones entre los dos artistas en cuanto al estilo de sus dibujos, los temas que trata y lo cómico que son. Luego, seleccionen la más cómica y la más satírica entre todas las de su grupo.

---

*This comic strip contains the following terms commonly used in Argentina: **fuerza** (*pull yourself together*), **gansada** (*nonsense*), **la pasaríamos bomba** (*we would have a blast*), **retando** (*scolding*), and **velorio** (*wake*).

♫ La música del Cono Sur

Generalmente, cuando se trata de la música del Cono Sur, lo primero que viene a la mente es, sin duda, el tango. El cantante de tango más famoso de todos los tiempos ha sido Carlos Gardel. Lo que muchos no saben es que el tango mismo proviene del candombe, un género musical de origen afrouruguayo que llegó con los esclavos que fueron llevados a la fuerza a ese país a mediados del siglo XVIII. El candombe ha sobrevivido hasta hoy. De hecho unos músicos han creado un tipo de rock progresivo uruguayo que es una fusión del jazz, del rock y del candombe. Pero, en el Cono Sur hay muchos otros estilos musicales: la música folclórica, la música de protesta de los años 60 y 70 conocida como «La nueva canción», la música clásica, el rock en español y muchos estilos más. La música popular de hoy ha incorporado en sus canciones elementos del folclor, las canciones de protesta y hasta el tango. La música en el Cono Sur no pudo florecer durante los años de represión bajo las dictaduras de la región en los años 70 y 80. Pero hoy en día la libertad de expresión entre los cantautores y conjuntos de rock del Cono Sur ha producido una gran variedad de géneros atrevidos e innovadores que cada año ganan más premios internacionales. Unos de los cantautores y grupos populares son los Divididos, un grupo argentino que mezcla la música folclórica y el rock; Nano Stern, un cantautor y guitarrista chileno cuyo disco *Las torres de sal* incluye trece canciones que combinan tradiciones folclóricas, con el jazz y el rock; y No te va a gustar,* un grupo uruguayo que combina ritmos de reggae, de candombe, de salsa y de ska. Uno de los grupos más populares es el grupo uruguayo el Cuarteto de Nos. Tiene fama por su letra que rima de una manera muy original, a veces combinando palabras en inglés para exponer temas polémicos con ironía, humor y relevancia. Hay que escuchar su canción más famosa «Yendo a la casa de Damián». Uno de los talentos más grandes del Cono Sur es Jorge Drexler, compositor y cantautor uruguayo que ganó un Grammy en 2005 por su canción original «Al otro lado del río», de la película *Diarios de motocicleta*.

A. Comprensión En parejas, contesten las siguientes preguntas.

1. ¿Cuál es el estilo de música más conocido del Cono Sur?
2. ¿Qué tipo de música se hizo popular durante los años 60 y 70?
3. ¿Por qué no hubo un buen ambiente para la música durante los años 70 y 80?
4. ¿Cuáles son algunos de los grupos o cantantes populares hoy en día?

REACCIONAR

RECOMENDAR GUSTOS

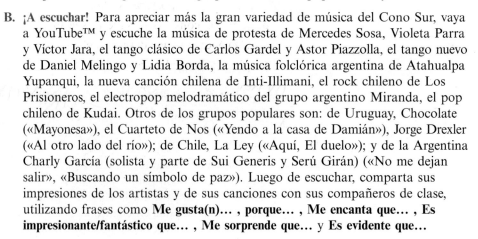

Jorge Drexler

B. ¡A escuchar! Para apreciar más la gran variedad de música del Cono Sur, vaya a YouTube™ y escuche la música de protesta de Mercedes Sosa, Violeta Parra y Víctor Jara, el tango clásico de Carlos Gardel y Astor Piazzolla, el tango nuevo de Daniel Melingo y Lidia Borda, la música folclórica argentina de Atahualpa Yupanqui, la nueva canción chilena de Inti-Illimani, el rock chileno de Los Prisioneros, el electropop melodramático del grupo argentino Miranda, el pop chileno de Kudai. Otros de los grupos populares son: de Uruguay, Chocolate («Mayonesa»), el Cuarteto de Nos («Yendo a la casa de Damián»), Jorge Drexler («Al otro lado del río»); de Chile, La Ley («Aquí, El duelo»); y de la Argentina Charly García (solista y parte de Sui Generis y Serú Girán) («No me dejan salir», «Buscando un símbolo de paz»). Luego de escuchar, comparta sus impresiones de los artistas y de sus canciones con sus compañeros de clase, utilizando frases como **Me gusta(n)... , porque... , Me encanta que... , Es impresionante/fantástico que... , Me sorprende que...** y **Es evidente que...**

---

*El nombre original del grupo a nadie le gustó. Así que cuando les preguntaban cuál era el nombre de su grupo, antes de decirlo, contestaban: «no te va a gustar». Un día alguien les respondió: «Me gusta», pensando que «No te va a gustar» era el nombre del grupo. Desde entonces el grupo se ha llamado así.

Un evento histórico

Las «guerras sucias» y el terrorismo estatal en el Cono Sur

General Augusto Pinochet

Durante la segunda mitad del siglo XX, los cuatro países del Cono Sur tuvieron en diferentes momentos gobiernos militares de la extrema derecha que mantuvieron a sus ciudadanos bajo la represión y terror estatal. En la Argentina, entre 1976 y 1983 una junta militar prohibió toda actividad política y emprendió una «guerra sucia» contra la izquierda política y contra cualquier opositor al régimen, real o sospechado. Sus tácticas resultaron en miles de «desaparecidos», personas que fueron detenidas por los militares y luego eliminadas, víctimas de los escuadrones de la muerte. Muchos de los desaparecidos eran estudiantes jóvenes, y hay evidencia de que bebés nacidos en la cárcel fueron robados después de la muerte de sus padres biológicos y luego adoptados por personas que apoyaban el régimen militar.

En Chile, el 11 de septiembre de 1973, un golpe de estado, encabezado por militares derechistas y apoyado por los Estados Unidos, puso fin al gobierno socialista, legítimamente elegido, de Salvador Allende e instaló la dictadura del General Augusto Pinochet. Su junta militar, que duró hasta 1990, hizo encarcelar, torturar y asesinar a miles de chilenos y estableció por lo menos seis campos de concentración para sus opositores.

Entre 1973 y 1984, el Uruguay sufrió una dictadura militar con consecuencias similares. En el Paraguay, la dictadura militar de Alfredo Stroessner, de 1954 a 1989, fue también extremadamente represiva.

Los países del Cono Sur colaboraron, entre sí, con otros gobiernos represivos del continente y con el apoyo de los Estados Unidos por medio del «Plan Cóndor», una campaña internacional para eliminar la subversión socialista y marxista a través de medidas horripilantes que incluían la tortura, asesinatos y otras graves violaciones de los derechos humanos. Sin lugar a dudas, esa época fue una de las más traumáticas en la historia de la región.

Para leer más sobre el impacto de las guerras sucias en el Cono Sur de hoy y hacer actividades relacionadas con el tema, vaya a Connect Spanish.

ACTIVIDAD

Comprensión   Conteste las siguientes preguntas, según la lectura.

1. ¿Cómo eran las dictaduras militares en el Cono Sur durante los años 70 y 80? ¿Cuál era su postura política?
2. ¿En qué consistía la «guerra sucia» de la Argentina?
3. ¿Quiénes eran los desaparecidos?
4. ¿Cómo llegó el General Augusto Pinochet al poder en Chile?

MÁS ALLÁ DEL RINCÓN CULTURAL

La película *Machuca* ve las disparidades sociales en Chile desde la perspectiva de dos niños. La amistad entre los dos pertenecientes a diferentes clases sociales, se desarrolla al final de la presidencia de Salvador Allende, justo antes del golpe de estado que lleva a Augusto Pinochet al poder. Vea la película y haga las actividades relacionadas que se encuentran en Connect Spanish.

For copyright reasons, McGraw-Hill does not provide the feature films referenced in *Más allá del Rincón cultural*. These films are readily available through retailers or online rental sites such as Amazon, iTunes or Netflix. Please consult your instructor for details on how to view this film.

Lectura

Camila Vallejo

Camila Vallejo es estudiante de geografía en la Universidad de Chile. Es activa en la agrupación llamada la Juventud Comunista Chilena y es vicepresidenta de la Federación de Estudiantes de la Universidad de Chile (FECh). Es una joven inteligente, carismática, apasionada y elocuente. Se convirtió en la persona más visible de Chile cuando empezó a encabezar las manifestaciones de protesta contra el costo de la educación universitaria chilena y las grandes desigualdades presentes en Chile. Conocida en la prensa y en las redes sociales como la «bella revolucionaria» tiene sus seguidores fieles y sus enemigos también. En las marchas se ven pancartas de estudiantes que dicen: «Camila, ten un hijo mío» o «Agrégame a Facebook». Camila y el movimiento estudiantil aprovechan las redes sociales para coordinar las marchas; han sido una herramienta que ha permitido la difusión rápida de información sobre el movimiento. Sin embargo, insiste en que las redes sociales no son la base para construir un movimiento social: «Yo particularmente he utilizado blogs, Twitter, Facebook, pero no es lo fundamental, la principal herramienta es el trabajo presencial cuerpo a cuerpo, cara a cara con el resto de los estudiantes, con las gentes y ahí se construye realmente desde lo más puro el movimiento social». Lo negativo de las redes sociales es que ha recibido amenazas en Twitter como la siguiente: «Mejor cámbiate de casa o si no, sufrirás extraño accidente». Después de esto, el gobierno le dio protección poniéndole un guardaespaldas.[1] Pero Camila no tiene miedo. Sus esfuerzos ya han logrado el cambio de dos ministros de educación y no piensa parar hasta que termine con las desigualdades que afectan a su país.

Van a leer sobre cómo ha cambiado la vida de esta estudiante chilena desde que se convirtió en la cara más visible de su generación.

[1]*bodyguard*

ANTES DE LEER

A. Para comentar   En grupos de tres, contesten las siguientes preguntas.

1. ¿Cómo se entera Ud. de las noticias locales, nacionales e internacionales—por la prensa de su ciudad, el periódico universitario, el Internet o a través de la televisión?

2. ¿Hay mucho activismo en su universidad? ¿Cuáles son los temas que más les preocupan a los activistas?

3. ¿Quiénes son los héroes o jóvenes modelos de su generación? ¿Qué cualidades o valores poseen que provocan admiración?

4. ¿Cree Ud. que los jóvenes pueden tener impacto en su comunidad o país? ¿Puede pensar en ejemplos de algunos jóvenes que recientemente han tenido gran impacto social?

B. Acercándose al tema   Lea la ficha y las siguientes oraciones sobre la entrevista. En parejas, decidan si los espacios en blanco requieren un sustantivo, un verbo o un adjetivo. Luego, completen las oraciones con la palabra apropiada de la ficha.

Camila Vallejo		
la carga[1]	la petición	el puntapié[2]
acudir[3]	encabezar	exigir
desprestigiado/a[4]	gratuito/a	indignado/a

[1]*burden* [2]*kickstart* [3]*asistir* [4]*discredited*

1. Camila Vallejo se ha convertido en una figura importantísima en el debate político y social chileno. Recibe hasta treinta _____ diarias de entrevistas, y su popularidad ha causado sensación en los medios sociales.

2. Aunque Camila solo tiene 23 años, siente una _____ grande porque mucha gente de su país tiene la expectativa de que la joven va a cambiar Chile.

3. Hace poco que llevaba una vida normal reuniéndose con sus amigos para escuchar música o bailar. Pero ahora tiene que pensar si vale la pena _____ a una fiesta porque los paparazis la persiguen constantemente.

4. Camila ha _____ importantes marchas protestando contra las desigualdades presentes en la sociedad chilena. El conflicto inicial empezó cuando los jóvenes salieron a la calle para _____ educación pública _____ y de calidad. El conflicto contribuyó a una caída drástica en la popularidad del presidente Sebastián Piñera.

5. La generación de los padres de Camila vivió bajo la dictadura de Pinochet y cuando esta terminó, la mayoría no quería meterse en la política. Pero Camila y su generación no tienen miedo y están _____ porque no pueden confiar en sus instituciones. Los partidos políticos hoy en día son los más _____ de las instituciones.

6. Este movimiento es el _____ inicial de una lucha por conseguir reformas estructurales en el sistema educativo, pero también la construcción de un país con mayores derechos y garantías por parte del Estado.

Camila Vallejo «Me gustan Evo Morales y Correa»*

«*Estoy cansada física y mentalmente... La gente quiere que tenga respuesta para todo y tienen la expectativa de que voy a cambiar Chile, yo sola. En la calle me gritan: '¡Los apoyamos, no nos abandonen!' Pero la responsabilidad, chucha[1], es de todos. Yo soy solo una joven de 23 años...*».

[...] En diversos lugares del planeta han descrito [a Camila Antonia Amaranta Vallejo Dowling] como la joven y bella revolucionaria que ha cambiado la topografía del debate político y social chileno en tan solo nueve meses. La estudiante de Geografía ha sido comparada con el *Che* Guevara y La Pasionaria.[†] Ha recibido hasta treinta peticiones diarias de entrevistas. Un jubilado de la ciudad de Valparaíso se tatuó el rostro de ella en el brazo. Un cantante alemán le compuso una canción que subió a YouTube. Pero, sin contabilizar la fama que la precede, y su belleza alabada por hombres y mujeres, Camila Vallejo parece ser una joven normal que se apasiona e indigna por los mismos motivos que la mayor parte de su generación.

La entrevista se realiza en la sede de la Federación de Estudiantes de la Universidad de Chile (FECh), de la que ella es vicepresidenta. Es una casona grande y antigua, ubicada en el centro de Santiago, donde en los años setenta funcionó el cuartel[2] general de la Dirección de Inteligencia Nacional (DINA), la policía política de la dictadura de Pinochet. En el cuartel tenía su oficina Manuel Contreras, condenado a presidio perpetuo por crímenes de lesa humanidad[3].

VOCABULARIO

VOCABULARIO

VOCABULARIO

[1]*slang curse word* [2]*headquarters* [3]*crímenes... crimes against humanity*

---

*Courtesy of the Chilean journalist Rocío Montes Rojas (Santiago, 1980), correspondent in Chile for *El País,* Spain

†Dolores Ibárruri, líder comunista de las fuerzas republicanas durante la Guerra Civil Española (1936–1939). Véase la sección **Puntos Clave** del **Capítulo 1.**

Camila Vallejo no recuerda nada de esos años. El 11 de marzo de 1990, el día que terminó el Gobierno de Pinochet, ella tenía un año y nueve meses.

VERIFICAR

A verificar   ¿Quién (es)?   ¿Qué pasó?   ¿Dónde?

VISUALIZAR

VOCABULARIO

ENTREVISTADORA   : ¿Qué le evoca la palabra dictadura si no la vivió?

VALLEJO : La imagen [...] es la del temor constante. **Dormir con ropa por el miedo a que te vinieran a buscar por la noche, los disparos[4] en las poblaciones, las reuniones clandestinas.** Finalmente, la generación que vivió a flor de piel[5] ese periodo quedó traumatizada, producto de esa represión. Y por esta razón, ya llegada la democracia, comenzó a reinar el individualismo y la idea de que es mejor no meterse en política, porque no siempre las cosas terminan bien.

ENTREVISTADORA   : ¿Qué diferencia a su generación de la de sus padres?

VALLEJO: Nuestra generación no tiene temor. Y por eso, a diferencia de nuestros padres, no nos cuesta denunciar que en Chile hay abuso, represión, que los empresarios están robando y que los políticos muchas veces son unos sinvergüenzas.[6]

Hay profundas desigualdes sociales, poca democracia y un nivel intolerable de abusos [...]. Trabajamos muchas horas al día, somos esclavos de las deudas,[7] nos estafan en las cuentas de luz y de agua y, como no tenemos tiempo para el ocio, tampoco reclamamos por las cosas que nos parecen justas. Hemos acumulado frustración y descontento. Todo eso fue lo que estalló[8] en 2011. Chile despertó y nosotros estamos aquí para cuestionar, combatir y no seguir reproduciendo el sistema.

VOCABULARIO

Chile ha cambiado bruscamente en los últimos meses. El descontento que la población acumulaba desde hace años ha tomado forma de protestas, huelgas y cacerolazos.[9] Los jóvenes salieron a la calle para exigir educación pública gratuita y de calidad. El conflicto desbordó al Gobierno del presidente Sebastián Piñera. Fue perdiendo poco a poco popularidad, hasta llegar a un 23% a finales de 2011. El centro izquierda, que estuvo en La Moneda* durante 20 años, quedó paralizado. Camila Vallejo se transformó en el principal rostro de la metamorfosis. Blindada[10] por un grupo de guardaespaldas, la universitaria de ojos claros y *piercing* en la nariz encabezó cientos de marchas. [...]

VOCABULARIO

De acuerdo con una encuesta reciente, el 39% de la población dice estar «muy indignada». Una de las teorías que se han levantado en este país para explicar el descontento es la irrupción de la clase media que dejó la pobreza en las últimas dos décadas. Los Gobiernos de la Concertación prometieron que "la forma más eficiente de resolver los problemas de inequidad era a través de la educación. El modelo instalado en el Gobierno de Pinochet, sin embargo, no cambió sustancialmente y los resultados siguieron siendo mediocres y desiguales. La gente se hartó y estalló el conflicto social. La familia Vallejo Dowling pertenece a ese grupo.

«A mi edad mis padres eran pobres, supervivientes. Cuando se conocieron en el mundo del teatro tenían que vender empanadas para vivir. Militaban[11] en

[4]*shots* [5]*vivió... lived fully* [6]*shameless people* [7]*debts* [8]*explotó* [9]*a practice of taking to the streets and beating pots and pans to protest something* [10]*protegida* [11]*joined*

*El palacio presidencial de Santiago de Chile.

el Partido Comunista, pero no eran dirigentes», relata la universitaria. Aunque ella ahora vive en un piso que <u>arrienda</u> en el centro de Santiago, fue criada en la comuna[12] de La Florida en el sur de Santiago. **Es una zona de clase media donde, sin embargo, hay chabolas[13] que conviven con modernos centros comerciales y autopistas.»** Fue el escenario donde Camila Vallejo comenzó a «indignarse con la situación chilena». Y cuando entró a la Universidad de Chile, la pública más importante del país, comenzó a militar en el Partido Comunista.

Además de indignados, los chilenos <u>no confían</u> en sus instituciones. Una encuesta reciente revela que todas han perdido respaldo[14] ciudadano: las Fuerzas Armadas, la Iglesia católica, los medios de comunicación, el Gobierno, las empresas privadas, la Justicia, el Congreso y los partidos políticos, que hoy por hoy son los más <u>desprestigiados</u>. Solo un 16% de los chilenos, de hecho, cree que la democracia en este país funciona bien.

ENTREVISTADORA : Es [Ud.] la cuarta figura política mejor valorada en Chile y ya se señala que será candidata a diputada.

VALLEJO : ["] El verdadero desafío es que debe haber gente dispuesta a cambiar la correlación de <u>fuerzas</u> en los espacios donde se toman las decisiones. Si no nos gusta cómo funcionan las cosas, tenemos que hacernos cargo.[15] Debemos disputar el Parlamento para que sea realmente representativo y no esté ocupado por burócratas. […]

ENTREVISTADORA : ¿Qué tipo de izquierda latinoamericana la identifica? ¿La de Dilma Rousseff, Hugo Chávez, Cristina Fernández o Fidel Castro?*

VALLEJO : De todas hay que sacar elementos, porque tienen sus particularidades según su desarrollo histórico y realidad política. Pero me gusta mucho lo que está haciendo Rafael Correa en Ecuador, Evo Morales en Bolivia y Mujica en Uruguay. […]

ENTREVISTADORA : ¿Cómo va a evolucionar el movimiento estudiantil en Chile?

VALLEJO: Este movimiento es el puntapié inicial de un proceso social por el cual seguiremos trabajando. Queremos conseguir reformas estructurales en el sistema educativo, pero también la construcción de un país con mayores derechos y garantías por parte del Estado. La extinción del movimiento estudiantil no es una posibilidad.

[12]barrio (*Ch.*) [13]*poor tenements* (*Sp.*) [14]apoyo [15]hacernos… *take charge*

DESPUÉS DE LEER

A. **Comprensión** Conteste las siguientes preguntas, según la lectura.

1. ¿Cómo ha cambiado la vida de Camila Vallejo desde que se convirtió en la figura más visible del movimiento estudiantil en Chile?

2. ¿Por qué los jóvenes de la generación de Camila son más involucrados en la política que los de la generación de sus padres?

3. ¿De qué problemas se quejan los estudiantes?

4. ¿Piensa Ud. que el movimiento estudiantil va a poder realizar los cambios que Camila y sus compadres esperan lograr? Explique.

*Rousseff—presidenta del Brasil (2011–); Chávez—presidente de Venezuela (1999–2013); Fernández —presidenta de la Argentina (2007–).

REACCIONAR
R **G**
RECOMENDAR GUSTOS

B. Reacciones En parejas, reaccionen ante cada afirmación sobre Camila Vallejo y su papel de la «Bella revolucionaria».

1. Los maestros de la escuela secundaria de Camila dicen que era una chica introvertida que se interesaba por las artes plásticas y el teatro. Dicen que nunca fue una líder y que imaginarla como la famosísima dirigente de la Federación de Estudiantes de la Universidad de Chile era impensable.
   a. Para sus maestros de la secundaria, es increíble que...
   b. Es obvio que...
   c. Yo (no) creo que...

2. En las noticias de la prensa nacional e internacional siempre se hace referencia a la belleza de Camila. Ella responde: «objetivamente soy bonita y no tengo problemas en decirlo». Y piensa que es inevitable que el énfasis inicial sea su aspecto físico: «Acá son muy machistas, pero al final primó la idea (*ideas prevailed*). Una cara bonita no saca quinientas mil personas a la calle».
   a. Es raro que una mujer bonita...
   b. A la prensa le encanta que...
   c. Yo (no) pienso que...

3. Los padres de Camila acompañan a su hija a todas las marchas. La apoyan en su cargo pero se preocupan por su seguridad. Todo el mundo reconoce la cara de Camila y ha sido blanco (*target*) de insultos y amenazas (*threats*), especialmente desde las redes sociales.
   a. Es horrible que...
   b. Los padres de Camila esperan que...
   c. Yo opino que...

C. Marchas de protesta En los últimos años miles de estudiantes y profesores se han juntado para protestar contra el costo de la educación y las graves desigualdades en la sociedad chilena. Por ejemplo, un día en agosto de 2011 hacía frío y llovía mucho pero el clima no pudo desanimar a los manifestantes que participaron en una gran «marcha de los paraguas». Otros activistas chilenos han atraído la atención internacional a su causa por sus acciones Flash Mob, por los «cacerolazos» de grupos de manifestantes golpeando ollas y sartenes (*frying pans*) creando un ruido metálico imposible de ignorar, por un gran baile de *Thriller* interpretado por gente vestida de zombis, o por el famoso «Besatón por la educación» en el cual centenares de estudiantes se besaron frente al palacio presidencial por 1.800 segundos (30 minutos) para representar los $1.8 millones de dólares que costaría financiar la educación pública.

Una protesta chilena encabezada por Vallejo

El «Besatón por la educación»

   Imagínese que Ud. era estudiante en Santiago y observó una de estas manifestaciones. Escriba una entrada en un blog sobre sus impresiones de la protesta o escriba tres tuits, uno para cada evento que le impresionó.

D. Para discutir En grupos de tres o cuatro, contesten las siguientes preguntas y expliquen o justifiquen sus respuestas.

1. Uno de los aspectos que más se comenta de Camila es su belleza. En su opinión, ¿tienen las mujeres bellas una ventaja en el campo de la política o una desventaja? ¿Es difícil que la gente las tome en serio?

2. ¿Pueden los movimientos como los acontecimientos en Chile u Occupy Wall Street en los Estados Unidos lograr cambios en el gobierno o en la sociedad? ¿O son una pérdida de tiempo?

3. ¿Hay más apatía o activismo entre sus compañeros de universidad? ¿Conoce Ud. algún líder estudiantil capaz de motivar a los demás? ¿Qué ha hecho?

4. ¿Cuál es el papel de los medios sociales en efectuar cambios?

5. Si fuera líder de una protesta universitaria contra algo que quisiera cambiar, ¿qué ideas creativas tendría para las protestas? Piense en las actividades de la protesta encabezada por Camila Vallejo en Chile.

¿CÓMO LE VA CON ESTOS PUNTOS CLAVE?

DESCRIBIR COMPARAR PASADO

REACCIONAR

RECOMENDAR GUSTOS

A. Prueba diagnóstica

Complete el siguiente texto con la forma correcta de las palabras entre paréntesis, para ver cómo le va con las metas comunicativas **Descripción, Comparación, Narración en el pasado, Reacciones y recomendaciones** y los **Hablar de los gustos y las opiniones. ¡OJO!** Cuando ve los símbolos +, − o =, debe incluir **más, menos** o **tan (tanto/a(s))** en su respuesta, respectivamente.

Recientemente mi tío Paco _____[1] (venir) a vivir con mi familia. Es musicólogo, ya retirado. Su esposa _____[2] (morirse) hace poco y ahora él sigue sintiéndose triste. Mi madre quiere que yo _____[3] (tratar) de conversar con él para animarlo y por eso (yo) _____[4] (empezar) a preguntarle sobre la música que a él _____[5] (fascinar) tanto.

Mi tío _____[6] (decidir) darme unas «clases privadas» sobre la historia del tango. Me explicó que las raíces del tango se encuentran en el candombe, un tipo de baile africano. Los primeros tangos _____[7] (aparecer) en barrios pobres de Buenos Aires a finales del siglo XIX. Allí la gente _____[8] (empezar) a imitar e improvisar un baile nuevo que _____[9] (combinar) pasos y ritmos del candombe y de la habanera cubana. Pronto _____[10] (Hacerse) tan popular que _____[11] (llegar) hasta París en 1907. Para 1913 la «tangomanía» se había extendido por Europa y de repente _____[12] (ser/estar) de moda.

El cantante de tango _____[13] (+ famoso) de todos los tiempos _____[14] (ser/estar) Carlos Gardel. _____[15] (tener) un talento musical legendario y sus admiradores lo _____[16] (adorar). Desafortunadamente, _____[17] (morirse) joven en un accidente de avión.

Hoy en día el tango _____[18] (ser/estar) _____[19] (= importante) como la música _____[20] (clásico) a nivel internacional. Uno de los compositores de tango _____[21] (+ reconocido) _____[22] (ser/estar) Astor Piazzolla. Si escuchas su música, no te va a sorprender que _____[23] (formar) parte del repertorio _____[24] (obligatorio) de las orquestas _____[25] (sinfónico).

Interesante ¿no? Mi tío me dijo que hoy en día le fascina el tango jazz _____[26] (=) _____[27] (que / como) el tango clásico. Eso me sorprendió. Los días en que hablamos del tango, está _____[28] (−) triste _____[29] (como / que) antes y sigue planeando mis tutorías. Tiene _____[30] (+) _____[31] (que / de) 200 discos que quiere que yo _____[32] (escuchar) poco a poco. Mi madre está súper contenta de que mi tío y yo _____[33] (tener) una relación tan cercana y que ahora _____[34] (fascinarme) escuchar una fusión de tango con la electrónica llamado tanghetto. ¡Qué bárbaro! ¿No?

Carlos Gardel

B. Autoevaluación

Complete la autoevaluación de su progreso en estas metas comunicativas.

Ojo

If you are still having trouble with these **Metas comunicativas,** you can complete (or redo) the LearnSmart modules for this chapter for additional practice.

META COMUNICATIVA		VERY WELL	SOMEWHAT WELL	NOT WELL
D DESCRIBIR	Descripción	☒	☐	☐
C COMPARAR	Comparación	☒	☐	☐
P PASADO	Narración en el pasado	☐	☐	☒
R REACCIONAR RECOMENDAR	Reacción y recomendación	☐	☒	☐
G GUSTOS	Hablar de los gustos y las opiniones	☐	☒	☐

C. Yo, experto

Mire el siguiente tablero con aspectos interesantes de la cultura del Cono Sur que se presentaron en este capítulo. Identifique todos los pines que pueda. Después, escriba un comentario para por lo menos cuatro pines, utilizando cada una de las siguientes metas comunicativas por lo menos una vez:

DESCRIBIR COMPARAR PASADO RECOMENDAR GUSTOS

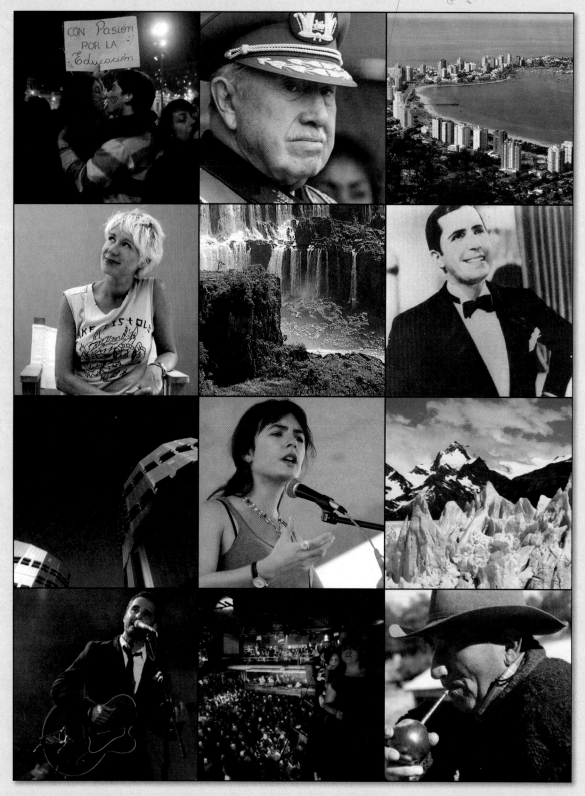

Un pueblo boliviano

CAPÍTULO 5

El mundo actual:

Participación cívica y acción global

Meta comunicativa

HIPÓTESIS

Temas centrales
- los problemas actuales
- la gente indígena
- el activismo

Zona de enfoque
- la región andina

En este capítulo, Ud. va a explorar el tema del mundo actual.

Preguntas para considerar
- ¿Cuáles son los problemas sociales más importantes de hoy?
- ¿Qué puede hacer el individuo para participar activamente en su sociedad?
- ¿Cómo nos afectan personalmente los acontecimientos mundiales?
- ¿Cree Ud. que el mundo moderno puede aprender de las tradiciones de las culturas indígenas?
- ¿Qué importancia tiene la política en su vida diaria?
- La escena que se ve en esta página representa un pueblo boliviano durante una campaña presidencial. ¿Cómo cambia el ambiente en su universidad y su ciudad durante las campañas nacionales y locales?

Este mundo nuestro

Situación: Laura y Sergio están en Ruta Maya hablando sobre un viaje que Laura va a hacer al Ecuador. Lea el diálogo y conteste las preguntas que lo siguen. **¡OJO!** Preste atención especial al uso del vocabulario nuevo **en negrilla**.

¡Qué buena oportunidad!

LAURA: ¡Estoy emocionadísima! Salgo la semana que viene para Quito.

SERGIO: ¿Y qué vas a hacer allá?

LAURA: Habrá un congreso sobre los **desafíos** que enfrentan las culturas **indígenas** con la globalización. **Líderes** indígenas de todas partes del mundo hablarán de **cuestiones** de abusos de **los derechos humanos, la pobreza** y **el hambre, la falta** de **recursos, la explotación** de sus tierras nativas...

SERGIO: ¡Guau! Suena interesante, pero deprimente...

LAURA: Bueno, sí y no, porque de lo que más se hablará es sobre **los esfuerzos** para **colaborar** y **combatir las injusticias** que sufren muchos pueblos indígenas y **promover** su **bienestar** a nivel global. También hablarán de maneras de preservar sus culturas frente al **poder** e influencia de las compañías multinacionales. Además, me acompañará Javi, lo cual siempre es divertido.

SERGIO: ¿Ah, sí? ¿Por qué iría Javi contigo?

LAURA: Tremenda coincidencia. Esa misma semana hay un congreso internacional de estudiantes **activistas** y cuando **se enteró** de mi viaje, decidió que me acompañaría.

SERGIO: Es verdad que ya ha escrito sobre **los esfuerzos** de los jóvenes en este país para **crear conciencia** sobre **las desigualdades** económicas que han ido aumentando en los últimos años.

LAURA: Exacto. Y en el Ecuador hay **una campaña** para promover la participación de los **ciudadanos** jóvenes. A Javi le gustaría preparar un artículo comparando el activismo político juvenil en los Estados Unidos con el de Latinoamérica.

SERGIO: ¡Qué padre! Y me imagino que tú podrás **llevar a cabo** algún estudio para tu tesis.

LAURA: Sí. Asistiría a los discursos sobre los esfuerzos que han hecho para **combatir la desnutrición** y **el analfabetismo**. También presentarán a unos chamanes del Amazonas. Y si pudiera entrevistar a unos chamanes activistas sobre sus conocimientos médicos tradicionales, tendría más información para mi tesis.

SERGIO: Sería fenomenal.

LAURA: Sí. Es como si estos dos congresos fueran creados precisamente para nosotros.

SERGIO: Genial. Ojalá que yo pudiera escaparme también, pero sería imposible con todos **los compromisos** que tengo este mes. **La falta de** tiempo estos días me mata.

LAURA: No te preocupes. Sara y yo ya tenemos un plan para el fin del curso para un viaje de los cinco a Centroamérica. En cuanto tengamos los detalles, te lo explicaré todo.

SERGIO: Cuento contigo para cuidar de mi bienestar.

A. Detective Busque en el diálogo ejemplos de las siguientes metas comunicativas: **Narración en el pasado** (P), **Hacer hipótesis** (H) y **Hablar del futuro** (F). Subraye cada palabra o frase que represente una (o una combinación) de estas metas comunicativas. Luego, escriba al margen la(s) letra(s) que corresponde(n) a cada ejemplo subrayado (P, H o F).

MODELOS: Si pudiera entrevistarlos, tendría más información para mi tesis.
En cuanto tengamos detalles, te lo explicaré todo. (F)

B. Comprensión Conteste las siguientes preguntas, según la situación.

1. ¿Por qué está tan emocionada Laura?
2. ¿Por qué cree Sergio que el congreso suena deprimente?
3. ¿Por qué irá Javier al Ecuador con Laura?
4. ¿Cómo ayudará el viaje a Laura en su tesis?
5. ¿Por qué no puede escaparse Sergio?
6. ¿Qué están planeando Laura y Sara?

REACCIONAR
R
RECOMENDAR

C. Reacciones y recomendaciones Complete las siguientes oraciones sobre la situación, utilizando un conector en cada oración.

Conectores

además	porque
en cambio	puesto que
para que + *subjuntivo*	sin embargo
por lo tanto	ya que

MODELO: Es bueno que Laura…
Es bueno que Laura pueda regresar a Sudamérica puesto que le fascinó su último viaje allí.

1. Es genial que en el Ecuador…
2. A Laura le conviene que Javier…
3. Es obvio que el congreso…
4. Ojalá que…

D. Diálogo En parejas, preparen un diálogo entre Laura y Javier en el que hablen de lo que harán en el viaje. Laura es muy seria y solo piensa en el trabajo. Javier es dedicado y piensa hacer su trabajo, pero también quiere pasarlo bien.

Vocabulario del tema

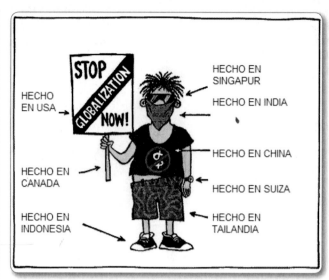

PARA HABLAR DE LOS PROBLEMAS ACTUALES

el analfabetismo	illiteracy
los derechos humanos	human rights
el desafío	challenge
el desempleo	unemployment
la desigualdad	inequality
la desnutrición	malnutrition
la explotación	exploitation
la falta (de)	lack (of)
la gente indígena	indigenous people
(*but* los indígenas)	
la guerra	war
el hambre (*but*	hunger
mucha hambre)	
la huelga	strike
la manifestación	demonstration
el narcotráfico	drug traffic; drug trafficking
la pobreza	poverty
el prejuicio	prejudice
la salud	health
el subdesarrollo	underdevelopment
en vías de desarrollo	developing
desarrollado/a	developed

COGNADOS: **la crisis, la injusticia, el terrorismo, la violencia**

PARA HABLAR DE LAS SOLUCIONES

el bienestar	well-being
el compromiso	committment
el esfuerzo	effort
la lucha	fight; struggle
la organización no gubernamental (ONG)	NGO
la paz	peace
el poder	power
la política	politics; policy
los recursos	resources
el tratamiento	treatment

COGNADOS: **la diplomacia, la diversidad, la filantropía, la tolerancia**

ACCIONES PARA RESOLVER PROBLEMAS

crear conciencia	to raise awareness
desarrollar	to develop
enterarse (de)	to become informed (about)
hacer de voluntario/a	to volunteer
invertir (ie, i)	to invest

www.bajolalupa.org

llevar a cabo	to carry out
promover (ue)	to promote

COGNADOS: **colaborar (con); combatir; donar; eliminar; financiar; negociar, resolver (ue)**

EL LIDERAZGO

la campaña	campaign
el/la ciudadano/a	citizen
la cuestión	issue
el/la líder	leader
elegir (i, i) (elijo)	elect
postularse	to run for office

PARA DESCRIBIR UNA SITUACIÓN

alarmante	alarming
alentador(a)	encouraging
chocante	shocking
desesperante	infuriating
desilusionante	disappointing
gratificante	gratifying
horripilante	horrifying
inquietante	disturbing
polémico/a	controversial *controversy -polémica*
urgente	urgent

Repaso: Para describir una situación

alucinante	**deprimente**	**impresionante**
angustiante	**emocionante**	**preocupante**
degradante	**fascinante**	**sorprendente**

ACTIVIDADES

A. Vocabulario en contexto

Paso 1 Complete las siguientes oraciones con la palabra más apropiada, según el contexto, y luego indique si está Ud. de acuerdo con ellas o no.

	SÍ	NO
1. La causa principal de la pobreza es _el analfabetismo_ (el analfabetismo / el hambre).	☐	☑
2. Los estudiantes egoístas hacen de voluntario porque quieren _salvar_ (desarrollar / salvar) el mundo.	☐	☑
3. _La crisis_ (La campaña / La crisis) del narcotráfico es uno de los problemas más alarmantes hoy en día.	☐	☑
4. El nivel de _desnutrición_ (desnutrición / prejuicio) infantil es inquietante: demasiados niños no comen tres comidas al día.	☐	☐
5. Si todos los ciudadanos _Huelga_ (hacer de voluntario / participar en una huelga) una vez por semana, podríamos resolver todos nuestros problemas sociales.	☐	☐
6. La prensa de este país debe hacer más reportajes sobre otros países porque la gente debe _enterarse_ (elegir / enterarse) más de lo que pasa en el resto del mundo.	☐	☐
7. Un buen líder / Una buena líder debe _financiar_ (invertir / financiar) su campaña electoral con donaciones de los ricos y poderosos.	☐	☑
8. Si una persona se postula para presidente de un país, debe tener una opinión fuerte sobre las _cuestiones_ (cuestiones / campañas) polémicas.	☐	☐
9. Es _inquietante_ (inquietante / alentador) que tan pocos ciudadanos voten en este país.	☐	☐
10. Es importante que el gobierno haga _campañas_ (recursos / campañas) para promover la salud en este país.	☐	☐

Paso 2 En parejas, expliquen por qué están de acuerdo o no con cada oración.

B. Preguntas personales
En parejas, contesten las siguientes preguntas, utilizando el **Vocabulario del tema.** Luego, compartan sus ideas con la clase.

D DESCRIBIR

G GUSTOS

R REACCIONAR / RECOMENDAR

C COMPARAR

P PASADO **F** FUTURO

1. En cuanto a su actitud hacia los problemas del mundo actual, ¿es Ud. activista, alarmista, extremista, idealista, optimista o pesimista? Explique.

2. ¿Le interesa o le aburre leer sobre los problemas políticos de su ciudad o estado? ¿Le interesa saber de las noticias mundiales? ¿Lee la prensa impresa (*in print*) o consigue información sobre el mundo a través del Internet?

3. ¿Qué recomienda Ud. que haga el gobernador / la gobernadora de su estado/provincia para resolver los problemas de su estado/provincia?

4. En su opinión, ¿cuáles son las diferencias mayores entre los países desarrollados y los países en vías de desarrollo?

5. ¿Cómo ha afectado la crisis financiera de los últimos años a Ud., a su familia y a sus amigos? ¿Han cambiado sus propios planes educativos por la situación financiera? ¿Han cambiado sus planes o expectativas sobre su futuro? Explique.

C. Esfuerzos alentadores

En parejas, lean cada reportaje sobre el área andina. Después, (1) reaccionen ante la situación; (2) hagan recomendaciones para asegurar el éxito de las iniciativas; (3) digan cómo estas iniciativas afectarán a las personas involucradas, utilizando seguir + gerundio.

MODELO: Es impresionante que tantos bolivianos puedan leer ahora. Recomiendo que, después de aprender a leer, los adultos bolivianos asistan a clases por la noche. Así seguirán aprendiendo nuevas destrezas.

LIBRE DE ANALFABETISMO ABC

Bolivia estará libre de analfabetismo gracias a un acuerdo de cooperación con Cuba y Venezuela. Más de 50.000 voluntarios bolivianos trabajaron en el proyecto «Yo, Sí Puedo» utilizando el método cubano de alfabetización audiovisual. Cuba donó 30.000 televisores, 30.000 reproductores de vídeo y 30.000 cintas de grabación para implementar el proyecto de alfabetismo. Venezuela colaboró también, donando más de 8.000 paneles solares para que el programa pudiera llegar a las comunidades campesinas.

1) Reacción: 2) Recomendación: 3) ¿Qué deben seguir haciendo?

HAY QUE COMBATIR EL HAMBRE

En **el Perú,** 20 millones de sus ciudadanos sufren de hambre crónica. Científicos nacionales y extranjeros piensan que la harina de coca,[1] por su alto valor nutritivo y medicinal, puede ayudar a erradicar el hambre y la desnutrición de muchos peruanos. Es una cuestión de enriquecer los alimentos con la harina de coca y promover la idea con una agresiva campaña de concientización[2] alimentaria para desarrollar esta alternativa para combatir el hambre en las zonas pobres.

1) Reacción: 2) Recomendación: 3) ¿Qué deben seguir haciendo?

LA FUNDACIÓN PIES DESCALZOS

En 2008, las Naciones Unidas estimaron que había 3 millones de desplazados[3] en **Colombia.** La Fundación Pies Descalzos fue creada en 1995 por la cantante colombiana Shakira, con el propósito de proporcionar oportunidades para los niños desplazados, víctimas de la violencia en su país. Su objetivo principal es financiar y desarrollar programas en las áreas de educación, nutrición, apoyo psicológico y salud a la población joven de pocos recursos. En la actualidad,[4] existen cinco escuelas en regiones seriamente afectadas por la violencia, donde miles de niños reciben ayuda con sus necesidades.

1) Reacción: 2) Recomendación: 3) ¿Qué deben seguir haciendo?

[1]harina... *flour made from the coca leaf*   [2]campaña... *campaign to raise public awareness*   [3]*displaced people*   [4]En... *Currently*

Una madre peruana y su hijo

D. La gente indígena Con frecuencia, cuando en este país se piensa en las culturas indígenas de Latinoamérica, pensamos en las grandes civilizaciones precolombinas: los mayas, los aztecas y los incas. Las imaginamos como partes de la historia, del pasado. O bien tenemos imágenes de culturas indígenas contemporáneas que viven en la pobreza y la miseria, en condiciones «premodernas». Sin embargo, la realidad es mucho más compleja. Cuando los europeos conquistaron lo que hoy se llaman «las Américas», se empeñaron en destruir las culturas autóctonas (*native*), pero estas se resistieron a la conquista absoluta. Hoy en día sobreviven los descendientes de las tres grandes culturas (y de múltiples culturas menores) y cotidianamente luchan para conservar sus lenguas, creencias, culturas, tradiciones y formas de vida frente a las amenazas de un mundo cada vez más globalizado.

Para tener una mejor idea de la presencia y el impacto de las culturas indígenas en los países andinos, revise la siguiente información.

LA DISTRIBUCIÓN ÉTNICA EN TRES PAÍSES ANDINOS		
BOLIVIA	ECUADOR	PERÚ
55% indígena (grupos dominantes: quechua, aymara) 30% mestizo 15% otro	25% indígena (grupos dominantes: quichua, shuar) 65% mestizo 10% otro	30% indígena (grupos dominantes: quechua; ashaninka) 55% mestizo 15% otro

Ahora, en parejas, lean las siguientes afirmaciones y completen las oraciones que las siguen. En las primeras reacciones, llenen los espacios en blanco con una de las palabras para hablar de una situación del Vocabulario del tema.

1. La Constitución de 2012 de Bolivia declaró 37 idiomas oficiales en el país. Según la Constitución, cada documento oficial tiene que traducirse por lo menos a dos de los idiomas oficiales en cada departamento (*state*).
   a. Para los traductores bolivianos es _____ que...
   b. Si hubiera tantos idiomas oficiales en este país,...

2. En el año 2006, se eligió en primer presidente indígena de Bolivia, Evo Morales. En el 2011, se eligió un presidente indígena en el Perú, Ollanta Humala. Hasta ahora, el Ecuador no ha tenido presidente indígena.
   a. Para los ciudadanos andinos, es _____ que...
   b. Si hubiera oficiales nativoamericanos en posiciones de poder en este país,...

3. La quínoa es un cereal muy rico en proteínas y una parte integral en la dieta de las personas andinas. En los últimos años, el uso de la quínoa entre los aficionados a la comida sana en Europa y los Estados Unidos ha causado un aumento en los precios de ese cereal, lo que hace que muchos indígenas ya no puedan comprar este producto nativo de su tierra.
   a. Para los indígenas es _____ que...
   b. Si yo fuera el director ejecutivo de Whole Foods,...

E. ¡Cuéntennos!: Cristina y Estefanía Antes de ver la entrevista, contesten las siguientes preguntas en grupos de tres.

1. ¿Piensa que los problemas más graves en el Ecuador son diferentes que los de los Estados Unidos? Dé algunos ejemplos.

2. Para graduarse de la escuela secundaria, ¿era obligatorio hacer de voluntario? Si lo era, ¿qué hizo Ud.? Si no lo era, ¿hizo de voluntario de todas maneras?

3. ¿Hay buenos servicios y buenas oportunidades para las personas con discapacidades físicas en este país? Explique.

¡Cuéntennos!

🎥 En este vídeo, Cristina y Estefanía, dos amigas ecuatorianas, comparten sus experiencias y perspectivas sobre la responsabilidad social.
   Vea el vídeo y haga las actividades relacionadas que se encuentran en Connect Spanish.

F. **Problemas cotidianos** Revisen los siguientes problemas y hagan una lista de palabras que los ayuden a conversar con facilidad sobre cada problema cotidiano. Después, en parejas, preparen un diálogo espontáneo sobre cada problema.

1. Una activista de una ONG está buscando a un(a) estudiante para hacer de voluntario en Latinoamérica. La activista menciona los problemas que hay y cómo los voluntarios pueden ayudar. Está muy apasionada y llena de entusiasmo. Al / A la estudiante le interesa, pero no es muy atrevido/a. El/La estudiante debe reaccionar con muchas dudas y expresar su miedo por no saber suficiente español.

2. Su primo/a anuncia que ha vendido todas sus posesiones para ir al Perú y trabajar con la gente indígena. Trate de convencerlo/la de que es una locura. Su primo/a responde a sus reacciones con sorpresa y desilusión ante sus dudas y falta de idealismo.

NOTA CULTURAL · La vida política de los jóvenes hispanos

Para muchos jóvenes hispanos, el activismo político es una parte importante de la vida diaria. A nivel general, los jóvenes se mantienen al día en cuestiones de política de manera consistente. Creen que es importante leer el periódico, mirar el noticiero[1] en la televisión o buscar las noticias en el Internet. No solo saben cuál es la situación de su propia nación, sino que también están muy enterados de la política internacional. En los cafés y los bares que frecuentan los jóvenes, es común oír fuertes discusiones sobre la situación mundial, además de conversaciones sobre los deportes, el cine y los últimos chismes. Sin embargo, el interés en la política con frecuencia va más allá de la conversación. Es muy común que los estudiantes universitarios y de escuela secundaria participen en huelgas generales y manifestaciones para protestar contra ciertas injusticias, como la subida[2] del precio de los boletos de autobús, la matrícula de las clases o los impuestos, o cuando algún político comete un fraude. Además, no es raro ver protestas contra las intervenciones estadounidenses en Latinoamérica o en otras partes del mundo. Las acciones de los jóvenes, a veces pacíficas, a veces más agresivas, demuestran una fuerte creencia en el poder de la voz del pueblo.

[1]*newscast* [2]*rise*

Preguntas

1. ¿Ha participado alguna vez en una manifestación o huelga para protestar contra algo? ¿Por qué participó? ¿Cuáles fueron los resultados de la manifestación o huelga?

2. ¿Cuáles son las mejores maneras de protestar contra la injusticia? ¿Por qué cree así?

Actividad

REACCIONAR
R
RECOMENDAR

En parejas, hagan los papeles de dos estudiantes universitarios que discuten unas iniciativas propuestas por la administración. Uno/a es activista y rebelde. El otro / La otra es pacifista y cauteloso/a. El/La activista quiere ir de huelga y el/la pacifista no está de acuerdo. Den razones sólidas para apoyar su opinión. Luego, en grupos pequeños, discutan cómo Uds. reaccionarían ante estas iniciativas si fueran propuestas en su propia universidad.

1. La administración de la universidad quiere invertir un millón de dólares en reclutar a mejores atletas.

2. La administración anuncia que duplicará el costo del estacionamiento en el recinto universitario y que las multas por mal estacionamiento se triplicarán.

3. Para ahorrar dinero, se despedirá al 20% de los profesores y más clases se darán por el Internet.

Hacer hipótesis

HIPÓTESIS

En esta sección del capítulo, Ud. va a practicar la meta comunicativa **Hacer hipótesis.**
Para hacerlo bien, hay que utilizar las estructuras gramaticales (los puntos clave) de
la siguiente tabla que pertenecen a la meta comunicativa. Estudie las explicaciones
de estas estructuras gramaticales en las páginas moradas que están al final del libro.

LA META COMUNICATIVA DE ESTE CAPÍTULO		
ICONO	META COMUNICATIVA	PUNTOS CLAVE
H HIPÓTESIS	Hacer hipótesis	• el pasado de subjuntivo • el condicional

Indígenas ecuatorianos

PRUEBA DIAGNÓSTICA

Lea la siguiente entrevista a un estudiante boliviano que participó en una
manifestación. Conjugue los verbos que están entre paréntesis para expresar
situaciones hipotéticas.

REPORTERO: ¿Qué _____[1] (hacer) Ud. para mejorar la situación de la gente
indígena de su país si _____[2] (ser) ministro del gobierno?

OSWALDO: Si _____[3] (tener) el apoyo necesario, _____[4] (poder) coordinar
las luchas políticas y sociales de todas las comunidades indígenas.

REPORTERO: ¿Qué _____[5] (necesitar) para llevar a cabo tal coordinación?

OSWALDO: Si _____[6] (poder) contar con los fondos del gobierno, _____[7]
(desarrollar) una campaña agresiva para comunicarnos mejor con las
comunidades rurales. Sé que los jóvenes universitarios de mi país
_____[8] (ayudar) con esta coordinación si _____[9] (saber) que
sus esfuerzos _____[10] (promover) la justicia social.

REPORTERO: Muchas gracias. Me gusta su optimismo y espero verlo algún día de
ministro o incluso presidente de nuestro país.

---

*Traditionally, the phrase **el hecho
de que** has always been followed by
the subjunctive. In *Punto y aparte*
and elsewhere, however, you may
notice it followed by the indicative.
This shift in usage may be due to
the fact that some native Spanish
speakers report choosing between
the subjunctive and the indicative
according to how certain or
uncertain they are of the truth or
validity of the statement following
the phrase.

Expresiones útiles

Para hablar del mundo actual

actualmente	*currently*
desgraciadamente	*unfortunately*
francamente	*frankly*
seguramente	*surely*
verdaderamente	*truly*
de hecho	*in fact*
el hecho de que + *subjuntivo**	*the fact that*
en cuanto a	*as far as . . . is concerned*
hoy (en) día	*nowadays*

ACTIVIDADES

Las siguientes actividades le darán la oportunidad de practicar las metas comunicativas. Habrá un énfasis particular en **Hacer hipótesis,** utilizando el condicional y el pasado de subjuntivo.

PASADO

A. Eventos pasados y reacciones En parejas, completen las siguientes oraciones con la forma apropiada del verbo entre paréntesis. Acuérdense de que el pasado del subjuntivo se forma utilizando la forma de la tercera persona plural del pretérito.

MODELO: Los estudiantes <u>tuvieron</u> una fiesta anoche. A sus vecinos les molestó que los estudiantes <u>tuvieran</u> una fiesta anoche.

1. El viernes pasado los candidatos para presidente _____ (ofrecer) sus ideas para disminuir el desempleo entre los jóvenes. Al día siguiente los ciudadanos les pidieron que les _____ (ofrecer) ideas más concretas.

2. El año pasado algunos indígenas de Cuzco _____ (hacer) un viaje a Lima para protestar por la falta de apoyo para la educación bilingüe. Los indígenas querían que el alcalde de Cuzco _____ (hacer) el viaje con ellos, pero él no pudo ir.

3. Hace dos semanas que dos oficiales del Ministerio de Educación en el Ecuador _____ (anunciar) una nueva campaña contra la desnutrición infantil. A nadie les sorprendió que se _____ (anunciar) esta campaña dos semanas antes de las elecciones nacionales.

4. El mes pasado en el Perú, tres organizaciones internacionales no gubernamentales _____ (invertir) en programas para promover los derechos humanos. A muchos peruanos no les gustó que las instituciones extranjeras _____ (invertir) en esos programas, porque piensan que los extranjeros ya tienen demasiada influencia en su país.

5. Veinte congresistas colombianos _____ (ir) a las Naciones Unidas para hablar de las desigualdades socioeconómicas en su país. Al presidente le molestó que _____ (ir) sin pedir permiso.

Los objetivos de las Naciones Unidas para el nuevo milenio

1 Erradicar la pobreza extrema y el hambre

2 Lograr la enseñanza primaria universal

3 Promover la igualdad entre los géneros y la autonomía de la mujer

4 Reducir la mortalidad infantil

5 Mejorar la salud materna

6 Combatir el VIH/SIDA, el paludismo y otras enfermedades

7 Garantizar la sostenibilidad del medio ambiente

8 Fomentar una asociación mundial para el desarrollo

B. La cadena

Paso 1 En parejas, formen una serie de oraciones hipotéticas, utilizando la última cláusula de la primera oración para formar la cláusula hipotética de la segunda oración, como en el modelo. A ver hasta qué punto cada pareja lleva su serie de oraciones.

MODELO: Si mi hermano quisiera hacer de voluntario en el Cuerpo de Paz en Colombia, mis padres estarían preocupados.

Si estuvieran preocupados, yo los calmaría.

Si yo los calmara, mi hermano podría ir a Colombia.

Si pudiera ir a Colombia,...

1. Si mi profesor(a) ganara la lotería...
2. Si yo pudiera conocer a cualquiera de los líderes mundiales,...
3. Si mi padre / madre se postulara para presidente/a...
4. Si yo fuera presidente/a de esta universidad,...
5. Si Mark Zuckerberg fuera mi amigo,...

Paso 2 En grupos de tres, lean los ocho objetivos de la Organización de las Naciones Unidas para el nuevo milenio. Luego, comenten cómo cambiaría su propio país o el mundo entero si cada meta se cumpliera.

MODELO: Si se erradicara la pobreza extrema y el hambre, morirían menos niños.

REACCIONAR
RECOMENDAR HIPÓTESIS

C. Las culturas indígenas actuales

Paso 1 En parejas, lean las descripciones y terminen las oraciones que siguen. Antes de empezar, determinen qué tiempo verbal (presente de subjuntivo, pasado de subjuntivo o condicional) deben usar para cada oración.

Otavaleñas vestidas de ropa tradicional

1. *Los otavaleños:* Otavalo es un pueblo indígena de los Andes del Ecuador. Sus habitantes, los otavaleños, son famosos por sus tejidos y por su aptitud para el negocio local e internacional. Dondequiera que estén, desde abogados, médicos y hombres y mujeres de negocios, los otavaleños a menudo visten su ropa tradicional. Siendo tal vez el pueblo indígena más próspero de Latinoamérica, muchos otavaleños tienen un alto nivel de educación y viajan por el mundo para vender sus productos. Tristemente, en 2012 la venta de artesanías cayó notablemente. Sin duda, eso tuvo que ver con la crisis económica global.

   a. Dado que muchos pueblos indígenas sufren de una pobreza extrema, es alentador que los otavaleños...
   b. Me sorprendió que los hombres y mujeres de negocios otavaleños...
   c. Ojalá que la crisis económica...
   d. Si _____ (poder) entrevistar a un profesional otavaleño,...

La Confederación de Nacionalidades Indígenas del Ecuador

2. *La CONAIE:* La Confederación de Nacionalidades Indígenas del Ecuador (CONAIE) se estableció en 1986 con el fin de coordinar las luchas sociales, económicas y políticas de los diversos grupos indígenas de ese país. Busca influir en la política nacional en las áreas que más afectan a los pueblos indígenas: la ecología, la distribución de tierras y recursos naturales, la educación y la cultura. Un caso en particular es el que terminó en una victoria para el pueblo Sarayaku. En 2012, los sarayakus ganaron un caso en la Corte Interamericana de Derechos Humanos contra el gobierno ecuatoriano y la empresa petrolera argentina Compañía General de Combustibles (CGC), por haber explotado sus tierras ancestrales sin su autorización. El documental *Los descendientes del jaguar* trata de esa victoria.

   a. Si consideramos la marginalización histórica de la gente indígena, es gratificante que...
   b. Me impresionó que...
   c. Ojalá que más grupos indígenas...
   d. Si _____ (ser) un dueño / una dueña de una compañía de petróleo...

Hierbas medicinales, La Paz, Bolivia

3. *La medicina tradicional:* Por siglos, los indígenas del Amazonas han recurrido a sus alrededores buscando tratamientos para las enfermedades. Recientemente, varias escuelas de medicina occidentales han empezado a ofrecer cursos en el Amazonas para que los médicos, enfermeros y farmacéuticos aprendan de la sabiduría tradicional de sus chamanes.[1] Sin embargo, este interés también ha traído problemas. Muchas compañías farmacéuticas internacionales han llegado a la zona para buscar medicinas y explotar los recursos naturales. Las tribus se quejan de que no respeten sus prácticas tradicionales, no dejen suficientes recursos para los habitantes nativos y no compartan con ellos las ganancias[2] de las ventas de las medicinas hechas a base de sus plantas.

   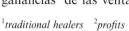
   [1]*traditional healers* [2]*profits*

   a. Considerando la necesidad de curar tantas enfermedades, es urgente que...
   b. A los indígenas del Amazonas no les gustó que...
   c. Ojalá que las compañías farmacéuticas...
   d. Si yo _____ (tener) una enfermedad incurable,...

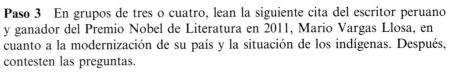

Paso 2 En parejas, usen las siguientes palabras para hacer cinco oraciones sobre la situación actual de los indígenas en los Andes, como si Uds. fueran líderes indígenas. **¡OJO!** Deben usar el pasado en cada oración. Sigan el modelo.

MODELO: (nosotros) molestar / la discriminación / porque...
A nosotros nos molestaba la discriminación porque nos quitaba nuestra dignidad.

1. (los indígenas) fastidiar / los daños ecológicos a sus tierras / ya que...
2. (nosotros) importar / resistir lo negativo de la globalización / por eso...
3. (los extranjeros) preocupar / solo hacerse más ricos / por lo tanto...
4. (nosotros) interesar / las oportunidades que puedan tener nuestros hijos / entonces...
5. (las compañías farmacéuticas) convenir / descubrir más medicinas / sin embargo...

Mario Vargas Llosa

Paso 3 En grupos de tres o cuatro, lean la siguiente cita del escritor peruano y ganador del Premio Nobel de Literatura en 2011, Mario Vargas Llosa, en cuanto a la modernización de su país y la situación de los indígenas. Después, contesten las preguntas.

«El precio que ellos [los indígenas] deben pagar por la integración es alto —la renuncia a su cultura, su idioma, sus creencias, sus tradiciones y costumbres, y la adopción de la cultura de sus antiguos patrones. [...] Quizás no haya ninguna forma realista de integrar nuestras sociedades sin pedir a los indios que paguen ese precio. [...] La modernización es solo posible con el sacrificio de las culturas indias.» (*Harper's Magazine*, 1990)

1. ¿Qué retos enfrentarían las culturas indígenas, si hubiera un fuerte movimiento para forzar su asimilación?
2. ¿Qué podría aprender Vargas Llosa sobre las culturas indígenas?
3. ¿Está Ud. de acuerdo con lo que dice Vargas Llosa? Expliquen.
4. Si fuera posible encontrar una solución intermedia, ¿cuál sería?

D. El liderazgo

Paso 1 ¿Por qué y para qué entran las personas en la política? Ponga las siguientes razones en orden del 1 (la más importante) al 9 (la menos importante). Después, en parejas, compartan sus respuestas.

_____ para ayudar a las personas de pocos recursos   _____ para pasar a la historia

_____ para cambiar el mundo   _____ por dinero

_____ para combatir las injusticias   _____ por poder

_____ para relacionarse con personas famosas   _____ por fama

    _____ por responsabilidad cívica

Paso 2 ¿Qué hacen las personas para prepararse para una carrera política? En parejas, completen las siguientes oraciones.

1. Estudian...
2. Trabajan en...
3. Participan en organizaciones como...
4. Se inscriben en...
5. Hacen de voluntarios en...
6. Tratan de conocer a...

Evo Morales, presidente de Bolivia

Paso 3 En parejas, completen las siguientes oraciones. Recuerden que si se refiere a algo o a alguien no conocido, deben usar el subjuntivo.

1. Los jóvenes de hoy buscamos líderes que...
2. Necesitamos soluciones que...
3. Queremos trabajar para una campaña que...
4. Debemos crear un partido político que...

Paso 4 En grupos de tres o cuatro, comenten las siguientes preguntas.

1. ¿Cuáles son las características de un buen líder / una buena líder?
2. Mencione un/una líder que en su opinión haya tenido mucha influencia en su país. ¿Qué ha logrado esta persona?

PASADO   HIPÓTESIS

E. **¿Por qué perdió la elección Justino Jiménez?** Durante su campaña, Justino Jiménez hablaba de la importancia de ayudar a los menos afortunados, de donar tiempo libre a causas humanitarias y de ser ciudadanos activistas. Pero en realidad llevaba una vida privilegiada sin haber hecho nada concreto para resolver los problemas de que hablaba en sus discursos.

Paso 1 En parejas, miren el dibujo de un día en la campaña de Justino Jiménez y luego llenen los espacios en blanco con el verbo correcto. Revisen la explicación de cómo utilizar la expresión **como si** en el **Ojo** al margen.

1. Hablaba como si los niños analfabetos _____ (ser) una prioridad pero nunca _____ (visitar) ni una escuela para ver de cerca cómo _____ (vivir) estos niños.

2. Nunca _____ (hacer) de voluntario en su vida, pero hablaba como si _____ (estar) colaborando activamente con varias organizaciones de voluntariado.

3. Decía al publico que le _____ (dar) mucha pena saber que muchos niños _____ (sufrir) de hambre, pero en las fotos lo vemos en restaurantes de lujo comiendo como si no _____ (comer) en días.

4. Les decía a la gente que todos _____ (tener) que hacer sacrificios para sobrevivir la crisis económica, pero todos _____ (ver) a su mujer a su lado vestida en ropa de última moda y saludando al público como si _____ (ser) una estrella del cine.

PASADO

Paso 2 Escriba un reportaje para la sección de chismes del periódico nacional. Describa una fiesta de la élite a la que asistieron Justino Jiménez y su esposa después de haber dado su discurso a los campesinos. Diga algunas cosas escandalosas que hizo el candidato durante la fiesta.

OPTATIVO

Paso 3 En grupos de tres, comenten lo que pudiera haber hecho Jiménez para ganar la elección. Por ejemplo, **Si el candidato Jiménez hubiera... , habría ganado las elecciones. Si no hubiera... , (no) habría...**

Ojo

Se usa el pasado de subjuntivo después de la frase **como si** para describir una situación contraria a la realidad, desde la perspectiva de la persona que habla.

Mi profesor de química habla como si fuera la persona más inteligente del mundo.	*My professor speaks as if he were the most intelligent person in the world.*

Ojala + *el pasado del subjuntivo* se usa para expresar un deseo contrario a la realidad o que probablemente no se cumpla.

Ojalá que los congresistas colaboraran más en vez de pelearse tanto.	*I wish the congressional representatives collaborated more instead of fighting so much.*

FUTURO

Ojo

En estos casos, **cuando, a menos que, con tal de que, antes de que** y **tan pronto como** requieren el subjuntivo porque refieren a acciones que todavía no han ocurrido.

F. **¿Qué esperamos de nuestros líderes?** En parejas, respondan como si fueran las personas entre paréntesis. Digan lo que esperen de las personas importantes indicadas. Empiecen cada oración con **Ojalá.**

1. (un estudiante con pocos recursos) Ojalá que la nueva presidenta de la universidad / encontrar fondos para... / en vez de...

2. (un pacifista) Ojalá que el Presidente Obama / prestar atención a... / en vez de...

3. (una mujer peruana) Ojalá que Oprah Winfrey / construir escuelas en Latinoamérica / en vez de...

4. (un líder indígena del Ecuador) Ojalá que el presidente del Ecuador / aportar a... / en vez de...

5. (una estudiante conservadora) Ojalá que el gobierno / invertir menos en... / en vez de...

G. **Un futuro más justo y pacífico**

Paso 1 En parejas, conjuguen el verbo que está entre paréntesis y terminen las oraciones explicando cómo será el mundo en el futuro.

1. Cuando todos los niños del mundo _____ (tener) suficiente comida,...

2. Tan pronto como los derechos humanos _____ (respetarse) en todos los países,...

3. Después de que _____ (encontrarse) una cura para el cáncer, ...

4. En cuanto todos los padres de Bolivia _____ (tener) un trabajo que les pague bien,...

5. Hasta que los países desarrollados no les _____ (dar) más dinero a los países pobres,...

6. Para que _____ (haber) menos terrorismo,...

7. Cuando más personas _____ (hacer) de voluntarias,...

HIPÓTESIS

Paso 2 Escriba un breve discurso político como si fuera un candidato andino / una candidata andina, en el que hable de la pobreza, el analfabetismo y los derechos humanos. En su discurso, complete las siguientes oraciones:

1. Si yo _____ (ser) presidente/a...

2. Si nosotros _____ (tener) una sociedad más justa...

3. Tan pronto como _____ (terminar) las elecciones...

4. En cuanto yo _____ (poder),...

A. Lluvia de ideas En grupos pequeños, hagan una lista de los problemas actuales que les parezcan urgentes a nivel local, nacional e internacional.

 B. Composición: Persuación Escriba un discurso como si fuera un escritor / una escritora de discursos para el presidente / la presidenta de su universidad, dirigido a los estudiantes que se gradúan de la universidad este año. Describa algunos de los problemas actuales que van a enfrentar en el mundo real y hábleles de cómo pueden involucrarse en la política, explicándoles por qué vale la pena participar activamente en ella.

- escoger un título inspirador

DESCRIBIR

- escribir un párrafo introductorio sobre el mundo que van a enfrentar

DESCRIBIR   RECOMENDAR

- describir las posibles causas de los problemas

GUSTOS   RECOMENDAR

- darles una idea de cómo pueden participar y resolver esos problemas

- escribir una conclusión

C. Diálogo En grupos de tres, lean el discurso de sus compañeros y luego decidan cuál de los tres es más apropiado y se acerca más a la personalidad y filosofía del presidente / de la presidenta de su universidad.

Hablando del tema

Antes de empezar a conversar con sus compañeros de clase sobre los siguientes temas, prepare una ficha para la conversación y otra para el debate.

A. **Conversación: Problemas actuales** Revise las expresiones de **Para conversar mejor.** Luego, en parejas o grupos de tres, contesten las siguientes preguntas.

Para conversar mejor

Debe... / Tiene que...	Me molesta(n) (que...)
En mi caso...	Me preocupa que...
Es evidente que...	No creo que...
Francamente...	No me gusta (que...)

- ¿Cuáles son los problemas actuales más graves?
- En su opinión, ¿hay alguna situación social o política actual que sea la más urgente?
- ¿Qué les gustaría que hiciera el gobierno para solucionar los problemas actuales? ¿Qué les molesta en cuanto a cómo el gobierno de este país maneja estos problemas ahora?
- ¿En qué circunstancias se volverían Uds. revolucionarios/as? ¿Qué harían?

B. **Debate: Cómo cambiar el mundo** Revise las expresiones de **Para debatir mejor.** Después, prepare tres argumentos a favor y tres en contra de la siguiente afirmación. Luego, en grupos de cuatro (dos parejas) presenten sus argumentos en un debate apasionado. No sabrán qué lado tendrán que defender hasta que su profesor(a) se lo indique.

Para debatir mejor

A FAVOR	EN CONTRA
Así es.	De ninguna manera.
Exacto.	Lo siento, pero...
Podría ser.	No sabes lo que dices.
Tienes razón.	Temo que estés equivocado/a.

«El gobierno no debe intervenir en la economía del país ni gastar tanto dinero en los servicios sociales, como la salud, la educación o servicios para los pobres. Estos asuntos mejor se reservan para los individuos, las corporaciones y las organizaciones de caridad.»

Rincón cultural

Lugares fascinantes para estudiar: La región andina

Después de estudiar en el extranjero, te sientes más como ciudadano/a del mundo.

¡Los saludo desde la bella e histórica región andina! He estado grabando y captando la diversidad étnica y natural de esta zona. No van a creer la riqueza de experiencias que ofrecen los Andes. ¡Es alucinante!

Machu Picchu, Perú

Cuzco y Machu Picchu, Perú   Estoy pasando el verano en Cuzco, en el Centro Tinku donde estudio quechua, la lengua indígena principal de los Andes. En mi universidad, ya tomé dos semestres de quechua y estoy aquí para completar el curso intermedio. Vivo con una familia así que puedo practicar lo que aprendo en clase. Me fascina esta ciudad, que fue la capital del imperio inca antes de que los españoles la conquistaran en 1533. Está localizada a unos 3.400 metros (11.200 pies) sobre el nivel del mar. Con suerte no sufrí tanto al acostumbrarme a la altura. En la orientación a la ciudad exploramos las ruinas de edificios y paredes incas, sobre las que los españoles construyeron iglesias barrocas y casas coloniales. La Catedral y la Iglesia de la Merced contienen colecciones magníficas del arte colonial, mientras que las ruinas de Coricancha y el Museo de Arqueología dan testimonio de la grandeza del imperio inca. Además de las clases, nos ofrecen una serie de discursos sobre la cultura andina y la arqueología en preparación para la excursión a Machu Picchu. Estas ruinas en lo alto de los Andes fueron una vez un importante centro de la civilización inca. En 1911, un profesor de la Universidad de Yale, Hiram Bingham, encontró este lugar arqueológico. El viaje fue largo y difícil, pero al llegar nos quedamos alucinados. Las vistas son fenomenales y ver el Templo Mayor, la plaza sagrada, acueductos, fuentes y otras maravillas arquitectónicas nos encantó. Estar en Machu Picchu fue algo mágico e intensamente espiritual. Me alegro de que mi universidad tenga este convenio porque no solo mejoró mi capacidad de comunicarme en quechua sino también me dio una experiencia que jamás olvidaré.
—**Diego G. / University of Michigan Ann Arbor**

Cartagena de Indias, Colombia

Cartagena, Colombia   Estoy pasando las vacaciones de primavera en un programa que tiene mi universidad con la ONG *Ambassadors for Children*. Trabajamos en la Casa del Niño, un hospital especializado en el cuidado de niños. Me encanta interactuar con estos niños y sentir su espíritu tan positivo. Después de trabajar largos días, es chévere poder gozar de una ciudad como Cartagena. Antes de salir, tuvimos una orientación en la que aprendimos algo de la historia de esta ciudad amurallada. Luego, al llegar visitamos los castillos San Felipe de Barajas y San Fernando de Bocachica. Me fascina imaginar cómo eran aquellos tiempos de frecuentes ataques de piratas y conquistadores. También fuimos al Museo Arqueológico, al Museo Colonial y al Museo de Arte Moderno, pero el que más me gustó fue el Museo de Oro. Vivir en una ciudad caribeña significa tener al lado unas playas maravillosas. Soy de Ohio y nunca había visto un mar con tanta variedad de colores. Otra sugerencia que nos hicieron en la orientación fue que leyéramos algo de Gabriel García Márquez, ganador del Premio Nobel de Literatura en 1982, quien vivió en Cartagena en varias épocas de su vida. Está claro por qué esta bella ciudad histórica sirvió de inspiración al gran escritor.

Como pueden ver, esta experiencia ha sido alucinante. Antes de regresar a Ohio, voy a pasar dos días en Bogotá. Me han dicho que es una ciudad que me va a sorprender por la vida social que tiene.
—**Brittany B. / Miami University, Ohio**

Tortugas en las Islas Galápagos, Ecuador

Quito y las Islas Galápagos, Ecuador La Universidad San Francisco de Quito y BC tienen un acuerdo de intercambio que me ha permitido pasar un semestre en Quito. Es una ciudad colonial con iglesias y monasterios que reflejan el esplendor del pasado, pero también tiene barrios modernos con arquitectura contemporánea, cafés al aire libre, discotecas y plazas bonitas. Tomo una clase de español, un curso sobre la historia del Ecuador y dos cursos en inglés sobre la ecología marina y la conservación ecológica. Estas clases nos serán útiles cuando vayamos a las Islas Galápagos. He aprendido que el archipiélago de las Islas Galápagos fue formado de piedra volcánica, que, a pesar de su apariencia austera, ofrece una enorme variedad de flora y fauna. Fue en estas islas donde el científico Charles Darwin empezó a formular su teoría de la evolución en 1835. En 1959, se constituyó el Parque Nacional Galápagos. Allí trabajan organizaciones, como la Fundación Charles Darwin, para conservar los tesoros naturales. Es un ecosistema diverso y complejo donde cohabitan animales marinos y terrestres. Entre las especies que se encuentran hay delfines, pingüinos, orcas, ballenas azules y jorobadas,[1] lobos del mar,[2] iguanas marinas y una extraordinaria variedad de pájaros. Aprendimos que la gigantesca tortuga galápago llega a pesar hasta 550 libras y vivir hasta 150 años. Tristemente, George, la tortuga más famosa, murió en junio de 2012 a los 99 años. Me hubiera gustado conocerlo. Hoy la flora y fauna de las islas se encuentran amenazadas por la introducción de otras especies y por la intervención humana. El gobierno ecuatoriano junto con la UNESCO y la Unión Mundial para la Conservación están tomando medidas para proteger las islas. Todos los estudiantes estamos anticipando esta excursión con mucho entusiasmo.
—**Rebecca P. / Boston College**

La Paz con el Nevado Illimani al fondo

La Paz, Bolivia Estoy en La Paz para participar en un programa fenomenal sobre los movimientos revolucionarios de Latinoamérica y la resolución de conflictos. Situada a dos millas sobre el nivel del mar, La Paz es la capital más alta del mundo. Por su altura, La Paz es una ciudad bastante fría. Varios de los estudiantes de mi grupo sufrieron del soroche,[3] provocado por la falta de oxígeno. Pero ahora estamos acostumbrados a la altura y a la cultura boliviana que nos encanta. La ciudad es una mezcla fascinante de lo viejo y lo moderno: viejas casas e iglesias coloniales dentro de barrios modernos con discotecas, cines y restaurantes eclécticos. El fin de semana pasado, fui con mis nuevos compañeros al Mercado de Brujas, donde se pueden comprar artículos dedicados a la magia —amuletos y pociones— igual que joyería de plata y dulces tradicionales. Hay mucho que hacer fuera de la capital también. En dos semanas vamos al Lago Titicaca que no está muy lejos de la capital. Queda a unos 13.000 pies sobre el nivel del mar, y es el lago navegable más alto del mundo. Dentro del lago están las islas del Sol y de la Luna, con sus palacios, jardines y templos de la civilización inca. Viajaremos en los famosos «barcos de totora»—barcos hechos de un tipo de junco[4] que parecen góndolas. También visitaremos la Isla Taquile para ver su famosa artesanía textil. Hombres y mujeres visten ropa tradicional tejida con diseños coloridos que evocan la época precolombina. ¡Su vestimenta es una verdadera obra de arte!

El curso ha sido fascinante. Quienes enseñan son profesores, políticos, activistas sindicales, funcionarios gubernamentales y líderes de la comunidad. Tenemos conferencias y talleres, aunque lo más interesante ha sido las excursiones para entrevistar a los activistas indígenas. Bolivia es el lugar ideal para ver de cerca cómo el gobierno y los activistas indígenas enfrentan las cuestiones más palpitantes en la vida política, social y económica de sus ciudadanos. Estoy seguro de que esta experiencia me va a servir en mi futura carrera de política internacional.
—**William A. / George Washington University, Washington, D.C.**

[1]*humpbacked* [2]*sea lions* [3]*altitude sickness* [4]*reed*

¡Viaje conmigo a la región andina!

Vamos a los Andes para ver de cerca el ambiente que experimentan los estudiantes que estudian allí.

Vaya a Connect Spanish para ver el vídeo.

Video footage provided by

BBC Motion Gallery

ACTIVIDADES

A. Comprensión En parejas, contesten las siguientes preguntas sobre los cuatro lugares fascinantes.

1. ¿Por qué es Cuzco el lugar ideal para Diego?
2. ¿Cómo fue su excursión a Machu Picchu?
3. ¿Cuál es la meta principal del programa al que asiste Brittany?
4. ¿Cuáles son algunas de las actividades que Brittany hace en Cartagena en su tiempo libre?
5. ¿Cómo es el programa de intercambio y el ambiente en Quito para Rebecca?
6. ¿Por qué anticipa con tanto entusiasmo la excursión a las Islas Galápagos?
7. ¿Cómo es el curso que toma William? ¿Y cuáles son sus impresiones de La Paz?
8. ¿Por qué tiene fama el Lago Titicaca?

REACCIONAR

R **F**

RECOMENDAR FUTURO

B. Recomendaciones En parejas, completen las siguientes oraciones como si Uds. fueran Gabriela, quien habla con un amigo que piensa ir a los Andes. Acuérdense de usar el subjuntivo en las cláusulas adverbiales que hablan de acciones pendientes del futuro.

1. Hay mucha historia en Cuzco. Es increíble que los restos de la cultura inca _____ (haberse) conservado después de tantos años. Cuando _____ (ir) a Cuzco, te recomiendo que...

2. Cuando estaba en Colombia, fui a una corrida de toros y allí vi al famoso artista Colombiano, Fernando Botero. No dudo que a ti _____ (encantar) sus pinturas y esculturas. Cuando _____ (visitar) Colombia, te sugiero que...

3. Fue un privilegio visitar las Islas Galápagos. Me parece alucinante que en un espacio relativamente pequeño _____ (haber) tanta diversidad de flora y fauna. Cuando _____ (estar) en las Islas Galápagos, es importante que...

4. Vale la pena visitar La Paz. Para mí, es increíble que las personas _____ (sobrevivir) en un lugar tan alto. Después de que _____ (acostumbrarse) a la altura, te recomiendo que...

C. Dos reuniones Ahora que ha leído sobre los lugares y ha visto el vídeoblog de Gabriela, para cada uno de los cuatro lugares, prepare unos apuntes para argumentar y debatir con un compañero / una compañera sobre el mejor sitio para llevar a cabo dos eventos: 1) un congreso internacional sobre la pobreza y 2) una reunión anual de empleados de la compañía REI. Incluya en sus apuntes algunas de las siguientes metas comunicativas: descripción, comparación, recomendación, gustos, hipótesis, futuro. No sabrá qué sitio le tocará defender hasta el momento en que comience la actividad D.

D. Debate Ahora en grupos de cuatro (dos parejas), hagan un debate en el que cada pareja defienda un lugar asignado por su profesor(a). Deben decir por qué el lugar que les toca defender es el mejor para realizar tanto el congreso sobre la pobreza como la reunión de REI. Usen los apuntes que prepararon y las expresiones de **Para debatir mejor.**

Para debatir mejor

A FAVOR	EN CONTRA
Así es.	Eso no tiene sentido.
Está claro que...	Lo siento, pero...
Excelente punto.	¿Hablas en serio?
Estoy convencido/a de que...	Pero, ¿qué dices?
Definitivamente.	Todo lo contrario.
Debes considerar...	Temo que estés equivocado/a.

Un artista hispano:

Jorge Miyagui

Budaekeko de la justicia

Butsudán

Jorge Miyagui nació en 1978 en Lima, Perú, hijo de padres japoneses cuya familia había emigrado al Perú desde Okinawa, Japón. Su obra ha sido expuesta en lugares como Nueva York, Londres, Helsinki y Buenos Aires.

Su arte muestra influencias de las culturas peruana y japonesa y de la cultura pop internacional. La visión estética de Miyagui es muy original y demuestra tanto su sentido de humor como su sensibilidad artística. En una misma pintura, combina imágenes de campesinos peruanos, símbolos incas, letras japoneses y figuras de manga, todo en una composición muy llamativa y colorida. Una de sus creaciones recientes es el «Budaekeko», que combina la figura de Buda con el equeco, un semidiós de la buena suerte en las culturas andinas. Utiliza esta figura en diferentes circunstancias para denunciar abusos de los derechos humanos, como se puede apreciar en su pintura *Budaekeko de la justicia*.

De hecho, a pesar de su obvia originalidad estética, quizás lo que más se aprecia en su obra es su compromiso social. Su activismo empezó en la universidad y se reconoce en varias labores sociales y políticas. Por ejemplo, es uno de los fundadores principales del Museo Itinerante Arte por la Memoria, que es un «museo» que viaja por el Perú presentando obras de arte que exploran cuestiones de derechos humanos y violencia política en ese país. También participa en la Brigada Muralista, que ha colaborado con diferentes grupos colectivos, sobre todo grupos de jóvenes, para crear más de 70 murales alrededor del país. Estos murales exploran temas importantes para las comunidades y a la vez embellecen los vecindarios donde se pintan. Además, ha colaborado en la fundación de centros culturales en barrios marginales de Lima.

Su primera exposición individual se llamaba «Arte = Vida, Vida = Política, Política = Ética». Ese lema se ha vuelto un compromiso personal que marca todo lo que hace.

A. Comprensión En parejas, contesten las siguientes preguntas.

1. ¿Cómo ha influido la herencia bicultural en el arte de Jorge Miyagui?
2. ¿Qué es el «Budaekeko» y qué importancia tiene en la obra de Miyagui?
3. ¿Cuáles son algunos de los proyectos en los que se puede apreciar el compromiso social de Miyagui?

PASADO

B. Jorge Miyagui y los kimonos

Paso 1 Complete el siguiente párrafo con el pretérito, el imperfecto de indicativo o el pasado de subjuntivo.

Jorge Miyagui en su obra de arte Kimono contra el olvido

Jorge Miyagui ha sido un crítico muy vociferador de los abusos políticos y las desigualdades socioeconómicas en su país. Su crítica ha resultado a veces en la censura de su obra. Tal _____[1] (ser) el caso con su *Kimono contra el olvido*. En 2003, el Centro Cultural Peruano Japonés _____[2] (repartir) kimonos entre varios artistas peruanojaponeses para que ellos _____[3] (hacer) obras de arte originales con ese símbolo de la cultura japonesa. Miyagui _____[4] (crear) un kimono que _____[5] (criticar) a la comunidad japonesa por su silencio frente a los abusos y la corrupción del gobierno de Alberto Fujimori, un peruanojaponés que _____[6] (ser) presidente del Perú entre los años 1990 y 2000. Durante el gobierno de Fujimori, el Perú _____[7] (experimentar) uno de los peores períodos de opresión y abuso de los derechos humanos en su historia. El *Kimono para no olvidar* _____[8] (tener) fotos de Fujimori y otros políticos corruptos. Encima, en el lugar de la cabeza, _____[9] (haber) un espejo con las palabras «Silencio... Cómplice». La idea _____[10] (ser) que si uno no _____[11] (denunciar) los abusos, _____[12] (ser) lo mismo que ser cómplice. Cuando los visitantes a la exposición se miraran en el espejo, se verían como cómplices de los abusos. Sin embargo, apenas unas horas antes de abrir la exposición, uno de los directores del centro _____[13] (decidir) que la obra _____[14] (ser) demasiado controversial y _____[15] (quitar) el kimono de Miyagui de la exposición. _____[16] (ser) una pena que la obra _____[17] (censurarse), pero desde entonces se ha expuesto múltiples veces alrededor del mundo.

Paso 2 Conteste las siguientes preguntas sobre lo que leyó en el **Paso 1.**

1. ¿Por qué creó Miyagui el *Kimono contra el olvido*?
2. ¿Por qué era controversial su obra de arte?

 C. Murales Busque en el Internet información sobre uno de los dos proyectos de Miyagui: El Museo Itinerante Arte por la Memoria o la Brigada Muralista. Busque una imagen que, en su opinión, refleje el lema de Miyagui, «Arte = Vida, Vida = Política, Política = Ética». Después, en grupos de cuatro, compartan las imágenes que encontraron y comenten el lema de Miyagui. ¿Están de acuerdo con Miyagui? Expliquen.

♪ La música andina

Una gran parte de la música andina refleja la fuerte influencia de las diversas culturas indígenas de la región. Para crear esta música distintiva y reconocible por el mundo entero, se han combinado instrumentos tanto europeos como autóctonos.[1] Aunque los instrumentos de los indígenas precolombinos eran muy variados, predominaban los instrumentos de viento. Entre los que todavía se usan hoy en día están las zampoñas o sikus,[2] la quena[3] y las tarkas, una flauta rectangular. La preferencia andina por los tonos altos, para imitar los sonidos de la naturaleza, influyó en la modificación de instrumentos europeos para que se acomodaran mejor a los gustos andinos. Esto se aprecia en el uso del violín y en la creación del charango, guitarra pequeña de diez o doce cuerdas.[4]

En los años 60 y 70, los movimientos de protesta ayudaron a lanzar la música andina a la conciencia mundial. Hasta en este país, Simon and Garfunkel recurrieron al sonido andino en la melodía de las canciones «Sounds of Silence» y en «El cóndor pasa[5]». Manteniendo la fuerza de su identidad, hoy los músicos de los países andinos siguen mezclando lo tradicional con lo moderno, creando géneros eclécticos que captan y mantienen viva la esencia de sus raíces. Hay muchos ejemplos de esta fusión. El «huayno nuevo» es un estilo de canción y baile andinos mezclados con la cumbia, un ritmo colombiano. La «chicha» es música tropical andina que combina ritmos de cumbia, guaracha, mambo, salsa y rock. El instrumento predominante en la chicha es la guitarra eléctrica. Otro estilo popular refleja la fuerte influencia africana que proviene de la costa del Perú.

[1]*native* [2]*pan pipes* [3]*a notched flute* [4]*strings* [5]*El... If I could*

ACTIVIDADES

G GUSTOS

A. La música andina Conteste las siguientes preguntas, según la lectura.

1. ¿Qué tipo de instrumentos predominan en la música andina?

2. ¿Por qué tenían que modificar los instrumentos europeos?

3. ¿Cómo ayudaron Simon y Garfunkel a crear conciencia de la música andina?

4. ¿Cuál de los ejemplos de la fusión entre la música tradicional andina y la música moderna más le interesa escuchar a Ud.?

Juanes

REACCIONAR
G **R**
GUSTOS RECOMENDAR

B. ¡A escuchar! Para apreciar más la música andina criolla, vaya a YouTube™ y escuche la música de Chabuca Granda o los valses criollos de Eva Ayllon. Para conocer mejor la música afroperuana, escuche a Gabriel Alegría (jazz afroperuano), Susana Baca (ganadora de un Grammy en 2005) o el extraordinario grupo de danza y música Perú Negro. Se puede apreciar la fusión de la música andina con letras en quecha, en la canción *Vientos del ande* del grupo Alborada. Otros músicos peruanos de interés son Grupo 5 (cumbia) y Nosequien y los Nosecuantos (rock y pop). Otros músicos de la región son Shakira y Juanes (Colombia), Israel Brito (Ecuador) Azul azul (Bolivia) y Los Kjarkas (Bolivia). Unas canciones que tratan el tema del capítulo son «María Landó» de Susana Baca, sobre las desigualdades sociales y «Odio por amor» de Juanes, sobre la paz y resolución de conflictos.

Un evento histórico

Sendero Luminoso

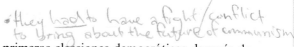
(handwritten) they had to have a fight/conflict to bring about the future of communism

Unos víctimas de los ataques terroristas de Sendero Luminoso

En 1980, el Perú tuvo sus primeras elecciones democráticas después de trece años de gobierno militar. Pero, en Chuschi, un pueblo pequeño del distrito andino de Ayacucho, los miembros de Sendero Luminoso, en vez de votar, quemaron los boletos electorales. Así fue cómo Sendero Luminoso, o simplemente «Sendero», como se conoce popularmente, anunció el comienzo de su asalto revolucionario al gobierno peruano. Compuesto principalmente de estudiantes radicales de tendencias maoístas y de gente de clase media, Sendero se había organizado durante los años 60, bajo el nombre del Partido Comunista del Perú (PCP) y el liderazgo de un profesor de filosofía, Abimael Guzmán (también conocido como «el Presidente Gonzalo»). Sendero lanzó sus ataques guerrilleros en contra del estado con un programa de actividades terroristas que duró hasta 1992.

Estos rebeldes luchaban al principio en las zonas rurales de los Andes, con sede en la región de Ayacucho, y después en las ciudades también. Volaron[1] fábricas y torres electrónicas, asesinaron a líderes políticos y civiles y saquearon pueblos enteros en su intento de crear lo que el Presidente Gonzalo llamaba el «río de sangre» que libraría al país del capitalismo y del imperialismo extranjero y que prepararía el terreno para el establecimiento de una utopía maoísta. La intensa intervención militar del gobierno, como respuesta, aumentó el terror en que vivía el país. Aunque algunos indígenas y gente de la clase baja, sobre todo jóvenes universitarios, abrazaron la misión de Sendero, Sendero nunca pudo ganar la confianza y apoyo de la mayoría de los pobres. Más bien, la gente indígena y otros grupos marginados se encontraron en el medio —víctimas del terrorismo de Sendero por un lado, y de los contraataques violentos del gobierno por otro. Después de más de diez años de terror, en 1992, el presidente del momento, Alberto Fujimori, declaró estado de ley marcial y Guzmán fue capturado, poniendo fin a la etapa más sangrienta del movimiento guerrillero, aunque a la vez empezó una nueva etapa de opresión estatal.

[1]*blew up / exploded*

Para leer más sobre el impacto de Sendero Luminoso en el Perú de hoy y para hacer más actividades relacionadas con el tema, vaya a Connect Spanish.

ACTIVIDAD

Comprensión   Conteste las siguientes preguntas, según la lectura.

1. ¿Qué es Sendero Luminoso? ¿Cuáles son sus tendencias políticas?
2. ¿Quién fue el líder del grupo? ¿Dónde está ahora?
3. ¿Cuáles son algunos de los hechos cometidos por Sendero Luminoso?
4. ¿En qué época se sintió más la fuerza y violencia de Sendero Luminoso?

Shakira da un discurso sobre la importancia de la salud, la educación y la nutrición

La famosísima cantante colombiana, Shakira, ha tomado a pecho[1] su obligación de invertir su tiempo y su dinero en promover importantes cambios sociales. En 1997 estableció su Fundación Pies Descalzos,[2] cuya misión es construir colegios y combatir la desnutrición. Más tarde fundó la Fundación América Latina en Acción Solidaria (ALAS), que colabora con los sectores gubernamentales y empresariales[3] para crear conciencia sobre la importancia de la salud, la nutrición y la educación infantil. Cuando Shakira tenía 8 años, su familia lo perdió todo cuando el negocio de su padre fracasó. Su padre la llevó a un parque para ver de cerca las condiciones abismales en que vivían algunos niños de su ciudad. Quería que la joven supiera que la vida de esos niños era mucho peor que la suya. Esa imagen la impactó tanto que le entró un fuerte deseo de triunfar y se hizo una promesa a sí misma de hacer algo para ayudar a esos niños. Cuando su primer álbum, *Pies descalzos*, tuvo tanto éxito, abrió su primera fundación y desde entonces ha dedicado sus esfuerzos a la educación. En sus propias palabras, ese esfuerzo «ha conseguido sorprendentes resultados con niños que vivían en la pobreza o que hubieran sido reclutados para la guerrilla o los cárteles de droga. En vez de eso, están camino de la Universidad». La siguiente lectura es un apasionado discurso que Shakira dio durante la VI Cumbre[4] de las Américas en Abril de 2012.

[1]ha... *taken to heart* [2]Fundación... *Barefoot Foundation* [3]*business (adj.)* [4]*Summit*

ANTES DE LEER

A. Para comentar Conteste las siguientes preguntas.

1. ¿Quiénes son las personas en su propia vida que Ud. admira? ¿Cómo son?
2. ¿Hay alguna persona famosa a quien admira? ¿Por qué?
3. ¿Cree que los ricos tienen el deber de donar parte de su dinero, tiempo y/o recursos para ayudar a los pobres? Explique.

Shakira y la Fundación Pies Descalzos		
el compromiso	el fracaso[1]	el índice de retorno
exigir	impedir	respaldar[2]
previo/a[3]	sensibilizado/a	valioso/a

[1]*failure* [2]*to back* [3]*prior*

B. Acercándose al tema Lea el título de la ficha y las nueve palabras asociadas con el tema del discurso. En parejas, decidan si los espacios en blanco requieren un sustantivo, un verbo o un adjetivo. Luego, completen las oraciones con la palabra apropiada de la ficha.

1. Ante la Cumbre de las Américas, Shakira habla de las graves desigualdades que _____ el desarrollo de los países latinoamericanos.
2. Enfatiza que el _____ de pasados líderes políticos y empresariales no debe ser una excusa para no encontrar soluciones ahora.
3. La inversión en los años _____ a que el niño asista al jardín de infancia, es una inversión con un _____ impresionante.
4. Shakira también invita a las empresas que venden alimentos y bebidas a personas humildes a _____ los esfuerzos para poner fin a la desnutrición.
5. Dice Shakira que los esfuerzos _____ de implementar la intervención temprana en la educación y nutrición son imposibles de negar.
6. Para que esta causa tenga éxito, va a _____ el _____ de los diferentes sectores de la sociedad _____ a la urgencia de invertir más en el desarrollo infantil temprano.

«Por un dólar invertido en un niño, diecisiete de retorno»

Publimetro.CO tuvo acceso al texto completo del discurso:
13 de abril 2012

Buenas tardes:

Muchísimas gracias por esta invitación a participar en esta Cumbre Empresarial.

Hoy nos reunimos aquí para hablar sobre el futuro de las Américas, una región que como bien sabemos aún tiene graves desigualdades sociales que impiden el <u>pleno</u> desarrollo de nuestros países. Y estoy convencidísima de que, por lejos, la mejor forma de combatir la pobreza en América Latina es invirtiendo en la educación de nuestros jóvenes y niños, y hacerlo especialmente desde los meses previos a su nacimiento, y creo firmemente que esta inversión social debe <u>provenir</u> no solo del gobierno, sino de todos nosotros, incluida la comunidad empresarial.

Este convencimiento está puramente basado en la experiencia espectacular que he tenido trabajando en educación por varios años y que quiero compartir con Uds. hoy.

La desigualdad en América Latina como Uds. saben está entre las peores del mundo y estos niveles tan altos de desigualdad nos hablan del fracaso de generaciones pasadas de líderes políticos y empresariales latinoamericanos en ofrecer un crecimiento económico integral. [...]

En esta sala se encuentran algunos de los hombres y mujeres más poderosos de América Latina; gente con liderazgo, recursos e inteligencia, así que por qué no aprovechar esa inmensa oportunidad que tenemos en nuestras manos para luchar contra la pobreza y encontrar juntos soluciones inteligentes a los problemas comunes de nuestra región. [...]

La evidencia académica indica que el mayor índice de retorno para la sociedad como resultado de la educación proviene de la inversión en los años previos a que el niño ingrese <u>al jardín de infantes</u>. Y el nivel de habilidad que un niño tiene a esa edad es el mejor predictor de cómo se desempeñará[1] en la escuela secundaria y en su desarrollo académico posterior y en los trabajos que lleven a cabo durante su vida adulta. Por esa razón, yo creo que en América Latina no podemos quedarnos atrás y debemos el sector empresarial como el gubernamental, tener como máxima prioridad crear y financiar por completo programas eficaces[2] de Desarrollo Infantil Temprano.

Está demostrado que por cada dólar que se invierte en la educación temprana de un niño, ese mismo niño devuelve 17 dólares al estado en su vida adulta. Por 1 dólar invertido, 17 de retorno. Uds. que son expertos en los negocios, señores, ¡está claro que esto es un buen negocio para todos! Para el estado, para la sociedad civil y para nuestras economías.

Los primeros seis años de vida de un niño son los que determinan su futuro en la vida porque a través de ellos **se forman su cerebro, su capacidad de aprendizaje, sus facultades psico-motrices y su capacidad de relacionarse** con los otros. Es por eso que una buena nutrición, estimulación y apoyo durante sus primeros años, son tan fundamentales en su desarrollo. [...]

[1]se... *will fare* [2]*effective*

(continúa)

VOCABULARIO

VOCABULARIO

VOCABULARIO

VISUALIZAR

«Por un dólar invertido en un niño, diecisiete de retorno» (continuado)

Ayudar a una persona a salir de la pobreza, es lo que la educación suele hacer, y yo he sido testigo de esto a través de los años que me encuentro trabajando en educación, entre varias razones, porque crea un cliente potencialmente valioso y por eso, este tipo de inversión junto con muchos otros beneficios, representa lo mejor para Uds., y para sus empresas.

El valor compartido consiste en utilizar todos los activos de la empresa, cuando sea posible, para el bien social. Eso es lo que en mi opinión constituiría un cambio radical en nuestra sociedad. Y nos convertiría en una sociedad realmente moderna. [...]

Otro ejemplo puede ser que las empresas que venden alimentos y bebidas a personas humildes, tienen la oportunidad de mejorarles su capacidad física para aprender [a incorporar] una nutrición adecuada en sus productos y su mercadeo, no simplemente promocionando dietas saludables, sino incluyendo micronutrientes esenciales en sus productos. Creo que El Programa Mundial de Alimentos considera que las asociaciones entre los gobiernos, las organizaciones benéficas y las empresas como Coca-Cola, que hizo una prueba piloto con NutriJuice —una bebida fortificada específicamente destinada a suministrar hierro a los niños con deficiencia de hierro en las Filipinas— significan que en diez años es posible terminar con la desnutrición infantil a nivel mundial. Así que invito a cualquiera de Uds. que pueda colaborar para que esto suceda a cumplir con su parte. A los aquí presentes que tengan empresas alimenticias, Uds. pueden colaborar a poner fin a la desnutrición lo cual resultaría en niños mejor formados, con una capacidad cerebral y de aprendizaje más desarrollada. ¿Qué retorno de inversión puede ser mejor que este?

También sería fantástico ver a un mayor número de nuestros exitosos líderes empresariales de las Américas salirse del sistema tradicional de caridad[3] y abrazar el filantrocapitalismo con el mismo entusiasmo que gente de otros países de no habla hispana como Bill Gates, que Warren Buffett, y que su hijo y mi querido Howard Buffet, y otros tantos que se suman a ellos. [...]

Basada en mi experiencia personal de estos diecisiete años que llevo invirtiendo en educación y respaldándola,[4] puedo afirmar que este trabajo me ha brindado las mejores satisfacciones y los mejores momentos de mi vida, tanto o más que mi carrera artística, porque he comprobado que cada dólar y cada esfuerzo invertido en las escuelas y en programas educativos da resultados. A nadie le gusta perder ni tiempo ni dinero, y yo tampoco. Me encanta dedicar tiempo, dinero y esfuerzo en promover la educación, en la misma medida en que me encanta hacer música, porque la inversión en educación jamás me ha defraudado[5]!

He aprendido que cada uno de nosotros puede marcar una diferencia considerable, si nos ocupamos de nuestra filantropía de una manera sobre todo estratégica.

En mi país, Colombia, junto con la Fundación Pies Descalzos, hemos construido y gestionado una red de escuelas en colaboración con el gobierno para ofrecer a los niños de las comunidades desplazadas nutrición y educación básica de alta calidad. Nuestras escuelas son más que escuelas: **son centros comunitarios donde las familias pueden reconstruir sus vidas y proporcionar a sus hijos un futuro mejor.** Con la Fundación Pies Descalzos, hemos construido y continuamos gestionando seis escuelas que ofrecen educación desde la primera

VOCABULARIO

VOCABULARIO

VOCABULARIO

VOCABULARIO

VOCABULARIO

VISUALIZAR

[3]charity [4]supporting it [5]me... let me down

infancia hasta la escuela secundaria. Beneficiando a más de 6.000 niños y jóvenes y 30.000 personas en sus comunidades.

Hemos acompañado a niños que podrían haber sido <u>reclutados</u> por la guerrilla o paramilitares por las condiciones de pobreza extrema y conflicto en las que viven y que **hoy por el contrario están de camino a la universidad, preparándose para ser ciudadanos de bien; eso es lo apasionante de invertir en educación.** Ese poder de transformar, ese poder de cambiar lo que está mal; de cambiar eso con lo que no estamos de acuerdo.

Con la Fundación ALAS, nuestro objetivo ha sido movilizar y sensibilizar a los diferentes sectores de la sociedad sobre la importancia y la urgencia de invertir más en el desarrollo infantil temprano. [...]

Para tener éxito, esta causa exigirá[6] la participación de todos nosotros y la voluntad de todos nosotros. Desde nuestras diferentes áreas, así que hoy quiero invitarlos a Uds., los integrantes del mundo empresarial, a que trabajemos en conjunto con el sector público para invertir en educación, que es el futuro de nuestros niños y el futuro económico de nuestras naciones. Los invito a que de la mano demos juntos este paso histórico, que marquemos un antes y un después en Latinoamérica, y los invito a que se embarquen conmigo en esta experiencia que les prometo será fascinante.

Este es el momento para construir la América Latina próspera, segura y fuerte que nos <u>merecemos</u> y que siempre hemos deseado.

[6]*will require*

DESPUÉS DE LEER

A. Comprensión   Conteste las siguientes preguntas, según el discurso de Shakira.

Shakira, Pies Descalzos y Foundation Warren Buffet dedican una escuela nueva en Cartagena, Colombia

1. ¿Por qué ha puesto Shakira el máximo de sus esfuerzos en la educación temprana?
2. ¿Qué quiere Shakira que hagan los participantes poderosos con los recursos abundantes que tienen?
3. ¿En qué tipo de programa piloto participó Coca-Cola?
4. ¿Cómo puede definir Ud. «el filancapitalismo»?
5. ¿Qué ha hecho la Fundación Pies Descalzos para mejorar la vida de los niños desde su comienzo hace diecisiete años?
6. Explique cómo ha cambiado su Fundación Pies Descalzos la vida de los jóvenes paramilitares y los en peligro de ser reclutados por la guerrilla.
7. ¿Cree Ud. que es posible que los líderes empresariales respondan positivamente a la llamada para el cambio radical que pide Shakira?

H
HIPÓTESIS

B. Si fuera...   En parejas, llenen el espacio en blanco con la forma correcta del verbo y luego, terminen la oración con tres cosas que haría cada persona.

1. Si todos los ricos _____ (estar) tan comprometidos como Shakira a ayudar a los menos afortunados,...
2. Si _____ (tener, yo) tanto dinero como Warren Buffet,...
3. Si _____ (trabajar, yo) con una fundación filantrópica,...
4. Si _____ (ser, yo) experto en cuestiones de nutrición,...
5. Si mi universidad _____ (ofrecer) cursos en filantropía,...
6. Si mis compañeros y yo _____ (tener) tanta influencia como Shakira,...

REACCIONAR

RECOMENDAR   FUTURO   HIPÓTESIS

C. Shakira y su compromiso con los niños   En grupos de tres, hablen de las siguientes citas tomadas de la lectura. Usen las frases a continuación u otras parecidas para expresar sus reacciones ante las citas, para hacer hipótesis y para hablar del futuro. Hagan las tres cosas para cada cita.

Creo que...	**Es bueno que...**	**Me alegro de que...**
Cuando haya...	**Es evidente que...**	**Si fuera...**
Es alentador que...	**Es horripilante que...**	**Si pudiera...**

1. «La desigualdad en América Latina como Uds. saben está entre las peores del mundo y estos niveles tan altos de desigualdad nos hablan del fracaso de generaciones pasadas de líderes políticos y empresariales latinoamericanos en ofrecer un crecimiento económico integral.»

2. «Está demostrado que por cada dólar que se invierte en la educación temprana de un niño, ese mismo niño devuelve 17 dólares al estado en su vida adulta. Por 1 dólar invertido, 17 de retorno. Uds. que son expertos en los negocios, señores, ¡está claro que esto es un buen negocio para todos!»

3. «En mi país, Colombia, junto con la Fundación Pies Descalzos, hemos construido y gestionado una red de escuelas en colaboración con el gobierno para ofrecer a los niños de las comunidades desplazadas nutrición y educación básica de alta calidad. Nuestras escuelas son más que escuelas: son centros comunitarios donde las familias pueden reconstruir sus vidas y proporcionar a sus hijos un futuro mejor.»

4. «Hemos acompañado a niños que podrían haber sido reclutados por la guerrilla o paramilitares por las condiciones de pobreza extrema y conflicto en las que viven y que hoy, por el contrario, están de camino a la universidad, preparándose para ser ciudadanos de bien; eso es lo apasionante de invertir en educación.»

D. Para comentar   En parejas, comenten las siguientes preguntas.

1. En su opinión, ¿es moralmente problemático ser ultra rico? ¿Cuál es el límite de dinero (si lo hay) que una sola persona debe poseer? Explique.

2. ¿Cuál es su opinión sobre los bonos enormes que reciben algunos dirigentes de las grandes empresas y bancos?

3. En 2010 los multimillonarios Bill Gates y Warren Buffet crearon la campaña «Promesa de Dar» (*Giving Pledge*) que pide que los ricos donen al menos el 50% de su fortuna para la filantropía. ¿Cree Ud. que los ricos tienen un deber de dar de su dinero, tiempo o recursos para ayudar a los pobres? O, por haber trabajado duro o heredado una fortuna, ¿tienen el derecho de hacer lo que quieran con su dinero, sin sentirse culpable de nada? Explique.

4. ¿Tienen los países ricos la responsabilidad de apoyar a los países pobres? ¿O es que los países en vías de desarrollo tienen la responsabilidad de mejorar su economía? Explique.

5. Hay personas que, sin ser multimillonarias, son muy generosas. ¿Conoce Ud. a una persona así? ¿Quién es y qué ha hecho para mejorar el mundo?

¿CÓMO LE VA CON ESTOS PUNTOS CLAVE?

D DESCRIBIR C COMPARAR P PASADO
REACCIONAR R RECOMENDAR G GUSTOS H HIPÓTESIS

A. Prueba diagnóstica

Complete el siguiente párrafo y con la forma correcta de la palabra apropiada entre paréntesis para ver cómo le va con las metas comunicativas **Descripción, Comparación, Narración en el pasado, Reacciones y recomendaciones, Hablar de los gustos y las opiniones** y **Hacer hipótesis.**

Un baile del grupo Peru Negro

(Yo) _____[1] (nacer) en Lima, Perú, y de niña, mi familia _____[2] (vivir) con mis abuelos _____[3] (paterno). Ellos _____[4] (ser/estar) de la costa norte del Perú donde hacía siglos que _____[5] (haber/ ser) una comunidad _____[6] (negro), descendientes de esclavos traídos de África durante la época colonial. A mi madre siempre _____[7] (importarle) que mis hermanos y yo _____[8] (apreciar) nuestras raíces.

Cuando yo _____[9] (tener) 14 años, mis padres nos _____[10] (llevar) a un espectáculo que me _____[11] (impresion ar) profundamente. _____[12] (Ser/Estar) una compañía de más _____[13] (que/de) 30 músicos y bailarines que _____[14] (llamarse) «Perú Negro».

El grupo _____[15] (formarse) hace más _____[16] (que/de) 40 años. Su meta _____[17] (ser/estar) celebrar la riqueza de la cultura _____[18] (afroperuano). Durante el espectáculo, _____ (fascinarme)[19] sus ritmos, sonidos y movimientos que _____[20] (ser/estar) _____[21] (+ energético) los de la música andina de la sierra. Esa misma noche, pensaba que si _____[22] (aprender) a bailar así con la misma pasión y lucidez, _____[23] (hacer) sentir muy orgullosos a mis abuelos.

Pues, hoy en día, _____[24] (vivir) en Nueva York donde tengo un _____[25] (pequeño) estudio de danza en el que ofrecemos _____[26] (mucho) clases de danza afroperuana que son _____[27] (= popular) _____[28] (nuestro) clases de hip hop y de salsa. Quiero que mis hijos _____[29] (mantener) una fuerte conexión con sus raíces _____[30] (afroperuano), así que les he pedido que _____[31] (aprender) a bailar, a cantar y a tocar instrumentos tradicionales, como el cajón. Si mis abuelos _____[32] (poder) ver a sus bisnietos bailando y cantando, _____[33] (ser/estar) muy contentos.

B. Autoevaluación

Complete la autoevaluación de su progreso en estas metas comunicativas.

Ojo

If you are still having trouble with these **Metas comunicativas,** you can complete (or redo) the LearnSmart modules for this chapter for additional practice.

META COMUNICATIVA		VERY WELL	SOMEWHAT WELL	NOT WELL
D DESCRIBIR	Descripción	☐	☐	☐
C COMPARAR	Comparación	☐	☐	☐
P PASADO	Narración en el pasado	☐	☐	☐
REACCIONAR R RECOMENDAR	Reacción y recomendación	☐	☐	☐
G GUSTOS	Hablar de los gustos y las opiniones	☐	☐	☐
H HIPÓTESIS	Hacer hipótesis	☐	☐	☐

C. Yo, experto

Mire el siguiente tablero con aspectos de la cultura de la zona andina que se presentaron en este capítulo. Identifique todas las imágenes que pueda. Después, escriba un comentario para por lo menos cuatro imágenes, utilizando cada una de las siguientes metas comunicativas por lo menos una vez:

REACCIONAR

 D DESCRIBIR **C** COMPARAR **P** PASADO **R** RECOMENDAR **G** GUSTOS **H** HIPÓTESIS

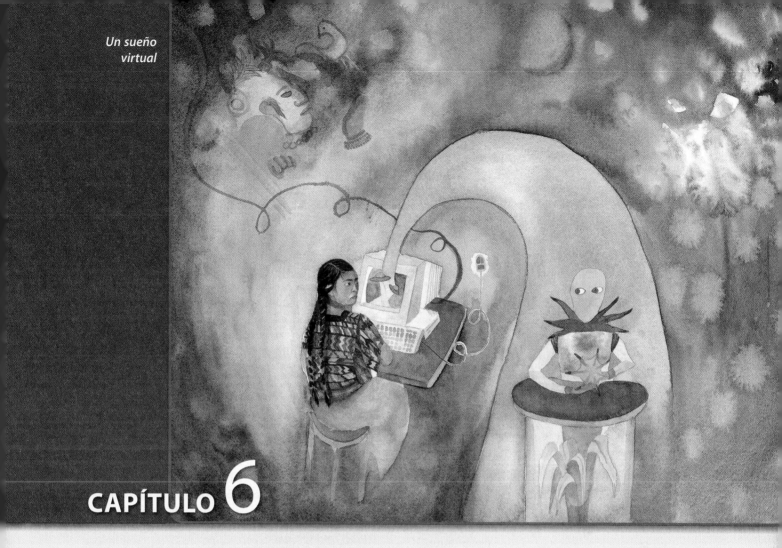

CAPÍTULO 6

Hacia el porvenir:
Nuestro futuro en un mundo globalizado

Meta comunicativa

FUTURO

Temas centrales

- predicciones para el futuro
- las carreras del futuro
- nuestras responsablidades sociales

Zona de enfoque

- Centroamérica

En este capítulo, Ud. va a explorar el tema del mundo del futuro.

Preguntas para considerar

- ¿Cuáles son las carreras que tendrán más salida (*will have good prospects*) en el futuro?
- En nuestro mundo globalizado, ¿será importante hablar otros idiomas?
- ¿Cree Ud. que sus estudios universitarios lo/la han preparado para conseguir un buen trabajo?
- ¿Qué tipo de formación profesional necesitará la gente joven para poder resolver los problemas globales?
- ¿Cuál es su criterio o expectativa al escoger un trabajo o una profesión?
- ¿Cuáles son las prácticas ecológicas más importantes para Ud.?
- La escena que se ve en esta página representa a una niña guatemalteca obsesionada con el Internet. ¿De qué forma cambiarán las comunidades tradicionales en este mundo cada vez más globalizado?

La historia

Preparativos

Situación: Sara, Diego y Javier hablan sobre sus planes para el verano. Lea el diálogo y preste atención especial al uso del vocabulario nuevo, que está **en negrilla**.

Soñando con las vacaciones

JAVIER: Bueno, amigos, casi llega el verano. ¿Qué planes tienen?

SARA: Se me ha presentado una oportunidad **prometedora**—una **pasantía** en una organización **sin fines de lucro,** para **fomentar** proyectos de podcasting en comunidades rurales del Nicaragua.

DIEGO: ¿En serio?

SARA: Sí. Esas comunidades están tan aisladas, que a veces el único modo de comunicación es **por medio de** la radio. Esta organización **recauda fondos** para comprar computadoras y **provee** clases sobre el uso del Internet, para que tengan las **herramientas** y **destrezas** necesarias para comunicarse mejor con el resto del mundo. En cuanto entregue mi tesis, me marcharé a Managua.

JAVIER: Será una experiencia **gratificante**. ¿Y tú, Diego?

DIEGO: Como saben, el próximo mes saldré para Panamá para comprar artesanías para Tesoros. He estado trabajando con una microempresa que solo emplea prácticas de **comercio justo. Aseguran** un **ingreso satisfactorio** para todos los artesanos. ¿No te **animas a** acompañarme?

JAVIER: No sé, mano. Ya le prometí a Laura que la acompañaría a Guatemala, para **investigar** el impacto del turismo médico. ¿Saben que en Centroamérica las carreras médicas están entre las que **tienen más salida** en las próximas décadas? Muchos sectores **se benefician de** los viajes que hacen los estadounidenses para hacerse procedimientos médicos que su seguro no se pagan aquí.

DIEGO: Sí, **me fijé en** el artículo que salió la semana pasada sobre ese fenómeno. Oye, y tú, ¿qué harás cuando estés en Guatemala?

JAVIER: Pienso escribir un artículo sobre los indígenas desplazados a las zonas urbanas, que **se ganan la vida** trabajando en fábricas de compañías multinacionales. Pero esas compañías **codiciosas** aprovechan **la mano de obra** barata, y el **ambiente laboral** es pésimo. Sin embargo, hay muchos trabajadores **concienzudos** y **emprendedores** que luchan para que se cambien las condiciones **injustas** en las que trabajan. Pero bueno, Uds. me conocen, a veces me emociono demasiado con estas cosas…

DIEGO: Tu trabajo es importantísimo. Es **imprescindible** crear **conciencia** sobre el impacto del **consumismo** en los países ricos.

SARA: Miren, **en vista de** que cuatro de nosotros ya estaremos en Centroamérica, ¿por qué no hacemos planes para juntarnos en algún lugar? Leí sobre un lugar de Nicaragua, Finca Esperanza Verde, un cafetal dedicado al **desarrollo sostenible.** Aceptan visitas.

JAVIER: ¡Trato hecho! Solo hay que hablar con Sergio.

SARA: Se lo mencionaré tan pronto como lo vea. Seguramente habrá algún grupo musical que puede «descubrir» por ahí.

DIEGO: Pues me imagino que la experiencia nos **impactará** mucho. Y si queremos **tomar en serio** nuestra responsabilidad ecológica, haremos algo para compartir esta experiencia.

JAVIER: El gran desafío será relajarnos y absorber todo nuestro entorno sin pensar en lo que haremos cuando volvamos.

SARA: Desafío aceptado.

A. **Detective** Busque en el diálogo ejemplos de las siguientes metas comunicativas: Descripción (D), Narración en el pasado (P) y Hablar del futuro (F). Subraye cada palabra o frase que represente una (o una combinación) de estas metas comunicativas. Luego, escriba al margen la(s) letra(s) que corresponde(n) a cada ejemplo subrayado (D, P o F).

MODELOS: Esas comunidades <u>están</u> tan <u>aisladas</u>... (D)
...el próximo mes <u>saldré</u> para Panamá... (F)

B. **Comprensión** Conteste las siguientes preguntas, según el diálogo.

1. ¿Qué hará Sara en Nicaragua?
2. ¿Por qué piensa Diego ir a Panamá
3. ¿Por qué no lo podrá acompañar Javier?
4. ¿Qué le apasiona a Javier?
5. ¿Qué se le ocurre a Sara que los cinco amigos pueden hacer juntos?

REACCIONAR
RECOMENDAR

C. **Reacciones y recomendaciones** Complete las siguientes oraciones sobre el diálogo, utilizando un conector en cada oración.

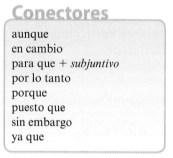

Conectores

aunque
en cambio
para que + *subjuntivo*
por lo tanto
porque
puesto que
sin embargo
ya que

MODELO: Es fabuloso que Diego...
Es fabuloso que Diego viaje tanto para comprar productos para su tienda ya que en sus viajes puede conocer a muchas personas fascinantes.

1. Es bueno que Sara...
2. Es interesante que en Guatemala...
3. Es obvio que los cinco amigos...
4. Ojalá que Sergio...

D. **Diálogo** En parejas, preparen un diálogo entre Diego y su ayudante, Francisco, en el que Diego le exprese que se siente un poco nervioso de estar desconectado de su tienda por tanto tiempo mientras viaja con sus amigos. Fran le asegura que la tienda está en buenas manos y que no va a pasar nada malo. Presenten el diálogo a la clase.

PARA HABLAR DE LA GLOBALIZACIÓN

asegurar	to assure
beneficiarse (de)	to benefit (from)
fijarse (en)	to notice
fomentar	to foster, promote
garantizar	to guarantee
proveer	to provide
recaudar fondos	to fundraise

COGNADOS: **defender, eliminar, erradicar, implementar**

PARA HABLAR DE LA ECONOMÍA Y POLÍTICA GLOBALES

la codicia	greed
la conciencia	awareness
el comercio justo	fair trade
el consumismo	consumerism
el desarrollo sostenible	sustainable development
la filantropía	philanthropy
la inversión	investment
la mano de obra	labor
la sobrepoblación	overpopulation

PARA HABLAR DE LAS CARRERAS

el ambiente laboral	work atmosphere
la bolsa de valores	stock market
el conocimiento	knowledge
el crecimiento	growth
la destreza	skill
el empeño	determination
la empresa	business
el equilibrio	balance
la habilidad	ability
la herramienta	tool
el ingreso	income
la investigación	research
la pasantía*	internship

PARA HABLAR DE LOS PREPARATIVOS PARA SU CARRERA

ampliar	to expand
dedicarse a	to devote oneself to (referring to work)

diseñar	to design
enfocarse (en)	to focus (on)
especializarse en	to specialize or major in
ganarse la vida	to earn a living
investigar	to research

PARA DESCRIBIR LAS CARRERAS

agobiante	stifling, suffocating
enriquecedor(a)	enriching
estimulante	stimulating
estresante	stressful
prometedor(a)	promising
rentable	profitable
satisfactorio/a	satisfying
sin fines de lucro	nonprofit
tener salida	to have good prospects

COGNADOS: **creativo/a, lucrativo/a, gratificante, repetitivo/a, rutinario/a**

EXPRESIONES ÚTILES

a largo/corto plazo	in the long/short term
en vista de	in light of
por medio de	by means of

PARA DESCRIBIR A UN(A) TRABAJADOR(A) O JEFE

accesible	approachable, accessible
capacitado/a	trained
capaz	capable
codicioso/a	greedy
comprometido/a	committed
concienzudo/a	conscientious
eficaz	effective
emprendedor(a)	driven
(in)justo/a	(un)fair
tener don de gentes	to have people skills

COGNADOS: **ambicioso/a, corrupto/a, envidioso/a, hipócrita,[†] histérico/a, (in) discreto/a, inepto/a**

---

*In some countries, **pasantía** only refers to a medical internship. **Una práctica profesional** would be used instead.

[†]**Hipócrita** is both masculine and feminine. **El es un hipócrita. Esas sugerencias son hipócritas.**

ACTIVIDADES

A. ¿Se realizará antes del 2050?

Indique si Ud. cree que las siguientes predicciones se realizarán o no para el año 2050. Explique por qué sí o por qué no.

	SÍ	NO
1. Habrá más trabajos «verdes» que serán muy lucrativos.	☐	☐
2. Las empresas multinacionales serán menos codiciosas y más filantrópicas.	☐	☐
3. El 50% de los productos en el mercado internacional será de comercio justo.	☐	☐
4. El consumismo rampante de los países ricos provocará más desigualdad a nivel mundial.	☐	☐
5. Poder tener un equilibrio entre la vida personal y el trabajo será más importante que tener una profesión de altos ingresos.	☐	☐
6. Los que hayan hecho inversiones en las compañías de reciclaje serán más ricos que los que hayan hecho inversiones en la bolsa de valores.	☐	☐
7. En vista de la crisis económica habrá menos estudiantes que quieren especializarse en las humanidades.	☐	☐
8. La mano de obra en los Estados Unidos será más barata que la de China o México.	☐	☐
9. Hablar español bien será una destreza imprescindible para conseguir un buen trabajo.	☐	☐
10. Para evitar la sobrepoblación, se prohibirá que las parejas tengan más de un hijo / una hija.	☐	☐

B. ¿Cómo aportará cada profesión a un futuro más positivo?

FUTURO

Paso 1 En grupos de tres, describan las destrezas y características que los siguientes profesionales deben tener para ser exitosos en su profesión.

Creo/Opino/Supongo que...   Es importantísimo que...

Deben preocuparse de / tener interés en... poseer habilidades para...

1. un diplomático / una diplomática
2. un líder religioso / una líder religiosa
3. un/a cineasta de películas documentales
4. un director / una directora de una compañía multinacional
5. un instructor / una instructora de yoga
6. un agricultor orgánico / una argicultora orgánica
7. un ingeniero robótico / una ingeniera robótica

Paso 2 Ahora, comenten sobre lo que aportará cada profesión a un futuro más positivo para el mundo entero.

MODELO: Los diplomáticos buscarán acuerdos de paz entre los países enemigos.

C. Preparándose para su futura carrera

Paso 1 En parejas, hablen sobre sus estudios universitarios. ¿Los preparan bien para el futuro? ¿Qué destrezas les proveen sus especializaciones? Después de graduarse, ¿qué tipo de trabajo buscarán? ¿Creen que sus futuros trabajos serán rentables? ¿enriquecedores?

Paso 2 Imagínese que este verano su universidad ofrece tres pasantías en Centroamérica. Lea sobre cada una y decida cuál sería la oportunidad más provechosa para su compañero/a. Teniendo en cuenta la especialización de su compañero/a, hágale recomendaciones para la pasantía más cercana a sus intereses profesionales del futuro. Dígale cómo esta pasantía puede proveerle las herramientas, destrezas y conocimientos para un buen futuro profesional. Use cuánto vocabulario nuevo que pueda.

MODELO: Debes ir a... porque... Allí podrás usar tus destrezas de / en... La experiencia te ayudará / preparará para...

1. Una organización que se dedica a la agricultura y el desarrollo sostenible busca un estudiante para ayudar con un programa que provee préstamos (*loans*) pequeños a microempresas agrícolas en comunidades rurales en El Salvador.

2. Una organización nacional de estudiantes de medicina quiere empezar un proyecto de telemedicina en Santiago Atitlán, Guatemala. Por medio de este programa, los pacientes que normalmente tienen poco acceso a la medicina moderna podrán consultar a expertos en todas partes del mundo. Necesitan recaudar fondos en este país y mandar estudiantes de medicina, enfermeros, técnicos e intérpretes a Guatemala.

3. Como es de suponer, no hay bibliotecas en las escuelas rurales más pobres de Panamá. Una organización educativa va a establecer una biblioteca escolar en la provincia de Coclé. Además de libros para prestar, tendrán computadoras donde los niños pueden tomar clases virtuales o comunicarse con niños en otras partes del mundo. Necesitan constructores para el edificio, personal para entrenar a los bibliotecarios y técnicos de computación.

D. **Megatendencias**

Paso 1 Mire la siguiente tabla de los campos profesionales más prometedores del futuro y los subcampos que tendrán más salida. Ponga un círculo alrededor de los tres subcampos que en su opinión son los más gratificantes, y subraye los tres que ofrecen más seguridad económica financiera. Luego, en parejas expliquen sus selecciones.

CAMPOS PROFESIONALES MÁS PROMETEDORES DEL FUTURO	
CAMPO PROFESIONAL	SUBCAMPOS
la agroindustria	la ingeniería agrícola, la agricultura orgánica
la ecología	el ecoturismo, el comercio justo, el derecho ambiental, la ingeniería ambiental
la educación	la educación primaria, la educación especial, la administración educativa, las escuelas alternativas
la ingeniería	la energía alternativa, la biomecánica, la nanotecnología, la planificación urbana
los negocios internacionales	el mercadeo y ventas, la traducción e interpretación de lenguas extranjeras
las organizaciones sin fines de lucro y las ONG	la administración de organizaciones, la filantropía
la salud	la enfermería, la fisioterapia, la teleasistencia / medicina a distancia, la psicología clínica, la gerontología
los servicios financieros	la contabilidad, la consultoría financiera, la correduría[1] de la bolsa de valores
los servicios sociales	el trabajo social, los servicios de familia, el cuidado personal de los ancianos, la rehabilitación de adictos
la tecnología	el diseño en 3D, la informática, la ingeniería genética, la inteligencia artificial, la robótica

[1]*brokerage*

Paso 2 En parejas, utilicen los siguientes elementos para hacer comparaciones. Cuando no estén de acuerdo con una comparación, defiendan sus posiciones.

1. ser administrador de escuelas alternativas / maestro de primer grado de primaria (gratificante)
2. un dueño de hoteles ecoturísticos / un vendedor de productos de comercio justo (tener conciencia del medio ambiente)
3. los traductores e intérpretes / las mujeres de negocios monolingües (destrezas para los negocios internacionales)
4. los contables / los corredores de bolsa (ambicioso)
5. un administrador de una ONG / una trabajador social (comprometido con los pobres)
6. trabajar con un jefe hipócrita / trabajar con un jefe corrupto (estresante)
7. tener colegas emprendedores / tener colegas concienzudos (satisfactorio)

Una buena carrera puede...

- aportar algo bueno a la sociedad
- fomentar apoyo entre los colegas
- ser compatible con mis valores espirituales
- reflejar la conciencia del medio ambiente
- asegurar equilibrio entre el trabajo y la vida
- tener flexibilidad de horario
- proveer el potencial para avanzar
- reconocer mis logros
- ofrecer retos razonables
- garantizar seguridad económica
- comunicar una visión social

OPTATIVO

Paso 3   Complete las siguientes oraciones sobre cómo sería el trabajo ideal para Ud. Tenga en cuenta que se usa el subjuntivo en cláusulas adjetivales cuando no hay certeza en cuanto a la existencia de la persona, lugar o cosa que se describe. Use algunas de las ideas que se encuentran en *Una buena carrera puede...*, al lado, u otras ideas que Ud. pueda tener. Luego, en parejas, compartan sus expectativas y comenten si son razonables o no. Expliquen.

1. Busco una carrera que...
2. Funciono mejor en un ambiente laboral en que...
3. Necesito trabajar con un jefe / una jefa que...
4. No quiero un trabajo que...

SÍNTESIS

E. Preguntas personales   En parejas, contesten las siguientes preguntas, utilizando el vocabulario nuevo. Mientras escuchen a su compañero/a, reaccionen con algunas de las expresiones de **Para conversar mejor.**

Para conversar mejor

¿En serio?	Tienes razón.	Me sorprende que creas eso.
Yo también.	¿Tú crees?	¡Qué chévere/guay/padre!
Estoy de acuerdo.	Puede ser.	¡Qué pena!
Es verdad.	Sería fenomenal.	¡Qué bueno!

1. ¿Cuáles serán las profesiones más necesarias en el futuro? ¿Qué impacto social o global tendrán esas profesiones?

2. ¿Cree Ud. que su especialización académica le preparará bien para tener un trabajo impactante cuando se gradúe? ¿Cómo podrá utilizar sus estudios y su futura profesión para tener así un impacto en la sociedad?

3. En su opinión, ¿qué cualidades y destrezas necesita el trabajador ideal / la trabajadora del futuro? ¿Y cómo sería el jefe perfecto / la jefe perfecta?

4. ¿Son populares en su universidad los productos de comercio justo? ¿Presta Ud. atención al origen de los productos que usa? ¿Qué productos de comercio justo compra Ud.? ¿Hay productos que no compre o lugares donde prefiera no comprar porque tienen prácticas laborales preocupantes?

F. ¡Cuéntennos!: Marjorie   Antes de ver la entrevista, contesten las siguientes preguntas en grupos de tres.

1. ¿Dónde piensa que los nicaragüenses que emigran a los Estados Unidos prefieren vivir? ¿Ha conocido a un / una nicaragüense alguna vez?

2. ¿Cómo fomenta el aprendizaje de los idiomas el uso de tecnología?

3. Marjorie tiene una hija que recién nació en los Estados Unidos. ¿Cuáles serán sus deseos para ella?

¡Cuéntennos!

En este vídeo, Marjorie, una profesora nicaragüense, comparte sus experiencias profesionales y sus ideas sobre la educación y la tecnología.
   Vea el vídeo y haga las actividades relacionadas que se encuentran en Connect Spanish.

G. **Problemas cotidianos** Entre todos, revisen los siguientes problemas y hagan una lista de palabras nuevas de este capítulo y de los capítulos anteriores que los ayuden a conversar con facilidad sobre cada problema cotidiano. Después, en parejas, preparen un diálogo espontáneo sobre cada problema.

1. Un estudiante / una estudiante habla con su consejero/a sobre su especialización académica (use su propia especialización). Cree que sus clases no le han preparado para una profesión futura. El/La estudiante sugiere hacer una pasantía con una organización sin fines de lucro en Honduras para ganar experiencia práctica y a la vez recibir crédito académico. El consejero / La consejera no está convencido/a de que sea una buena idea.

2. Un(a) estudiante quiere convencer al director / a la directora de servicios alimenticios[1] de su universidad de que solo use productos de comercio justo. Al director / A la directora le preocupan los precios altos de dichos productos.

[1]servicios… *food services*

NOTA CULTURAL • El Internet en el mundo hispano

Hay muchas iniciativas para cerrar la brecha digital en Centroamérica. Un ejemplo es Enlace Quiché, empezado por USAID en 2000 y ahora operado de manera independiente en Guatemala. El proyecto entrena a gente indígena en zonas rurales a usar computadoras y el Internet. En Panamá, el gobierno ha abierto Infoplazas, centros comunitarios con acceso al Internet, programas educativos e información a bajo costo para todos los ciudadanos. En cada vez más zonas rurales de Latinoamérica los niños se han beneficiado del proyecto «Un portátil por niño», cuya meta es distribuir una computadora portátil a todos los niños y asegurar acceso al Internet en las zonas más remotas.

Además de iniciativas masivas, en más y más ciudades y pueblos se encuentran cibercafés y tiendas pequeñas desde donde uno puede mandar correo electrónico, buscar información a través del Internet o hablar por Skype con seres queridos en otras partes del mundo.

El Internet también sirve como foro para proveerle información a un público internacional. Por ejemplo, organizaciones como la Fundación Rigoberta Menchú, fundada por la indígena guatemalteca que ganó el Premio Nobel en 1992, elaboran páginas Web para informar al mundo sobre sus actividades y sobre injusticias cometidas en contra de la gente indígena de Guatemala. Por otra parte, el Internet puede ser una buena fuente para comprar y vender productos de comercio justo. PEOPLink, por ejemplo, lleva computadoras y cámaras de vídeo a los pueblos y les enseña a los artistas a vender sus productos directamente al público por medio del Internet.

Preguntas

1. ¿Considera Ud. que el acceso a la tecnología debe ser un derecho humano? ¿Por qué?

2. ¿Cómo cambiaría la vida de los niños en zonas rurales si todos tuvieran acceso a una computadora portátil y una conexión inalámbrica?

Actividad

H
HIPÓTESIS Una organización de su universidad ha recibido una donación grande para invertir en un proyecto en Centroamérica. En parejas, preparen un argumento oral a favor de comprar quince computadoras para una escuela en Metapán, El Salvador. Expliquen cómo llevarían a cabo el proyecto desde el comienzo hasta el final y por qué este proyecto sería provechoso para los niños y para su universidad.

F Hablar del futuro

FUTURO

En esta sección del capítulo, Ud. va a practicar la meta comunicativa **Hablar del futuro.** Para hacerlo bien, hay que utilizar las estructuras gramaticales (los puntos clave) de la siguiente tabla que pertenecen a la meta comunicativa. Antes de continuar, estudie las explicaciones de estas estructuras gramaticales en las páginas moradas que están al final del libro.

LA META COMUNICATIVA DE ESTE CAPÍTULO		
ICONO	META COMUNICATIVA	PUNTOS CLAVE
F FUTURO	Hablar del futuro	• el futuro • el subjuntivo en cláusulas adverbiales

PRUEBA DIAGNÓSTICA

Una artesana guatemalteca

Diego quiere colaborar con una organización de comercio justo para buscar nuevas artesanías para su tienda. Diego y Laura conversan sobre el viaje que él hará a Guatemala antes de su viaje a Panamá. Complete su diálogo con la forma correcta de los verbos que están entre paréntesis. **¡OJO!** El diálogo habla del futuro e incluye conjeturas e hipótesis que emplean conjugaciones en el futuro.

DIEGO: Cuando Martín y yo _____[1] (llegar) a Guatemala el lunes, _____[2] (reunirse) con un grupo de artesanos mayas.

LAURA: ¡Qué interesante! ¿Has estudiado el maya quiché para que _____[3] (comunicarse) con la gente indígena?

DIEGO: Creo que los líderes _____[4] (ser) bilingües. De todas maneras, con tal de que yo _____[5] (mantener) la mente abierta y les _____[6] (demostrar) que respeto su cultura, seguramente _____[7] (llevarse, nosotros) bien. Trabajar directamente con los artesanos me _____[8] (asegurar) que reciban una compensación justa por su trabajo.

LAURA: ¿Qué tipos de artesanía _____[9] (importar) para la tienda?

DIEGO: A menos que _____[10] (haber) problemas en la aduana, _____[11] (traer, yo) máscaras, tejidos y objetos de plata y jade. En cuanto _____[12] (regresar, nosotros), tú, Javi, Sergio y Sara _____[13] (saber) todos los detalles.

LAURA: ¡_____[14] (Venir, tú) con muchas aventuras que contar!

ACTIVIDADES

Las siguientes actividades le darán la oportunidad de practicar las metas comunicativas. Habrá un énfasis particular en **Hablar del futuro** utilizando las cláusulas adverbiales y el subjuntivo.

A. Los esfuerzos ambientalistas en un mundo globalizado Uno de los asuntos que más nos afecta en este mundo globalizado es la condición de nuestro planeta.

Paso 1 En parejas, completen las oraciones con la forma correcta del verbo entre paréntesis. **¡OJO!** Tengan cuidado con las conjunciones temporales porque no se usa el subjuntivo automáticamente.

Conjunciones adverbiales de tiempo

Conjunciones A SPACE* (siempre llevan el subjuntivo)

Antes de que	*before*
Sin que	*without*
Para que	*so that*
A menos que	*unless*
Con tal de que	*provided that*
En caso de que	*in case*

Conjunciones THE CD* (pueden llevar el indicativo o subjuntivo)

Tan pronto como	*as soon as*
Hasta que	*until*
En cuanto	*as soon as*
Cuando	*when*
Despúes de que	*after*

El reciclaje

1. Cuando los ciudadanos _____ (**tomar**) conciencia de la importancia del reciclaje, empezaron a botar menos basura.

2. Está probado que cuando los ciudadanos _____ (**tomar**) conciencia de la importancia del reciclaje, hay menos contaminación.

3. En cuanto los ciudadanos de esta ciudad _____ (**tomar**) conciencia de la importancia del reciclaje habrá menos vertederos (*landfills*).

Las energías alternativas

4. Tan pronto como en nuestra región _____ (**poner**) turbinas de viento, nuestra comunidad emitirá menos dióxido de carbono.

5. Según las estadísticas, tan pronto como las ciudades _____ (**poner**) autobuses que usan energía eléctrica, ahorran millones de dólares.

6. Tan pronto como nosotros _____ (**poner**) paneles solares, nuestra cuenta de energía bajó drásticamente.

La deforestación

7. Hasta que la compañía de petróleo no _____ (**salir**) de nuestras tierras, seguirán contaminándolas.

8. Los activistas protestaron hasta que la compañía _____ (**salir**) del bosque.

9. Los ambientalistas siempre protestan hasta que _____ (**salir**) los resultados deseados.

---

*A SPACE and THE CD are mnemonic devices. They are created from the first letter of each of the conjunctions in these lists.

Para conversar mejor

el ambientalismo
la basura
el bosque lluvioso
el calentamiento global
la capa de ozono
la contaminación
la deforestación
el dióxido de carbono
el efecto invernadero
la energía solar
la escasez (*lack*)
el reciclaje
las turbinas de viento
el vertedero

Paso 2 En parejas, completen las siguientes oraciones para predecir qué pasará con nuestro planeta. Expliquen sus predicciones.

1. Cuando _____ **(eliminarse)** las emisiones de dióxido de carbono...
2. En cuanto _____ **(invertirse)** en más proyectos de energía renovable...
3. A menos que nosotros _____ **(proteger)** los océanos...
4. Sin que los agricultores _____ **(cultivar)** más productos orgánicos...
5. Para que el efecto invernadero _____ **(tener)** menos impacto,...
6. Tan pronto como _____ **(haber)** una escasez seria de agua,...

Paso 3 En parejas, comenten las siguientes preguntas.

1. ¿A Ud. le preocupa el estado del medio ambiente? ¿Qué esfuerzos hace para contribuir a la causa de los ambientalistas?
2. ¿Qué impacto tendrá su carrera futura sobre el medio ambiente? ¿Tendrá un impacto fuerte, neutral, negativo? Explique.
3. ¿Le interesan los estudios ambientales o tener una carrera que promueva el bienestar del planeta?

B. Las bolas de cristal

Paso 1 Ahora, en parejas, hagan una predicción sobre el futuro de cada tema para el año 2050. ¿En qué se parecerán a su estado actual? ¿En qué serán diferentes?

1. la apariencia física de los jóvenes
2. la familia
3. el romance
4. el tiempo libre
5. la gente indígena
6. la política
7. la tecnología
8. los inmigrantes

Paso 2 Ahora, haga predicciones sobre su propio futuro. Puede hablar de su vida amorosa, su familia, trabajo, diversiones, etcétera. Puede basar sus predicciones en algo que Ud. espera que se realice o en unos sueños locos.

Cuando _____ (tener) 50/65/80 años, ...
Tan pronto como _____ (terminar/empezar) _____, ...
Hasta que...
Con tal de que...

Paso 3 Ahora en parejas, compartan sus predicciones y reaccionen ante las predicciones de su compañero/a, utilizando frases como **No creo que..., Es posible que..., Dudo que..., Supongo que....**

C. Hacer de voluntario/a

Paso 1   Lea los siguientes anuncios sobre oportunidades para dedicar su tiempo, conocimiento, empatía, creatividad y generosidad a los demás.

¡Más allá de la playa!

Trabaja con la misión electoral del Centro Carter, durante las próximas elecciones nacionales en Nicaragua.

• aprender sobre el sistema electoral nicaragüense
• trabajar con activistas y organizaciones de base
• distribuir documentos de votación a ciudadanos de zonas rurales remotas
• participar en un momento histórico

«Mi experiencia con el Centro Carter fue increíble. Quiero trabajar en la política en el futuro y ver de cerca cómo funcionan los procesos democráticos en otros países en un buen comienzo.»

Claudia, Albany, NY, EE UU

¡Tu grano de arena* para un futuro mejor!

Ven a Antigua a trabajar con niños guatemaltecos.

• Dar clases de español básico a niños de primaria
• Atender a los niños de un orfanato
• Dar clases de arte a adolescentes
• Ofrecer instrucción en baloncesto

«Los niños son increíbles. Me enseñaron a ver el mundo con ojos diferentes. Ha sido una experiencia alucinante.»

Gabriel, Reno, NV, EE UU

Paso 2   En parejas, imagínense que Uds. han decidido participar en estos programas. Uno/a de Uds. (estudiante A) irá a Nicaragua; el otro / la otra (estudiante B) irá a Guatemala. Háganse las siguientes preguntas y sean creativos/as en sus respuestas.

PREGUNTAS PARA ESTUDIANTE A

1. Cuando _____ (estar) en Nicaragua, ¿en qué trabajarás?

2. Para que _____ (no haber) problemas de comunicación con los nicaragüenses, ¿qué harás para mejorar tu español?

3. Antes de que _____ (empezar) el programa, ¿qué harás para aprender más sobre la historia y la política de Nicaragua?

4. Tan pronto como _____ (terminar) el trabajo voluntario, ¿volverás directamente a casa o viajarás?

Las elecciones nicaragüenses

Voluntaria con sus estudiantes guatelamaltecos

PREGUNTAS PARA ESTUDIANTE B

1. Antes de que _____ (ir) a Guatemala, ¿qué tienes que hacer?

2. Con tal de que la agencia te _____ (permitir) escoger el grupo con el que quieres trabajar, ¿con qué edad estarás más cómodo/a?

3. En caso de que _____ (tener) que dar clases de arte, ¿qué materias llevarás de casa para estar preparado/a?

4. En cuanto _____ (llegar) a Antigua, ¿qué harás para integrarte en la cultura guatemalteca?

Paso 3   Si tuviera que preparar una página Web para hacer propaganda para un viaje de trabajo voluntario, ¿qué incluiría en la página? Escriba una sección de una página Web publicitando uno de los lugares aquí anunciados. Incluya cinco actividades que el viajero / la viajera hará cuando llegue.

---

*La expresión **aportar tu grano de arena** quiere decir *to do your part* (*Lit.: to contribute your grain of sand*). Se usa para referirse a un proyecto grande al que todos contribuyen un poco para realizarlo: Si todos **aportamos nuestro grano de arena....**

D. Dos universidades para el futuro

Paso 1 Lea sobre dos universidades costarricenses que preparan a sus estudiantes para carreras importantes para asegurar el bienestar del mundo entero.

DOS UNIVERSIDADES PARA EL FUTURO

La **Universidad para la Paz** fue fundada en 1980 bajo el auspicio de la ONU. Ofrece un programa para personas interesadas en promover y obtener la paz mundial. Su objetivo principal es: «promover entre todos los seres humanos un espíritu de entendimiento, tolerancia y coexistencia pacífica, estimular la cooperación entre los pueblos y ayudar a disminuir los obstáculos y amenazas a la paz y progreso mundiales». La sede está en Costa Rica, país conocido por su compromiso con la paz y la democracia.

Creada en 1990, en Costa Rica, la **Universidad EARTH** ofrece una educación universitaria en ciencias agrícolas y recursos naturales para contribuir al desarrollo sostenible de los trópicos sin explotar los ecosistemas frágiles. Su modelo educacional se basa en cuatro principios fundamentales: el compromiso social, la conciencia ambiental, una mentalidad empresarial y el desarrollo de valores humanos. Estudiantes de todas partes del mundo estudian con profesores y agricultores locales para aprender a ser líderes en desarrollo sostenible en sus propios países.

MUESTRA DE CURSOS OFRECIDOS

- Ley internacional y los derechos humanos
- Recursos naturales y el desarrollo sostenible
- Género y la paz
- Paz en la educación
- Niños, la juventud y los conflictos armados
- Psicología de la violencia y la paz

- Producción de cultivos tropicales
- El ser humano y el desarrollo del trópico
- Ética y pensamiento crítico
- Economía, política y ambiente
- Sistemas alimentarios y economía mundial

DESCRIBIR HIPÓTESIS

Paso 2 En parejas, contesten las siguientes preguntas, según el párrafo.

1. ¿Cuál de las dos universidades sería el más interesante en su opinión? Si pudiera, ¿pasaría un semestre en esa universidad? ¿Qué cursos le interesaría tomar allí?

2. ¿Se ofrecen en su universidad especialidades como las que ofrece la Universidad para la Paz o la Universidad EARTH? ¿Cuáles son?

3. Si pudiera crear una nueva especialidad en su universidad que fuera innovadora y que estuviera dedicada a la formación de profesionales para las próximas décadas, ¿qué tipo de programa sería? ¿En qué se enfocaría? ¿Qué impacto tendría esta especialización en la sociedad del futuro?

FUTURO

Paso 3 En parejas, hagan el papel de un(a) estudiante que empezará a estudiar en la Universidad para la Paz el próximo año. Terminen sus pensamientos respecto a sus expectativas sobre el futuro.

1. Tan pronto como _____ (llegar) a la universidad,...

2. Antes de que _____ (terminar) mis estudios,...

3. En cuanto yo _____ (graduarse),...

4. Después de que mis compañeros y yo _____ (hacer) una pasantía en la ONU, _____ (estar) preparados para...

E. El turismo médico y las carreras del futuro Todos saben que el turismo es una fuente de ingreso importante para los países centroamericanos. Pero quizás Ud. desconoce que países como Costa Rica y Guatemala son destinos importantes del llamado «turismo médico» también. Cada año, millones de estadounidenses toman «vacaciones médicas» a otros países para hacerse cirugías cosméticas, oculares[1] y dentales que su seguro médico no paga, a precios entre el 70% y 90% más baratos. Los gobiernos fomentan el crecimiento de esta industria turística porque beneficia la economía local—además de pagar sus servicios médicos, los turistas y sus familiares disfrutan de los hoteles y restaurantes, hacen viajes ecológicos y compran artesanías. Es un negocio lucrativo.

[1]*eye*

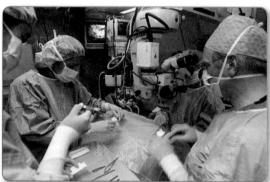

Unos cirujanos plásticos en Costa Rica

Paso 1 En parejas, completen las oraciones a continuación con la forma correcta del verbo entre paréntesis y digan a cuál de las siguientes personas corresponde. Después, reaccionen ante la actitud del personal de la clínica.

   a. una enfermera con conciencia patriótica
   b. un administrador corrupto
   c. un jefe de promoción ambicioso
   d. un médico con don de gentes
   e. un agente de viajes emprendedor

1. «Para que las familias de los pacientes _____ (**beneficiarse**) al máximo de su estancia, proveeremos vuelos más baratos.»

   ¿Quién habla? _____

   Reacción:

2. «A menos que Uds. _____ (**garantizar**) que la gente local pueda usar sus servicios, no puedo seguir trabajando para los turistas.»

   ¿Quién habla? _____

   Reacción:

3. «Cuando nosotros _____ (**ampliar**) el hospital, mi hermano diseñará el nuevo edificio y mi primo será el inspector.»

   ¿Quién habla? _____

   Reacción:

4. «A menos que Uds. _____ (**invertir**) más dinero inmediatamente en el mercadeo (*marketing*), buscaré otro puesto.»

   ¿Quién habla? _____

   Reacción:

5. «Señora, antes de que _____ (**salir**) del hospital, quiero asegurarme que Ud. se sienta perfectamente bien y que su familia entienda cómo debe cuidarle.»

   ¿Quién habla? _____

   Reacción:

HIPÓTESIS

Paso 2 En grupos de tres, comenten las siguientes preguntas.

1. ¿Es adecuado el sistema de salud en este país?

2. Si Ud. necesitara un procedimiento vital caro que su seguro no pagara, ¿iría a otro país para buscarlo?

3. ¿Iría a otro país para hacerse una cirugía opcional, como una cirugía plástica?

REACCIONAR
RECOMENDAR HIPÓTESIS

F. **Esperanza**

Paso 1 En grupos de tres, hablen de las vidas involucradas de estos tres centroamericanos famosos. Usen las siguientes frases u otras parecidas para expresar sus reacciones ante sus iniciativas, para hacer hipótesis y para hablar del futuro.

Es alentador que...	**Si pudiera,...**	**Si yo fuera...**
Creo que...	**Cuando haya...**	**Es increíble que...**
Me alegro de que...	**Espero que...**	**No dudo que...**

Rubén Blades

1. *Rubén Blades:* Ha grabado más de veinte CDs y ha recibido cinco Premios Grammy. También ha actuado en la televisión y en películas. Pero en 1990 empezó a sentir la contradicción de ganarse la vida escribiendo canciones sobre problemas sociales, mientras que las condiciones de las que cantaba no mejoraban. Así que en 1994 se postuló para la presidencia de Panamá. No ganó esa elección pero siguió involucrándose activamente en la política. En 2000 fue nombrado por la ONU Embajador Mundial contra el racismo y de 2004 a 2009 fue Secretario de Turismo de Panamá, un puesto importante dado que el turismo genera más ingresos para su país que el Canal de Panamá. Ahora ha vuelto a la música, componiendo canciones para despertar en sus compatriotas la esperanza de un porvenir mejor.

2. *Rigoberta Menchú Tum:* De niña, Rigoberta Menchú, una indígena maya-quiché, trabajó en las cosechas de algodón y café en las fincas grandes de la gente rica, en el sur de Guatemala. Después, fue sirvienta doméstica en la capital del país. Pero de su padre heredó una gran consciencia social y empezó a luchar por los derechos humanos y la igualdad de la gente indígena de

Rigoberta Menchú Tum

Guatemala. Cuando ganó el Premio Nobel de la Paz en 1992, fundó una organización para dedicar su dinero a ayudar a la gente indígena de su país natal, Guatemala, con iniciativas para la educación, los derechos humanos, el autodesarrollo y la participación ciudadana. Una parte de sus programas de educación busca proveer de educación y asistencia tecnológica a comunidades rurales indígenas.

Óscar Arias Sánchez

3. *Óscar Arias Sánchez:* Tuvo una juventud privilegiada en su país natal, Costa Rica. Hizo sus estudios universitarios en Costa Rica y luego se doctoró en ciencias políticas en la Universidad de Essex en Inglaterra. Al regresar a Costa Rica, fue profesor universitario y ocupó varios puestos en el gobierno hasta que fue elegido presidente en 1986. Debido a su «Plan Arias», que acabó con la guerra civil en Nicaragua y estableció un acuerdo de paz entre los guerrilleros y el gobierno en El Salvador, Arias ganó el Premio Nobel de la Paz en 1987. Con ese dinero, fundó la Fundación Arias para la Paz y el Progreso Humano. Dejó la presidencia en 1990, pero volvió a ser presidente de Costa Rica de 2006 a 2010. Sigue trabajando en múltiples esfuerzos para promover la paz y la democracia a nivel mundial.

Paso 2 Si Ud. fuera a invitar a una de estas personas famosas a hablar en su universidad, ¿a quién invitaría? ¿Por qué?

El Servicio Voluntario Universitario (SVU) en Nicaragua es parte del programa de Voluntarios de las Naciones Unidas que les da a los estudiantes universitarios nicaragüenses la oportunidad de desarrollar sus destrezas profesionales y brindar sus aportes a proyectos que mejoran las condiciones de la vida humana. ¿Cree Ud. que a su universidad le interesaría ofrecer este tipo de oportunidad como parte integral de la formación de sus estudiantes? Explique.

A. Lluvia de ideas En grupos pequeños, hagan una lista de (1) los países o ciudades adonde posiblemente su universidad mandaría a sus estudiantes para hacer de voluntarios, (2) los proyectos que los estudiantes podrían realizar y (3) las acciones concretas que llevarían a cabo en este lugar.

B. Composición: Una propuesta Escoja un lugar, un proyecto y algunas de las acciones concretas que se apuntaron en la **Actividad A** para presentar a la administración de su universidad. Apoye la idea de ofrecer crédito universitario por esta labor. Siga el siguiente bosquejo.

DESCRIBIR   FUTURO

DESCRIBIR   GUSTOS
REACCIONAR

RECOMENDAR   FUTURO

- escoger un título en forma de una pregunta
- escribir un párrafo introductorio sobre el valor de trabajar como voluntario/a durante su carrera universitaria y el impacto que esto puede tener a nivel internacional
- describir un lugar ideal y un proyecto en particular que sirvan de programa piloto para esta iniciativa
- presentar las razones por las que cree que los estudiantes deben recibir crédito universitario por su labor
- escribir una conclusión

C. Diálogo En grupos de tres, lean las propuestas de sus compañeros y luego escojan la que sería más apropiada para el programa piloto de su universidad.

Antes de empezar a conversar con sus compañeros de clase sobre los siguientes temas, prepare una ficha para la conversación y otra para el debate.

A. Conversación: Carreras internacionales ¿Tiene Ud. las características y actitudes necesarias para una carrera en el extranjero? En parejas, háganse las siguientes preguntas. Luego, decidan si Uds. son capaces de dedicarse a una carrera que exige que trabajen en países extranjeros. Utilicen algunas de las expresiones de **Para conversar mejor.**

Para conversar mejor

Creo/Opino/Supongo que...	Es possible que...
Dudo que...	Hay que tener en cuenta que...
Es evidente que...	No creo que...

- ¿Es Ud. flexible y paciente cuando viaja?
- ¿Cree que su cultura es superior a otras?
- ¿Es capaz de adaptarse fácilmente a nuevas condiciones?
- ¿Tiene curiosidad respecto a las nuevas situaciones?
- ¿Desea hablar otros idiomas?
- ¿Lee libros o revistas sobre la historia, arte o cultura de otros países?
- ¿Le gusta probar cualquier tipo de comida?

B. Debate: Las clases virtuales Revise las expresiones de **Para debatir mejor.** Después, prepare tres argumentos a favor y tres en contra de la siguiente afirmación. Luego, en grupos de cuatro (dos parejas), presenten sus argumentos en un debate. No sabrán qué lado tendrán de defender hasta que su profesor(a) se lo asigne.

Para debatir mejor

A FAVOR	EN CONTRA
Eso es.	Eso no tiene sentido.
Estoy de acuerdo.	Lo siento, pero...
Muy bien dicho.	¿Hablas en serio?
No cabe duda.	Todo lo contrario.

«La realidad virtual, más las redes sociales como Facebook, Twitter, Skype y blogs nos dan una entrada a las culturas extranjeras y una manera de conectarnos con personas reales de otras partes del mundo. Así que ahora no es tan necesario viajar a diferentes países para entender a otras sociedades.»

Rincón cultural

Lugares fascinantes para estudiar: Centroamérica

Debe ser un requisto para cualquier especialidad académica pasar tiempo estudiando en otro país.

¡Saludos desde Centroamérica! Soy Santiago, de nuevo, y estoy realizando las últimas grabaciones. Mi viaje a esta zona ha sido increíble. Hay tanta variedad geográfica y cultural y he conocido a personas súper simpáticas.

El Canal de Panamá

Panamá   Mi universidad tiene un programa que se llama «Sophomore International Experience» y una de las opciones es un curso de Negocios Internacionales y Desarrollo Sostenible en Panamá y Costa Rica. Dado que mi especialización es en Negocios Internacionales y soy bilingüe, escogí este programa sin pensarlo dos veces. En preparación, tomamos clases en Bryant antes de salir, para aprovechar la experiencia en el extranjero. El primer día en la Ciudad de Panamá, fuimos en una visita guiada al Casco Viejo, el centro histórico. Al día siguiente visitamos el Museo del Canal Interoceánico de Panamá que nos preparó para la visita al Canal. Aprendimos que los franceses iniciaron la construcción del Canal en 1880 pero tuvieron graves problemas con la excavación y una enorme pérdida de vidas a causa de la fiebre amarilla, la malaria y los accidentes. En 1904 los Estados Unidos se hizo cargo de la construcción del Canal y lo terminó diez años después. Tristemente, entre el período francés y el norteamericano, por lo menos 25.000 personas murieron. Hoy en día, pasan más de 14.000 barcos al año y genera millones de dólares para Panamá. Nos fascinó ver cómo los barcos navegan las esclusas.[1] La belleza natural alrededor del Canal es asombrosa. Además del Canal, visitamos la Corporación Computacional DELL donde nos habló un gerente sobre la expansión de sus operaciones en Panamá. Luego, pasamos un día explorando las dos sedes de la Zona Libre de Colón[2] y al día siguiente un representante de la Cámara de Comercio de la Ciudad de Panamá nos habló del ambiente favorable para la inversión extranjera y el impacto económico global del Canal y la Zona Libre de Colón. Aprendí mucho y espero volver algún día para explorar Boquete, un lugar en las montañas en el norte del país. Ahora salimos para Costa Rica y la segunda parte del programa.
—**Rogelio S. / Bryant University**

Tikal, Guatemala

Ruinas mayas en Guatemala, Honduras y El Salvador   Fui aceptada en la Universidad de Texas, pero decidí posponer el comienzo de mis estudios en arqueología hasta el próximo año. Durante este tiempo, perfeccionaré mi español y exploraré las ruinas mayas en en Centroamérica. Ahora estoy en Antigua, Guatemala, tomando un curso de español. La familia con la que vivo es muy simpática y todos me están animando mucho porque saben que quiero ser bilingüe. Tengo clases por la mañana y por la tarde tengo una clase privada con un maestro que me está enseñado el vocabulario necesario para explorar las ruinas mayas. Cuando termine el curso, iré con un guatemalteco y dos canadienses a conocer las ruinas. La arqueología me fascina y ya he leído mucho sobre la civilización maya. Primero iremos a Tikal, Guatemala, la ciudad mejor restaurada de todas las ruinas de la civilización maya. Hay tumbas de reyes, edificios ceremoniales, palacios residenciales y administrativos y una cancha para juegos de pelota. Luego, vamos a Copán, Honduras, donde se encuentran extraordinarios ejemplos del talento los mayas, como las estelas,[3] que son enormes esculturas verticales esculpidas en piedra. He tenido

[1]*locks*   [2]*Zona... the Colon duty free zone, the largest in the Western Hemisphere*   [3]*monumentos*

mucho interés en los petroglifos desde que era niña porque mi padre asistió a la Universidad de Texas. Trabajó en Copán con la famosa profesora Linda Schele, quien dedicó su vida a descifrar la escritura maya. Recuerdo sus discusiones animadas sobre la Escalinata de los Jeroglíficos en Copán que tiene el texto escrito más largo que se ha descubierto en todos los sitios mayas. Este texto conmemora eventos importantes durante el reinado de los doce primeros reyes de Copán. Fascinante, ¿no? Vamos a terminar en Cerén, en El Salvador, conocida como «La Pompeya de América», donde se encuentra el Parque Arqueológico Joya de Cerén. La ciudad estuvo cubierta de las cenizas[4] de un volcán por miles de años hasta que fue descubierta en el año 1976. Los interesados en arqueología se sentirían privilegiados de caminar por las ruinas de Centroamérica. Estoy segura que este año me dejará unas experiencias enriquecedoras que me prepararán a ser una estudiante apasionada de la arqueología.

—Patricia S. / **University of Texas at Austin**

El Lago de Nicaragua

Nicaragua Estudio para terapista física en la Universidad de Delaware y quiero servir a la comunidad latina cuando me gradúe. Por eso cuando me enteré de una oportunidad con Voluntarios Internacionales en Nicaragua, sabía que tenía que aprovecharla. Estoy en Granada, una ciudad colonial en la costa del Lago de Nicaragua. La restauración de los edificios coloniales y su ubicación en las orillas del lago más grande de Centroamérica (y uno de los más grandes del mundo), la hace un lugar maravilloso para pasar el verano. Algo fascinante es que es el único lago de agua dulce[5] donde habitan tiburones.[6] En la parte sur del lago se encuentra un archipiélago de 38 islas que se conoce como «Solentiname». En 1965 el sacerdote católico y poeta Ernesto Cardenal estableció en Solentiname una vivienda colectiva para artistas, poetas y artesanos. Estos interactuaban y colaboraban con los más de 1.000 habitantes campesinos nativos de las islas. El proyecto se basaba en los principios de la justicia social y la colaboración comunitaria de la llamada «Teología de la Liberación». Alucinante, ¿verdad? Esta pasantía me permite trabajar, ser parte de una comunidad y aprender y practicar las terapias físicas particulares para una variedad de condiciones. La clínica donde trabajo ayuda a personas de todas las edades. El director del programa siempre enfatiza que esta experiencia nos ofrece una recompensa tanto personal como profesional y que nos servirá bien en un mundo cada vez más globalizado. Estoy completamente de acuerdo.

—Jane M. / **University of Delaware**

El Parque Nacional Manuel Antonio, Costa Rica

Costa Rica Me especializo en estudios ambientales y tengo interés en la conservación y el ecoturismo. Escogí el programa de Academic Programs International en el Instituto San Joaquín de Flores, Costa Rica por varias razones. No quería estudiar en una ciudad grande, quería vivir con una familia pero sin otros norteamericanos y quería participar en un programa de voluntariado. Así que el programa es ideal para mí: soy la única estudiante que vive con esta familia encantadora. San Joaquín es una ciudad pequeña y tranquila, con gente súper amable. Las clases son pequeñas y los profesores son excelentes. Además, desde San Joaquín es fácil llegar a San José, la capital, y a las playas, los bosques lluviosos o los parques nacionales. Hasta ahora la experiencia más alucinante ha sido una excursión a Finca Rosa Blanca, una plantación de café orgánico. Este lugar es un ejemplo admirable de la sostenibilidad total. La semana que viene vamos al Parque Nacional Manuel Antonio y, antes de los exámenes finales, a la Reserva Biológica Bosque Nuboso Monteverde. Mi madre costarricense me dijo que en Monteverde hay 300 especies de orquídeas y 400 especies de pájaros, incluyendo el quetzal, un pequeño pájaro colorido con una cola larguísima. ¡Qué maravilla! Estaré en la gloria cuando terminen los exámenes porque luego empezaré a hacer de voluntaria en el Parque Nacional Tortuguero. Las posibles actividades consisten en ayudar a a buscar nidos[7] y tortugas en las playas, recoger y trasladar huevos a los viveros[8] o medir nidos y recopilar datos. Vamos a dormir en cabañas sin electricidad ni Internet. Para mí será la culminación de una experiencia «tica»[9] inolvidable. ¡Pura vida![10]

—Marsha H. / **Fairfield University**

[4]*ashes* [5]*de… freshwater* [6]*sharks* [7]*nests* [8]*nurseries* [9]costarricense [10]¡Pura… *Costa Rican saying that means "Excellent!"* (*Lit.:* ¡*Pure life!*)

¡Viaje conmigo a Centroamérica!

Vamos a Centroamérica para ver de cerca el ambiente en que viven los estudiantes.

Vaya a Connect Spanish para ver el vídeo.

Video footage provided by

BBC Motion Gallery

ACTIVIDADES

A. Comprensión En parejas, contesten las preguntas sobre los lugares fascinantes.

1. ¿Por qué le interesa a Rogelio estudiar en Panamá?
2. ¿Qué ha aprendido Ud. sobre la historia del Canal de Panamá?
3. ¿Cuáles son tres de los sitios arqueológicos de la civilización maya? ¿Qué se puede apreciar en cada uno?
4. ¿Por qué le impresionó el Lago de Nicaragua a Jane?
5. ¿Qué se estableció en Solentiname en 1965?
6. ¿Por qué sería Costa Rica un lugar ideal para estudiar la ecología?
7. ¿Qué información nueva aprendió al ver el vídeo de Santiago, que no estaba en las entradas de los blogs de los estudiantes?

REACCIONAR
R **F**
RECOMENDAR FUTURO

B. Recomendaciones Ahora, en parejas, completen las siguientes oraciones como si Uds. fueran Santiago, quien habla con un amigo que va a viajar a Centroamérica. **¡OJO!** No siempre hace falta el subjuntivo para terminar las oraciones.

1. Al lado del Canal de Panamá, hay jardines botánicos y caminos ecológicos. Es increíble que _____ (**haber**) tanta diversidad de flora y fauna en una zona tan pequeña. Para que _____ (**tener**) buenos recuerdos del sitio, te recomiendo que...
2. La civilización maya era una de las más avanzadas de su tiempo. Estoy seguro de que _____ (**sorprenderse**) de ver la complejidad arquitectónica de las ruinas. Antes de que _____ (**irse**), sugiero que...
3. A ti te fascina la historia de Latinoamérica. Es impresionante que la Iglesia Católica _____ (**haber**) tenido tanta influencia e impacto. Cuando _____ (**visitar**) Nicaragua, tienes que...
4. En el Parque Nacional Tortuguero hay siete tipos de tortugas, tres tipos de monos y perezosos (*sloths*). Creo que te _____ (**encantar**) ese parque. Cuando _____ (**estar**) en Costa Rica, te recomiendo que...

C. Mi blog Escriba una entrada para un blog sobre un viaje imaginario que Ud. haya hecho con unos amigos ecologistas a uno de los lugares fascinantes de Centroamérica. Siga el siguiente bosquejo.

MODELO: Acabamos de volver de _____. El viaje fue _____.

- Nos quedamos en un eco-albergue fabuloso. Tenía...
- El primer día... Otro día...
- Nos encantó/encantaron... Nos molestó/molestaron...
- Para los que piensen ir a _____, recomiendo que...
- Si pudiera hacer de voluntario/a allí,...

D. Un viaje a Centroamérica En parejas, hagan los papeles de dos amigos que se encuentran después de las vacaciones. Los dos han estado en Centroamérica y conversan sobre sus experiencias. Usen el viaje imaginario que describieron en sus blogs (en la **Actividad C**) como base para la conversación.

MÉXICO

Tikal — BELICE

Islas de la Bahía
La Ceiba

GUATEMALA
Quetzaltenango San Pedro Sula

Copán

Metapán, Tegucigalpa

Guatemala

San Miguel

Santa Ana

León Lago de Nicaragua

Cerén

San Salvador Managua

Granada

HONDURAS

JAMAICA

Mar Caribe

NICARAGUA

Solentiname
Parque Nacional Tortuguero
Puerto Limón

EL SALVADOR

San José

COSTA RICA

Cartago

Golfo de los Mosquitos

Colón

PANAMÁ

Océano Pacífico

Canal de Panamá

Panamá

COLOMBIA

Unas artistas hispanas:

Las indias kunas de Panamá y sus molas

Dos molas panameñas

A nivel mundial, los artistas más desconocidos y olvidados son los artesanos que trabajan en lo que se llama el «arte folclórico» o la artesanía. Aunque esta se considera arte «menor», ocupa un lugar muy importante en cualquier comunidad. Aporta mucho a la economía de una región y sirve para mantener las tradiciones, creencias y leyendas de cualquier cultura.

Las indias kunas se han hecho famosas a nivel mundial por sus coloridas molas, telas bordadas de muchos colores brillantes que se aplican al frente y al dorso de sus blusas tradicionales. Los kunas habitan el archipiélago de Kuna Yala (o San Blas), un grupo de 300 islas en la costa noreste de Panamá. La sociedad es matrilineal y las molas forman la mayor parte del ingreso de cualquier familia.

Hoy es posible comprar molas en tiendas de artesanía en países desarrollados y aun por el Internet. Hay varias compañías de comercio justo que trabajan con las kunas para ayudarlas a vender sus molas.

Desafortunadamente, el arte de crear una buena mola tradicional corre el peligro de perderse ante el hecho de que muchas de las jóvenes kunas no aprenden a coser. Tradicionalmente una niña en un pueblo kuna empezaba a aprender a coser entre los 6 y 10 años. Pero hoy en día, muchas familias mandan a sus hijas a la ciudad para educarles para una profesión que tiene más salida. La mayoría de las familias que inmigran no tienen el tiempo para enseñar a sus hijas a coser los diseños intricados tradicionales. Se teme que dentro de una generación, este arte valioso se pierda.

ACTIVIDADES

A. Comprensión En parejas, contesten las siguientes preguntas.

1. Miren las dos molas en esta sección. ¿Qué representan sus diseños? ¿Les gustan? ¿Por qué sí o por qué no?

2. ¿Por qué creen que las molas les interesan a los extranjeros?

3. ¿Por qué está el arte de las molas en peligro de extinción?

DESCRIBIR

B. Las molas Complete el párrafo con el artículo definido (**el, la, los, las**) apropiado o con la forma apropiada del adjetivo entre paréntesis. Después, conteste las preguntas.

_____[1] diseños _____[2] (**distinto**) de _____[3] molas se hacen con _____[4] (**vario**) capas (*layers*) de telas de _____[5] (**diferente**) colores. _____[6] temas más _____[7] (**típico**) son _____[8] (**mitológico**), _____[9] (**religioso**), de animales, del mar, de personas o de diseños _____[10] (**geométrico**). _____[11] indias kunas asocian _____[12] calidad de una mola con _____[13] simetría, _____[14] número de telas usadas, _____[15] complejidad del diseño y _____[16] perfección del cosido que debe ser casi invisible a simple vista. _____[17] diseños más _____[18] (**tradicional**) llevan un contenido _____[19] (**misterioso**) que solo lo saben _____[20] mujeres más _____[21] (**adepto**) y con más experiencia en _____[22] arte de hacer molas. Esas mujeres son _____[23] (**llamado**) «*arganneudi*», que significa «_____[24] (**bueno**) manos» en _____[25] idioma de _____[26] kunas.

1. ¿Por qué es difícil hacer una mola?

2. ¿Cuáles son los diseños más tradicionales?

3. ¿Qué sabiduría tradicional tienen las *arganneudi*?

C. Comparación En otros países hay mujeres artesanas que crean artesanías representativas de su cultura. Un ejemplo son las arpilleras (*burlap tapestries*) de Chile. En el Internet, busque imágenes de arpilleras chilenas y más ejemplos de molas y compare las dos. ¿En qué se parecen y en qué se diferencian?

♫ La música centroamericana

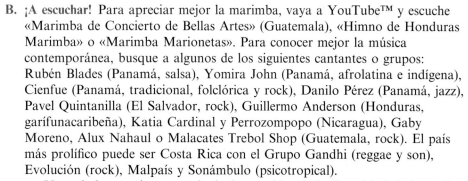

El instrumento musical más emblemático de Centroamérica es la marimba, un xilófono largo, de madera. Probablemente este instrumento llegó a esa zona a principios del siglo XVI, traído por los esclavos africanos. Al principio se usaban la marimba de tecomate[1] (la más antigua y la más parecida a las que se encuentran en el sur de África) y la marimba sencilla para interpretar música religiosa. Más tarde la marimba doble o cromática empezó a usarse en ambientes seculares. Desde los años 70, en Guatemala en particular, la música de marimba ha sido una forma musical muy prestigiosa, especialmente las obras maestras ejecutadas en la llamada «marimba de concierto». A consecuencia de la violencia de la guerra civil de los años 80, la marimba volvió a sus raíces espirituales como una manera de fortalecer las relaciones entre la Iglesia y las comunidades indígenas que sufrían bajo la opresión gubernamental y guerrillera.

En cuanto a la música contemporánea de Centroamérica, el centroamericano que más ha destacado a nivel internacional es el panameño, Rubén Blades, ganador de múltiples premios Grammy. Es conocido por escribir canciones bailables sobre temas sociales importantes, como su famosísima «Buscando América». Recientemente, eventos como «El Mercado Centroamericano de la Música» del 2012, se dedican a promover el talento de diferentes músicos centroamericanos, cuyos sonidos mezclan géneros ultramodernos con música folclórica, indígena y africana.

[1]marimba... *gourd marimba*

A. Comprensión Conteste las preguntas según la lectura.

1. ¿Qué es una marimba? ¿De dónde viene?
2. ¿Qué tipos de marimba ha habido?
3. ¿Quién es Rubén Blades?
4. ¿Cuál es uno de los esfuerzos que promociona la música centroamericana hoy en día?

REACCIONAR

G GUSTOS **R** RECOMENDAR

B. ¡A escuchar! Para apreciar mejor la marimba, vaya a YouTube™ y escuche «Marimba de Concierto de Bellas Artes» (Guatemala), «Himno de Honduras Marimba» o «Marimba Marionetas». Para conocer mejor la música contemporánea, busque a algunos de los siguientes cantantes o grupos: Rubén Blades (Panamá, salsa), Yomira John (Panamá, afrolatina e indígena), Cienfue (Panamá, tradicional, folclórica y rock), Danilo Pérez (Panamá, jazz), Pavel Quintanilla (El Salvador, rock), Guillermo Anderson (Honduras, garífunacaribeña), Katia Cardinal y Perrozompopo (Nicaragua), Gaby Moreno, Alux Nahaul o Malacates Trebol Shop (Guatemala, rock). El país más prolífico puede ser Costa Rica con el Grupo Gandhi (reggae y son), Evolución (rock), Malpaís y Sonámbulo (psicotropical).

Unas de las canciones que le darán una idea de la diversidad de la música centroamericana son: «Bolero Carabali» (Sonámbulo), «Si tú no quieres» (Yomira John), «La noche y su cancion» (Guillermo Anderson), «Canta mandolina» (Malpais) y «Todo se pagará» (Malcates Trebol Shop). Después de escuchar, comparta sus impresiones de los artistas y de sus canciones con sus compañeros de clase, utilizando frases como **Me gusta(n)... porque... , Me encanta que... , Es impresionante/fantástico que... , Me sorprende que...** y **Es evidente que... .**

Danilo Pérez, pianista y compositor panameño

Un evento histórico

La Revolución sandinista

Daniel Ortega

En 1979, el Frente Sandinista de Liberación Nacional (FSLN) ganó una guerra civil en contra de la tiranía de la familia Somoza y tomó control del gobierno de Nicaragua. Los sandinistas, encabezados por Daniel Ortega, formaron una junta dirigente heterogénea, pero con claras disposiciones marxistas. Heredaron una difícil situación nacional. La deuda externa llegaba a los $1,6 mil millones de dólares, y unas 50.000 personas (el 2% de la población) habían muerto durante la guerra. Inmediatamente, la junta inició procesos de reforma agraria, de recuperación y reestructuración económica y de mejoramiento de los servicios sociales, tales como la educación, la salud y la vivienda. También hubo esfuerzos serios para mejorar la situación de la mujer en Nicaragua. Sin embargo, el nuevo gobierno enfrentó varias dificultades, tanto nacionales como internacionales. Se reconoce que bajo el gobierno sandinista se cometieron abusos contra los derechos humanos. Preocupados por la expansión del comunismo en Latinoamérica, los Estados Unidos intervinieron en forma de un bloqueo económico y la organización de un grupo guerrillero, los llamados «contras» (contrarrevolucionarios). Con el apoyo económico y militar de los Estados Unidos, los contras realizaron una guerrilla que era, en efecto, una guerra encubierta de los Estados Unidos contra Nicaragua.

En 1987, el Presidente de Costa Rica, Óscar Arias Sánchez, convocó a una reunión de los presidentes de Guatemala, El Salvador, Honduras y Nicaragua para proponer medidas para lograr la paz en la región. Estas medidas incluían el cese de fuego entre los sandinistas y los contras. Los esfuerzos de Arias le ameritaron el Premio Nobel de la Paz y los sandinistas tomaron a pecho su promesa de llevar a cabo elecciones nacionales.

En 1990, hubo elecciones democráticas, y para sorpresa de muchos, ganó la candidata de la oposición, Violeta Chamorro. Algunos opinan que los sandinistas perdieron más por el estado pésimo de la economía y el cansancio de los ciudadanos con la guerrilla que por la insatisfacción con los ideales sandinistas.

Para leer más sobre el impacto de la Revolución sandinista en la Nicaragua de hoy y hacer actividades relacionadas con el tema, vaya a Connect Spanish.

Romero es una película fascinante sobre el asesinato de un obispo que se atrevió a enfrentarse a las autoridades corruptas en El Salvador. Vea la película y haga las actividades relacionadas que se encuentran en Connect Spanish.

For copyright reasons, McGraw-Hill does not provide the feature films referenced in *Más allá del Rincón cultural.* These films are readily available through retailers or online rental sites such as Amazon, iTunes or Netflix. Please consult your instructor for details on how to view this film.

ACTIVIDAD

Comprensión   Conteste las siguientes preguntas, según la lectura.

1. ¿Cuándo llegaron al poder los sandinistas? ¿Quién era su líder principal?
2. ¿En qué situación estaba el país al principio del gobierno sandinista? ¿Qué medidas tomaron los sandinistas para mejorar la situación?
3. ¿Cuál fue la actitud de los EE.UU. ante el nuevo régimen? ¿Por qué fue así?
4. ¿Cómo terminó el gobierno sandinista?

Gioconda Belli

La escritora Gioconda Belli nació en Managua, Nicaragua, en 1948. Además de ser renombrada poeta, novelista y ensayista, ha estado siempre muy involucrada en la política de su país. Durante los años 60, trabajó con los sandinistas, un movimiento revolucionario marxista que estuvo en el poder en Nicaragua de 1979 a 1990 (vea **Un evento histórico** en la página 202). Como escritora ha ganado un sinnúmero de premios, incluyendo el prestigioso premio literario de Casa de las Américas en 1978 por su colección de poemas, *Línea de fuego*. Sus numerosas publicaciones incluyen, además, *De la costilla de Eva* (poesía, 1987), *La mujer habitada* (novela, 1988) y *Waslala, Memorial al futuro* (novela, 1996). En 2001, publicó sus memorias sobre su trabajo con los sandinistas, *Este país bajo mi piel,* y en 2008 su novela *El infinito en la palma de la mano* ganó el prestigioso Premio Biblioteca Breve Seix Barral en España y el Premio Sor Juana en México. El poema que va a leer, «Uno no escoge», nos habla de la responsabilidad que cada uno tiene para mejorar el mundo. Además, nos hace pensar en la huella (*footprint*) que dejaremos a las generaciones que nos sigan.

ANTES DE LEER

Para comentar   En grupos de tres, contesten las siguientes preguntas.

1. ¿De qué forma habría sido diferente su vida si hubiera nacido en otro país o durante otro siglo? Puede especular, por ejemplo, sobre cómo habría sido nacer en uno de los países que estudiaron este semestre/trimestre o en un tiempo antes de la llegada de Cristóbal Colón a América.

2. ¿Cuánto control tiene una persona sobre la sociedad en la que vive? ¿Puede una persona impactar sus alrededores? ¿de qué manera?

Uno no escoge

Uno no escoge el país donde nace;
pero ama el país donde ha nacido.

Uno no escoge el tiempo para venir al mundo;
pero debe dejar huella[1] de su tiempo.

Nadie puede evadir[2] su responsabilidad.

Nadie puede taparse[3] los ojos, los oídos,
enmudecer[4] y cortarse las manos.

Todos tenemos un deber de amor por cumplir,
una historia que nacer
una meta que alcanzar.

No escogimos el momento para venir al mundo:
Ahora podemos hacer el mundo
en que nacerá y crecerá
la semilla[5] que trajimos con nosotros.

 VISUALIZAR

[1]dejar... *leave a mark*   [2]*avoid*   [3]*cover*   [4]*to become mute*   [5]*seed*

DESPUÉS DE LEER

A. Comprensión y análisis   En parejas, contesten las siguientes preguntas.

1. ¿Qué es lo que uno no escoge, según el poema?
2. ¿Qué significa el verso: «pero debe dejar huella de su tiempo»?
3. ¿Qué es «la semilla que trajimos con nosotros»?
4. En su opinión, ¿cuál es el tema principal del poema? ¿Está Ud. de acuerdo con Belli?

HIPÓTESIS

B. Si hubiera nacido en otro país u otra época...   Belli dice que uno no escoge ni el tiempo ni el país donde nace. Imagínese que ha nacido en otro país, en otra época, y complete las siguientes oraciones.

Si hubiera vivido en España durante la dictadura represiva de Francisco Franco,...

Si hubiera sido amigo/a del Che Guevara cuando empezó la Revolución cubana,...

Si hubiera luchado al lado de Pancho Villa en la Revolución mexicana,...

Si hubiera sido un niño robado / una niña robada durante la guerra sucia en la Argentina,...

Si hubiera nacido en un pequeño pueblo indígena en los Andes del Perú,...

Si hubiera trabajado al lado de Gioconda Belli durante la Revolución sandinista,...

C. La expresión artística   Leer poesía es una experiencia muy individual; cada persona tiene una reacción única y personal al leer un poema. La poesía nos habla a través de las imágenes, los símbolos, las metáforas y conexiones con nuestras experiencias. Pero otros tipos de expresión artística pueden ser más directos y más fáciles de entender. ¿Hay unas películas, canciones y libros que expresen el mismo mensaje que ha expresado Belli en «Uno no escoge»? En grupos de tres, piensen en ejemplos específicos de lo siguiente.

1. películas que presentan a una persona o un grupo que trata de cambiar su país o comunidad
2. canciones o cantantes que comunican una conciencia social y un deseo de cambiar el mundo
3. libros que hablan de personas que han impactado su sociedad

D. El amor por la patria   En grupos de tres, contesten las siguientes preguntas.

1. Belli dice que uno ama el país donde nace. ¿Está Ud. de acuerdo con esa afirmación? ¿Qué es lo que uno normalmente ama de su país? ¿Ama Ud. el país donde nació?
2. También sugiere que uno tiene la obligación de trabajar para mejorar el país donde nació. ¿Está Ud. de acuerdo? ¿De qué manera trabaja o podría trabajar para mejorar su país natal?
3. ¿Hay amores peligrosos? Es decir, ¿es posible ser demasiado patriótico o nacionalista?
4. En este mundo globalizado, ¿importan tanto las naciones como antes? ¿Qué ganaríamos si no hubiera países independientes? ¿Qué perderíamos?
5. ¿Qué pasaría si no hubiera fronteras entre países? ¿Cómo cambiaría la vida en este país si no hubiera fronteras entre México, los Estados Unidos y Canadá?

E. En busca de la felicidad Belli sigue siendo una crítica social influyente. Tiene un blog muy popular en la que habla sobre las crisis y los problemas económicos, sociales y éticos a nivel social. Ahora le interesa el proceso de la globalización, pero su enfoque es distinto —quiere concientizarnos a la globalización de compasión, igualdad y justicia. Para ella es la única manera de prevenir guerras entre el mundo desarrollado y el mundo en vías de desarrollo. Al hablar sobre los conflictos entre el socialismo y el capitalismo en este mundo globalizado, Belli comenta lo siguiente

> *No hay que perder de vista que el objetivo no es defender un conjunto de ideas, sino alcanzar la igualdad en un sistema ético, armónico y favorable a la vida y al desarrollo del potencial de cada persona. ¿Por qué aferrarnos[1] a definiciones sistémicas, como si solo dentro de uno de estos sistemas estuviese nuestra salvación? Yo propongo un nuevo sistema: el felicismo... el que persiga la felicidad. Los reto[2] a definirlo.*

[1]*hold on* [2]*I challenge*

1. En grupos de tres o cuatro, acepten el reto de Belli. Definan un nuevo sistema mundial que busque la felicidad de todos como primer objetivo. ¿Cómo sería ese sistema?

2. En 1972, el rey del pequeño país asiático Bután (*Bhutan*) estableció el índice de «Felicidad nacional bruto» (*Gross National Happiness*) como contrapunto al «Producto Nacional Bruto» (*Gross Domestic Product*) para medir el nivel de desarollo y modernidad de su país. Ahora, varias organizaciones miran el nivel de la felicidad de naciones o estados para medir el bienestar de sus habitantes. ¿Qué factores se tendrán en cuenta para analizar el nivel de felicidad? ¿Qué hace falta para tener una sociedad feliz? Si hubiera una lista de lugares felices, ¿cómo saldría su propio país en comparación con otros? ¿Por qué?

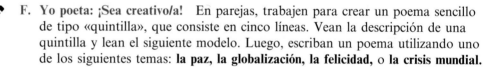

F. Yo poeta: ¡Sea creativo/a! En parejas, trabajen para crear un poema sencillo de tipo «quintilla», que consiste en cinco líneas. Vean la descripción de una quintilla y lean el siguiente modelo. Luego, escriban un poema utilizando uno de los siguientes temas: **la paz, la globalización, la felicidad, o la crisis mundial.**

UNA QUINTILLA

Línea 1: el tema en una palabra (un sustantivo)

Línea 2: el tema con dos palabras (dos adjetivos o un sustantivo y un adjetivo)

Línea 3: acciones relacionadas con el tema en tres palabras (verbos en el infinitivo o el gerundio)

Línea 4: una emoción sobre el tema en cuatro o cinco palabras

Línea 5: el tema con otra palabra que refleje el contenido del poema (un sustantivo)

MODELO: Esperanza
Sueño lindo
Amar, animar, asegurar
Un mundo feliz y justo
Sueño

¿CÓMO LE VA CON ESTOS PUNTOS CLAVE?

D — DESCRIBIR
C — COMPARAR
P — PASADO
R — RECCIONAR / RECOMENDAR
G — GUSTOS
H — HIPÓTESIS
F — FUTURO

A. Prueba diagnóstica

Complete los espacios en blanco con la forma apropiada de la palabra en paréntesis para ver como le va con las metas comunicativas. **¡OJO!** A veces hay que elegir entre dos palabras o transformar los verbos en adjetivos.

Gabriela Ruiz y su madre _____[1] **(estar)** muy contentas cuando _____[2] **(saber)** que ella _____[3] **(ser/estar)** aceptada a su universidad _____[4] **(preferir)** en Oregón. Durante el colegio, Gabriela _____[5] **(ser/estar)** una estudiante diligente y trabajadora; _____[6] **(ser/estar)** _____[7] **(involucrar)** en muchas actividades extra curriculares. Cuando su madre le recomendó que _____[8] **(considerar)** la idea de tomar un año libre en vez de asistir a la universidad inmediatamente, a Gabriela no _____[9] **(gustar)** la idea. Pero poco a poco _____[10] **(darse)** cuenta de que no _____[11] **(estar)** tan lista para empezar su carrera universitaria _____[12] **(que/como)** pensaba. Entonces _____[13] **(decidir)** ir a Nicaragua para mejorar su español y cargar las pilas.

Ahora Gabriela _____[14] **(ser/estar)** en Managua donde _____[15] **(hacer)** de voluntaria más _____[16] **(que/de)** treinta horas por semana en un orfanato para niños minusválidos.[a] A través de Skype, cada semana, _____[17] **(llamar)** a su mentora, la directora de una escuela para niños discapacitados en los Estados Unidos donde _____[18] **(trabajar)** de voluntaria cuando _____[19] **(ser/estar)** en la secundaria. Así que desde su segunda semana allí, la directora _____[20] **(observar)** a tres niños cada semana, _____[21] **(evaluar)** su situación y le _____[22] **(dar)** a Gabriela recomendaciones. Trabajar en el orfanato _____[23] **(ser)** una experiencia extraordinaria para Gabriela. La verdad es que si _____[24] **(poder)**, _____[25] **(volver)** cada verano para trabajar con estos niños. Con esta experiencia tan impactante en Nicaragua, Gabriela sabe que cuando _____[26] **(regresar)** a sus estudios, _____[27] **(especializarse)** en educación especial internacional. Actualmente, _____[28] **(ser/estar)** muy _____[29] **(agradecer)** de que su madre la _____[30] **(animar)** a esperar antes de asistir a la universidad.

[a]*disabled*

B. Autoevaluación

Complete la autoevaluación de su progreso en estas metas comunicativas.

META COMUNICATIVA	VERY WELL	SOMEWHAT WELL	NOT WELL
D DESCRIBIR — Descripción	☐	☐	☐
C COMPARAR — Comparación	☐	☐	☐
P PASADO — Narración en el pasado	☐	☐	☐
R REACCIONAR / RECOMENDAR — Reacción y recomendación	☐	☐	☐
G GUSTOS — Hablar de los gustos y las opiniones	☐	☐	☐
H HIPÓTESIS — Hacer hipótesis	☐	☐	☐
F FUTURO — Hablar del futuro	☐	☐	☐

Gabriela trabaja con un niño nicaragüense.

Ojo

If you are still having trouble with these **Metas comunicativas,** you can complete (or redo) the LearnSmart modules for this chapter for additional practice.

C. Yo, experto

Mire el siguiente tablero con aspectos interesantes de la cultura centroamericana que se presentaron en este capítulo. Identifique todas las imágenes que pueda. Después, escriba un comentario para por lo menos cuatro imágenes, utilizando cada una de las siguientes metas comunicativas por lo menos una vez:

D DESCRIBIR **C** COMPARAR **P** PASADO **R** REACCIONAR RECOMENDAR **G** GUSTOS **H** HIPÓTESIS **F** FUTURO

LOS PUNTOS CLAVE

D
DESCRIBIR

Descripción

The following grammar summaries on (A) agreement, (B) **ser** and **estar**, (C) past participles used as adjectives, and (D) uses and omission of articles will help you give more accurate descriptions in Spanish.

A. Agreement

Although you learned about subject/verb agreement and noun/adjective agreement when you first started to learn Spanish, you may still have problems with agreement (**concordancia**), especially when the person, place, or thing continues to be alluded to in a longer text. At this point, you are probably able to assign adjectives the correct gender when they are close to the noun they modify, but you may lose sight of the gender if the sentence continues. Note the following examples.

> *Incorrect:* Las rosas amarillas que Javi le dio a Sara eran **bonitos**.
> *Correct:* **Las rosas amarillas** que Javi le dio a Sara eran **bonitas**.

Remember that adjectives agree in number and gender with the nouns they modify. Adjectives ending in **-e** agree in number only (**un chico amable, una chica amable**). The plural is formed by adding **-s** to nouns and adjectives that end in a vowel (**la rosa roja, las rosas rojas**) and **-es** to nouns and adjectives that end in a consonant (**un joven alto, unos jóvenes altos**).

One roadblock to students' mastery of agreement is the existence of words that are not obviously masculine or feminine. The following lists contain some common nouns and rules that should help you.

1. Most nouns that end in **-a** or that refer to females are feminine.

la brisa	la madre	la mujer	la reina

2. Most nouns that end in **-o** or that refer to males are masculine.

el libro	el padre	el rey	el viento

3. Most nouns that end in **-ción, -sión, -d, -z, -ie, -is,** and **-umbre** are feminine.

la actitud	la incertidumbre	la superficie
la canción	la pensión	la universidad
la costumbre	la realidad	la virtud
la crisis	la serie	la voz

4. Most nouns that end in **-l, -n, -r,** and **-s** are masculine.

el amor	el fin	el mes
el árbol	el interés	el papel
el camión	el jamón	el perfil
el color	el lunar	el tenedor

5. Even though they end with **-a,** many words ending in **-ma, -pa,** and **-ta** are masculine.

el clima	el drama	el planeta	el programa
el cometa*	el idioma	el poema	el sistema
el diploma	el mapa	el problema	el tema

6. Feminine nouns that begin with a stressed **a-** or stressed **ha-** use masculine articles when they are singular, but feminine articles when they are plural. Remember that these feminine nouns always use feminine adjectives.

el agua fría	las aguas frías
un alma gemela	unas almas gemelas
un hacha larga	unas hachas largas

   • Note that this rule applies only when the stress is on the first syllable, hence: **la atmósfera, la audición.**
   • Also note that the word **arte** is generally masculine when it appears in the singular and feminine when it appears in the plural, hence: **el arte moderno, las artes gráficas.**

7. Some common words are shortened from their original feminine form. Although the shortened form ends in **-o,** the gender is still feminine.

   la fotografía → la foto   la motocicleta → la moto

8. Many nouns ending in **-e** don't follow any specific gender rules. The gender of these nouns must be memorized. Most nouns ending in **-ante** or **-ente** that refer to a person can be masculine or feminine, depending upon the sex of the person to whom they refer.

el café	el/la estudiante
la gente	el/la gerente

9. Nouns and adjectives ending in **-ista** can be either masculine or feminine, depending on the gender of the person to whom they refer.

el/la artista	el presidente progresista
el/la dentista	la mujer realista
el/la periodista	

10. Finally, there are some nouns that do not follow any of the preceding rules. You will have to memorize their gender as you encounter them. Here are a few you may already know.

la cárcel	la mano	la miel	la sal

¡A practicar!

A. For each of the following words, indicate the number of the corresponding rule of gender found in the preceding explanation.

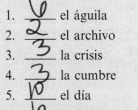

1. __6__ el águila
2. __2__ el archivo
3. __3__ la crisis
4. __3__ la cumbre
5. __10__ el día
6. __10__ la flor

7. __7__ la foto
8. __3__ la luz
9. __10__ la mano
10. __7__ la moto
11. __1__ la mujer
12. __3__ la nariz

13. __4__ el pan
14. __4__ el papel
15. __1__ la playa
16. __3__ la voz

---

*Note that **el cometa** means *comet*, but **la cometa** means *kite*.

B. Indicate the appropriate articles and adjectives for each of the following sentences.

1. _La_ gente de mi barrio es muy _simpática_ (simpático).
2. _Las_ aguas de los dos lagos son _frías_ (frío).
3. _Las_ fotos de mi novio, Francisco, son _bonitas_ (bonito).
4. _El_ problema con _la_ voz de Margarita es que es muy _baja_ (bajo).
5. _Las_ canciones que Leo canta son _fabulosas_ (fabuloso).
6. _La_ crisis con _el_ clima en California es _mala_ (malo).
7. _La_ nariz de Pepe, mi hermano menor, es muy _larga_ (largo).
8. _El_ mapa de _la_ ciudad que queremos visitar es _pequeño_ (pequeño).
9. _El_ sol en las montañas es muy _fuerte_ (fuerte).
10. _Los_ árboles que están en _el_ jardín son _gigantescos_ (gigantesco).

B. Ser and estar

The irregular verbs **ser** and **estar** are used when describing people, places, and things. Here are some of the more common uses of **ser** and **estar**.

SER	ESTAR
1. to express inherent characteristics or the perceived norm with adjectives (I) Eva Perón **era** una mujer **elegante** y **sofisticada**. Ana **es** médica.	1. to express the location of a physical entity (L) **¿Dónde está** el bolígrafo? La foto **está en mi coche.**
2. with **de** to indicate origin (O) José **es de** Costa Rica.	2. to express a condition, such as health, mental state, or a change from the perceived norm (C) La profesora no puede hablar porque **está cansada.** Los niños **estaban** más animados ayer. Mariola, ¡**estás lindísima** hoy!
3. with **de** to indicate possession (PO) Las flores **son de** Camila.	
4. to indicate time (T) and date (D) **Eran las 11:00** cuando Sara llegó. Mañana **es el 15 de septiembre.**	3. to form the progressive (P) El atleta **estaba sudando** (*sweating*) profusamente. María **está estudiando** con Pepe.
5. to express where an event takes place (E) ¿Dónde **es** el examen final? El concierto **es** en ese teatro.	

Note how the use of **ser** or **estar** in the following sentences changes their meaning.

1. La paella **es** muy rica. — *Paella is delicious.* (*It always is.*)
   La paella **está** muy rica. — *The paella tastes delicious.* (*this paella that I'm eating now*)
2. Horacio **es** nervioso. — *Horacio is nervous.* (*He is a nervous person.*)
   Héctor **está** nervioso. — *Héctor is nervous.* (*Something must have happened to make him nervous.*)

3. Susana **es** guapa.   *Susana is pretty. (She's a pretty woman.)*
   Lola **está** muy guapa.   *Lola looks very pretty. (She looks especially pretty today.)*

4. Ramón **es** aburrido.   *Ramón is boring. (He's a boring person.)*
   Pepe **está** aburrido.   *Pepe is bored. (right now)*

5. Paco **es** listo.   *Paco is smart. (He's an intelligent person.)*
   Juana **está** lista.   *Juana is ready. (She's prepared to begin/go.)*

¡A practicar!*

A. Select the correct word or phrase from those given to complete each of the following sentences.

1. La familia de Diego es _____.
(en México, cerca de San Antonio, de México, tristes)

2. Los padres de Sergio estaban _____.
(ricos, de San Francisco, norteamericanos, preocupados)

3. Laura creía que Sara era _____.
(tímida, en otra tienda, llorando, con ella)

4. Sara estaba _____ cuando oyó las noticias.
(joven, tomando un café, cruel, una trabajadora)

5. Javier es _____.
(periodista, en Ruta Maya, frustrado, escribiendo un artículo)

B. Indicate the letter(s) (from the list of common uses of **ser** and **estar** at the beginning of this section) that explain(s) why **ser** or **estar** is used in each of the following sentences.

I = description of inherent characteristics   E = event
O = origin   L = location
PO = possession   C = description of state or condition
T = time   P = progressive
D = date

1. _____ *Soy* de Miami. ¿Y tú?
2. _____ ¿*Está* pensando en mudarse a Puerto Rico?
3. _____ Su casa natal *está* en San Juan.
4. _____ Tengo que irme; ya *son* las 3:30.
5. _____ La reunión *es* en la casa de Cristina.
6. _____ *Estamos* preparados para el examen.
7. _____ *Era* la 1:00 cuando Laura llegó al laboratorio.
8. _____ Ellos *son* de Cuba, pero sus antepasados *eran* de España.
9. _____ La reunión *fue* en la oficina del presidente.
10. _____ *Es* una mujer muy lista y capaz.
11. _____ El coche rojo *es* de Diego.
12. _____ Marisol *estaba* muy contenta de oír la voz de su esposo.
13. _____ *Estuvo* estudiando durante tres horas.
14. _____ Los muebles antiguos *son* de sus abuelos.
15. _____ Hoy *es* el 30 de abril.

---

*There are more practice activities in Connect (www.connectspanish.com) and the *Manual*.

C. Fill in the blanks with the correct form of **ser** or **estar.**

Los cinco amigos viven en Austin, la capital de Texas. Austin _____¹ una ciudad de tamaño mediano, aunque _____² experimentando un gran crecimientoª en la población. Austin _____³ conocido por su actividad en el campo de la música, por eso le gusta a Sergio vivir allí. Muchos de los conciertos _____⁴ en la Calle Seis, que _____⁵ muy cerca del centro de la ciudad. Uno de los lugares más tradicionales para ir a escuchar nueva música _____⁶ el Continental Club. A veces toca allí un grupo de música cubana que se llama «Son Yuma». Bueno, en realidad los músicos de este grupo _____⁷ estudiantes de los Estados Unidos. Pero los muchachos _____⁸ muy dedicados; el año pasado fueron a Cuba a estudiar con músicos cubanos para perfeccionar su estilo. La chica que canta con ellos tiene una voz increíble. Ella _____⁹ de Dallas, pero su español _____¹⁰ tan bueno que parece _____¹¹ cubana. Este viernes, el grupo presentará un concierto de nueva música. El concierto _____¹² en el Club Palmeras, una salsateca importante. El club _____¹³ de un primo de uno de los músicos. Los miembros del grupo _____¹⁴ muy emocionados porque va a _____¹⁵ un promotor musical de Nueva York para escucharlos. También _____¹⁶ nerviosos, pero _____¹⁷ seguro que todo saldrá bien.

ª*growth*

C. Past participles used as adjectives

The past participle can be used as an adjective to modify a noun. This type of adjective is frequently used with **estar,** as it often describes the state or condition that results from an action or change. Remember that the rules of agreement apply.

- Regular past participles are formed by adding **-ado** to the stem of **-ar** verbs and **-ido** to the stem of **-er** and **-ir** verbs.

  Laura está **frustrada** con Sara. (frustrar)
  Diego y Sergio estaban **sorprendidos** porque había tanta gente en el café aquel día. (sorprender)
  Javier estaba **dormido** durante la reunión porque era **aburrida.** (dormir, aburrir)

- Some verbs have irregular past participles, whereas others simply add a written accent to maintain the appropriate stress.

COMMON IRREGULAR PAST PARTICIPLES		ADDED ACCENT
abrir: abierto	morir: muerto	caer: caído
cubrir: cubierto	poner: puesto	creer: creído
decir: dicho	resolver: resuelto	leer: leído
descubrir: descubierto	romper: roto	oír: oído
escribir: escrito	ver: visto	traer: traído
hacer: hecho	volver: vuelto	

¡A practicar!

Fill in the blanks with the appropriate form of the past participle of the verbs in parentheses.

Cuando Laura llegó a su laboratorio el domingo pasado, se llevó una sorpresa. La puerta, que normalmente está _____¹ (cerrar) con llave, estaba _____² (abrir). Con mucha precaución, Laura entró en el laboratorio y descubrió que todo estaba _____³ (hacer) un desastre. Había muchas probetasª _____⁴ (romper) y papeles _____⁵ (tirar) por el piso, y algunos de los ratones de prueba estaban _____⁶ (morir). Otras jaulas,ᵇ de algunos animales que se habían escapado, estaban _____⁷ (abrir). Laura llamó inmediatamente a la policía. Era obvio que alguien había entrado en el laboratorio maliciosamente, tal vez con la intención de robar algo. Y qué lástima porque el trabajo de muchas personas estaba totalmente _____⁸ (perder). Hasta hoy, el caso no está _____⁹ (resolver) todavía.

ª*test tubes* ᵇ*cages*

D. Uses and omission of articles

DEFINITE ARTICLES

In Spanish, the definite article (**el/la/los/las**) is necessary in many cases in which no article is used in English. Although you will find exceptions, the following rules will serve as a general guideline to help you decide whether or not to use the definite article.

1. The definite article is needed before nouns that refer to concepts and abstract things and to nouns used in a general sense.

El amor nos ayuda a sobrevivir.   *Love helps us to survive.*
Los deportes son importantes para **la gente joven.**   *Sports are important for young people.*
El dinero puede causar problemas en vez de resolverlos.   *Money can cause problems instead of solving them.*

2. The definite article is used with nouns that refer to a general group.

La gente sin recursos necesita nuestra ayuda.   *People without resources need our help.*
Los inmigrantes han aportado mucho a nuestro país.   *Immigrants have contributed a lot to our country.*

3. The definite article is used for dates, seasons, meals, and hours.

Vamos a México **el 3 de enero** para pasar **el invierno** en la playa.   *We're going to Mexico on January third to spend the winter at the beach.*
Sirven **la cena** a eso de **las 8:00** de **la noche.**   *They serve dinner at about 8:00 P.M.*

4. The definite article is used in place of a possessive adjective for parts of the body and clothing.

Me puse **las sandalias** para ir a la playa.   *I put on my sandals to go to the beach.*
Rafael se lavó **la cara** con agua fría para despertarse.   *Rafael washed his face with cold water to wake up.*

5. The definite article precedes most professional titles or titles of respect, including **señor(a) (Sr[a].)** and **doctor(a) (Dr[a].)** when talking about people. The masculine plural article **los** is used with the singular surname when referring to a family.

La Sra. Romo fue a ver **al Dr.** Peña.   *Mrs. Romo went to see Dr. Peña.*
Los Rivera y **los Smith** son amigos.   *The Riveras and Smiths are friends.*

6. The definite article is used before names of sciences, skills, school subjects, and languages when they are the subjects of a sentence or the object of a preposition other than **de** or **en.** When languages are objects of a verb, the article is not used.

El español es mi clase favorita, pero tengo problemas con **la conjugación** de los verbos.   *Spanish is my favorite class, but I have problems with verb conjugations.*
but No estoy muy interesado en **química.**   *I'm not very interested in chemistry.*
El libro de **alemán** cuesta más de 40 dólares.   *The German book costs more than $40.00.*
Estoy tomando **historia, matemáticas** y **español.**   *I'm taking history, math, and Spanish.*

7. The definite article is used with **cama, cárcel, colegio, escuela, guerra, iglesia,** and **trabajo** when they are preceded by a preposition.

Si vuelves de **la escuela** antes de las 3:30, todavía estaré en **la iglesia.**   *If you return from school before 3:30, I will still be in church.*

8. The masculine singular definite article **el** forms a contraction with the prepositions **de** and **a.** These are the only such contractions in Spanish.

No encuentro las llaves **del coche.**   *I can't find the car keys.*
but No encuentro las llaves **de la casa.**   *I can't find the house keys.*

Ayer fui **al centro comercial** para comprar zapatos.   *Yesterday I went to the mall to buy shoes.*
but Ayer fui **a la zapatería,** pero no me gustaron los precios de allí.   *Yesterday I went to the shoe store, but I didn't like the prices there.*

D

DESCRIBIR

In Spanish, the indefinite article (**un/una/unos/unas**) is used less frequently than in English. Therefore, the rules in Spanish deal mostly with the omission of the article.

1. No indefinite article is used after the verb **ser** when referring to professions, nationalities, or political and religious affiliations. But whenever these items are modified by an adjective, the indefinite article must be used.

No quiere ser **administradora.** She doesn't want to be an administrator.
Era republicano, pero ahora es **un demócrata** He was a Republican, but now he's a fervent
apasionado. Democrat.

2. No indefinite article is used before **otro/a, medio/a, cierto/a, mil, cien,** or **ciento.**

No hay **otra manera** de hacer la receta excepto con There's no other way to make the recipe except
media libra de tomates frescos. with a half pound of fresh tomatoes.
El libro cuesta **mil** ciento cincuenta **pesos.** The book costs one thousand one hundred fifty
pesos.

¡A practicar!

For the following narration, indicate the appropriate definite or indefinite article, according to the context of the story. **¡OJO!** In some cases, no article is required.

_____¹ primo de Sara es _____² maestro en _____³ escuela secundaria cerca de _____⁴ frontera[a] entre España y Portugal. Enseña _____⁵ inglés y _____⁶ matemáticas. En total tiene _____⁷ cien estudiantes de _____⁸ inglés y _____⁹ ciento veinte estudiantes de _____¹⁰ matemáticas.

_____¹¹ Sr. Garrudo es _____¹² jefe de estudios[b] de _____¹³ secundaria e insiste en que _____¹⁴ maestros lleguen _____¹⁵ hora antes de que empiecen _____¹⁶ clases para hablar sobre _____¹⁷ mejor manera de ayudar a _____¹⁸ estudiantes con _____¹⁹ problemas de _____²⁰ aprendizaje.[c] Es _____²¹ administrador comprensivo y dedicado a_____²² desarrollo académico y psicológico de _____²³ estudiantes de su escuela. Él cree de todo corazón[d] que _____²⁴ dedicación, _____²⁵ paciencia y _____²⁶ amor son _____²⁷ componentes necesarios para asegurar[e] _____²⁸ éxito[f] de todos _____²⁹ estudiantes.

[a]*border* [b]*jefe... principal* [c]*learning* [d]*de... wholeheartedly* [e]*ensure* [f]*success*

Comparación

When describing people, places, things, emotions, and actions, we often compare them with others that are the same or different. In this section, you will review (A) comparisons of equality, (B) comparisons of inequality, (C) irregular comparative forms, and (D) superlatives.

A. Comparisons of equality

When you compare people, places, and things that are equal, use the following formulas.

1. **tan** + *adjective* + **como** (Note that the adjective always agrees with the noun it modifies.)

   Laura es **tan lista como** Sergio.
   Javi y Jacobo son **tan ambiciosos como** su padre.

2. **tan** + *adverb* + **como**

   Javier habla **tan rápidamente como** Sara.
   Laura duerme **tan profundamente como** Sara.

3. **tanto/a/os/as** + *noun* + **como** (Note that **tanto** agrees in number and gender with the noun it modifies.)

   Su tío tiene **tanto dinero como** su padre.
   Cristina ha traído **tantos regalos como** Diego.
   Marisol tiene **tantas amigas como** Sean.

4. *verb* + **tanto como**

   Felipe **gasta tanto como** yo.
   Jorge no **come tanto como** su hermano.

B. Comparisons of inequality

When you compare people, places, or things that are not equal, use the following formulas.

1. **más/menos** + *adjective, adverb,* or *noun* + **que**

   Marisol estaba **más contenta** con el Hotel Regina **que** tú.
   Uds. viajan **más frecuentemente que** nosotros.
   Este plan tiene **menos actividades que** el otro.

2. *verb* + **más/menos** + **que**

   Pablo siempre **paga menos que** Roberto.
   Por lo general, los europeos **fuman más que** los norteamericanos.

3. **más/menos** + **de** + *number*

   El viaje a Madrid le costará **menos de 1.000 dólares.**
   Hay **más de 55 personas** apuntadas (*signed up*) para esta excursión.

C. Irregular comparative forms

Some adjectives have an irregular comparative form.

(buen, bueno/a) mejor	*better*	(viejo/a) mayor	*older; greater*
(mal, malo/a) peor	*worse*	(joven) menor	*younger; lesser*

Esta clase es **mejor que** la del semestre pasado.
Carolina es **menor que** Sara pero **mayor que** Claudia.
Los efectos del terremoto (*earthquake*) son **peores que** los del huracán.

D. Superlatives

Superlative comparisons rank one member of a group as the highest or lowest example of its kind. In general, superlatives are formed as follows.

> *definite article* + *noun* + **más/menos** + *adjective* + **de**
>
> Pancho es **el estudiante más entretenido** (*entertaining*) **de** todos.

¡OJO! Irregular forms precede the noun in this type of comparison. **Más/menos** is not used in these constructions.

> Dormir en la playa es **la peor idea del** mundo porque hay muchos mosquitos.

¡A practicar!*

A. Write comparisons in complete sentences, using your imagination, the clues given, and the information from the following chart.

NOMBRE	EDAD	HERMANOS	SALARIO	COCHE
Javier	28	1	$2.000/mes	1990 Volkswagen
Laura	27	3	$1.200/mes	2004 Toyota Prius
Diego	32	3	$6.000/mes	Mercedes Benz

1. Laura / Diego / tener hermanos
2. Laura / Javier / joven
3. el coche de Javier / el coche de Laura / bueno
4. Diego / Javier / ganar dinero
5. Javier / Laura / rico
6. Laura / Diego / salir a comer
7. Javier / Diego / tomar el autobús

B. Express your opinion by writing two comparisons: **(a)** compare two in each group with a comparison of equality or inequality, and **(b)** compare one with respect to the entire group in the form of a superlative.

1. Pink / Lady Gaga / Nicki Minaj (llamativo/a)

   a. _____

   b. _____

2. Donald Trump / Oprah Winfrey / Mark Zuckerberg (ambicioso/a)

   a. _____

   b. _____

3. «The Bachelor» / «The Biggest Loser» / «Dancing with the Stars» (degradante)

   a. _____

   b. _____

4. las chalupas / las enchiladas / los tacos (bueno/a)

   a. _____

   b. _____

---

*There are more practice activities in Connect (www.connectspanish.com) and the *Manual*.

Narración en el pasado

Narrating in the past requires that you know the past-tense verb forms and that you study and practice using the preterite, the imperfect, the present perfect, and the pluperfect tenses. To help you master this **meta comunicativa,** this section contains (A) a review of the verb forms for the preterite and imperfect; (B) hints for understanding the relationship and differences between them through the use of the **carne/columna** metaphor, an explanatory chart, and symbols to show how events take place in time and in relation to each other; (C) a list of verbs with different meanings in the preterite and imperfect; (D) a review of the present perfect and pluperfect tenses; and (E) **hace... que** constructions.

A. Formation of the preterite and imperfect

1. Preterite forms

Here is a review of preterite verb forms, including high-frequency irregular forms.

REGULAR PRETERITE FORMS					
HABLAR:	hablé	hablaste	habló	hablamos	hablasteis	hablaron
COMER:	comí	comiste	comió	comimos	comisteis	comieron
VIVIR:	viví	viviste	vivió	vivimos	vivisteis	vivieron

IRREGULAR PRETERITE FORMS					
DAR:	di	diste	dio	dimos	disteis	dieron
DECIR:	dije	dijiste	dijo	dijimos	dijisteis	dijeron
ESTAR:	estuve	estuviste	estuvo	estuvimos	estuvisteis	estuvieron
HACER:	hice	hiciste	hizo*	hicimos	hicisteis	hicieron
IR:†	fui	fuiste	fue	fuimos	fuisteis	fueron
PODER:	pude	pudiste	pudo	pudimos	pudisteis	pudieron
PONER:	puse	pusiste	puso	pusimos	pusisteis	pusieron
QUERER:	quise	quisiste	quiso	quisimos	quisisteis	quisieron
SABER:	supe	supiste	supo	supimos	supisteis	supieron
SER:†	fui	fuiste	fue	fuimos	fuisteis	fueron
TENER:	tuve	tuviste	tuvo	tuvimos	tuvisteis	tuvieron
TRAER:	traje	trajiste	trajo	trajimos	trajisteis	trajeron
VENIR:	vine	viniste	vino	vinimos	vinisteis	vinieron

- Verbs that end in **-car, -gar,** and **-zar** show a spelling change in the first-person singular of the preterite.

  buscar: busqué, buscaste, buscó,...
  pagar: pagué, pagaste, pagó,...
  empezar: empecé, empezaste, empezó,...

- An unstressed **-i-** between two vowels becomes **-y-** in the preterite.

  creer: creió → creyó   leer: leió → leyó
        creieron → creyeron   leieron → leyeron

---

*The **-c-** in the preterite stem is replaced here with **-z-** to maintain the [s] sound ([θ] in Spain).

†Note that **ir** and **ser** share the same preterite forms. Context will determine meaning: **Mis tíos fueron a Londres para las vacaciones. Hace mucho tiempo que los dos fueron maestros.**

- Although **-ar** and **-er** stem-changing verbs have no stem change in the preterite (**me acuesto → me acosté; pierde → perdió**), **-ir** stem-changing verbs do have a change in the preterite, but only in the third-person singular and plural. Thus, the stem vowels **e** and **o** change to **i** and **u,** respectively. You will notice in the *Punto y aparte* program that some verbs are listed with two sets of letters in parentheses.

conseguir (i, i)   divertirse (ie, i)   dormir (ue, u)

- The first set of letters indicates a stem change in the present tense and the second set represents a change in both the preterite and the present participle.

PRETERITE FORMS OF STEM-CHANGING VERBS

Verbs Like PEDIR (i, i)		Verbs like DORMIR (ue, u)	
PRESENT	PRETERITE	PRESENT	PRETERITE
pido	pedí	duermo	dormí
pides	pediste	duermes	dormiste
pide	pidió	duerme	durmió
pedimos	pedimos	dormimos	dormimos
pedís	pedisteis	dormís	dormisteis
piden	pidieron	duermen	durmieron
PRESENT PARTICIPLE		PRESENT PARTICIPLE	
pidiendo		durmiendo	

2. **Imperfect forms**

Here is a review of regular and irregular imperfect forms. Please note that there are only three irregular verbs in the imperfect.

REGULAR IMPERFECT FORMS

HABLAR:	hablaba	hablabas	hablaba	hablábamos	hablabais	hablaban
COMER:	comía	comías	comía	comíamos	comíais	comían
VIVIR:	vivía	vivías	vivía	vivíamos	vivíais	vivían

IRREGULAR IMPERFECT FORMS

IR:	iba	ibas	iba	íbamos	ibais	iban
SER:	era	eras	era	éramos	erais	eran
VER:	veía	veías	veía	veíamos	veíais	veían

B. Using the preterite and imperfect

A general rule of thumb to help you understand the distinction between the preterite and the imperfect is that the preterite is used to report events that were completed in the past. The focus may be on the beginning of an event (**empezó a llorar**), the end of an event (**terminó de escribir el informe**), or on the totality of an event from beginning to end (**compró otro coche**). On the other hand, when the focus is on an action that was in progress, with no concern for when it started or ended, the imperfect is used. Think of the preterite verbs as those that move the story line forward (the backbone of the story) and the imperfect as the descriptive filler (the flesh) used to enhance the listener's ability to picture more fully the circumstances of the past event being described. This distinction will be presented in three ways: (1) as a metaphor to guide you as you analyze and create past-tense discourse, (2) as a general explanation of when to use the preterite or the imperfect, and (3) as an explanation of how events take place in time.

1. **The metaphor***

   The backbone/flesh metaphor can help you understand the relationship between the preterite and the imperfect. Think of the backbone (**la columna**) as the information that moves a story forward, a series of completed actions (preterite). As each event ends (represented with an **X**), a new event begins, which in turn moves the story forward in time. Notice that, in the events narrated below, each preterite verb moves the story line forward from the point of Santiago's waking up to the point of his leaving. The preterite is the backbone of the story.

Santiago se despertó temprano.	X X	
Comió rápidamente.	X X	
Salió corriendo de la casa.	X X	backbone
Llegó a la oficina a las 8:00.	X X	(**la columna**)
Firmó el documento.	X X	
Salió para Lima.	X X	

   Verbs in the imperfect do not introduce new events into the story and therefore do not move the story line forward. The imperfect stops the story line to fill in descriptive details or to "flesh out" the story. Hence the reference to the imperfect as the flesh (**la carne**) of the story. Note how the imperfect adds details.

FLESH (**LA CARNE**)	BACKBONE (**LA COLUMNA**)	FLESH (**LA CARNE**)
	Santiago se despertó temprano.	Era una mañana lluviosa.
	X ↓	~~~~~~
	Comió rápidamente.	No tenía mucha hambre.
	X ↓	
Quería llegar temprano.	Salió corriendo de la casa.	Estaba un poco nervioso.
	X ↓	~~~~~~
~~	Llegó a la oficina a las 8:00.	Su jefe lo esperaba.
	X ↓	~~~~~~
Temblaba un poco.	Firmó el documento.	Tenía que ser valiente.
~~	X ↓	~~~~~~
	Salió para Lima.	

---

*This metaphor was devised and articulated by Dr. Ruth Westfall of the University of Texas at Austin.

Notice how the imperfect refers to a time specified by the preterite story line.

- At the time he woke up, it was a rainy morning.
- At the time of eating, he wasn't very hungry.
- He ran from his house because he wanted to arrive early. At the time of leaving, he was feeling a little nervous.
- At the time of his arrival at the office, his boss was waiting for him.
- He was shaking at the time of signing the document, but he had to be brave.
- Then he left for Lima.

This metaphor can be very helpful as you create your own stories in the past, and it is also helpful in analyzing existing texts in Spanish. Read the following narrative. On a separate sheet of paper, indicate the **columna** and the **carne** found in the narration, using the previous example as a model.

El año pasado, Sara fue a Andalucía para pasar las vacaciones de primavera. Hacía muy buen tiempo. El sol brillaba[1] cada día. Primero, Sara paró en Granada, donde visitó la Alhambra. Era un lugar impresionante. Tenía vistas increíbles. Después, se marchó[2] a Sevilla para ver la famosa Semana Santa. Había flores por todas partes y las calles estaban llenas de gente. Decidió entonces volver allí para hacer un reportaje para la emisora de radio.

[1]*was shining*   [2]*se... se fue*

This metaphor can also be very useful when you are reading a text in Spanish. If you are confused about what happened in a particular passage, try focusing only on the preterite verbs, so you get the backbone of the story. Each verb in the preterite accounts for the forward movement of the narrative.

2. **Usage chart**

Here is a brief summary of some of the more common uses of the preterite and the imperfect.

PRETERITE X	IMPERFECT ～～～
completed action **Fui** al concierto. Me **puse** furiosa y **decidí** irme. El picnic **terminó** cuando **empezó** a llover.	*progression of an action with no focus on beginning or end* Lo **leía** con gran interés. **Dormía** tranquilamente. Mientras su padre **trabajaba,...**
completed actions in succession Se **levantó, comió** y **llamó** a Ana.	*habitual action* Siempre **comía** rápidamente.
completed action within a specific time period **Estudié** por dos horas anoche. **Vivió** cuatro años en Madrid.	*description of physical and emotional states, including past opinions and desires* El chico **era** alto y delgado. **Tenía** miedo de todo. **Quería** escaparse.
summary or reaction statement **Fue** un verano perfecto.	*background information such as time, weather, and age* **Eran** las 2:00 de la tarde y ya **hacía** frío. En 1978, ella **tenía** 13 años.

3. **Uses of the preterite: expansion**

a. *Completed action.* Completed actions may refer to events that happened and ended quickly: *Se sentó* **en el sillón y** *cerró* **los ojos.** They may refer to the beginning or end of an action: *Decidió* **investigarlo.** *Terminaron* **la investigación.** Or they may refer to actions that started and ended in the past: *Limpió* **la casa entera.**

b. *Completed actions in succession.* The preterite is used for a series of actions, in which one ended before the other began: *Tomó* **el desayuno,** *limpió* **la casa y** *cortó* **el césped** (*grass*). In this example, each action had a definite beginning and a definite end.

c. *Completed action within a specific time period.* The preterite is used to describe an event that took place within a closed interval of time: **Diego** *estudió* **en Monterrey por cuatro años.** (He studied there during a closed interval of time—four years.)

d. *Summary or reaction statement.* The preterite is also used in a summary statement or a reaction to a series of events packaged as a whole: **¿Qué tal la película? Me** *encantó.* **¡***Fue* **fenomenal!** (overall reaction to the movie as a whole); **¿Qué tal el viaje?** *Fue* **maravilloso.** (The whole trip was wonderful.)

4. **Uses of the imperfect: expansion**

a. *Progression of an action with no focus on the beginning or end.* The imperfect is used to express what was in the process of happening at a given moment of the story in the past.

| Elena **preparaba** la comida mientras su esposo **bañaba** a los niños. | Elena was preparing the meal while her husband was bathing the children. (beginning and end of both actions not specified) |

b. *Habitual action.* The imperfect is used to describe an activity that used to occur in the past when no definite length of time is mentioned.

→ indicates that it's probably not "was listening", but "used to"

| Siempre **escuchaba** su música favorita en la sala. | She (always) used to listen to her favorite music in the living room. (habitual action) |

c. *Description of physical and emotional states, including past opinions and desires.* The imperfect is also used to describe characteristic states in the past.

| **Llevaba** un traje elegante. **Estaba** guapísimo, pero **estaba** muy nervioso. | He wore an elegant suit. He was looking extremely handsome, but he was very nervous. (description of his physical and mental states) |
| **Quería** aprender más… | He wanted to learn more . . . (His desire was ongoing in the past.) |

d. *Background information such as time, weather, and age.* The imperfect is used to set the scene by giving background information.

| **Era** una noche oscura. | It was a dark night. (background information) |

- Note that the imperfect can also be used to refer to the future in a past statement.

| Me dijo que **iba** a romper con Diego. | She told me she was going to break up with Diego (in the near future). |
| Afirmó que **venía** a la fiesta. | He stated that he was coming to the party. |

5. How events take place in time

You may use the following symbols to help you remember the usage of the preterite and the imperfect in Spanish.

At a specific point in time
Decidió mudarse.

X

Continuous, in progress
De niño, **tocaba** el piano.

~~~~~~

Sequential
Hice las tortillas, **cené** y **lavé** los platos.

X X X

Continuous, interrupted by another action
Me **bañaba** cuando **sonó** el teléfono.

~~~X~~~

¡A practicar!*

A. In this exercise you will work only with the four uses of the preterite listed in Section 3 (p. 221). For each verb in *magenta italics* indicate which type of completed action is being expressed by giving the appropriate letter: (a) completed actions, (b) completed actions in succession, (c) completed actions within a specific time period, (d) summary or reaction statement. Study the explanations again, if you wish.

1. Marisol y Sean *abrieron* __a__ el café Ruta Maya en 1989.
2. El día que *inauguraron* __c__ el café *fue* __d__ fenomenal para ellos.
3. Todos sus amigos *llegaron* __b__, *tomaron* __b__ café y los *felicitaron* __b__.
4. La madre de Marisol no *pudo* ____ asistir, pero *trató* __a__ de llamarla durante todo el día.
5. En 1994, *celebraron* __c__ el quinto aniversario del café; la madre de Marisol los *sorprendió* ____ y *llegó* __a__ sin avisarlos.
6. *Fue* __a__ una sorpresa muy especial.
7. ¡La celebración *duró* __c__ tres días!

B. In this exercise you will work only with the four uses of the imperfect mentioned in Section 4 (p. 221). For each verb in *magenta italics* indicate which type of ongoing activity or state is being described by giving the appropriate letter: (a) no focus on beginning or end, (b) habitual action, (c) description of physical and emotional states, (d) background information. Study the explanations again, if you wish.

including past opinions/desires

1. El día de la apertura (*opening*) de Ruta Maya, Marisol *sentía* __c__ un orgullo tan grande que no *podía* __a__ contenerlo.
2. *Era* __d__ un día perfecto. El sol *brillaba* __d__, pero no *hacía* __d__ demasiado calor.
3. Sean *limpiaba* __a__ el nuevo bar mientras Marisol *preparaba* __a__ las bebidas para la fiesta.
4. Marisol *llevaba* __c__ un vestido nuevo y Sean le dijo que *estaba* __c__ muy guapa.
5. Siempre *encendían* __b__ unas velas especiales antes de cualquier ocasión importante.
6. Los dos *pensaban* __c__ que su nuevo café *iba*† a ser un gran éxito.

---

*There are more practice activities in Connect (www.connectspanish.com) and the *Manual*.
†Remember that the imperfect may be used to refer to the future in a past statement. None of the four uses of the imperfect as stated readily applies in this case.

C. Verbs with different meanings in the preterite and imperfect

The meanings of the following verbs change depending on whether they are used in the preterite or the imperfect.

	PRETERITE X *(action point)*	IMPERFECT ~~~ *(ongoing)*
conocer	*to meet* Por fin, los amigos **conocieron** a la madre de Javier. *Finally, the friends met Javier's mother.*	*to know, be acquainted with* Todos **conocían** la tienda de Diego. *Everyone was acquainted with Diego's store.*
saber	*to find out* **Supieron** la noticia. *They found out the news.*	*to know (facts)* **Sabían** que ella venía. *They knew that she was coming.*
⭐ *poder*	*to be able to (to try and to succeed)* **Pudieron** subir a la cima de la montaña. *They were able (tried and succeeded) to climb to the top of the mountain.*	*to be able to (no knowledge of attempt or success)* Dijo que **podía** bailar bien. *He said he could dance well. (no indication of attempt or success, only of his self-declared ability)*
no poder	*to try but fail* **No pudo** traducirlo. *He couldn't (tried but failed to) translate it.*	*to be incapable of* **No podía** traducirlo. *He wasn't capable of translating it. (no indication of attempt or success)*
querer	*to try (but ultimately not achieve)* *(to act upon your desire)* **Quisimos** comprarlo. *We tried to buy it (but weren't able to for some reason).*	*to want* *(to desire)* **Queríamos** comprarlo. *We wanted to buy it.*
no querer	*to refuse* **No quiso** terminar. *She refused to finish.*	*not to want* **No quería** terminar. *She didn't want to finish.*
tener	*to receive* **Tuvo** dos cartas hoy. *He received two letters today.* *(action point)*	*to have* **Tenía** mucho tiempo libre. *He had a lot of free time.* *(ongoing state)*
⭐ *tener que*	*to have to (and to do)* Laura **tuvo que** ir al médico. *Laura had to go (and went) to the doctor.* *(action point)*	*to have the obligation to* Estaba preocupada porque **tenía que** estudiar. *She was worried because she had (the obligation) to study.* *(ongoing)*
costar	*to cost, be bought for* El suéter **costó** 150 pesos. *The sweater cost (and I bought it for) 150 pesos.*	*to cost, be available for* El abrigo **costaba** 500 pesos. *The coat cost (was priced at) 500 pesos.*

¡A practicar!*

A. Complete the following sentences with the appropriate form of the preterite or imperfect of the verb in parentheses, noting alongside each sentence why you choose the preterite or imperfect. Follow the model.

Preterite (P): (a) completed actions, (b) completed actions in succession, (c) completed actions within a specific time period, (d) summary or reaction statement

Imperfect (I): (a) no focus on beginning or end, (b) habitual action, (c) description of physical and emotional states, (d) background information

MODELO: Los padres de Sara _se mudaron_ (mudarse) a Salamanca en 1978. ___P:a___

1. Sara __vivió__ (vivir) en Salamanca de 1978 a 1995. __P:c__
2. Antes __vivía__ (vivir) en un pueblo cerca de Portugal. __I:a__
3. Su apartamento en Salamanca __era__ (ser) pequeño pero muy acogedor (*cozy*). __I:c__
4. Casi todos los días, __tomaba__ (tomar) su cafecito en el bar de abajo. __I:b__ below
5. Un día mientras __desayunaba__ (desayunar), __recibió__ (recibir) la noticia de su beca (*scholarship*). __I:d; P:a__
6. Cuando su hermana lo __supo__ (saber), __lloró__ (llorar). Pero le __dijo__ (decir) que __quería__ (querer) lo mejor para ella. __P:a,a,a; I:c__
7. Sara __fue__ (ser) a Madrid tres veces para arreglar sus papeles. __P:a__ to arrange/settle (to fix)
8. La última vez que __estaba__ (estar) en Madrid, __había__ (haber) una larga cola y __tuvo__ (tener) que esperar mucho tiempo. __I:c, d; P:a__
9. Desafortunadamente, __llevaba__ (llevar) tacones altos (*high heels*). __I:c__
10. __Fue__ (Ser) un día horrible para ella. __P:d__

B. Complete each blank with the appropriate preterite or imperfect form of the verb in parentheses.

Cuando Sergio __era__ [1] (ser) joven, __iba__ [2] (ir) todos los veranos con su familia a México para visitar a la familia de su madre. Siempre = Imp. Siempre le __gustaba__ [3] (gustar) ver a sus primos, tíos y abuelos y pasar tiempo con In Eng. I ellos. Además, su abuela __era__ [4] (ser) una cocinera excelente y a Sergio le __encantaba__ [5] (encantar) su comida. would use Una vez, cuando Sergio __tenía__ [6] (tener) 10 años, la familia entera __fue__ [7] (ir) a pasar tres meses en present tense Acapulco. Sus padres y sus tíos __alquilaron__ [8] (alquilar) una casa enorme cerca de la playa. Acapulco __era__ [9] here; be (ser) una ciudad lindísima y/e __hacía__ [10] (hacer) muy buen tiempo, así que los primos __podía__ [11] (poder) cautious of assuming! ir a la playa casi todos los días. Desafortunadamente, un día Sergio __supo__ [12] (saber) que su otra abuela, la madre de su papá que __vivía__ [13] (vivir) en Boston, __estaba__ [14] (estar) enferma. El padre de Sergio __tenía__ [15] (tener) que ir a Boston urgentemente. Sergio __quería__ [16] (querer) que su padre se quedara, pero también __estaba__ [17] (estar) preocupado por su abuelita. Cuando por fin Sergio y su madre __estaba__ [18] (estar) listos para salir, todos __se sentían__ [19] (sentirse) tristes. A pesar de la enfermedad de su abuela paterna, Sergio lo __pasó__ [20] (pasar) muy bien ese verano. __Fueron__ [21] (ser) unas vacaciones inolvidables.

(very pretty) *(store/rent)* *(in spite of/ despite)*

D. The present perfect and pluperfect

1. Formation

The present perfect and pluperfect tenses are formed by combining the auxiliary verb **haber** and the past participle (for a review of past participles, see Section C of **Descripción** [p. 212]). In contrast to the past participle used as an adjective, the past participle in these tenses never changes in number or gender.

PRESENT PERFECT		PLUPERFECT	
he vivido	hemos vivido	había hecho	habíamos hecho
has vivido	habéis vivido	habías hecho	habíais hecho
ha vivido	han vivido	había hecho	habían hecho

---

*There are more practice activities in Connect (www.connectspanish.com) and the *Manual*.

2. **Usage**

- The present perfect expresses an action that began in the past and has relevance to the present.

  ¡Qué sorpresa! Sara **ha terminado** el examen antes que los otros. Los padres de Sara **han decidido** ir a los Estados Unidos para pasar la Navidad con ella.

- On the other hand, the pluperfect expresses an action that had already happened before another action took place in the past.

  Javi nos dijo que **había trabajado** ocho días seguidos antes de tomar un descanso.
  Javier ya **había salido** de Ruta Maya cuando Sara llamó por él.

¡A practicar!*

A. Since the five friends in Austin met, some changes have occurred in their lives. Complete the following sentences with the appropriate present perfect form of the verb in parentheses.

1. Sergio ha conseguido (conseguir) un contrato con Santana.
2. Javier ha rompido (romper) con su novia.
3. Laura no ha volvido (volver) a ver a Manuel en el Ecuador.
4. Diego ha tenido (tener) mucho éxito con Tesoros.

B. Complete the following sentences with the appropriate pluperfect form of the verb in parentheses to indicate that the actions took place before the change mentioned in **Actividad A.**

1. Antes de trabajar con Santana, Sergio _____ (trabajar) con grupos poco conocidos.
2. Antes de romper con su novia, Javier _____ (soñar) con tener relaciones duraderas.
3. Antes de volver a los Estados Unidos, Laura le _____ (prometer) a Manuel que volvería a Quito dentro de tres meses.
4. Antes de tener éxito en su negocio, Diego _____ (hacer) una inversión (*investment*) muy grande.

E. Hace... que

1. To express that an action *has been going on* over a period of time and is still going on, use the phrase **hace** + *period of time* + **que** + *present tense.*

   —¿Cuánto tiempo **hace que estudias** aquí? —*How long have you been studying here?*
   —**Hace dos años que estudio** aquí. —*I've been studying here for two years.*

2. To express how long *ago* something happened, use the **hace... que** construction with the *preterite.*

   Hace dos años que fui a Lima. *I went to Lima two years ago.*

3. To express an action that *had been going on* prior to a past point in time, use the imperfect and **hacía** instead of **hace.**

   Hacía cinco años que no la **veía** cuando decidió llamarla. *He hadn't seen her for five years when he decided to call her.*

4. To express an action that *had already been completed* prior to a past point in time, use the pluperfect and **hacía** instead of **hace.**

   No lo podía creer—**hacía 25 años que había llegado** a Caracas. *She couldn't believe it—she had arrived in Caracas 25 years earlier.*

5. This type of construction may sometimes be used without the **que.**

   —¿Cuánto tiempo **hace que estudias** aquí? —*How long have you been studying here?*
   —**Hace dos años.** —*(I've been studying here for) Two years.*
   Recibimos la revista **hace un mes.** *We received the magazine a month ago.*

---

*There are more practice activities in Connect (www.connectspanish.com) and the *Manual.*

¡A practicar!

Translate the following sentences into Spanish.

1. I'm sorry! How long have you been waiting?
2. I've wanted to eat at this restaurant for a long time.
3. How long ago were you born?
4. Aura left for Buenos Aires six years ago and never returned.
5. Celia had been studying for six hours when Sergio called her.
6. Matías wasn't surprised; he had read about the problem three years earlier.

Reacciones y recomendaciones

When reacting to situations or making recommendations in Spanish, you will often need to use the subjunctive mood. To help you master the concepts of the subjunctive, this section contains a review of (A) present subjunctive forms, (B) past subjunctive forms, (C) the use of the subjunctive in noun clauses, and (D) formal and informal commands.

A. Formation of the present subjunctive

1. The present subjunctive is formed by dropping the **-o** from regular present-tense first-person singular indicative forms, then adding **-e** endings to **-ar** verbs and **-a** endings to **-er/-ir** verbs.

FORMATION OF THE PRESENT SUBJUNCTIVE

AYUDAR ayudo → ayud-		LEER leo → le-		VIVIR vivo → viv-	
ayude	ayudemos	lea	leamos	viva	vivamos
ayudes	ayudéis	leas	leáis	vivas	viváis
ayude	ayuden	lea	lean	viva	vivan

2. Verbs that undergo spelling changes or that are irregular in the first-person singular indicative retain this irregularity throughout the present subjunctive.

   conocer: conozco → conozca, conozcas, conozca,...
   escoger: escojo → escoja, escojas, escoja,...
   salir: salgo → salga, salgas, salga,...

3. There are only six irregular verbs in the present subjunctive. Note that the first letters of the infinitives of these irregular verbs, taken together, spell out the word DISHES.

   dar: dé, des, dé, demos, deis, den
   ir: vaya, vayas, vaya, vayamos, vayáis, vayan
   saber: sepa, sepas, sepa, sepamos, sepáis, sepan
   haber: haya, hayas, haya, hayamos, hayáis, hayan
   estar: esté, estés, esté, estemos, estéis, estén
   ser: sea, seas, sea, seamos, seáis, sean

4. Stem-changing **-ar** and **-er** verbs do not undergo a stem change in the subjunctive for the **nosotros** and **vosotros** forms. Stem-changing **-ir** verbs, however, do retain a stem change for those forms.

   -ar: sentarse (ie) me siente, nos sentemos, os sentéis
   -er: volver (ue) vuelva, volvamos, volváis
   -ir: pedir (i, i) pida, pidamos, pidáis; sentir (ie, i) sienta, sintamos, sintáis; morir (ue, u) muera, muramos, muráis

B. Formation of the past subjunctive

1. The past subjunctive of all verbs is formed by dropping the **-ron** from the third-person plural preterite form* and replacing it with endings that include **-ra**.† Note the written accents on the first-person plural forms.

FORMATION OF THE PAST SUBJUNCTIVE

AYUD**AR** ayuda~~ron~~ → ayuda-		COM**ER** comie~~ron~~ → comie-		VIV**IR** vivie~~ron~~ → vivie-	
ayuda**ra**	ayudá**ramos**	comie**ra**	comié**ramos**	vivie**ra**	vivié**ramos**
ayuda**ras**	ayuda**rais**	comie**ras**	comie**rais**	vivie**ras**	vivie**rais**
ayuda**ra**	ayuda**ran**	comie**ra**	comie**ran**	vivie**ra**	vivie**ran**

2. Some argue that there are *no* irregular verbs in the past subjunctive, because any irregularities come from the third-person plural preterite form, which is the basis for the past subjunctive stem.

dormir: d**u**rmieron → durmie**ra**, durmie**ras**, durmie**ra**,...
leer: le**y**eron → leye**ra**, leye**ras**, leye**ra**,...
sentir: s**i**ntieron → sintie**ra**, sintie**ras**, sintie**ra**,...
ser: **fue**ron → fue**ra**, fue**ras**, fue**ra**,...

C. Using the subjunctive in noun clauses

Sentences that use the subjunctive have two clauses: an independent (main) clause and a dependent (subordinate) clause. The two clauses are generally separated by the connector **que.**

INDEPENDENT CLAUSE	DEPENDENT CLAUSE
Yo recomiendo + **que**	+ ella tenga más paciencia.
I recommend + *(that)*	+ *she have more patience.*

Note that in English the connector *that* is optional, whereas **que** is not.

1. **Conditions for the use of subjunctive in Spanish**

   • The two clauses must have different subjects.

   (Yo) Quiero que **ellos** lleguen temprano.　　　*I want them to arrive early.*

   • If there is no change of subject, use the infinitive in the dependent clause.

   Quiero llegar temprano.　　　*I want to arrive early.*

   • The verb in the independent clause must be in the indicative and express (W) wish for a desired outcome or to influence a behavior (E) emotion, (I) impersonal expressions, (R) recommendations, (D) doubt or denial, or (O) **ojalá** (*I wish* or *Here's hoping*). If the verb in the independent clause does *not* fall into any of the above WEIRDO categories, the verb in the dependent clause must be in the indicative (even if the two clauses have different subjects). Compare the following paired examples, also noting how the sequence of tenses comes into play.

Quiero que ellos **estén** contentos en su nueva casa.	(W: *wish expressed*)
Sé que ellos **están** contentos en su nueva casa.	(*certainty expressed*)
Recomiendo que Loli **tenga** su propio dormitorio.	(R: *recommendation expressed*)
Estoy seguro de que Loli **tiene** su propio dormitorio.	(*certainty expressed*)
Tenía miedo de que **hubiera** cucarachas en la cocina.	(E: *emotion expressed*)
Era cierto que **había** cucarachas en la cocina.	(*certainty expressed*)

---

*See the previous section, **Narración en el pasado,** for a review of preterite forms.
†An alternative ending that includes **-se** is also possible, but it's much less common. Here's an example of **escribir** conjugated in this manner:
escribie**ron** → escribie**se**, escribie**ses**, escribie**se**, escribié**semos**, escribie**seis**, escribie**sen**.

• An impersonal expression is one that starts with *It is* or *It was* followed by an adjective: **Es terrible, Es bueno, Fue necesario.** Impersonal expressions, when they express a generalization, are followed by an infinitive: **Es malo comer demasiada comida frita.** However, if an impersonal expression is personalized (made to refer to a specific person or entity), it is followed by the subjunctive in the dependent clause.

Es necesario matar las cucarachas.	(*general*)
Es necesario que **Javier mate** las cucarachas.	(*personalized*)
Era horrible tener cucarachas en casa.	(*general*)
Era horrible que **yo tuviera** cucarachas en casa.	(*personalized*)

• Here are some expressions that use the subjunctive.

W: wish for a desired outcome or to influence a behavior (these expressions indicate a direct or implicit command)

(no) decir (*irreg.*) que (when   (no) necesitar que
    decir means *to tell someone to do something*)   (no) querer (*irreg.*) que
(no) desear que

E: emotion (these expressions imply a subjective reaction);

(no) alegrarse de que   (no) sentir (ie, i) que
(no) esperar que   (no) temer (*to fear*) que
(no) es una lástima que
(no) gustar que

I: impersonal expressions (indicate a value judgment, an implicit command, or a subjective reaction)

más vale que (*it's better that*)   (no) es mejor que
(no) es bueno que   (no) es necesario que
(no) es difícil que   (no) es normal que
(no) es importante que   (no) es posible que
(no) es imposible que   (no) es probable que
(no) es increíble que   (no) puede ser que

R: recommendations (these expressions also indicate a desire to influence behavior)

(no) aconsejar que   (no) sugerir (ie, i) que
(no) recomendar (ie) que

D: doubt or denial*

dudar (*to doubt*) que   no es evidente/obvio que
negar (ie)† (*to deny*) que   no estar seguro de que
no creer que‡   no es verdad que
no es cierto que   no pensar (ie) que

O: ojalá

ojalá (que)

---

*Note that in cases where certainty is expressed, the indicative is used: No estoy segura **de que** Elena tenga **razón, pero** es cierto **que ella** sabe **mucho.**

†With **no negar,** either the indicative or the subjunctive may be used, although the tendency is to use the subjunctive: No niego **que** sea **verdad.**

‡Note that although **creer** and **pensar** carry an element of doubt, in Spanish they tend to indicate more certainty than doubt, thus they always require the indicative. While the negative **no creer** and **no pensar** always require the subjunctive. Creo **que** vienen **mañana.** No creo **que** vengan **mañana.**

¡A practicar!*

Complete the following sentences with the corresponding indicative, subjunctive, or infinitive forms.

1. Los profesores insisten en que Laura _____ (asistir) a la recepción.

2. Es ridículo que Diego _____ (comprar) otro coche caro.

3. Es imposible que Juanito no _____ (saber) leer ese libro.

4. Niegan que tú _____ (ser) extranjero.

5. Alguien me dice que Uds. no _____ (ser) hermanos.

6. ¿Te sorprende que tu hermano _____ (ser) mi enemigo?

7. Creemos que Bárbara _____ (ir) a la playa durante el verano.

8. Espero que todos _____ (traer) su cuaderno de ejercicios.

9. Es necesario que nosotros _____ (trabajar) por la noche.

10. Dudan que yo _____ (poder) resolver el problema.

2. Sequence of tenses

In Spanish and in English, verbs in sentences with two clauses have a variety of possibilities for the tense of the second clause. For example, in English we can use the present tense in the first clause and, depending on the time frames referred to, we may use the present, past, or future in the second clause. (*We think she understands, understood, or will understand.*) If the verb in the first clause is in the past, however, we cannot use the present or the future. (*We thought she had understood, understood, would understand.*) The same rules of sequence of tenses apply in Spanish except for a major complication for English speakers which occurs when the verb in the first clause is a trigger verb for the subjunctive (WEIRDO). Study the following charts to understand how sequence of tenses works in Spanish.

a. If the verb in the main clause is in the present and denotes what the speaker perceives to be an objective opinion, then the action in the subordinate clause is expressed by an indicative tense based on the appropriate time frame.

MAIN CLAUSE (OBJECTIVE OPINION)	SUBORDINATE CLAUSE (INDICATIVE)	TIME FRAME OF ACTION IN SUBORDINATE CLAUSE
Sé que	comprendes.	present
Creo que	comprendías.	
Supongo que	has comprendido.	past
Opino que	comprendiste.	
Pensamos que	vas a comprender.	
Me parece que	comprenderás.	future

*There are more practice activities in Connect (www.connectspanish.com) and the *Manual*.

b. If the verb in the main clause is in the present and denotes a subjective comment from the WEIRDO list, then the action in the subordinate clause is expressed by a subjunctive tense based on the appropriate time frame.

MAIN CLAUSE (SUBJECTIVE OPINION *WEIRDO* LIST)	SUBORDINATE CLAUSE (SUBJUNCTIVE)	TIME FRAME OF ACTION IN SUBORDINATE CLAUSE
No creo que Me alegro de que	comprendas.	present or future
Dudo que Es importante que	hayas comprendido. comprendieras.	past

c. If the verb in the main clause is in the past and denotes what the speaker perceives to be an objective opinion, then the action in the subordinate clause is expressed by an indicative tense based on the appropriate time frame in relation to that of the main clause.

MAIN CLAUSE (OBJECTIVE OPINION)	SUBORDINATE CLAUSE (INDICATIVE)	TIME FRAME OF ACTION IN SUBORDINATE CLAUSE
Pensábamos que	ya se habían ido.	previous
Sabía que	lo quería.	simultaneous
Era obvio que	llegarían pronto.	subsequent

d. If the verb in the main clause is in the past and denotes a subjective comment from the WEIRDO list, then the action in the subordinate clause is expressed by a subjunctive tense based on the appropriate time frame in relation to that of the main clause.

MAIN CLAUSE (SUBJECTIVE OPINION *WEIRDO* LIST)	SUBORDINATE CLAUSE (SUBJUNCTIVE)	TIME FRAME OF ACTION IN SUBORDINATE CLAUSE
No creíamos que	hubieras comprendido.	previous
Temía que Era necesario que	comprendieras.	simultaneous or subsequent

¡A practicar!*

A. Fill in the blanks with the appropriate form of the verb in *magenta italics*.

1. Javier *bebe* demasiado café.
   Sé que Javier _____ demasiado café.
   Es horrible que Javier _____ demasiado café.

2. Antes, Javier *tomaba* muchos licuados.
   Todos sabemos que antes Javier _____ muchos licuados.
   Era increíble que antes Javier _____ tantos licuados y que no engordara.

3. Laura siempre *recibe* notas muy altas.
   Estoy seguro/a de que Laura también _____ notas muy altas cuando tenía 10 años.
   Es fantástico que Laura _____ notas muy altas el año pasado.

4. Pero en su primera clase de quechua, Laura *sacó* C en una prueba.
   Después, su padre supo que Laura _____ C en su primera prueba de quechua.
   Él pensaba que era sorprendente que su hija _____ C en su primera prueba de quechua.

5. Cuando era joven, Sara *quería* ser cantante.
   Todos pensaban que era chistoso que Sara _____ ser cantante, ya que cantaba muy mal.
   De sus amigos actuales, sólo Sergio sabe que antes Sara _____ ser cantante.

6. Sergio *hizo* tres viajes para llevar el equipo de sonido al concierto.
   —¿Quién le pidió que _____ los viajes?
   —Los músicos. Después, estaban muy contentos de que Sergio _____ tantos viajes para ayudarlos.

B. Complete the following sentences according to the context of each situation.

1. Javier fuma dos cajetillas (*packs*) de cigarrillos cada día.
   Es horrible que...
   El médico recomienda que...

2. Sara nunca sale con sus amigos porque siempre está estudiando.
   Es triste que...
   Es evidente que...

3. La novia de Diego siempre coquetea con otros hombres.
   Sugiero que Diego...
   Es obvio que su novia...
   A Diego no le gusta que su novia...

---

*There are more practice activities in Connect (www.connectspanish.com) and the *Manual*.

D. Commands

1. With few exceptions, the forms used for commands are exactly the same as those used for the present subjunctive. Only the affirmative **tú** commands and the affirmative **vosotros** commands are formed differently.

   - To form regular affirmative **tú** commands, use the third-person singular (present indicative) form of the verb.
   - Here are the eight irregular affirmative **tú** commands.

decir → di	ir → ve*	salir → sal	tener → ten
hacer → haz	poner → pon	ser → sé†	venir → ven

   - To form all affirmative **vosotros** commands, replace the final **-r** of the infinitive with **-d.**

COMMANDS				
	UD.	**UDS.**	**TÚ**	**VOSOTROS**
hablar	hable no hable	hablen no hablen	habla no hables	hablad no habléis
comer	coma no coma	coman no coman	come no comas	comed no comáis
dar	dé no dé	den no den	da no des	dad no deis
decir	diga no diga	digan no digan	di no digas	decid no digáis
ir	vaya no vaya	vayan no vayan	ve no vayas	id no vayáis

2. Pronouns (reflexive, indirect object, direct object) attach to the end of affirmative commands and precede the conjugated verb in negative commands. In the case of more than one pronoun, the order is always reflexive, indirect, direct (RID). (See the **Hablar de los gustos y las opiniones** section of these purple pages for more on the use of direct and indirect object pronouns.)

   - Written accents are added if attaching pronouns to affirmative commands moves the stress to the third-to-last syllable or further back. This is done to maintain the stress of the original affirmative command form.

---

*The affirmative informal command for **ir** has the same form as that of **ver: ve.** Context will determine meaning: ¡Ve a casa!, ¡Ve esa película!
†The informal command form of **ser** is the same as the first-person singular indicative form of **saber: sé.** Again, context will determine meaning.

- When attaching the reflexive pronoun **os** to an affirmative **vosotros** command, remove the **-d** of the command form before attaching the **os** pronoun. (EXCEPTION: **id** retains the **-d** when adding this pronoun.) Additionally, remember to add an accent to the **i** preceding the **os** pronoun in the case of the affirmative **vosotros** commands of reflexive **-ir** verbs.

COMMANDS WITH PRONOUNS

	UD.	UDS.	TÚ	VOSOTROS
hacerlo	hágalo no lo haga	háganlo no lo hagan	hazlo no lo hagas	hacedlo no lo hagáis
dármela	démela no me la dé	dénmela no me la den	dámela no me la des	dádmela no me la deis
levantarse	levántese no se levante	levántense no se levanten	levántate no te levantes	levantaos no os levantéis
divertirse	diviértase no se divierta	diviértanse no se diviertan	diviértete no te diviertas	divertíos no os divirtáis
irse	váyase no se vaya	váyanse no se vayan	vete no te vayas	idos no os vayáis

3. To express suggestions and collective commands, such as *Let's leave, Let's speak, Let's not sing,* and so forth, use the present subjunctive **nosotros** form.

- The one exception to this rule is the affirmative form of **ir.** Use **vamos,** not **vayamos.**
- In the affirmative form of reflexive verbs, the final **-s** is dropped before attaching the pronoun **nos.**

NOSOTROS COMMANDS

	AFFIRMATIVE	NEGATIVE
hablar	hablemos	no hablemos
ir	vamos	no vayamos
llamarlo	llamémoslo	no lo llamemos
levantarse	levantémonos	no nos levantemos
irse	vámonos	no nos vayamos

R RECOMENDAR

¡A practicar!*

A. Provide the affirmative and negative forms of the **Ud., Uds., tú,** and **nosotros** commands of the following phrases, substituting the correct pronouns for any *magenta italicized* words according to the models.

MODELOS: hacer *la tarea* →
Hágala. No la haga.
Háganla. No la hagan.
Hazla. No la hagas.
Hagámosla. No la hagamos.

1. ponerse *los zapatos*
2. escribir *a los padres*
3. decir *la verdad*
4. leer *los capítulos*
5. irse de aquí

B. Change the following sentences to a direct command, replacing the subjunctive verb with a command and the direct object in *magenta italics* with the appropriate pronoun. **¡OJO!** Make sure to add accents where necessary.

MODELO: Quiero que tú compres *la alfombra*. → *Cómprala*.

1. Espero que Uds. traigan *los refrescos*.
2. Insisto en que tú no bebas *esa cerveza* esta noche.
3. Necesitamos que Uds. lean *las instrucciones*.
4. Recomiendo que salgas ahora.
5. Quiero que visites *el museo*.
6. Es importante que digas *la verdad*.
7. Insistimos en que Uds. se levanten temprano.
8. El profesor sugiere que escuches *la selección* dos veces.
9. Ojalá que hagas *el viaje*.
10. Deseamos que busques *a Carmen*.

Hablar de los gustos y las opiniones

GUSTOS

Expressing likes and dislikes in Spanish can be confusing to English speakers, since the verb **gustar** is not used in the same way as other verbs you have learned. Indirect object pronouns are a necessary element in the construction with **gustar,** so before it is explained, we will review (A) direct object pronouns, (B) the personal **a,** (C) indirect object pronouns, and (D) double object pronouns. Then (E) **gustar** and similar verbs will be reviewed.

A. Direct object pronouns

1. A direct object receives the action of a verb and answers the questions *whom?* or *what?* in relation to that action. Note the direct objects in the following examples.

Consiguió **el aumento.**   *He got the raise.* (What *did he get?* **el aumento**)
No vi a **Sara** anoche.   *I didn't see Sara last night.* (Whom *did I not see?* **Sara**)

---

*There are more practice activities in Connect (www.connectspanish.com) and the *Manual*.

234   Explicación gramatical

2. A direct object pronoun, like a direct object noun, receives the action of the verb and answers the questions *whom?* or *what?* These pronouns take the place of their corresponding nouns to avoid unnecessary repetition. Here is a complete list of direct object pronouns in Spanish.

<table>
<tr><th colspan="4">DIRECT OBJECT PRONOUNS</th></tr>
<tr><td>me</td><td>*me*</td><td>nos</td><td>*us*</td></tr>
<tr><td>te</td><td>*you (fam., s.)*</td><td>os</td><td>*you (fam., pl., Sp.)*</td></tr>
<tr><td>lo/la</td><td>*you (form., s.)*</td><td>los/las</td><td>*you (form., pl.)*</td></tr>
<tr><td>lo</td><td>*him, it (m.)*</td><td>los</td><td>*them (m.)*</td></tr>
<tr><td>la</td><td>*her, it (f.)*</td><td>las</td><td>*them (f.)*</td></tr>
</table>

Third-person direct object pronouns should be used only after the direct object noun has been identified. That is, if it is already known that the conversation is about Sara, we can refer to her as *her* rather than say *Sara* each time she's mentioned.

3. Direct object pronouns are placed immediately before a conjugated verb.

(Consiguió **el aumento**.)   **Lo** consiguió ayer.
(No vi a **Sara** anoche.)   No **la** vi anoche.
(No he hecho **la tarea** todavía.)   No **la** he hecho* todavía.

There are only three exceptions to this rule. (See number 4.)

4. Direct object pronouns *may* be attached to an infinitive and to the progressive form, but *must* be attached to *affirmative* commands.

Debe conseguir**lo**. = **Lo** debe conseguir.
No quería ver**la** anoche. = No **la** quería ver anoche.
Está preparándo**lo**. = **Lo** está preparando.
Prepáre**lo**. *but* No **lo** prepare.

Remember that when you attach a pronoun to a progressive form or affirmative command, a written accent is used to keep the original stress of the word: preparando → preparándolo.

5. The following verbs are commonly associated with direct objects and direct object pronouns.

admirar	conocer	invitar	querer
adorar	conseguir	llamar	ver
ayudar	escuchar†	mirar	visitar
buscar†	esperar†	necesitar	

---

*Remember that the two elements that make up perfect tenses (a form of **haber** and the past participle) can never be separated. Accordingly, any pronouns that accompany a perfect tense verb will always appear before the conjugated form of **haber.**
†Note that **buscar** means *to look for,* **escuchar** means *to listen to,* and **esperar** means *to wait for.* The *to* and *for* that are part of the expression in English are simply part of the verb itself in Spanish, so the object pronoun used with the verb is a direct object pronoun, not the pronoun object of a preposition.

B. The personal **a**

In Spanish, the word **a** precedes the direct object of a sentence when the direct object refers to a specific person or personified thing. Indefinite pronouns that refer to people, such as **alguien, nadie,** and **quien,** are also preceded by the personal **a.** There is no equivalent for the personal **a** in English. Note the following examples in which the personal **a** is used.

	Sara buscó **a** Javier. (*a specific person*)
	Perdí **a** mi perro en el mercado. (*an animal that is close to you*)
	Tenemos que defender **a** nuestro país. (*a personification of one's country*)
	¿A quién llamaste? (*the* whom *refers to a person*)
	No llamé **a** nadie. (**alguien** *and* **nadie** *always take the personal* **a** *when they are direct objects*)
but	Busco un tutor nuevo. (*No personal* **a** *is used since the direct object is not a specific person.*)

C. Indirect object pronouns

1. Like a direct object, an indirect object also receives the action of a verb, but it answers the questions *to whom?* or *for whom?* the action is performed.

Sergio **le** escribió a **Sara.**	*Sergio wrote to Sara.* (To whom *did Sergio write?* **a Sara**)
No **les** mandó el cheque.	*He didn't send them the check.* (To whom *did he not send the check?* **a ellos**)

2. Review the following chart of indirect object pronouns. Note that indirect object pronouns have the same form as direct object pronouns except in the third-person singular and plural, represented by **le** and **les,** respectively.

INDIRECT OBJECT PRONOUNS			
me	*to me, for me*	nos	*to us, for us*
te	*to you, for you (fam., s.)*	os	*to you, for you (fam., pl., Sp.)*
le	*to you, for you (form., s.)*	les	*to you, for you (form., pl.)*
le	*to him, for him*	les	*to them, for them (m.)*
le	*to her, for her*	les	*to them, for them (f.)*

3. The placement rules for indirect object pronouns are the same as those for direct object pronouns.

Laura **me** dio su número.
Laura va a dar**me** su número. = Laura **me** va a dar su número.
Laura está buscándo**me.** = Laura **me** está buscando.
Da**me** tu número. *but* No **me** des tu número.

4. Because **le** and **les** have several equivalents, their meaning is often clarified with the preposition **a** followed by a noun or pronoun. **¡OJO!** Although the clarifying noun or pronoun is often optional, indirect object pronouns are not.

Sergio **le** escribió (**a Sara**).	*Sergio wrote to Sara.*
Diego **les** prepara una buena sopa (**a Uds.**).	*Diego is preparing a good soup for you.*
Va a mandar**le** la receta (**a ella**).	*He's going to send her the recipe.*

5. When trying to figure out whether to use a direct or an indirect object pronoun, if you can answer the question *to whom* or *for whom,* you know that the indirect pronoun **le** or **les** is required.

I help her every day.	Do you say "I help to her" or "I help for her"? No, so you use the direct object pronoun **la,** which answers the question *whom do I help?* not *to whom do I help?:* **La** ayudo cada día.
I send him letters often.	Do you say "I send letters to him often"? Yes, so you use the indirect object pronoun **le,** which answers the question *to whom do I send letters?:* **Le** mando cartas a menudo.

6. The following verbs are commonly associated with indirect objects and indirect object pronouns.

dar	hablar	preguntar	regalar
decir	mandar	prestar	servir
escribir	ofrecer	prometer	traer
explicar	pedir	recomendar	

D. Double object pronouns

1. It is common to have both a direct and an indirect object pronoun in the same sentence. When this occurs, the indirect object pronoun always precedes the direct object pronoun. Remember the acronym (RID) (reflexive, indirect, direct) to help you recall the sequence of pronouns.

Sara **nos los** regaló.	*Sara gave them to us.*
Diego **me la** prestó.	*Diego lent it to me.*
Javi quiere dár**mela.**	*Javi wants to give it to me.*

2. When both the indirect and direct object pronouns begin with the letter *l* (such as **le lo** or **les la**), the indirect object pronoun always changes to **se.**

Laura **le** compró **unas galletas.** → Laura **se las** compró.
Estoy trayéndo**les los libros.** → Estoy trayéndo**selos.**

Because **se** can mean **le** or **les,** easily standing for any number of referents—*to him, to her, to you* (singular or plural), *to them*—it is often necessary to clarify its meaning by using **a** plus a noun or pronoun.

Laura **se las** compró **a Sara.**	*Laura bought them for Sara.*
Estoy trayéndo**selos a Uds.**	*I'm bringing them to you.*

¡A practicar!*

Identify the direct object (*whom? / what?*) and the indirect object (*to/for whom? to/for what?*) in the following sentences. Then translate the sentences into Spanish, replacing each object with the appropriate object pronoun.

1. Javier served the clients coffee.
2. Sara told Laura that she wouldn't be home until late.
3. Diego, show Mr. Galindo the paintings, please.
4. Sergio had to call the musicians and then listen to the CDs.
5. Laura was preparing a surprise dinner for Javier.
6. Javier, thank (**agradecerle**) Laura for the dinner.
7. Sara used to visit her uncle in Salamanca every Sunday.
8. Sergio can buy the flowers for us.
9. Javier and Diego won't tell me the truth.
10. Sara wanted to sing us a song with her horrible voice.

---

*There are more practice activities in Connect (www.connectspanish.com) and the *Manual.*

E. **Gustar** and similar verbs

1. As you have learned in your prior Spanish studies, **gustar** means *to please* or *to be pleasing.* Thus, the subject of sentences with **gustar** and similar verbs is the person or thing that is pleasing, not the person to whom it is pleasing. Sentences with **gustar** and similar verbs use the following formula. Although we will be practicing almost exclusively with expressions using **gusta** and **gustan,** you will also see constructions like **me gustas** (*you are pleasing to me*), referring to the informal **tú. ¡OJO! Gustar** is used to express a romantic feeling. To say *I like you* (*as a freind*) use **caer bien: Me caes bien.**

INDIRECT OBJECT PRONOUN	+	*GUSTAR*	+	SUBJECT
me nos		**gust**a		*infinitive* (comer)
te os	+	**gust**a	+	(*article*) *singular noun* (el café)
le les		**gust**an		(*article*) *plural noun* (los tacos)

¿**Te gusta** cantar?	*Is singing pleasing to you?* (*Do you like singing / to sing?*)
Les gustó mucho la película.	*The movie was very pleasing to them.* (*They liked the movie a lot.*)
Me gustan los libros de Stephen King.	*Stephen King's books are pleasing to me.* (*I like Stephen King's books.*)

2. Note that subject pronouns are not generally used before the **gustar** construction. The most frequent mistake that students make with this construction is to forget that the person to whom something is pleasing is not the subject of the sentence. Note the following examples.

   Incorrect: Ana le gustó el gato.
     Correct: **A** Ana le gustó el gato. (**El gato** is the subject of the sentence, not **Ana:** *The cat was pleasing to Ana.*)

He likes those cookies.	= A él **le gustan** esas galletas. (*Those cookies* [plural] *are pleasing to him* [**le**].)
Sergio and Diego like fried fish.	= A Sergio y a Diego **les gusta** el pescado frito. (*Fried fish* [singular] *is pleasing to them* [**les**].)

3. Here are some other verbs that use the same construction as **gustar.** Note that in all the examples the verb matches the person or thing that is interesting, delightful, fascinating, and so on.

VERBOS COMO *GUSTAR*

aburrir (*to bore*)	Me aburren las películas lentas.
asustar (*to frighten*)	Le asustan las películas de horror a mi hermana.
caer bien/mal (*to like/dislike someone*)	El nuevo profesor me cae muy bien.
convenir (*to be beneficial / a good idea*)	Te conviene estudiar esta lección.
dar asco (*to disgust; to turn one's stomach*)	Me dan asco las cucarachas.
dar ganas de (*to give the urge*)	—Ver ese anuncio me da ganas de llamar por una pizza ahora mismo.
dar igual (*to be all the same; not to matter*)	—¿Quieres salir ahora? —Me da igual.
disgustar (*to dislike*)	—¡Fuchi! (*Yuck!*) Me disgusta la pizza.
encantar (*to delight*)	—Pues, a mí me encanta la pizza.
fascinar (*to fascinate*)	A Javi le fascina todo tipo de música.
fastidiar (*to annoy; to bother*)	Te fastidian las personas tacañas, ¿verdad?
importar (*to matter*)	A Juan Carlos no le importa el precio.
interesar (*to interest*)	¿Te interesan las noticias internacionales?
molestar (*to annoy; to bother*)	¿Te molesta si fumo?
preocupar (*to worry*)	Me preocupa que la profesora nos dé una prueba mañana.
sorprender (*to surprise*)	Nos sorprende su actitud tan liberal.

¡A practicar!*

A. Complete the following sentences with the appropriate indirect object pronoun and the correct form of the verb in parentheses.

1. ¿A ti ____ _____ (gustar: *preterite*) la comida que sirvió?
2. A mí ____ _____ (encantar: *imperfect*) mirar la tele con mis padres cuando era joven.
3. A Laura y a Sara ____ _____ (fascinar: *preterite*) la película *La lengua de las mariposas*.
4. A mi hermana ____ _____ (dar: *present*) asco la comida frita.
5. A sus abuelos ____ _____ (molestar: *present*) la música de sus nietos.
6. A nosotros ____ _____ (disgustar: *imperfect*) la tarea de matemáticas.
7. A mis padres ____ _____ (fastidiar: *present*) los tatuajes de los jóvenes de hoy.
8. ¿A ti ____ _____ (molestar: *preterite*) la actitud de tu compañera?
9. A mi hermanito ____ _____ (interesar: *imperfect*) las conversaciones de los adultos.
10. A mí no ____ _____ (convenir: *present*) asistir a esta presentación.

*There are more practice activities in Connect (www.connectspanish.com) and the *Manual*.

B. Form complete sentences according to the model.

MODELO: mis vecinos **/** molestar **/** las fiestas que tenemos cada fin de semana →
A mis vecinos les molestan las fiestas que tenemos cada fin de semana.

1. yo **/** dar asco **/** los perritos calientes (*hot dogs*) con mostaza (*mustard*)
2. los profesores **/** fastidiar **/** los estudiantes que no estudian
3. mi amigo **/** fascinar **/** las películas violentas
4. nosotros **/** encantar **/** estudiar astrología
5. los niños pequeños **/** interesar **/** los dibujos animados
6. los jóvenes **/** molestar **/** las reglas de las residencias universitarias

Hacer hipótesis

HIPÓTESIS

In this section, you will review how to express hypothetical situations. Hypothetical situations express what you or someone else would do given certain circumstances: *If I were president of the United States, I would first look for a diplomatic resolution to the conflict.* To form such hypothetical situations in Spanish, you will need to review (A) the past subjunctive, (B) the conditional, and (C) the various rules that govern the formation and use of hypothetical situations.

A. Past subjunctive and sequence of tenses

1. Past subjunctive

   For a review of the formation of the past subjunctive, see p. 227.

2. Sequence of tenses

   Remember that, if the main clause is in the past (and fits one of the WEIRDO categories), the subordinate clause will contain the past subjunctive. (See "Sequence of tenses" on pp. 229–230.)

   Es importante que los niños **duerman** la siesta.
   Era importante que los niños **durmieran** la siesta.

   La maestra **recomienda** que Luis **coma** algo antes de llegar a clase.
   La maestra **recomendó** que Luis **comiera** algo antes de llegar a clase.

   No le **gusta** que sus hijos **vivan** tan lejos.
   No le **gustaba** que sus hijos **vivieran** tan lejos.

B. The conditional

1. The conditional tense (*I would* go, *I would speak,* and so on) of regular verbs is formed by adding the conditional endings to the entire infinitive of the verb. Note that the endings are the same for all **-ar, -er,** and **-ir** verbs. Here are some regular verbs in the conditional.

---

*When communicating the English idea of *would* in Spanish, you need to be careful. If *would* refers to a conditional action, often the result of a hypothetical situation, then use the conditional.

   Iría **si no tuviera que trabajar.**   *I would go* if I didn't have to work.

However, if *would* refers to a habitual action that used to occur in the past, use the imperfect.

   Iba **a la playa todos los días.**   *I would go* (I used to go) to the beach every day.

FORMATION OF THE CONDITIONAL					
VIAJAR		**BEBER**		**DORMIR**	
viajaría	viajaríamos	bebería	beberíamos	dormiría	dormiríamos
viajarías	viajaríais	beberías	beberíais	dormirías	dormiríais
viajaría	viajarían	bebería	beberían	dormiría	dormirían

2. Irregular verbs in the conditional have slightly different stems but take the same endings as regular ones. The twelve irregular verbs can be grouped into the following three categories.

SHORTENED STEMS

decir: dir- → diría, dirías, diría,...
hacer: har- → haría, harías, haría,...

-e- REMOVED FROM THE INFINITIVE

caber:* cabr- → cabría, cabrías, cabría,...
haber: habr- → habría, habrías, habría,...
poder: podr- → podría, podrías, podría,...
querer: querr- → querría, querrías, querría,...
saber: sabr- → sabría, sabrías, sabría,...

-dr- ADDED TO THE STEM

poner: pondr- → pondría, pondrías, pondría,...
salir: saldr- → saldría, saldrías, saldría,...
tener: tendr- → tendría, tendrías, tendría,...
valer: valdr- → valdría, valdrías, valdría,...
venir: vendr- → vendría, vendrías, vendría,...

C. Hypothesizing

1. A major component of expressing hypothetical situations is wondering *"what if?"* In this section, you will work with two types of *if* clauses: (1) those that represent a probable situation that is likely to happen or that represent a habitual action and (2) those that represent situations that are hypothetical or contrary to fact. Note the following examples.

   (1) Si estudio, sacaré A en el examen. (*there's still time for this to happen*) Si estoy preocupado, hablo con mi mejor amiga. (*habitual*)

   (2) Si **estuviera** en México, **visitaría** las ruinas mayas. (*I'm not in Mexico, so the statement is contrary to fact*)

---

*caber = to fit

2. Here are some formulas that use *if* clauses.

si + *present indicative* + *future* or *present* = probable or habitual

Si **tengo** tiempo, **iré** al cine contigo.　　*If I have time, I will go to the movies with you.* (probable)

Si ella **toma** buenos apuntes, **saca** buenas notas.　　*If she takes good notes, she gets good grades.* (habitual)

si + *past subjunctive* + *conditional* = hypothetical (contrary to fact):

Si yo **fuera** Laura, **iría** a Colombia.　　*If I were Laura, I would go to Colombia.* (contrary to fact: I am not Laura)

3. To express hypothetical, contrary-to-fact situations about the past, use the following formula.

si + *pluperfect subjunctive* + *conditional perfect* = hypothetical (contrary to fact)

Si yo **hubiera vivido** en el siglo XV, **habría sido** muy pobre.　　*If I had lived in the 15th century, I would have been very poor.* (hypothetical, contrary to fact: I didn't live then)

Si **me hubiera casado** a los 17 años, no **habría terminado** mis estudios.　　*If I had married at 17, I wouldn't have finished my studies.* (hypothetical, contrary to fact: I didn't get married when I was 17)

¡A practicar!*

A. Complete the following sentences with the appropriate form of the verbs in parentheses. **¡OJO!** Not all sentences express hypothetical situations.

1. Si yo hablara mejor el español, _____ (conseguir) un puesto en el Perú.

2. Si mi jefe me pagara más dinero, _____ (trabajar: yo) más horas.

3. Si no tomo el desayuno, _____ (tener) poca energía.

4. Si pudiera cambiar de nombre, me _____ (poner) el nombre de _____.

5. Si viera un asesinato, _____ (llamar) a la policía.

6. Si yo _____ (ser) líder de este país, cambiaría muchas cosas.

7. Si _____ (lograr: yo) conseguir las entradas, te llamaré.

8. Si _____ (estar: yo) en Buenos Aires, iría a un bar de tango.

B. Change the following sentences to indicate that the situation is hypothetical. Then translate each sentence into English.

1. Si voy a España, visitaré el Museo del Prado en Madrid.

2. Si Luis tiene suficiente dinero, te mandará un boleto para ir a las Islas Galápagos.

3. Si estudio en Puerto Rico, asistiré a la Universidad Interamericana de San Germán.

---

*There are more practice activities in Connect (www.connectspanish.com) and the *Manual*.

Hablar del futuro

As you know, the **ir** + **a** + *infinitive* construction is often used to express future actions and states, usually with regard to the immediate future. Spanish also has a future tense with its own set of endings. In this section, you will review (A) the future tense, (B) another use of the future tense: the future of probability, and (C) talking about pending future actions by using the subjunctive in adverbial clauses.

A. The future tense

1. The future tense, like the conditional (see the **Hacer hipótesis** section of these purple pages), is easy to form, adding future endings to the infinitive for regular forms.

FORMATION OF THE FUTURE					
ESCUCHAR		**COMER**		**VIVIR**	
escucharé	escucharemos	comeré	comeremos	viviré	viviremos
escucharás	escucharéis	comerás	comeréis	vivirás	viviréis
escuchará	escucharán	comerá	comerán	vivirá	vivirán

2. The same twelve verbs that are irregular in the conditional are also irregular in the future; their stems have the same irregularities as in the conditional, and their endings are regular.

> SHORTENED STEMS
>
> decir: dir- → diré, dirás, dirá,...
> hacer: har- → haré, harás, hará,...
>
> **-e-** REMOVED FROM THE INFINITIVE
>
> caber: cabr- → cabré, cabrás, cabrá,...
> haber: habr- → habré, habrás, habrá,...
> poder: podr- → podré, podrás, podrá,...
> querer: querr- → querré, querrás, querrá,...
> saber: sabr- → sabré, sabrás, sabrá,...
>
> **-dr-** ADDED TO THE STEM
>
> poner: pondr- → pondré, pondrás, pondrá,...
> salir: saldr- → saldré, saldrás, saldrá,...
> tener: tendr- → tendré, tendrás, tendrá,...
> valer: valdr- → valdré, valdrás, valdrá,...
> venir: vendr- → vendré, vendrás, vendrá,...

B. The future of probability

The future can also be used to express probability or to conjecture about what is happening now. This can be tricky for speakers of English, because the English words and phrases used to indicate probability, such as *must, probably, wonder,* and so on, are not directly expressed in Spanish.

—¿Dónde **estará** Javi?
—Es lunes. **Estará** trabajando en Ruta Maya.

—*I wonder where Javi is. (Where could Javi be?)*
—*It's Monday. He's probably (must be) working at Ruta Maya.*

¡A practicar!*

A. Replace the **ir** + **a** + *infinitive* construction with the future in the following paragraph. **¡OJO!** Pay attention to pronoun placement.

Mamá, mañana tú *vas a despertarme*[1] temprano para que yo tenga tiempo de hacerlo todo bien. *Voy a ponerme*[2] un traje muy elegante para causarle una buena impresión a la entrevistadora. Cuando llegue a la oficina, *voy a saludarla*,[3] y ella me *va a decir*[4] que me siente. *Va a hacerme*[5] muchas preguntas sobre mis estudios y mi experiencia, y yo las *voy a contestar*[6] con cuidado y cortesía. No *voy a ponerme*[7] nerviosa. Cuando termine la entrevista, ella y yo *vamos a despedirnos*[8] cordialmente. ¡Estoy segura de que *van a llamarme*[9] muy pronto para ofrecerme el puesto!

B. Use the future of probability to make a conjecture about the following situations. Then translate the sentences into English.

1. Mario tiene el pelo canoso y muchas arrugas. _____ (Tener) por lo menos 70 años.
2. Alicia me dijo que llegaría a las 7:00, pero ya son las 7:30. _____ (Haber) mucho tráfico.
3. Pablo tiene un Rolls Royce y una casa en Boca Ratón. _____ (Ganar) mucho dinero.
4. La nueva película de mi primo ha sido un éxito maravilloso. _____ (Estar) muy contento.
5. Ricky Martin canta en inglés y español. _____ (Vender) muchos discos en el mercado internacional.

C. Using the subjunctive in adverbial clauses

It is important to remember that talking about future events often requires adverbial phrases (conjunctions) that refer to some pending time in the future or in the past. Here you will concentrate on two groups of frequently used conjunctions. The first group (A SPACE) denotes contingency, or actions that are contingent upon the completion of other actions, and the second group (THE CD) contains conjunctions of time. A SPACE conjunctions are always followed by the subjunctive (present or past). Use indicative after THE CD conjunctions if the action is habitual or completed (present or past indicative) and use subjunctive if the action is pending or has not yet materialized (present or past subjunctive).

Cuando **vienen** mis padres, siempre cenamos en un buen restaurante. (*habit*)
Cuando **vinieron** mis padres, cenamos en un buen restaurante. (*completed action*)
Cuando **vengan** mis padres, cenaremos en un buen restaurante. (*not yet occurred*)

A SPACE SUBJUNCTIVE	THE CD INDICATIVE OR SUBJUNCTIVE
antes de que sin que para que a menos que con tal (de) que en caso de que	tan pronto como hasta que en cuanto cuando después de que

---

*There are more practice activities in Connect (www.connectspanish.com) and the *Manual*.

A SPACE (SUBJUNCTIVE)

Llámame **antes de que salgas** para el aeropuerto.
No voy a Jamaica este año **a menos que** me **den** más días de vacaciones.
Saldré contigo este viernes **con tal (de) que** no **vayamos** al cine.
No iba a aceptar el puesto **sin que** le **ofrecieran** más dinero.
El Sr. Mercado trabajaba mucho **para que** sus hijos **tuvieran** más oportunidades de las que él tenía.
Te di el número de teléfono **en caso de que** lo **necesitaras.**

THE CD (INDICATIVE OR SUBJUNCTIVE)

Juanito se pone triste **tan pronto como sale** su mamá. (*habitual in present: present indicative*)
Te llamo **tan pronto como llegue** mi esposo. (*pending in present: present subjunctive*)

Nuestro perro siempre comía **hasta que se enfermaba.** (*habitual in past: past indicative*)
Hasta que no pagara la multa (*fine*), no saldría de la cárcel. (*pending in past: past subjunctive*)

De niña, salía corriendo de la casa **en cuanto llegaba** su padre del trabajo. (*habitual in past: past indicative*)
Laura irá a Bolivia y Colombia **en cuanto tenga** suficiente dinero. (*pending in present: present subjunctive*)

Cuando llegó a Costa Rica, se fue al bosque lluvioso. (*completed action: past indicative*)
Nos sentiremos mucho más aliviados **cuando deje** de llover. (*pending in present: present subjunctive*)

Después de que Ema **salió** de la casa, su amiga Frida la llamó por teléfono. (*completed action: past indicative*)
Después de que aprendiera bien el español, le darían un aumento de sueldo. (*pending in past: past subjunctive*)

• Note that without the word **que**, the phrases **después de, antes de, para,** and **sin** become prepositions and are therefore followed by the infinitive.

Carmen vendrá **después de comer.**
Antes de tomar la pastilla, sugiero que llames al médico.
Para salir bien en el examen, debes estudiar más.
No vas a salir bien en este examen **sin estudiar.**

¡A practicar!*

Complete the following sentences with the appropriate form of the verb in parentheses. Then indicate whether the action is contingent (**CN**), pending or not completed (**P**), completed (**C**), or whether it denotes habitual behavior (**H**).

1. Iré a comprar las entradas antes de que _____ (llegar) mi hermano.
2. Hasta que no _____ (terminar) la tesis, Marta estaba muy nerviosa.
3. Marisa arregla su cuarto para que su madre _____ (estar) contenta.
4. Pensamos hacer caminatas (*take long walks*) en las montañas a menos que _____ (llover) este fin de semana.
5. No me gusta viajar en avión cuando _____ (hacer) mal tiempo.
6. ¡Está bien! Iremos a Isla Mujeres con tal de que me _____ (ayudar: tú) con los niños.
7. Te dejo un poco de dinero en caso de que los niños _____ (querer) merendar (*snack on*) algo.
8. Cuando era joven, yo salía de casa sin que me _____ (ver) mis padres.
9. Joaquín siempre se baña antes de _____ (desayunar).
10. Cuando _____ (escuchar: yo) música clásica, me pongo muy relajado.
11. Llámeme tan pronto como _____ (saber: Ud.) algo, por favor.
12. Voy a estar en la biblioteca hasta que _____ (llegar: tú).
13. El otro día, después de que _____ (despedirse: nosotros), vi un accidente horrible.
14. Cuando _____ (mudarse: ella) a Nueva York el año pasado, no conocía a nadie.
15. Después de _____ (firmar) el contrato, Sergio se sintió emocionado.

*There are more practice activities in Connect (www.connectspanish.com) and the *Manual.*

Referencia de gramática

LOS OTROS PUNTOS GRAMATICALES

A. Reflexive and reciprocal pronouns

1. Reflexive verbs usually express an action that one does to or for oneself. In English, this is understood but not always stated. Here are some of the more common reflexive verbs in Spanish.

acostarse (ue)	*to go to bed*	entristecerse (zc)	*to become sad*
afeitarse	*to shave*	levantarse	*to get up; to stand up*
alegrarse	*to become happy*	llamarse	*to be called*
asustarse	*to become afraid*	perderse (ie)	*to get lost*
bañarse	*to bathe*	ponerse (irreg.)	*to put on (clothing)*
deprimirse	*to get depressed*	preocuparse	*to become worried*
despertarse (ie)	*to wake up*	quitarse	*to take off (clothing)*
divertirse (ie, i)	*to have a good time*	reírse (i, i)	*to laugh*
ducharse	*to take a shower*	sentarse (ie)	*to sit down*
enfermarse	*to get sick*	vestirse (i, i)	*to get dressed*
enojarse	*to become angry*		

- Note that the reflexive pronouns attached to these infinitives change to correspond with the subject performing the action.

me baño	**nos** bañamos
te bañas	**os** bañáis
se baña	**se** bañan

- The placement of reflexive pronouns is the same as that of direct and indirect object pronouns. (See the discussion of direct object pronouns in the section on **Hablar de los gustos y las opiniones** in these purple pages.)

Tienes que bañar**te** ahora. = **Te** tienes que bañar ahora.
Los niños están bañándo**se**. = Los niños **se** están bañando.

2. The plural reflexive pronouns **nos, os,** and **se** can be used to express reciprocal actions that are expressed in English with *each other* or *one another.*

Nos queremos.	*We love each other.*
¿**Os** ayudáis?	*Do you help one another?*
Se admiran.	*They admire each other.*

3. Reflexive verbs may cease to be reflexive and instead take direct objects when the action is done to someone else.

acostar   *to put (someone else) to bed*   acostarse   *to go to bed*

A las 7:00 Marta **acuesta** a sus hijos.
Ella no **se acuesta** hasta las 11:30.

levantar   *to raise, pick up; to lift*   levantarse   *to get up; to stand up*

Rosa no puede **levantar** a su hijo porque es muy grande.
Rosa **se levanta** a las 7:00, pero no **nos levantamos** hasta las 8:00.

- Some verbs can also change their meaning when a reflexive pronoun is added.

dormir *to sleep* dormirse *to fall asleep*

No **duermo** bien cuando bebo mucho.
Me duermo en clase cuando bebo mucho la noche anterior.

poner *to put, place; to turn on* ponerse *to put on (clothing)*

Mi compañero de cuarto **pone** el aire acondicionado muy bajo.
Por eso tengo que **ponerme** un suéter aunque estamos en agosto.

¡A practicar!

Fill in the blanks with the correct forms of the appropriate verbs in parentheses.

Tengo una familia numerosa y todos tenemos un horario diferente. Yo _____[1] (acostarse/despertarse) a las 6:00 de la mañana y empiezo a _____[2] (ponerse/vestirse). Mi hermano, sin embargo, ya está despierto a esa hora y no puedo entrar en el baño porque él _____[3] (ducharse/sentarse). Él _____[4] (alegrarse/enojarse) si lo molesto. Mis hermanas gemelas, que _____[5] (llamarse/ponerse) Elena y Eloísa, son estudiantes de medicina. Cuando les toca el turno nocturno,[a] ellas llegan por la mañana y _____[6] (acostarse/levantarse) inmediatamente. Los demás _____[7] (divertirse/sentarse; nosotros) a la mesa para desayunar. Mis hermanos son muy cómicos y todos _____[8] (deprimirse/reírse; nosotros) un montón. Estoy segura de que tú no _____[9] (divertirse/entristecerse) tanto con tu familia como yo con la mía.

[a]les... *it's their turn to work the night shift*

B. Prepositions and verbs that take prepositions

1. The only verb form that can follow a preposition is the infinitive.

a	*to; at*	durante	*during*
antes de	*before*	en	*in; on; at*
con	*with*	hasta	*until*
de	*of; from*	para	*for; in order to*
después de	*after*	por	*for; because of*

¿Qué haces **para aprender** el vocabulario?
¿Lees **antes de dormir**?
¿Qué te gusta hacer **después de tomar** un examen?

2. Many verbs are accompanied by a preposition when preceding an infinitive (*inf.*) and/or a noun (*n.*). Here are some of the more common verbs of this type.

VERBS ACCOMPANIED BY **A**

acostumbrarse a + *inf.* or *n.*	ayudar a + *inf.*	enseñar a + *inf.*
adaptarse a + *inf.* or *n.*	comenzar (ie) a + *inf.*	invitar a + *inf.* or *n.*
animarse a + *inf.*	dedicarse a + *inf.* or *n.*	parecerse a + *n.*
aprender a + *inf.*	empezar (ie) a + *inf.*	volver (ue) a + *inf.** or *n.*

---

*The phrase **volver a** + *infinitive* means *to do something again.*

Espero otros cinco minutos. Si no llega, vuelvo a llamarlo.
I'll wait another five minutes. If he doesn't arrive, I'll call him again.

VERBS ACCOMPANIED BY **CON**

casarse con + *n.*	contar (ue) con + *inf.* or *n.*	enfrentarse con + *n.*
chocar con + *n.*	cumplir con + *n.*	soñar (ue) con + *inf.* or *n.*

VERBS ACCOMPANIED BY **DE**

acabar de + *inf.*	despedirse (i, i) de + *n.*	encargarse de + *inf.* or *n.*
acordarse (ue) de + *inf.* or *n.*	disfrutar de + *n.*	enterarse de + *n.*
aprovecharse de + *n.*	divorciarse de + *n.*	olvidarse de + *inf.* or *n.*
depender de + *n.*	enamorarse de + *n.*	tratar de + *inf.*

VERBS ACCOMPANIED BY **EN**

basarse en + *inf.* or *n.*	consistir en + *inf.* or *n.*	fijarse en + *inf.* or *n.*
confiar en + *inf.* or *n.*	entrar en* + *n.*	insistir en + *inf.*

VERBS ACCOMPANIED BY **POR**

disculparse por + *inf.* or *n.*	optar por + *inf.* or *n.*	preocuparse por + *inf.* or *n.*

3. Two verbs require **que** before an infinitive.

Hay que salir temprano.   **Tiene que** aumentar los sueldos.

¡A practicar!

Fill in the blanks with the appropriate preposition (**a, con, de, en**).

1. Javier y Jacobo se parecen mucho _____ su padre.

2. Durante todo el tiempo que pasó _____ el Ecuador, Laura nunca se animó _____ comer cuy (*guinea pig*).

3. La prima de Sara siempre había soñado _____ un hombre rico y guapo. El sábado pasado, se casó _____ el hombre _____ sus sueños.

4. La madre _____ Javier se preocupa _____ el bienestar (*welfare*) de su hijo.

5. Diego se fue sin despedirse _____ mí.

6. Las estadísticas se basan _____ unas encuestas telefónicas realizadas la semana pasada. Pero Sara no confía _____ las encuestas telefónicas.

7. Diego acaba _____ acordarse _____ que tiene que aumentar los sueldos _____ sus empleados.

8. Si Diego no empieza _____ cumplir _____ sus promesas, pronto su novia Cristina va a olvidarse _____ él y enamorarse _____ otro hombre.

C. **Saber** and **conocer**

1. **Saber** means *to know facts* or *pieces of information.* When followed by an infinitive, **saber** means *to know how to do something.*

   No **saben** la dirección del jefe.   *They don't know the boss's address.*
   ¿**Sabes** usar esa máquina?   *Do you know how to use that machine?*

2. **Conocer** means *to know* or *to be acquainted* (*familiar*) *with* a person, place, or thing. It can also mean *to meet.* Note that the personal **a** is used before mention of a specific person.

   Conocemos un café muy agradable.   *We know (are familiar with) a very pleasant café.*
   ¿Quieres **conocer** a mis padres?   *Do you want to meet my parents?*
   No **conozco** a la dueña.   *I don't know the owner.*

---

*Some native speakers use the preposition **a** instead of **en** after the verb **entrar**.

¡A practicar!

Fill in the blanks with the appropriate form of the verb **saber** or **conocer.**

LIGIA: Oye, Kati, ¿_____[1] un buen restaurante por aquí? Tengo ganas de salir a comer esta noche pero no _____[2] adónde ir.

KATI: ¡Claro que sí _____[3] un buen restaurante por aquí! Hay un restaurante argentino a tres calles en la esquina. _____[4] que no requieren reservación, pero creo que debes llegar temprano porque siempre hay gente esperando una mesa. _____[5] muy bien al dueño, don Mario. Si le dices que eres amiga mía, él te dará una de las mejores mesas. Don Mario _____[6] tratar muy bien a sus clientes especiales. Y si tienes la oportunidad, debes _____[7] al chef, Francisco. Es el hijo de don Mario, es bastante guapo, soltero y que yo _____,[8] no tiene novia.

D. Relative pronouns

Relative pronouns are used to join two simple sentences into one complex sentence. In the following example, the relative pronoun **que** replaces the repeated element in the second simple sentence (**El libro...**), thus forming one complex sentence.

> Diego necesita **el libro. El libro** tiene información sobre la artesanía boliviana.
> Diego necesita **el libro que** tiene información sobre la artesanía boliviana.

1. The pronoun **que** refers to things and people and expresses *that; which; who.*

Tengo el libro **que** querías.	*I have the book (that) you wanted.*
Es una persona **que** sabe mucho.	*He's a person who knows a lot.*

2. The pronoun **quien(es)** refers only to people, *may* be used in a nonrestrictive clause,* and *must* be used after a preposition or as an indirect object to express *who* or *whom.*[†]

Sara, **quien** es de España, vive en Austin.	*Sara, who is from Spain, lives in Austin.*
El chico **con quien** ella se quedaba es rico.	*The guy with whom she stayed is rich.*
El jefe, **a quien** no le gustan las fiestas, está allí.	*The boss, who doesn't like parties, is there.*

3. The pronouns **que** and **quien(es)** are the preferred choice in the Spanish-speaking world for informal speech. In writing and more formal speech situations, however, many native speakers prefer to use a set of compound relative pronouns after a preposition or to introduce a nonrestrictive clause. These compound relative pronouns are **el/la/los/las que** and **el/la/los/las cual(es)** and are used to express *that, which,* or *who/whom.* There is usually no semantic difference between the **que** or **cual** variants of these pronouns; the choice is a matter of personal preference.

Esa artesanía boliviana, **la que** buscaba Diego, es hermosa.	*Those Bolivian handicrafts, the ones that Diego was looking for, are beautiful.*
El cine **al cual** van está en el centro.	*The movie theater to which they are going is downtown.*

Additionally, the **el/la/los/las que** set can appear at the beginning of a sentence when the subject that the pronoun is replacing is already known or implied. In this case, these pronouns express *the one(s) that.*

La que me gustó más fue la falda verde.	*The one that I liked most was the green skirt.*

---

*A nonrestrictive clause is a clause embedded in a complex sentence and is usually set off by commas. These embedded elements represent afterthoughts or asides that can be removed without changing the fundamental meaning of the sentence. In nonrestrictive clauses that refer to people, either **que** or **quien(es)** may be used. However, many native speakers prefer to use **quien(es)** in all such cases.

[†]**Quien(es)** can be used as a direct object, but most native speakers omit the **a quien(es)** and introduce the embedded element with **que,** especially in informal speech. **La mujer a quien vimos en la tienda era muy alta.** → **La mujer que vimos en la tienda era muy alta.**

4. **Lo cual** refers to a concept or idea, will almost always appear in the middle of sentence, and expresses *which*.

El examen fue difícil, **lo cual** nos sorprendió.   *The exam was difficult, which surprised us.*

5. **Lo que** refers to a concept or idea. It is commonly used at the beginning of a sentence, but may also appear in the middle, to express *what* or *that which*.

Lo que no quiero es meterme en más líos.   *What I don't want is to get into more trouble.*
Eso es **lo que** te dije.   *That's what I told you.*

6. **Cuyo/a/os/as** is a possessive relative pronoun and is used like its English equivalent, *whose*. Note that it agrees in number and gender with the person or thing possessed.

El niño **cuyos** padres se marcharon está llorando.   *The child whose parents left is crying.*
La dueña **cuyo** negocio fracasó quiere empezar de nuevo.   *The owner whose business failed wants to start again.*

7. **Donde** can be used as a relative pronoun to express *where*.

Necesito trabajar en un lugar **donde** haya silencio absoluto.   *I need to work in a place where there is absolute silence.*

¡A practicar!

Fill in the blanks with the appropriate relative pronoun.

1. Javier, _____ es puertorriqueño, es una persona _____ sabe mucho.
2. _____ Diego no quiere es que Cristina se enamore de otro hombre.
3. El Museo de Arte, _____ tú buscabas, está cerrado hoy, pero hay otro museo _____ te puede interesar.
4. El restaurante en _____ pensaban almorzar solo abre en la noche, así que fueron a una cafetería de _____ había escuchado buenas cosas.
5. ¿Las canciones? _____ más me gustaron eran las de *Los Lonely Boys*. ¿Los CDs? _____ me prestaste están encima de la mesa.

E. Por and para

The Spanish prepositions **por** and **para** both mean *for*. Each has additional meanings, however, some of which are presented here.

1. **Uses of *por***

by, by means of	Vamos **por tren**.*
	Debemos hablar **por teléfono** primero.
through, along	Caminamos **por el parque** y **por la playa**.
during, in (time of day)	Nunca estudio **por la mañana**.
because of, due to	Estoy nerviosa **por la entrevista**.
for = in exchange for	Piden $55 **por el libro**.
	Gracias **por todo**.
for the sake of	Quiero hacerlo **por ti**.
for = duration (often omitted)	Vivieron en España **(por)** cuatro años.
per	Hay dos premios **por grupo**.

---

*Many native speakers prefer using the preposition **en** instead of **por** with modes of transportation: **en avión, en bicicleta, en coche,** and so on.

- In addition, **por** is used in a number of phrases, some of which are included here.

por ejemplo	*for example*
por eso	*that's why, therefore*
por favor	*please*
por fin	*finally*
por lo general	*generally, in general*
por lo menos	*at least*
por si acaso	*just in case*
¡por supuesto!	*of course!*

2. **Uses of *para***

in order to	Vienen a las 2:00 **para pintar** el cuarto.
for = destined for	El regalo es **para mi esposa.**
for = by (deadline, specified future time)	**Para mañana,** debe tenerlo listo.
for = toward, in the direction of	Salió **para Bolivia** ayer.
for = to be used for	Es **para guardar** la ropa.
for = as compared with others, in relation to others	**Para ellos,** no es importante. **Para (ser) tan joven,** es muy maduro.
for = in the employ of	Trabajan **para IBM** ahora.

¡A practicar!

Fill in the blanks with **por** or **para.**

_____[1] llevar una vida equilibrada, hago muchas cosas. _____[2] lo general, como bien y hago ejercicios _____[3] la mañana todos los días. A veces levanto pesas y a veces corro _____[4] el parque central de la ciudad. Tengo que decir que _____[5] la edad que tengo, me veo mucho más joven. El ejercicio no es tan importante _____[6] mis colegas de trabajo; _____[7] eso es que algunos ya están un poco gorditos. Bueno, ¡es _____[8] la falta de ejercicio y _____[9] lo mucho que comen! No es que yo quiera vivir _____[10] siempre; es que quiero estar aquí cuando mis hijos se casen y tengan sus propios hijos. Si me ofrecieran un millón de dólares _____[11] dejar la vida sana que tengo, _____[12] supuesto no lo aceptaría. La salud vale más que el oro.

F. Using the subjunctive in adjective clauses

An adjective clause describes a preceding noun. In the following example, the relative pronoun **que** introduces an adjective clause that describes what type of place the Ruta Maya café is.

El café Ruta Maya es un lugar **que atrae a gente diversa.**

Adjective clauses can also be introduced by **donde** if they describe a place, in the same way that the relative pronoun *where* is used in English.

Hay una mesa en Ruta Maya **donde siempre me siento.**

Note that the indicative (**atrae, siento**) is used in the adjective clause of the two preceding sentences. This is because the speaker is expressing an opinion or fact based on previous experience with the noun that each adjective clause describes (**un lugar** and **una mesa en Ruta Maya**). In the speaker's mind, the Ruta Maya café attracts a diverse mix of clients, and his or her special table exists.

1. When an adjective clause describes something of which the speaker has no prior knowledge (in other words, an unspecified or unknown person, place, or thing), the subjunctive is used in the adjective clause.

UNSPECIFIED OR UNKNOWN NOUN [−KNOWLEDGE] (SUBJUNCTIVE)	SPECIFIC OR KNOWN NOUN [+KNOWLEDGE] (INDICATIVE)
Necesito una clase que **empiece** antes de las 11:00.	Tengo una clase que **empieza** antes de las 11:00.
Buscamos un café que **sirva** café turco.	Buscamos el café que **sirve** café turco.
Busco un empleado* que **hable** español y chino.	Busco a la empleada* que **habla** español y chino.
Busco a alguien* que **juegue** al tenis bien.	Conozco a la persona* que **juega** bien.

2. When the noun described by the adjective clause is part of a negative expression, the subjunctive is used in the adjective clause because, in effect, it is describing something that does not exist in the speaker's mind.

NEGATIVE EXPRESSION [−EXISTENCE] (SUBJUNCTIVE)	AFFIRMATIVE EXPRESSION [+EXISTENCE] (INDICATIVE)
No hay nadie en mi clase que **fume.**	Hay varios estudiantes en mi clase que **fuman.**
No conozco ningún hotel por aquí que **tenga** precios bajos.	Conozco un hotel por aquí que **tiene** precios bajos.

3. When a noun and the adjective clause describing it are part of a yes-or-no question, the subjunctive is used in the adjective clause because the speaker is uncertain whether the noun exists. (That's why the speaker is posing the question in the first place!) In answering such questions affirmatively, of course, the indicative is used; the subjunctive is used in answering them negatively.

YES-OR-NO QUESTION [−EXISTENCE] (SUBJUNCTIVE)	AFFIRMATIVE ANSWER [+EXISTENCE] (INDICATIVE)
¿Hay alguien aquí que **sepa** la dirección?	Sí, Marta la **sabe.**
¿Tienes un bolígrafo que me **prestes?**	Sí, aquí **tienes** uno.

YES-OR-NO QUESTION [−EXISTENCE] (SUBJUNCTIVE)	NEGATIVE ANSWER [+EXISTENCE] (SUBJUNCTIVE)
¿Hay una tienda por aquí donde **vendan** jamón serrano?	No, no hay ninguna tienda por aquí que **venda** jamón serrano.
¿Conoce Ud. a alguien que **hable** ruso?	No, no conozco a nadie que **hable** ruso.

¡A practicar!

Fill in the blanks with the appropriate form of the verbs in parentheses.

MAURA: ¿Hay un lugar en Austin donde la gente _____¹ (poder) relajarse y tomar café?

MIGUEL: Sí, Ruta Maya es un lugar donde la gente _____² (relajarse) y _____³ (tomar) café todos los días.

MAURA: Pero busco un lugar que _____⁴ (vender) café de comercio justo y donde _____⁵ (haber) gente que _____⁶ (hablar) español. ¿Existe algún lugar así?

Diego necesita un empleado que _____⁷ (saber) español y que _____⁸ (ser) bueno para los negocios.

Desgraciadamente, Diego cree que no hay nadie que _____⁹ (trabajar) tan bien como él. La verdad es que no hay nadie que _____¹⁰ (cumplir) con sus expectativas (*expectations*).

---

*The personal **a** is not used with direct objects that refer to unspecified or unknown persons. However, remember that **alguien** and **nadie,** when used as direct objects, are always preceded by the personal **a.**

Apéndice 1: ¡A practicar! Answer Key

Descripción

A. Agreement

A.
1. el águila, 6
2. el archivo, 2
3. la crisis, 3
4. la cumbre, 3
5. el día, 10
6. la flor, 10
7. la foto, 7
8. la luz, 3
9. la mano, 10
10. la moto, 7
11. la mujer, 1
12. la nariz, 3
13. el pan, 4
14. el papel, 4
15. la playa, 1
16. la voz, 3

B. 1. La, simpática 2. Las, frías 3. Las, bonitas 4. El, la, baja 5. Las, fabulosas 6. La, el, mala 7. La, larga 8. El, la, pequeño 9. El, fuerte 10. Los, el, gigantescos

B. *Ser* and *estar*

A. 1. de México 2. preocupados 3. tímida 4. tomando un café 5. periodista

B. 1. O 2. P 3. L 4. T 5. E 6. C 7. T 8. O, O 9. E 10. I 11. PO 12. C 13. P 14. PO 15. D

C. 1. es 2. está 3. es 4. son 5. está 6. es 7. son 8. son 9. es 10. es 11. ser 12. es/será 13. es 14. están 15. estar 16. están 17. es

C. Past participles used as adjectives

1. cerrada 2. abierta 3. hecho 4. rotas 5. tirados 6. muertos 7. abiertas 8. perdido 9. resuelto

D. Uses and omission of articles

1. El 2. – 3. una 4. la 5. – 6. – 7. – 8. – 9. – 10. – 11. El 12. el 13. la 14. los 15. una 16. las 17. la 18. los 19. – 20. – 21. un 22. l (al) 23. los 24. la 25. la 26. el 27. los 28. el 29. los

Comparación

A. (*possible answers*) 1. Laura tiene tantos hermanos como Diego. 2. Laura es menor que Javier. 3. El coche de Javier es peor que el (coche) de Laura. 4. Diego gana más (dinero) que Javier. 5. Javier es más rico que Laura. 6. Laura sale a comer menos que Diego. 7. Javier toma el autobús más que Diego.

B. (*possible answers*) 1. a. Pink es menos llamativa que Lady Gaga. b. Lady Gaga es la más llamativa de todas. 2. a. Donald Trump es más ambicioso que Oprah. b. Mark Zuckerberg es el más ambicioso de todos. 3. a. «The Bachelor» es más degradante que «The Biggest Loser». b. «Dancing with the Stars» es el menos degradante de los tres. 4. a. Las enchiladas son mejores que los tacos. b. Las chalupas son las mejores de todos.

Narración en el pasado

B. Using the preterite and imperfect

A. 1. a 2. a, d 3. b, b, b 4. a, c 5. a, a, a 6. d 7. c

B. 1. c, c 2. d, d, d 3. a, a 4. c, c 5. b 6. c

C. Verbs with different meanings in the preterite and imperfect

A. 1. vivió, P:c   2. vivía, I:b   3. era, I:c   4. tomaba, I:b   5. desayunaba, recibió, I:a, P:a   6. supo, lloró, dijo, quería, P:a, P:a, P:a, I:c   7. fue, P:a   8. estuvo, había, tuvo, P:a, I:d, P:c   9. llevaba, I:c   10. Fue, P:d

B. 1. era   2. iba   3. gustaba   4. era   5. encantaba   6. tenía   7. fue   8. alquilaron   9. era   10. hacía   11. pudieron   12. supo   13. vivía   14. estaba   15. tuvo   16. quería   17. estaba   18. estaban   19. se sentían   20. pasó   21. Fueron

D. The present perfect and pluperfect

A. 1. ha conseguido   2. ha roto   3. ha vuelto   4. ha tenido

B. 1. había trabajado   2. había soñado   3. había prometido   4. había hecho

E. *Hace... que*

1. (*possible answers*) ¡Lo siento! ¿Cuánto tiempo hace que esperas?   2. Hace mucho tiempo que quiero comer en este restaurante.   3. ¿Cuánto tiempo hace que naciste?   4. Aura salió para Buenos Aires hace seis años y nunca volvió. / Hace seis años que Aura salió para Buenos Aires y nunca volvió.   5. Hacía seis horas que Celia estudiaba cuando Sergio la llamó.   6. Matías no se sorprendió; hacía tres años que había leído del problema. /...había leído del problema hacía tres años.

Reacciones y recomendaciones

C. Using the subjunctive in noun clauses: (1) Conditions for the use of subjunctive in Spanish

1. asista   2. compre   3. sepa   4. seas   5. son   6. sea   7. va   8. traigan   9. trabajemos   10. pueda

C. Using the subjunctive in noun clauses: (2) Sequence of tenses

A. 1. bebe; beba   2. tomaba; tomara   3. recibía; recibiera   4. había sacado; hubiera sacado   5. quisiera; quería   6. hiciera; hubiera hecho

B. (*possible answers*)   1. Es horrible que fume tanto. El médico recomienda que deje de fumar.   2. Es triste que no se divierta. Es evidente que le gusta estudiar.   3. Sugiero que Diego rompa con ella. Es obvio que su novia es muy extrovertida. A diego no le gusta que su novia hable con otros hombres.

D. Commands

A. 1. Póngaselos. No se los ponga. / Pónganselos. No se los pongan. / Póntelos. No te los pongas. / Pongámonoslos. No nos los pongamos.   2. Escríbales. No les escriba. / Escríbanles. No les escriban. / Escríbeles. No les escribas. / Escribámosles. No les escribamos.   3. Dígala. No la diga. / Díganla. No la digan. / Dila. No la digas. / Digámosla. No la digamos.   4. Léalos. No los lea. / Léanlos. No los lean. / Léelos. No los leas. / Leámoslos. No los leamos.   5. Váyase de aquí. No se vaya de aquí. / Váyanse de aquí. No se vayan de aquí. / Vete de aquí. No te vayas de aquí. / Vámonos de aquí. No nos vayamos de aquí.

B. 1. Tráiganlos.   2. No la bebas.   3. Léanlas.   4. Sal ahora.   5. Visítalo.   6. Dila.   7. Levántense temprano.   8. Escúchela dos veces.   9. Házlo.   10. Búscala.

Hablar de los gustos y las opiniones

D. Double object pronouns

1. DO: coffee; IO: the clients; Javier se lo sirvió.   2. DO: that she wouldn't be home until late; IO: Laura; Sara se lo dijo.   3. DO: the paintings; IO: Mr. Galindo; Diego, muéstraselas, por favor.   4. DO: the musicians, the CDs; Sergio tuvo que llamarlos y escucharlos.   5. DO: a surprise dinner; IO: Javier; Laura se la estaba preparando / estaba preparándosela.   6. DO: the dinner; IO: Laura; Javier, agradécesela.   7. DO: her uncle; Sara lo visitaba en Salamanca todos los domingos.   8. DO: the flowers; IO: us; Sergio nos las puede comprar / puede comprárnoslas.   9. DO: the truth; IO: me; Javier y Diego no me la dirán.   10. DO: a song; IO: us; Sara nos la quería cantar / quería cantárnosla con su voz horrible.

E. *Gustar* **and similar verbs**

A. 1. te gustó   2. me encantaba   3. les fascinó   4. le da   5. les molesta   6. nos disgustaba   7. les fastidian   8. te molestó   9. le interesaban   10. me conviene

B. (*possible answers*)   1. (A mí) Me dan asco los perritos calientes con mostaza.   2. A los profesores les fastidian los estudiantes que no estudian.   3. A mi amigo le fascinan las películas violentas.   4. (A nosotros) Nos encanta estudiar astrología.   5. A los niños pequeños les interesan los dibujos animados.   6. A los jóvenes les molestan las reglas de las residencias universitarias.

Hacer hipótesis

A. 1. conseguiría   2. trabajaría   3. tendré/tengo   4. pondría   5. llamaría   6. fuera   7. logro   8. estuviera

B. 1. Si fuera a España, visitaría el Museo del Prado en Madrid. (If I went to Spain, I would visit the Prado Museum in Madrid.)   2. Si Luis tuviera suficiente dinero, te mandaría un boleto para ir a las Islas Galápagos. (If Luis had enough money, he would send you a ticket to go to the Galapagos Islands)   3. Si estudiara en Puerto Rico, asistiría la Universidad Interamericana de San Germán. (If I studied in Puerto Rico, I would attend the International University of San Germán.)

Hablar del futuro

B. The future of probability

A. 1. me despertarás   2. Me pondré   3. la saludaré   4. dirá   5. Me hará   6. contestaré   7. me pondré   8. nos despediremos   9. me llamarán

B. 1. Tendrá… (He must be at least 70.)   2. Habrá… (There must be a lot of traffic.)   3. Ganará… (He must earn a lot of money.)   4. Estará… (He must be very happy.)   5. Venderá… (He must sell a lot of records on the international market.)

C. Using the subjunctive in adverbial clauses

1. llegue, CN   2. terminó, C   3. esté, CN   4. llueva, CN   5. hace, H   6. ayudes, CN   7. quieran, CN   8. vieran, CN   9. desayunar, H   10. escucho, H   11. sepa, P   12. llegues, P   13. nos despedimos, C   14. se mudó, C   15. firmar, C

Los otros puntos gramaticales

A. Reflexive and reciprocal pronouns

1. me despierto   2. vestirme   3. se ducha   4. se enoja   5. se llaman   6. se acuestan   7. nos sentamos   8. nos reímos   9. te diviertes

B. Prepositions and verbs that take prepositions

1. a   2. en, a   3. con, con, de   4. de, por   5. de   6. en, en   7. de, de, de   8. a, con, de, de

C. *Saber* **and** *conocer*

1. conoces   2. sé   3. conozco   4. Sé   5. Conozco   6. sabe   7. conocer   8. sepa

D. Relative pronouns

1. quien, que   2. Lo que   3. el cual / el que / que, que   4. el cual / el que / que, la cual / la que / que   5. Las que, Los que

E. *Por* **and** *para*

1. Para   2. Por   3. por   4. por   5. para   6. para   7. por   8. por   9. por   10. para   11. por   12. por

F. Using the subjunctive in adjective clauses

1. pueda   2. se relaja   3. toma   4. venda   5. haya   6. hable   7. sepa   8. sea   9. trabaje   10. cumpla

Apéndice 2: Conectores y palabras de transición

Secuencia de tiempo

primero	*first*
segundo	*second*
tercero	*third*
al mismo tiempo	*at the same time*
desde entonces	*from then on, since then*
después	*after*
durante	*during*
finalmente, al final	*finally, in the end*
luego	*then*
mientras	*while*
por último	*last of all*

Resultado

a causa de	*on account of*
por eso	*therefore, for that reason*
por esta razón	*for this reason, because*
por lo tanto	*therefore*

Concesión

a pesar de	*in spite of, despite*
no obstante	*nevertheless*
pero	*but*
sin embargo	*nevertheless*

Contraste

al contrario	*on the contrary*
en cambio	*on the other hand, instead*
por otro lado	*on the other hand*
sino	*but* (rather)

Para añadir

además	*besides*
es más	*besides*
incluso	*even*
también	*also*

Opinión

Desde mi punto de vista…	*From my point of view…*
En mi opinión…	*In my opinion…*
Que yo sepa…	*As far as I know…*
Según…	*According to…*

Condición

a menos que	*unless*
con tal (de) que	*provided that*
para que	*so that*
puesto que	*since, given that*
tan pronto como	*as soon as*
ya que	*since, given that*

Conclusión

Así que…	*So…*
En conclusión…	*In conclusion…*
Para concluir…	*To conclude…*

Apéndice 3: Verb Charts

A. Regular Verbs: Simple Tenses

INFINITIVE / PRESENT PARTICIPLE / PAST PARTICIPLE	INDICATIVE PRESENT	IMPERFECT	PRETERITE	FUTURE	CONDITIONAL	SUBJUNCTIVE PRESENT	PAST	IMPERATIVE
hablar hablando hablado	hablo hablas habla hablamos habláis hablan	hablaba hablabas hablaba hablábamos hablabais hablaban	hablé hablaste habló hablamos hablasteis hablaron	hablaré hablarás hablará hablaremos hablaréis hablarán	hablaría hablarías hablaría hablaríamos hablaríais hablarían	hable hables hable hablemos habléis hablen	hablara hablaras hablara habláramos hablarais hablaran	habla / no hables hable hablemos hablad / no habléis hablen
comer comiendo comido	como comes come comemos coméis comen	comía comías comía comíamos comíais comían	comí comiste comió comimos comisteis comieron	comeré comerás comerá comeremos comeréis comerán	comería comerías comería comeríamos comeríais comerían	coma comas coma comamos comáis coman	comiera comieras comiera comiéramos comierais comieran	come / no comas coma comamos comed / no comáis coman
vivir viviendo vivido	vivo vives vive vivimos vivís viven	vivía vivías vivía vivíamos vivíais vivían	viví viviste vivió vivimos vivisteis vivieron	viviré vivirás vivirá viviremos viviréis vivirán	viviría vivirías viviría viviríamos viviríais vivirían	viva vivas viva vivamos viváis vivan	viviera vivieras viviera viviéramos vivierais vivieran	vive / no vivas viva vivamos vivid / no viváis vivan

B. Regular Verbs: Perfect Tenses

INDICATIVE PRESENT PERFECT	PLUPERFECT	PRETERITE PERFECT	FUTURE PERFECT	CONDITIONAL PERFECT
he has ha hemos habéis han } hablado comido vivido	había habías había habíamos habíais habían } hablado comido vivido	hube hubiste hubo hubimos hubisteis hubieron } hablado comido vivido	habré habrás habrá habremos habréis habrán } hablado comido vivido	habría habrías habría habríamos habríais habrían } hablado comido vivido

SUBJUNCTIVE PRESENT PERFECT	PLUPERFECT
haya hayas haya hayamos hayáis hayan } hablado comido vivido	hubiera hubieras hubiera hubiéramos hubierais hubieran } hablado comido vivido

C. Irregular Verbs

INFINITIVE / PRESENT PARTICIPLE / PAST PARTICIPLE	INDICATIVE					SUBJUNCTIVE		IMPERATIVE
	PRESENT	IMPERFECT	PRETERITE	FUTURE	CONDITIONAL	PRESENT	PAST	
andar andando andado	ando andas anda andamos andáis andan	andaba andabas andaba andábamos andabais andaban	anduve anduviste anduvo anduvimos anduvisteis anduvieron	andaré andarás andará andaremos andaréis andarán	andaría andarías andaría andaríamos andaríais andarían	ande andes ande andemos andéis anden	anduviera anduvieras anduviera anduviéramos anduvierais anduvieran	anda / no andes ande andemos andad / no andéis anden
caber cabiendo cabido	quepo cabes cabe cabemos cabéis caben	cabía cabías cabía cabíamos cabíais cabían	cupe cupiste cupo cupimos cupisteis cupieron	cabré cabrás cabrá cabremos cabréis cabrán	cabría cabrías cabría cabríamos cabríais cabrían	quepa quepas quepa quepamos quepáis quepan	cupiera cupieras cupiera cupiéramos cupierais cupieran	cabe / no quepas quepa quepamos cabed / no quepáis quepan
caer cayendo caído	caigo caes cae caemos caéis caen	caía caías caía caíamos caíais caían	caí caíste cayó caímos caísteis cayeron	caeré caerás caerá caeremos caeréis caerán	caería caerías caería caeríamos caeríais caerían	caiga caigas caiga caigamos caigáis caigan	cayera cayeras cayera cayéramos cayerais cayeran	cae / no caigas caiga caigamos caed / no caigáis caigan
dar dando dado	doy das da damos dais dan	daba dabas daba dábamos dabais daban	di diste dio dimos disteis dieron	daré darás dará daremos daréis darán	daría darías daría daríamos daríais darían	dé des dé demos deis den	diera dieras diera diéramos dierais dieran	da / no des dé demos dad / no deis den
decir diciendo dicho	digo dices dice decimos decís dicen	decía decías decía decíamos decíais decían	dije dijiste dijo dijimos dijisteis dijeron	diré dirás dirá diremos diréis dirán	diría dirías diría diríamos diríais dirían	diga digas diga digamos digáis digan	dijera dijeras dijera dijéramos dijerais dijeran	di / no digas diga digamos decid / no digáis digan
estar estando estado	estoy estás está estamos estáis están	estaba estabas estaba estábamos estabais estaban	estuve estuviste estuvo estuvimos estuvisteis estuvieron	estaré estarás estará estaremos estaréis estarán	estaría estarías estaría estaríamos estaríais estarían	esté estés esté estemos estéis estén	estuviera estuvieras estuviera estuviéramos estuvierais estuviera	está / no estés esté estemos estad / no estéis estén
haber habiendo habido	he has ha hemos habéis han	había habías había habíamos habíais habían	hube hubiste hubo hubimos hubisteis hubieron	habré habrás habrá habremos habréis habrán	habría habrías habría habríamos habríais habrían	haya hayas haya hayamos hayáis hayan	hubiera hubieras hubiera hubiéramos hubierais hubieran	

C. Irregular Verbs (continued)

INFINITIVE PRESENT PARTICIPLE PAST PARTICIPLE	INDICATIVE PRESENT	IMPERFECT	PRETERITE	FUTURE	CONDITIONAL	SUBJUNCTIVE PRESENT	PAST	IMPERATIVE
hacer haciendo hecho	hago haces hace hacemos hacéis hacen	hacía hacías hacía hacíamos hacíais hacían	hice hiciste hizo hicimos hicisteis hicieron	haré harás hará haremos haréis harán	haría harías haría haríamos haríais harían	haga hagas haga hagamos hagáis hagan	hiciera hicieras hiciera hiciéramos hicierais hicieran	haz / no hagas haga hagamos haced / no hagáis hagan
ir yendo ido	voy vas va vamos vais van	iba ibas iba íbamos ibais iban	fui fuiste fue fuimos fuisteis fueron	iré irás irá iremos iréis irán	iría irías iría iríamos iríais irían	vaya vayas vaya vayamos vayáis vayan	fuera fueras fuera fuéramos fuerais fueran	ve / no vayas vaya vayamos id / no vayáis vayan
oír oyendo oído	oigo oyes oye oímos oís oyen	oía oías oía oíamos oíais oían	oí oíste oyó oímos oísteis oyeron	oiré oirás oirá oiremos oiréis oirán	oiría oirías oiría oiríamos oiríais oirían	oiga oigas oiga oigamos oigáis oigan	oyera oyeras oyera oyéramos oyerais oyeran	oye / no oigas oiga oigamos oíd / no oigáis oigan
poder pudiendo podido	puedo puedes puede podemos podéis pueden	podía podías podía podíamos podíais podían	pude pudiste pudo pudimos pudisteis pudieron	podré podrás podrá podremos podréis podrán	podría podrías podría podríamos podríais podrían	pueda puedas pueda podamos podáis puedan	pudiera pudieras pudiera pudiéramos pudierais pudieran	
poner poniendo puesto	pongo pones pone ponemos ponéis ponen	ponía ponías ponía poníamos poníais ponían	puse pusiste puso pusimos pusisteis pusieron	pondré pondrás pondrá pondremos pondréis pondrán	pondría pondrías pondría pondríamos pondríais pondrían	ponga pongas ponga pongamos pongáis pongan	pusiera pusieras pusiera pusiéramos pusierais pusieran	pon / no pongas ponga pongamos poned / no pongáis pongan
predecir prediciendo predicho	predigo predices predice predecimos predecís predicen	predecía predecías predecía predecíamos predecíais predecían	predije predijiste predijo predijimos predijisteis predijeron	prediciré predicirás predicirá prediciremos prediciréis predicirán	prediciría predicirías prediciría prediciríamos prediciríais predicirían	prediga predigas prediga predigamos predigáis predigan	predijera predijeras predijera predijéramos predijerais predijeran	predice / no predigas prediga predigamos predecid / no predigáis predigan
querer queriendo querido	quiero quieres quiere queremos queréis quieren	quería querías quería queríamos queríais querían	quise quisiste quiso quisimos quisisteis quisieron	querré querrás querrá querremos querréis querrán	querría querrías querría querríamos querríais querrían	quiera quieras quiera queramos queráis quieran	quisiera quisieras quisiera quisiéramos quisierais quisieran	quiere / no quieras quiera queramos quered / no queráis quieran

C. Irregular Verbs (continued)

INFINITIVE PRESENT PARTICIPLE PAST PARTICIPLE	INDICATIVE					SUBJUNCTIVE		IMPERATIVE
	PRESENT	IMPERFECT	PRETERITE	FUTURE	CONDITIONAL	PRESENT	PAST	
saber siendo sabido	sé sabes sabe sabemos sabéis saben	sabía sabías sabía sabíamos sabíais sabían	supe supiste supo supimos supisteis supieron	sabré sabrás sabrá sabremos sabréis sabrán	sabría sabrías sabría sabríamos sabríais sabrían	sepa sepas sepa sepamos sepáis sepan	supiera supieras supiera supiéramos supierais supieran	sabe / no sepas sepa sepamos sabed / no sepáis sepan
salir saliendo salido	salgo sales sale salimos salís salen	salía salías salía salíamos salíais salían	salí saliste salió salimos salisteis salieron	saldré saldrás saldrá saldremos saldréis saldrán	saldría saldrías saldría saldríamos saldríais saldrían	salga salgas salga salgamos salgáis salgan	saliera salieras saliera saliéramos salierais salieran	sal / no salgas salga salgamos salid / no salgáis salgan
ser siendo sido	soy eres es somos sois son	era eras era éramos erais eran	fui fuiste fue fuimos fuisteis fueron	seré serás será seremos seréis serán	sería serías sería seríamos seríais serían	sea seas sea seamos seáis sean	fuera fueras fuera fuéramos fuerais fueran	sé / no seas sea seamos sed / no seáis sean
tener teniendo tenido	tengo tienes tiene tenemos tenéis tienen	tenía tenías tenía teníamos teníais tenían	tuve tuviste tuvo tuvimos tuvisteis tuvieron	tendré tendrás tendrá tendremos tendréis tendrán	tendría tendrías tendría tendríamos tendríais tendrían	tenga tengas tenga tengamos tengáis tengan	tuviera tuvieras tuviera tuviéramos tuvierais tuvieran	ten / no tengas tenga tengamos tened / no tengáis tengan
traer trayendo traído	traigo traes trae traemos traéis traen	traía traías traía traíamos traíais traían	traje trajiste trajo trajimos trajisteis trajeron	traeré traerás traerá traeremos traeréis traerán	traería traerías traería traeríamos traeríais traerían	traiga traigas traiga traigamos traigáis traigan	trajera trajeras trajera trajéramos trajerais trajeran	trae / no traigas traiga traigamos traed / no traigáis traigan
valer valiendo valido	valgo vales vale valemos valéis valen	valía valías valía valíamos valíais valían	valí valiste valió valimos valisteis valieron	valdré valdrás valdrá valdremos valdréis valdrán	valdría valdrías valdría valdríamos valdríais valdrían	valga valgas valga valgamos valgáis valgan	valiera valieras valiera valiéramos valierais valieran	vale / no valgas valga valgamos valed / no valgáis valgan
venir viniendo venido	vengo vienes viene venimos venís vienen	venía venías venía veníamos veníais venían	vine viniste vino vinimos vinisteis vinieron	vendré vendrás vendrá vendremos vendréis vendrán	vendría vendrías vendría vendríamos vendríais vendrían	venga vengas venga vengamos vengáis vengan	viniera vinieras viniera viniéramos vinierais vinieran	ven / no vengas venga vengamos venid / no vengáis vengan

C. Irregular Verbs (continued)

INFINITIVE PRESENT PARTICIPLE PAST PARTICIPLE	INDICATIVE					SUBJUNCTIVE		IMPERATIVE
	PRESENT	IMPERFECT	PRETERITE	FUTURE	CONDITIONAL	PRESENT	PAST	
ver viendo visto	veo ves ve vemos veis ven	veía veías veía veíamos veíais veían	vi viste vio vimos visteis vieron	veré verás verá veremos veréis verán	vería verías vería veríamos veríais verían	vea veas vea veamos veáis vean	viera vieras viera viéramos vierais vieran	ve / no veas vea veamos ved / no veáis vean

D. Stem-Changing and Spelling Change Verbs

INFINITIVE PRESENT PARTICIPLE PAST PARTICIPLE	INDICATIVE					SUBJUNCTIVE		IMPERATIVE
	PRESENT	IMPERFECT	PRETERITE	FUTURE	CONDITIONAL	PRESENT	PAST	
construir (y) construyendo construido	construyo construyes construye construimos construís construyen	construía construías construía construíamos construíais construían	construí construiste construyó construimos construisteis construyeron	construiré construirás construirá construiremos construiréis construirán	construiría construirías construiría construiríamos construiríais construirían	construya construyas construya construyamos construyáis construyan	construyera construyeras construyera construyéramos construyerais construyeran	construye / no construyas construya construyamos construid / no construyáis construyan
creer (y [3rd-pers. pret.]) creyendo creído	creo crees cree creemos creéis creen	creía creías creía creíamos creíais creían	creí creíste creyó creímos creísteis creyeron	creeré creerás creerá creeremos creeréis creerán	creería creerías creería creeríamos creeríais creerían	crea creas crea creamos creáis crean	creyera creyeras creyera creyéramos creyerais creyeran	cree / no creas crea creamos creed / no creáis crean
dormir (ue, u) durmiendo dormido	duermo duermes duerme dormimos dormís duermen	dormía dormías dormía dormíamos dormíais dormían	dormí dormiste durmió dormimos dormisteis durmieron	dormiré dormirás dormirá dormiremos dormiréis dormirán	dormiría dormirías dormiría dormiríamos dormiríais dormirían	duerma duermas duerma durmamos durmáis duerman	durmiera durmieras durmiera durmiéramos durmierais durmieran	duerme / no duermas duerma durmamos dormid / no durmáis duerman
pedir (i, i) pidiendo pedido	pido pides pide pedimos pedís piden	pedía pedías pedía pedíamos pedíais pedían	pedí pediste pidió pedimos pedisteis pidieron	pediré pedirás pedirá pediremos pediréis pedirán	pediría pedirías pediría pediríamos pediríais pedirían	pida pidas pida pidamos pidáis pidan	pidiera pidieras pidiera pidiéramos pidierais pidieran	pide / no pidas pida pidamos pedid / no pidáis pidan
pensar (ie) pensando pensado	pienso piensas piensa pensamos pensáis piensan	pensaba pensabas pensaba pensábamos pensabais pensaban	pensé pensaste pensó pensamos pensasteis pensaron	pensaré pensarás pensará pensaremos pensaréis pensarán	pensaría pensarías pensaría pensaríamos pensaríais pensarían	piense pienses piense pensemos penséis piensen	pensara pensaras pensara pensáramos pensarais pensaran	piensa / no pienses piense pensemos pensad / no penséis piensen

D. Stem-Changing and Spelling Change Verbs (continued)

INFINITIVE / PRESENT PARTICIPLE / PAST PARTICIPLE	INDICATIVE					SUBJUNCTIVE		IMPERATIVE
	PRESENT	IMPERFECT	PRETERITE	FUTURE	CONDITIONAL	PRESENT	PAST	
producir (zc, j) produciendo producido	produzco produces produce producimos producís producen	producía producías producía producíamos producíais producían	produje produjiste produjo produjimos produjisteis produjeron	produciré producirás producirá produciremos produciréis producirán	produciría producirías produciría produciríamos produciríais producirían	produzca produzcas produzca produzcamos produzcáis produzcan	produjera produjeras produjera produjéramos produjerais produjeran	produce / no produzcas produzca produzcamos producid / no produzcáis produzcan
reír (i, i) riendo reído	río ríes ríe reímos reís ríen	reía reías reía reíamos reíais reían	reí reíste rió reímos reísteis rieron	reiré reirás reirá reiremos reiréis reirán	reiría reirías reiría reiríamos reiríais reirían	ría rías ría riamos riáis rían	riera rieras riera riéramos rierais rieran	ríe / no rías ría riamos reíd / no riáis rían
seguir (i, i) (g) siguiendo seguido	sigo sigues sigue seguimos seguís siguen	seguía seguías seguía seguíamos seguíais seguían	seguí seguiste siguió seguimos seguisteis siguieron	seguiré seguirás seguirá seguiremos seguiréis seguirán	seguiría seguirías seguiría seguiríamos seguiríais seguirían	siga sigas siga sigamos sigáis sigan	siguiera siguieras siguiera siguiéramos siguierais siguieran	sigue / no sigas siga sigamos seguid / no sigáis sigan
sentir (ie, i) sintiendo sentido	siento sientes siente sentimos sentís sienten	sentía sentías sentía sentíamos sentíais sentían	sentí sentiste sintió sentimos sentisteis sintieron	sentiré sentirás sentirá sentiremos sentiréis sentirán	sentiría sentirías sentiría sentiríamos sentiríais sentirían	sienta sientas sienta sintamos sintáis sientan	sintiera sintieras sintiera sintiéramos sintierais sintieran	siente / no sientas sienta sintamos sentid / no sintáis sientan
volver (ue) volviendo vuelto	vuelvo vuelves vuelve volvemos volvéis vuelven	volvía volvías volvía volvíamos volvíais volvían	volví volviste volvió volvimos volvisteis volvieron	volveré volverás volverá volveremos volveréis volverán	volvería volverías volvería volveríamos volveríais volverían	vuelva vuelvas vuelva volvamos volváis vuelvan	volviera volvieras volviera volviéramos volvierais volvieran	vuelve / no vuelvas vuelva volvamos volved / no volváis vuelvan

Vocabulario español-inglés

This Spanish-English Vocabulary contains all the words that appear in the text, with the following exceptions: (1) most close or identical cognates that do not appear in the thematic vocabulary lists; (2) most conjugated verb forms; (3) most diminutives and augmentatives; (4) most adverbs ending in **-mente;** (5) days of the week, months of the year, basic colors, and most numbers; (6) subject, object, and demonstrative pronouns; (7) possessive and demonstrative adjectives; (8) glossed vocabulary from realia and authentic readings. Only meanings used in the text are given. Numbers following translations indicate the chapter in which that meaning of the word was presented as active vocabulary in **Vocabulario del tema.**

Words containing **ch** and **ll** are alphabetized according to the individual letters of these consonant clusters. For example, words beginning with **ch** are found within the letter **c.** Also, **n** precedes **ñ** in alphabetical order.

The gender of nouns is indicated, except for masculine nouns ending in **-o** and feminine nouns ending in **-a.** Stem changes and spelling changes are indicated for verbs: **dormir (ue, u); llegar (gu); traducir (zc, j).**

The following abbreviations are used in this vocabulary.

abbrev.	abbreviation	*m.*	masculine
adj.	adjective	*Mex.*	Mexico
adv.	adverb	*n.*	noun
C.A.	Central America	*pers.*	person
Ch.	Chile	*pl.*	plural
coll.	colloquial	*p.p.*	past participle
f.	feminine	*P.R.*	Puerto Rico
fig.	figurative	*prep.*	preposition
ger.	gerund	*pret.*	preterite
gram.	grammatical term	*pron.*	pronoun
inf.	infinitive	*s.*	singular
inv.	invariable	*Sp.*	Spain
irreg.	irregular	*subj.*	subjunctive
lit.	literal	*v.*	verb

A

a to; at (*with time*); **a base de** based on; **a causa de** because of; **a ciencia cierta** most certainly; **a consecuencia de** as a result of; **a continuación** next, following; below; **a flor de piel** skin-deep; close to the surface; **a la vez** at the same time; **a mediados de** in the middle of; **a partir de** as of, since; **a pesar de** in spite of; **a principios de** at the beginning of; **a punto de** on the verge of; **a través de** across; through; throughout; by means of; **a veces** sometimes
abajo below; downstairs
abandonar to abandon
abierto/a (*p.p. of* **abrir**) open (2); opened; free

abismo abyss
abogado/a lawyer
abogar (gu) (por) to defend
abordar to undertake, tackle
abrazar (c) to hug (3); **abrazarse** to hug each other
abrazo hug
abrir (*p.p.* **abierto**) to open; **abrirse** to open up
absoluto/a absolute; **en absoluto** (not) at all
abstracto/a abstract
abuelo/a grandfather, grandmother; *pl.* grandparents
abundar to abound
aburrir to bore; **aburrirse** to get bored
abuso abuse
acá (over) here

acabar to end; to finish, complete; to run out; **acabar con** to put an end to; **acabar de** + *inf.* to have just (*done something*)
académico/a academic
acantilado sewer
acaso *adv.* by chance
accesible approachable; accessible
acceso access
accidente *m.* accident
acción *f.* action
aceite *m.* oil
acelerado/a *adj.* hurried
acento accent
aceptar to accept
acerca de about
acercarse (qu) (a) to approach

acero steel; **fábrica de acero** steel mill
aclamado/a acclaimed
acogido/a welcome
acomodado/a well-off
acompañar to accompany, go with
aconsejar to advise (3)
acontecimiento event
acordarse (ue) (de) to remember
acordeón *m.* accordion
acostumbrarse (a) to adjust (to) (2); to get accustomed, used to
actitud *f.* attitude
actividad *f.* activity
activismo activism
activista *n. m., f.* activist (5); *adj. m., f.* activist
activo/a active
acto act
actor *m.* actor
actriz *f.* (*pl.* **actrices**) actress
actuación *f.* behavior, conduct
actual present, current
actualidad *f.* present (*time*); **en la actualidad** currently
actualmente currently
actualización *f.* updating
actuar (actúo) to behave, act; to act (*perform*)
acudir (a) to go (to); to come (to)
acueducto aqueduct
acuerdo agreement; **de acuerdo con** according to; **(no) estar** (*irreg.*) **de acuerdo (con)** to (dis)agree (with); **ponerse** (*irreg.*) **de acuerdo** to agree, come to an agreement
acumular to accumulate
acusar to accuse
adaptar to adjust; **adaptarse (a)** to adapt, adjust (to)
adecuado/a suitable
adelantar to advance
adelante *adv.* ahead, forward; **seguir (i, i) (g) adelante** to move/push forward
además besides; moreover; **además de** besides, in addition to
adepto/a adept
adicción *f.* addiction
adicional additional
adicto/a *n.* addict; *adj.* addicted
adiós good-bye
adivinación divination; guess
adivinar to guess
adjetivo *gram.* adjective
adjuntar to enclose, attach
administración *f.* administration; **administración de empresas** business administration
admirable admirable
admiración *f.* admiration
admirador(a) admirer
admirar to admire
admitir to admit
adolescencia adolescence
adolescente *n. m., f.* adolescent
adonde (to) where; to which
¿adónde? (to) where?
adoptar to adopt
adoptivo/a adopted; **hijo adoptivo, hija adoptiva** adopted son, adopted daughter (2)
adorar to adore
adornado/a decorated

adquirir (ie) to acquire
adquisición *f.* acquisition
adquisitivo/a: poder (*m.*) **adquisitivo** purchasing power
adrenalina adrenaline
aduana *s.* customs
adulto/a *n., adj.* adult
adversario/a adversary
advertencia warning
advertir (ie, i) to warn, notify
aeropuerto airport
afectar to affect
afecto affection
afición *f.* pastime; inclination
aficionado/a fan, follower
afiliación *f.* affiliation
afiliado/a affiliated
afirmar to confirm; to declare
afirmación *f.* assertion; statement
afligir (j) to afflict; to grieve
afortunado/a fortunate
afrancesado/a taking on French characteristics
africano/a *n., adj.* African
afroamericano/a Afro-American
afrocubano/a Afro-Cuban
afromexicano/a Afro-Mexican
afrontar to confront
afroperuano/a Afro-Peruvian
afrouruguayo/a Afro-Uruguayan
afuera *adv.* outside; (*n. f. pl.*) suburbs; outskirts
agarrar to grab, seize, clutch
agencia agency
agente *m., f.* agent; **agente de viajes** travel agent
agitador(a) agitator
agobiado/a overwhelmed (4)
agobiante stifling, suffocating (6)
agotado/a exhausted (4)
agradable pleasant (1); agreeable
agradar to please
agradecer (zc) to thank
agrario/a agrarian
agregar (gu) to add
agresión *f.* provocation
agresividad *f.* aggression
agresivo/a aggressive
agrícola *adj. m., f.* agricultural
agricultor(a) farmer
agricultura agriculture
agroindustria agro-industry
agrupación *f.* grouping
agruparse to group together
agua *f.* (*but* **el agua**) water; **agua dulce** freshwater; **agua potable** drinking water; **llave** (*f.*) **de agua** faucet
aguacate *m.* avocado
aguacero downpour
aguafiestas *s. m., f.* party pooper (4)
aguantar to put up with, tolerate
águila *f.* (*but* **el águila**) eagle
agujerado/a pierced; **orejas agujeradas** pierced ears
agujerearse to pierce
ahí there
ahogar(se) (gu) to drown
ahora now; **ahora más que nunca** now more than ever; **ahora mismo** right now; **ahora que** now that

ahorrar to save (*money*)
aire *m.* air; **al aire libre** outdoors, in the open air
aislado/a isolated (2)
ajeno/a alien, foreign
ajo garlic
ajustar to adjust
al *contraction of* **a** + **el; al** + *inf.* upon + (*doing something*); **al aire libre** open-air; **al día** current, up-to-date; **al día siguiente** the next day; **al lado** behind, aside; **al lado de** alongside; **al principio** in the beginning
ala *f.* (*but* **el ala**) wing
alabanza praise
alabar to praise (2)
alameda park
alarmante alarming (5)
alarmista *n. m., f.* alarmist (5)
alba *f.* (*but* **el alba**) dawn
álbum *m.* album
alcahuete/a tattletale
alcanzar (c) to attain, reach; to catch up with
alcohol *m.* alcohol
alcohólico/a alcoholic
alegrarse (de) to be happy (about)
alegre happy
alegría happiness
alejamiento estrangement
alejar to distance
alemán *n. m.* German (*language*)
alemán, alemana *n., adj.* German
Alemania Germany
alentador(a) encouraging (5)
alfabetismo literacy
alfabetización *f.* instruction in reading and writing
alfombra rug
algo *pron.* something; *adv.* somewhat
algodón *m.* cotton
alguien *pron.* someone; **caerle** (*irreg.*) **bien/mal a alguien** to like/dislike someone (1); **dejar a alguien** to leave someone (3); **tomarle el pelo a alguien** to pull someone's leg
algún, alguno/a *adj.* some; any; *pl.* some, a few; **algún día** some day; **alguna vez** ever (*with a question*); **de alguna manera** in some way; **en alguna parte** somewhere
aliado ally
aliar to become allies
alienar to alienate
alimentación *f.* nourishment
alimentar (ie) to feed; to maintain
alimentario/a *adj.* food (related), nutritional
alimenticio/a *adj.* food; **servicios alimenticios** food services
alimento food, nourishment
aliviar to relieve (4)
allá there; **más allá de** beyond
allí there
alma *f.* (*but* **el alma**) soul; **alma gemela** soul mate (3)
almorzar (ue) (c) to eat lunch
almuerzo lunch
alpinismo mountain climbing
alquilado/a rented
alrededor *adv.* around; *n. m. pl.* surroundings
alternativo/a alternative
altitud *f.* altitude

alto/a tall; high; loud; **en lo alto de** on top of; **en voz alta** aloud

alterado/a upset

altruista *n. m., f.* altruist; *adj. m., f.* altruistic (5)

altura height; altitude

alucinado/a amazed (3)

alucinante incredible, impressive (1); dazzling, amazing

aludir a to allude to

alumno/a student, pupil

ama *f. (but* **el ama**) **de casa** housewife

amable amiable, pleasant; kind

amado/a *n.* beloved, loved one, lover

amador(a) lover

amanecer *m.* dawn

amante *n. m., f.* lover

amar to love

amargo/a bitter

amargura bitterness

amazónico/a Amazonian

ambición *f.* ambition

ambicioso/a ambitious (6)

ambiental environmental

ambientalismo environmentalism

ambiente *m. s.* surroundings; ambience; atmosphere; **medio ambiente** environment

ámbito field, sphere

ambos/as *pl.* both

amenaza threat

amenazante threatening

amenazar (c) to threaten

América Latina Latin America

americanizarse (c) to become Americanized

americano/a American

amigable friendly

amigo/a friend

amistad *f.* friendship (3)

amnistía amnesty

amor *m.* love; loved one; **amor libre** free love

amoroso/a amorous, loving; love

ampliar (amplío) to expand (6)

amplio/a broad, wide

amuleto amulet

amurallado/a walled

anagrama *m.* anagram

analfabetismo illiteracy (5)

analfabeto/a illiterate

análisis *m.* analysis

analizar (c) to analyze

anarquista *n. m., f.; adj.* anarchist

ancho/a wide

anciano/a old

andaluz(a) (*m. pl.* **andaluces**) Andalusian, of or pertaining to Andalusia in southern Spain

andar *irreg.* to walk

andinismo hiking

andino/a Andean, of or pertaining to the Andes Mountains

anfitrión, anfitriona host, hostess

ángel *m.* angel

angloño/a *coll. mixture of English and Spanish*

anglosajón, anglosajona English-speaking

angustiado/a distressed (4)

anillo ring

animación *f.* animation

animado/a lively, animated; in good spirits (4); **dibujo animado** (animated) cartoon

animalesco/a animal-like

animar to encourage (6); to cheer up

ánimo energy; mind; **estado de ánimo** spirits, mood; **levantar el ánimo** to lift the spirits (4)

aniversario anniversary

anotar to make a note of

ansiedad *f.* anxiety

ansioso/a anxious

ante *prep.* before; in front of; in the presence of

anteayer yesterday

antemano: de antemano beforehand

antepasado/a ancestor (2)

anterior previous, former

antes *adv.* before, previously; **antes de** *prep.* before; **antes de que** + *subj.* before . . .

antiaccidente anti-accident

anticipar to anticipate

antiguo/a old, old-fashioned; former

antropología anthropology

antropomórfico/a anthropomorphic

anual annual

anualmente yearly

anunciar to announce

anuncio advertisement; announcement

añadir to add

año year; **a los... años** at the age of . . . ; **año pasado** last year; **año que viene** next year; **cada año** every year; **los años veinte (treinta,...)** the twenties (thirties, ...); **primer año** first year; **tener** (*irreg.*)**... años** to be . . . years old

añorado/a yearned-for, desirable

apadrinar to sponsor

apagar (gu) to turn off

aparato apparatus, gadget

aparecer (zc) to appear

aparentemente apparently

apariencia appearance; **las apariencias engañan** looks deceive (1)

aparte *adj.* separate; *adv.* besides **punto y aparte** (begin a) new paragraph

apasionado/a passionate (3)

apasionante exciting

apasionar to appeal deeply to

apatía apathy

apegado/a devoted, attached to

apelativo name; nickname

apellido last name, family name

apenado/a pained, sad (3)

apenas hardly, barely

apetecer (zc) to please, appeal to

aplatanado/a lethargic

aplicación (app) *f.* app (4)

aplicar (qu) (a) to apply (to)

apodo nickname

apoplejía: ataque (*m.*) **de apoplejía** stroke

aportación *f.* contribution

aportar to contribute

aporte *m.* contribution

apóstol *m.* apostle

apoyar to support (*emotionally*) (2); to support, back (*politically*)

apoyo support, aid

app *f.* app (4)

apreciar to appreciate, value

aprecio appreciation

aprender to learn

aprendizaje *n. m.* learning

apropiación *f.* appropiation

apropiado/a appropriate

aprovechar(se) de to take advantage of (4)

aproximadamente approximately

aptitud *f.* aptitude, skill

apuesto/a neat, elegant, good-looking

apuntar to jot down, make a note of

apuntes *m. pl.* notes

árabe *n., adj. m., f.* Arab; *m.* Arabic (*language*)

aragonés, aragonesa Aragonese, of or pertaining to Aragon, in northern Spain

árbol *m.* tree

archifamoso/a world-famous

archipiélago archipelago

arco iris rainbow

arder to burn

área *f. (but* **el área**) area; field

arena sand

arenal *m.* large expanse of sand; quicksand

arete *m.* earring (1)

argentino/a *n., adj.* Argentine

argolla (wedding) ring

argumentar to argue (*debate*)

argumento argument

aristocracia aristocracy

Aristóteles Aristotle

arma *f. (but* **el arma**) weapon, arm

armado/a armed

armonía harmony (2)

arqueología archeology

arqueológico/a archeological

arqueólogo/a archeologist

arquitecto/a architect

arquitectónico/a architectural

arquitectura architecture

arrancar (qu) to tear out

arreglarse to dress

arrendar (ie) to rent

arrestar to arrest

arriba above

arriesgar to risk

arrogancia arrogance

arrogante arrogant

arroyo stream

arroz *m.* (*pl.* **arroces**) rice

arruga wrinkle (1)

arruinar to ruin

arte *m., f.* art; **arte menor** minor art; **artes plásticas** three-dimensional art; **bellas artes** fine arts; **obra de arte** work of art

artefacto artifact

artesanal pertaining to handicrafts

artesanía craft, handicrafts

artesano/a artisan, craftsperson

artículo article; item

artista *m., f.* artist

artístico/a artistic

asado/a roast

ascendencia ancestry

ascenso ascent; promotion

asco: dar (*irreg.*) **asco** to disgust

asediado/a battered

asegurar to insure; to assure (6)

asesinado/a assassinated, murdered

asesinato assassination, murder

asesoría advising

así *adv.* thus; that's how; in that way; like that; **así como** the same as, just as; **así pues** and so; **así que** therefore

asiático/a Asiatic, Asian

asignar to assign

asilo de ancianos assisted living facility

asimilación *f.* assimilation

asimilar (se) to assimilate (2)

asistencia attendance

asistir a to attend

asociación *f.* association

asociado/a associated; **estado libre asociado** commonwealth

asociar to associate; **asociarse con** to associate oneself with

asomarse a to face

asombrado/a amazed, astonished

asombroso/a amazing, astonishing

aspecto aspect; appearance; trait

aspirar to inhale

asqueado/a repulsed

astilla splinter; **de tal palo, tal astilla** like father, like son

astillero shipyard

astrofísica astrophysics

astronomía astronomy

astronómico/a astronomical

astrónomo/a astronomer

astuto/a astute, clever

asumir to assume, take

asunto matter

asustado/a frightened (3)

asustar to frighten; **asustarse** to become frightened

ataque *m.* attack; **ataque cardíaco** heart attack; **ataque de apoplejía** stroke; **ataque terrorista** terrorist attack

atemorizar (c) to frighten

atención *f.* attention; **prestar atención** to pay attention

atender (ie) a to take care of, tend to; to wait on

atentar to attempt; to make an attempt on

aterrorizar (c) to terrorize

atlántico/a: Océano Atlántico Atlantic Ocean

atleta *m., f.* athlete

atlético/a athletic

atmosférico/a atmospheric

atracción *f.* attraction

atractivo/a attractive

atraer (*like* **traer**) to attract (3); to draw

atrapado/a trapped

atrapar to "*grab*", appeal to (*coll.*)

atrás *adv.* back, behind; **dejar atrás** to leave behind

atravesar (ie) to go through

atreverse to dare

atrevido/a daring (1)

atrocidad *f.* atrocity

aumentar to increase (4)

aumento increase

aun even

aún still, yet

aunque although, even though

auspiciado/a sponsored

autenticidad *f.* authenticity

auténtico/a authentic

autobiografía autobiography

autobiográfico/a autobiographical

autobús *m.* bus

autodesarrollo self-development

autoestima self-esteem

automovilístico/a pertaining to automobiles

autonomía autonomy

autónomo/a autonomous

autopista highway

autor(a) author

autoridad *f.* authority

autoritario/a authoritarian

autorretrato self-portrait

avance *m.* advance

avanzado/a advanced

avanzar (c) to advance

avaricia greed

avenida avenue

aventura adventure

aventurero/a adventurous

avergonzado/a embarrassed (3)

averiguar (gü) to ascertain; to verify

aviación *f.* aviation

avión *m.* airplane; **avión secuestrado** hijacked airplane

avisar to inform; to warn

¡ay! oh!

ayer yesterday

aymara *m.* Aymara (*language and name of the indigenous tribe of Bolivia and Peru*)

ayuda help, assistance

ayudar to help

ayuntamiento city hall

azahar *m.* orange/lemon blossom

azteca *n., adj. m., f.* Aztec

azúcar *m.* sugar; **caña de azúcar** sugarcane

azucarero/a pertaining to sugar

azulejo tile

B

bacalao codfish

bachata *music and dance originating in Dominican Republic*

bahía bay

bailable dance *adj.*, danceable

bailar to dance

bailarín, bailarina dancer

baile *m.* dance; (act of) dancing

bajar to come/go down; to get down; to lower; to download; **bajar del bus/tren** to get off the bus/train

bajo *prep.* under, beneath

bajo/a *adj.* short; low; **barrio bajo** slum

bala bullet

balada ballad

balancear to swing

balanza *s.* scales; balance; **balanza de pagos** budget

balboa *m. monetary unit of Panama*

balcón *m.* balcony

ballena whale

ballet *m.* ballet

baloncesto basketball

balsa *n.* raft

balsero/a *boat person from Cuba seeking refuge in the United States*

banco bank; bench

banda band

bandido/a bandit

baño bath; bathroom

bar *m.* bar

barato/a cheap; inexpensive

barba beard (1)

barbaridad *f.* gross remark; **¡qué barbaridad!** how awful!

bárbaro/a savage, brutal; **¡bárbaro!** fantastic!

barcelonés, barcelonesa person from Barcelona

barco boat; **barco de totora** reed boat

barquillo de helado ice-cream cone

barranca ravine, gorge

barrendero/a street sweeper

barriada district, neighborhood

barrio neighborhood; **barrio bajo** slum; **barrio marginal** ghetto

barro mud

barroco/a Baroque

basar(se) en to base on

base *f.* base

básico/a basic

bastante *adj.* enough; quite a bit of; *adv.* rather; quite

basura garbage, trash

batalla battle; **campo de batalla** battlefield; **frente** (*f.*) **de batalla** battlefront

bebé *m., f.* baby

beber to drink

bebida drink

béisbol *m.* baseball

beisbolista *m., f.* baseball player

beisbolístico/a *adj.* pertaining to baseball

belleza beauty

bello/a beautiful; eloquent; **bellas artes** fine arts

beneficiar(se) (de) to benefit (from) (6)

beneficio benefit; advantage

benéfico/a charitable

beneplácito blessing; approval, consent

benjamín, benjamina baby of the family

besar to kiss (3); **besarse** to kiss each other

beso kiss

biblioteca library

bibliotecario/a librarian

bicicleta bicycle

bien *adv.* well **caerle** (*irreg.*) **bien a alguien** to like (someone) (1); **llevarse bien con** to get along well with; **pasarlo bien** to have a good time (4); **¡qué bien!** great!

bienestar *m.* well-being (4); **bienestar social** social welfare

bienvenida: dar (*irreg.*) **la bienvenida a** to welcome

bienvenido/a *adj.* welcome

bigote *m.* moustache (1)

bilingüe bilingual

biografía biography

biográfico/a biographical

biológico/a biological

bitácora log; blog

blanco/a: en blanco blank, empty

blando/a soft, tender

bledo: me importa un bledo I don't give a damn

blindado/a guarded

bloguear to blog (4)

bloguero/a blogger
bloque *m.* block
blusa blouse
boca mouth
boda wedding
bodega warehouse
bola de cristal crystal ball
boleto ticket
boliche *m.* bowling alley
bolívar *m. monetary unit of Venezuela*
boliviano *monetary unit of Bolivia*
boliviano/a *n., adj.* Bolivian
bolsa de valores stock market (6)
bolso bag
bomba bomb
bombero firefighter; **mujer** (*f.*) **bombero** (female firefighter)
bombilla straw
bonito/a pretty
borbón *m.* bourbon
bordado/a embroidered
borde *m.* edge; verge; **al borde de** alongside
boricua *m., f.* Puerto Rican
borracho/a drunk
bosque *m.* forest; **bosque lluvioso** rain forest; **bosque nuboso** cloud forest
bosquejo outline; draft; sketch
bota boot
botánico/a botanical
botar to throw out
botella bottle
botellón *m. outdoor (public) gathering of young people to drink and socialize*
Brasil *m.* Brazil
brasileño/a *n.* Brazilian
bravo/a: aguas bravas rough waters
brazo arm
brecha gap; **brecha cultural** culture gap; **brecha digital** (digital) information gap; **brecha generacional** generation gap (2); **brecha tecnológica** technology gap
bregar (gu) to struggle, slog
breve brief
brigada squad, brigade
brillante brilliant; bright
brindar to offer; to toast
británico/a British
brochazo brushstroke
broma practical joke
bromear to joke around (4)
bromista *n. m., f.* joker; *adj. m., f.* joking
bronce *m.* bronze
brujo/a sorcerer; warlock/witch
bruscamente suddenly, sharply
bruto/a stupid, brutish (1)
bucear to scuba dive
buen, bueno/a good; **buenos modales** good manners (2); **estar** (*irreg.*) **de buen humor** to be in a good mood (4); **sacar (qu) buenas notas** to get good grades; **ser** (*irreg.*) **buena gente** to be a good person (1); **tener** (*irreg.*) **buena pinta** to have a good appearance (1)
buganvilla bougainvillea
bullicio din
buque *m.* ship; **buque de guerra** warship
Burdeos Bordeaux
burguesía middle class, bourgeoisie

burócrata *m., f.* bureaucrat
burocrático/a bureaucratic
burujón *m.* pile (*Ch.*)
busca search
buscar (qu) to look for; to seek
búsqueda search

C

caballero gentleman
caballo horse; **montar a caballo** to ride/go horseback riding
cabaña cabin
cabello hair
caber *irreg.* to fit (on or into); **no cabe duda** no doubt about it
cabeza head; **dolor** (*m.*) **de cabeza** headache
cabo: llevar a cabo to carry out (5)
cacerolazo *popular protest in which people typically bang pots, pans, and utensils*
cada *inv.* each; every; **cada vez más** more and more
cadáver *m.* body, corpse
cadena chain
caducado/a expired
caer *irreg.* (*p.p.* **caído**) to fall; **caerle bien/mal a alguien** to like/dislike someone (1); **caerle fenomenal** to really like (*person or people*); **caerle fatal** to really not don't like (*person or people*)
café *m.* coffee; café, coffee shop
cafetal *m.* coffee plantation
caída *n.* fall, drop
caído/a (*p.p. of* **caer**) *adj.* fallen; sagging
caja box
cajero/a cashier
cajón *m.* large box; crate
calabaza gourd
calamidad *f.* calamity
calavera skull
calcular to calculate
caldillo broth, stock
calentamiento global global warming
calidad *f.* quality
caliente hot; **agua** (*f., but* **el agua**) **caliente** hot water
calificar (qu) to judge
caligrafía handwriting
callado/a quiet (1)
callar to silence; **callarse** to be quiet
calle *f.* street
callejón *m.* alleyway; **callejón sin salida** dead-end street
callejuela alleyway
calmar(se) to calm (oneself)
calor *m.* heat
calvo/a bald
calzones *pl.* underpants
cama bed
cámara camera; chamber; **Cámara de Comercio** Chamber of Commerce; **cámara de vídeo** video camera
cambiar to change
cambio change; **cambio de imagen** (*f.*) makeover; **a cambio** in exchange; **en cambio** on the other hand (3)
caminar to walk

caminata walk; **dar** (*irreg.*) **caminatas** to go on walks
camino trail; path (*fig.*)
camión *m.* truck
campamento campground; campsite
campaña campaign (5)
campeón, campeona champion
campeonato championship
campesino/a *n.* farmer; *adj.* rural
campo area; field; countryside
canadiense *m., f.* Canadian
canal *m.* canal
canallada *coll.* nasty remark
canario canary
cáncer *m.* cancer
cancha field (*sports*)
canción *f.* song
candidato/a candidate
candidatura candidacy
candombe *m. dance of African origin*
canela cinnamon
canguro kangaroo
canoa canoe
canoso: pelo canoso gray hair
cansado/a tired
cansar(se) to tire
cantante *m., f.* singer
cantar to sing
cantautor(a) singer-songwriter
cante (*m.*) **jondo** *Flamenco-style singing of Andalusian gypsy origin*
cantidad *f.* quantity
caña cane
cañaveral *m.* sugarcane field/plantation
cañón *m.* canyon
capa de ozono ozone layer
capacidad *f.* capacity; capability
capacitado/a trained (6)
capaz *adj. m., f.* (*pl.* **capaces**) capable (6); able
capital *f.* capital (*city*); *m.* capital (*wealth*); *adj.* deadly
capitalismo capitalism
capitalista *m., f.* capitalist
capitolio capitol
capítulo chapter
capricho whim
cápsula capsule
captar to capture; to grasp
capturado/a captured
cara face; **cara a cara** face-to-face; **¡qué cara tiene!** what nerve he/she has!; **tener** (*irreg.*) **mucha cara** to have (a lot of) nerve
caracol: escalera de caracol spiral staircase
carácter *m.* character; nature
característica *n.* characteristic
característico/a *adj.* characteristic
caracterizar (c) to characterize
carbón *m.* coal
carbono: dióxido de carbono carbon dioxide
carcajadas: reírse (i, i) (me río) a carcajadas to laugh out loud (4)
cárcel *f.* prison, jail
cardíaco: ataque (*m.*) **cardíaco** heart attack
carga task; loading
cargar (gu) to carry; to load; to charge; **cargar las pilas** to recharge one's batteries (4)

cargo job, position, office (*political*); **hacerse** (*irreg.*) **cargo de** to take charge of (*of something*)

Caribe *m.* Caribbean

caribeño/a *adj.* Caribbean

caricatura caricature, cartoon

caricaturista *m., f.* cartoonist

caridad *f.* charity

cariño affection

cariñoso/a affectionate (2)

carisma *m.* charisma

carismático/a charismatic

carne *f.* meat; **carne de vacuno/res** beef

caro/a expensive

carpeta folder, file

carrera career, profession; race (*sports*)

carro car

carta letter

cartearse to be a pen pal

cartel *m.* poster

cartelera billboard; **en cartelera** (currently playing) in movie theaters

cartón *m.* cartoon

cartonista *m., f.* cartoonist

cartuja monastery

casa house; **ama** (*f., but* **el ama**) *de casa* housewife

casado/a *n., adj.* married (person)

casamiento marriage, matrimony

casarse (con) to marry, get married (to) (3)

cascada waterfall

casco center; helmet

caseta booth

casi *inv.* almost

caso case, circumstance; question; **en caso de que** + *subj.* in case . . .; **hacer** (*irreg.*) **caso a** to pay attention to

casona big rambling house

castellano Spanish (*language*)

castigar (gu) to punish (2)

castigo punishment

castillo castle

catalán, catalana *n., adj.* Catalan, of or pertaining to Catalonia in northeastern Spain; *m.* Catalan (*language*)

Cataluña Catalonia

¡cataplún! crash!

catarata waterfall

catástrofe *m.* catastrophe

catastrófico/a catastrophic

catedral *f.* cathedral

catedrático/a university professor

categoría category

católico/a Catholic

causa cause; **a causa de** because of

causar to cause; to produce

cautela caution

cauteloso/a cautious (3)

cautivar to captivate

CD-ROM *m.* CD-ROM

cebador(a) *m., f.* person who prepares *mate*

ceder to cede, give away

ceiba ceiba, kapok tree

ceja eyebrow (1)

celda cell

celebración *f.* celebration

celebrar to celebrate

célebre *adj.* famous, renowned

celebridad *f.* celebrity

celos *m. pl.* jealousy

celoso/a jealous (3)

celular *m.* cell(phone) (4); **teléfono celular** cellphone (4)

cementerio cemetery

cena dinner, supper

cenar to have dinner

ceniza ash

cenote *m.* cavernous underwater rock formation (*Mex., C.A.*)

centavo cent

centenar *m.* (one) hundred

centrar(se) to center, focus

centro center; downtown; heart (*of a town*); **centro comercial** shopping center

Centroamérica Central America

centroamericano/a *n., adj.* Central American

cerámica ceramics, pottery

cerca de near, close to; **de cerca** close up

cercanía closeness

cercano/a *adj.* close (2)

cerebral cerebral, brain (*adj.*)

cerebro brain

cerrar (ie) to close

cerro hill

certero/a: disparador(a) certero/a sharpshooter

certeza certainty

certificado certificate

cervantino/a Cervantine (of or pertaining to Cervantes)

cerveza beer

chabola shack, shanty

chachachá *m.* dance that combines rhythms of rumba and mambo

chamán, chamana indigenous doctor/healer

chapulín *m.* grasshopper

chaqueta jacket

charango *small, guitarlike instrument*

charco puddle; **cruzar (c) el charco** to cross the pond (*Atlantic Ocean*)

charla *n.* chat

charlar to chat

chasquillas *pl.* bangs

chatear to chat (4)

chef *m., f.* chef

chévere awesome; **¡qué chévere!** (how) awesome!

chibcha *m., f. member of an indigenous, pre-Columbian people of Colombia; m.* Chibcha (*language*)

chicha *fermented maize drink*

chico/a boy, girl; young person

chile *m.* chili, red pepper

chilenizarse (c) to take on Chilean characteristics

chileno/a *n., adj.* Chilean

chino/a *n., adj.* Chinese

chirimoya *dark-skinned fruit with sweet white pulp*

chisme *m.* gossip (4); rumor

chismear to gossip

chispa spark

chiste *m.* joke

chistoso/a funny (1)

chocante shocking (5)

chocar (qu) to crash; to clash

chofer *m., f.* chauffeur

choque *m.* shock; clash

choza hut

chueco/a crooked

cibercafé *m.* cybercafe (*coffeehouse with computers*)

ciberespacio cyberspace (4)

cicatriz *f.* (*pl.* **cicatrices**) scar

ciclo cycle

ciego/a blind; **cita a ciegas** blind date

cien, ciento/a hundred; **por ciento** percent

ciencia science; **a ciencia cierta** most certainly; **ciencia ficción** science fiction

científico/a *n.* scientist; *adj.* scientific

cierto/a true; certain (*thing*); **a ciencia cierta** most certainly; **por cierto** indeed

cifra figure, number

cigarro cigar

cine *m.* cinema, movies; movie theater; **estrella de cine** movie star

cineasta *m., f.* filmmaker

cinematográfico/a cinematographic

circuito circuit

circular to circulate

círculo circle

circundar to surround

circunstancia circumstance

cirugía surgery

cita quote; appointment, date; **cita a ciegas** blind date

ciudad *f.* city

ciudadano/a citizen (5)

cívico/a civic

civil civil; **guerra civil** civil war

civilización *f.* civilization

clandestino/a clandestine

clarín *m.* bugle

claro/a clear; distinct; **claro que** of course

clase *f.* class; type; **compañero/a de clase** classmate

clásico/a classic

clasificar (qu) to classify

cláusula *gram.* clause

clave *f. inv.* key; *f. pl.* percussion instrument; **punto clave** key point

cliente *m., f.* client, customer

clientela *s.* customers, clientele

clima *m.* climate

clínica clinic

clínico/a clinical

clónico/a clone

club *m.* club

cobrar to charge

cobre *m.* copper

coche *m.* car; **coche descapotable** convertible

cocina kitchen; cooking

cocinar to cook

cocinero/a cook

coco coconut; **coco taxi** *m. rickshaw-type taxi in Cuba*

codicia greed (6)

codicioso/a greedy (6)

codo elbow; **hablar por los codos** to talk a lot (1)

coexistencia coexistence

coexistir to coexist

cofradía religious brotherhood
coger (j) to pick up
cognado cognate
cohabitar to cohabit
coincidencia coincidence
coincidir to coincide
cola tail
colaborar (con) to collaborate (with) (5)
colapse *m.* collapse
colchón *m.* mattress
colección *f.* collection
colectivo/a collective
colega *m., f.* colleague
colegio primary or secondary school
colgado/a hanging (*adj.*)
colmo last straw (*coll.*); **¡esto es el colmo!** this is the last straw!
colocado/a placed
colombiano/a *n., adj.* Colombian
colón *m. monetary unit of Costa Rica and El Salvador*
color *m.* color
colorido/a colorful
colosal colossal
columna column
comandante *m., f.* commander
combatir to fight, combat (5)
combinación *f.* combination
combinar to combine
combustible *n. m.* fuel
comedia comedy
comedor *m.* dining room
comentar to comment on
comentario commentary, remark
comentarista *m., f.* commentator
comenzar (ie) (c) to begin, start
comer to eat
comercial: centro comercial shopping center
comercio commerce; **Cámara de Comercio** Chamber of Commerce; **comercio justo** fair trade (6)
cometer to commit; **cometer un fraude** to commit fraud
cómico/a comical, funny; **tira cómica** comic strip
comida food
comienzo beginning
comiquísimo/a hilarious
comisura corner of mouth
comité *m.* committee
como like; as; **así como** the same as; **como es de imaginar** as you can imagine; **tal y como** such as; **tan… como** as . . . as; **tan pronto como** as soon as; **tanto/a/os/as… como** as much/many . . . as
cómo how; **¿cómo?** how?
cómodo/a comfortable
compañero/a partner, companion; **compañero/a de clase** classmate; **compañero/a de cuarto** roommate; **compañero/a de trabajo** co-worker
compañía company
comparación *f.* comparison
comparar to compare
compartir to share (2)
compás *m.* beat, rhythm; **al compás de** to the beat of

compasión *f.* compassion
compasivo/a compassionate; understanding
compatriota *m., f.* compatriot
competencia competition
competición *f.* competition
complacer (zc) to satisfy
complejidad *f.* complexity
complejo *n., adj.* complex
complementario/a complementary
complemento directo/indirecto direct/indirect object
completamente completely
completar to complete
completo/a complete; in its/their entirety; **por completo** completely
complicado/a complicated
complot *m.* conspiracy, plot
componente *m.* component
componer (*like* **poner**) to put together, create
comportamiento behavior (2)
comportarse to behave oneself
composición *f.* composition
compositor(a) composer
compra: ir (*irreg.*) **de compras** to go shopping
comprar to buy
comprender to understand
comprensión *f.* comprehension; understanding (2)
comprensivo/a understanding (2)
comprobar (ue) to confirm; to prove
comprometido/a committed (6)
compromiso commitment (3)
compuesto/a (*p.p. of* **componer**) **de** made up of
computacional computer (*adj.*)
computadora computer; **computadora portátil** laptop
común common, ordinary; **en común** in common, shared
comunicación *f.* communication
comunicado de prensa *n.* press release
comunicar (qu) to communicate; to convey; **comunicarse con** to get/keep in touch with
comunicativo/a communicative
comunidad *f.* community
comunismo communism
comunista *n., adj. m., f.* communist
comunitario/a *adj.* community
con with; **con tal de que** provided that; **soñar (ue) con** to dream about (3)
concebido/a conceived
concentrarse to focus, concentrate
concepto concept
concha shell
conciencia conscience; awareness (6)
concientización *f.* conscientization, awareness
concienzudo/a conscientious (6)
concierto concert
conciliar to reconcile
conclusión *f.* conclusion
concordancia agreement
concreto/a concrete
concursante *m., f.* contestant
concurso contest
condenado/a a condemned to
condición *f.* condition
condicional *gram.* conditional tense
condiscípulo/a classmate

conducir (zc) (j) to lead; to drive (*a vehicle*)
conductor(a) driver
conectar(se) to connect (4)
conector *m.* connector
conexión *f.* connection; **conexión inalámbrica** wireless connection
confederación *f.* confederation
conferencia conference
confesar (ie) to confess
confiar (confío) en to trust in
confirmación *f.* confirmation
conflictivo/a difficult
conflicto conflict
conformarse con to be satisfied with
conforme *conj.* as
confrontación *f.* confrontation
confundido/a confused (3)
congénito/a congenital
congregar to gather; to bring together
congresista *m., f.* delegate
congreso conference; congress
congrio conger eel
conjetura conjecture, guess
conjugación *f. gram.* conjugation
conjugar (ue) (gu) to conjugate
conjunción *f.* conjunction
conjunto group; **conjunto musical** band, musical group; **en conjunto con** together with
conmemorar to commemorate
conmigo with me
conmovedor(a) *adj.* moving (*emotionally*)
conmover (ue) to move (*emotionally*)
connotación *f.* connotation
cono cone; **Cono Sur** Southern Cone (*area comprising Argentina, Chile, Paraguay, and Uruguay*)
conocido/a (well) known
conocer (zc) to know; to meet; to become acquainted with; to be familiar with
conocimiento knowledge (6)
conquistador(a) conqueror
conquistar to conquer
consciente aware
consecuencia consequence
conseguir (*like* **seguir**) to get, obtain; to achieve; to manage
consejero/a counselor; advisor
consejo (piece of) advice; counsel
conservación *f.* conservation
conservador(a) *adj.* conservative (2)
conservar to conserve
considerar to consider; to regard
consigo with him; with it; with them
consistente consistent; **de manera consistente** consistently
consistir en to consist of
constante *adj.* constant
constitución *f.* constitution
constitucional constitutional
constituir (y) to constitute
construcción *f.* construction
construir (y) to construct, build
consultar to consult
consultoría consultancy
consumar to consummate (*marriage*)
consumidor(a) consumer
consumir to consume

consumismo consumerism (6)
contabilidad *f.* accounting
contabilizar (c) to take into account
contacto contact; **mantener (se)** (*like* **tener**) contacto to maintain contact (2); **perder (ie) contacto** to lose contact
contagiar to infect
contagioso/a contagious
contaminación *f.* pollution
contar (ue) to count; to tell, recount; **contar con** to count on (2)
contemporáneo/a contemporary
contenedor *m.* container
contener (*like* **tener**) to contain
contento/a happy, contented
contestar to answer
contexto context
contigo with you
contiguo/a adjacent, next to
continente *m.* continent
continuación *f.* continuation; **a continuación** following, next
continuar (continúo) to continue
continuo/a uninterrupted
contra against; **en contra de** opposing, against
contracultura counterculture
contradictorio/a contradictory
contraer (*like* **traer**) **matrimonio** to get married
contrario opposite; **al/de lo contrario** on the contrary
contraste *m.* contrast; **en contraste** in contrast
contratar to contract
contrato contract
contribución *f.* contribution
contribuir (y) to contribute
control *m.* control
controlar to control
controversia controversy
convencer (z) to convince
convencimiento persuasion
convencional conventional
convenio agreement
convenir (*like* **venir**) to be agreeable, suit
convento convent
conversación *f.* conversation
conversar to converse
convertir(se) (ie, i) en to change, turn into
convivir to live together; to spend time together
convulso/a filled with upheaval
cooperación *f.* cooperation
cooperar to cooperate
coordinación *f.* coordination
coordinar to coordinate
copa stemmed glass; glass; drink; **Copa Mundial** World Cup
copia *n.* copy
copiar to copy
coquetear to flirt (3)
coqueteo flirtation
coquetería flirtatiousness
coral *m.* coral
corazón *m.* heart
corbata necktie
cordillera mountain range
coreografía choreography
coro chorus

coronilla: estar (*irreg.*) **hasta la coronilla** to be fed up to here
corporación *f.* corporation
correcto/a correct
correduría brokerage
correo mail; **correo electrónico** e-mail
correr to run
corresponder to correspond
correspondiente *adj.* corresponding
corresponsal *m., f.* news correspondent
corrida bullfight
corrido *type of popular Mexican song*
corriente *f.* current; *adj.* ordinary
corrupción *f.* corruption
corrupto/a corrupt (6)
cortar to cut
corte *f.* (royal) court; **corte** (*m.*) **de luz** blackout
cortejar to court
cortés *adj. m., f.* polite, courteous
cortesía courtesy
corto/a short; **a corto plazo** in the short term (6)
cosa thing
cosecha harvest
coser to sew
cosmético/a cosmetic
cosmopolita *adj. m., f.* cosmopolitan
costa coast
costar (ue) to cost
costarricense *n., adj.* Costa Rican
costear to pay for
costilla rib
costo cost
costoso/a expensive
costumbre *f.* custom
cotidiano/a everyday, daily
cotizado/a coveted, sought-after
creación *f.* creation
crear to create; **crear conciencia** to raise awareness
creatividad *f.* creativity
creativo/a creative (6)
crecer (zc) to grow (up)
crecimiento growth (6)
crédito credit
creencia belief
creer (y) (*p.p.* **creído**) to believe; to think, be of the opinion
crepúsculo twilight
cresta crest, comb (*bird*) Mohawk (*hairstyle*)
criar(se) (me crío) to bring up (2); to be raised (2)
crimen *m.* (*pl.* **crímenes**) crime; **crimen de lesa humanidad** crime against humanity
crío/a child
criollo/a Creole; **francés** (*m.*) **criollo** French Creole (*language*); **inglés** (*m.*) **criollo** English Creole (*language*)
crisis *f.* crisis
cristal: bola de cristal crystal ball
cristalino/a crystalline; crystal-clear
cristiano/a *n., adj.* Christian
criterio criterion
crítica *n.* critique, review; criticism
criticar (qu) to criticize
crítico/a *adj.* critical; *n.* critic
cromático/a chromatic

crónica chronicle (*written account*)
crucero cruise ship
crudo/a raw
cruz *f.* (*pl.* **cruces**) cross
cruzar (c) to cross
cuadro painting; table, chart
cual *pron.* which, what, who
cuál *pron.* which (one), what (one), who; **¿cuál?** which (one)?, what (one)?, who?
cualidad *f.* quality
cualquier *adj. inv.* any
cualquiera *pron.* (*pl.* **cualesquiera**) anyone; whichever
cuán how
cuando when; **de vez en cuando** sometimes
cuanto how much; **en cuanto** as soon as; **en cuanto a** as far as . . . is concerned
cuánto/a how much; *pl.* how many; **¿cuánto/a?** how much?; *pl.* how many?
cuartel *m. s.* barracks
cuarto/a *adj.* fourth
cuarto room; **compañero/a de cuarto** roommate
cubano/a *n., adj.* Cuban
cubanoamericano/a Cuban-American
cubanochileno/a Cuban-Chilean
cubierto/a (*p.p. of* **cubrir**) covered
cubismo Cubism
cubrir (*p.p.* **cubierto**) to cover
cuenta bill; **darse** (*irreg.*) **cuenta de** to realize (1); **por mi (tu) cuenta** on my (your) own; **tener** (*irreg.*) **en cuenta** to take into account
cuento story
cuero leather, hide
cuerpo body; **Cuerpo de Paz** Peace Corps
cuestas: a cuestas on the shoulder
cuestión *f.* question; issue (5)
cuestionar to question
cueva cave
cuidado care; careful; **tener** (*irreg.*) **cuidado** to be careful
cuidar (de) to take care of (*someone, something*) (2)
culinario/a culinary
culminación culmination
culpa fault; blame
culpar to blame
cultivar to develop
culto/a well-educated (1)
cultura culture
cumbia *popular dance originating in Colombia*
cumpleaños *n. s.* birthday
cumplir to carry out, fulfill; to turn a year older
cuna cradle
cura cure
curandero/a healer
curar to cure
curiosidad *f.* curiosity
curioso/a curious
cursar to study (*in a particular level of school*)
cursi tasteless; pretentious; corny (1)
cursiva: letra (*s.*) **cursiva** italics
curso course
curva curve
cúspide *f.* top
cuyo/a whose

D

dado/a given
daga dagger
dama lady
danza dance
dañino/a harmful (3)
daño harm; injury; **hacer** (*irreg.*) **daño** to hurt
dar *irreg.* to give; to give up; to present; to carry out; **da igual** it doesn't matter; **dar a** to look out on; **dar asco** to disgust; **dar caminatas** to go on walks; **dar clases** to teach clases; **dar de comer** to feed; **dar la bienvenida** to welcome; **dar la mano** to give a hand (to someone), help out; **dar miedo** to frighten; **dar un ataque cardíaco** to give someone a heart attack; **dar una fiesta** to throw a party; **dar un salto** to jump; **darse cuenta de** to realize; **(no) dar tiempo** to (not) allow time; **¡No me digas!** Really?!
datar de to date from
dato fact; item; *pl.* data, information
de of; from; **de acuerdo con** according to; **de hecho** as a matter of fact; **de la mano** hand in hand
debajo de under, underneath
debate *m.* debate
debatir to debate
deber *m.* duty *v.* ought to, should, must; **deber de** + *inf.* ought to (*do something*)
debido/a a owing/due to; because of
década decade
decadencia decadence
decano/a dean
decente decent
decepcionado/a disappointed (2)
decidir to decide
decir *irreg.* (*p.p.* **dicho**) to say; to tell; to pronounce; **es decir** that is to say; **querer** (*irreg.*) **decir** to mean
decisión *f.* decision; **tomar una decisión** to make a decision
declaración *f.* statement
declarar to declare; to state; to express
decoración *f.* decoration
decorado/a decorated
dedicación *f.* dedication
dedicar (**qu**) to dedicate, devote; **dedicarse** to commit oneself; to devote oneself to (*referring to work*) (6)
dedo finger
deducir (**zc, j**) to deduce
defender (**ie**) to defend (6)
defensa defense
defensor(a) defender
deficiencia fault; deficiency
definición *f.* definition
definido/a definite
definitivo/a definitive
deforestación *f.* deforestation
defraudar to disappoint
degradación *f.* deterioration
degradante degrading (1)
dejar to leave; to let, allow; to give up; **dejar a alguien** to leave someone (3); **dejar al lado** to leave (*something*) aside; **dejar de** + *inf.*

to stop (*doing something*); **dejar en paz** to leave alone; **dejar encargado/a** to leave (someone) in charge; **dejar huella** to leave a mark/trace; **dejar plantado/a** to stand (*someone*) up (3)
delante de in front of
delfín *m.* dolphin
delgado/a thin, slim
delicado/a delicate
delicioso/a delicious
delito crime; offense
demanda demand
demás: los/las demás others
demasiado/a *adj.* too much; *pl.* too many; *adv. m. s.* too, too much
democracia democracy
democrático/a democratic
demonio demon
demostración *f.* demonstration
demostrar (**ue**) to demonstrate
denominar to name
dentro de in, inside of, within
denunciar to denounce
depender (**de**) to depend (on)
deporte *m.* sport
deportista *m., f.* athlete
deportivo/a pertaining to sports
depresión *f.* depression
deprimente depressing (1)
deprimido/a depressed (3)
derecha: a la derecha on the right
derechista *m., f.* right-wing
derecho *n.* right; privilege; **derechos humanos** human rights (5); **reservarse el derecho** to reserve the right
derramarse to overflow
desacuerdo disagreement
desafiante challenging (2)
desafiar (**desafío**) to challenge (5)
desafío challenge
desafortunadamente unfortunately
desagradable unpleasant
desairar to insult
desalojar to dislodge; to evict; to evacuate
desamparado/a helpless (2)
desanimado/a dejected; bummed (4)
desaparecer (**zc**) to disappear
desaparecido/a *n.* missing person
desarrollado/a developed (5)
desarrollar to develop (5)
desarrollo development; **desarrollo sostenible** sustainable development (6); **en vías de desarrollo** *adj.* developing (5)
desastre *m.* disaster; **desastre natural** natural disaster
desastroso/a disastrous
desayunar to have breakfast
desabordar to cause to overflow
descalzo/a barefoot
descansado/a rested (4)
descansar to rest
descanso rest
descapotable: coche (*m.*) **descapotable** convertible
descarga unloading
descargar (**gu**) to download (4)
descendencia descent

descender (**ie**) to descend
descendiente *m., f.* descendent
descifrar to decipher
descomponer (*like* **poner**) to break
desconcertante disconcerting (2)
desconocer (**zc**) not to know, be familiar with
desconocido/a *n.* stranger; *adj.* unknown
descontento unhappiness; displeasure
describir (*p.p.* **descrito**) to describe
descripción *f.* description
descrito/a (*p.p. of* **describir**) described
descubierto/a (*p.p. of* **descubrir**) discovered
descubrimiento *n.* discovering
descubrir (*p.p.* **descubierto**) to discover
descuento discount
desde from; since; **desde entonces/luego** since then; **desde hace... años** for . . . years; **desde pequeño/a** from when he (she, they, *etc.*) was/were small; **desde que** since
desear to want, desire
desempeñar to carry out; **desempeñar un papel** to play a role
desempleo unemployment (5)
desencantado/a disillusioned, disappointed
deseo desire
desesperación *f.* desperation
desesperado/a desperate
desesperante infuriating (5)
desesperanza desperation
desfilar por to file by, parade past
desfile *m.* parade
desgracia misfortune; **por desgracia** unfortunately
desgraciadamente unfortunately
desierto *n.* desert
desierto/a *adj.* deserted
designado/a designated
desigual unequal
desigualdad *f.* inequality (5)
desilusión *f.* disappointment (2)
desilusionado/a disappointed
desilusionante disappointing (5)
desleal disloyal, traitorous
desmentir (**ie, i**) to belie, contradict
desnudar(se) to undress
desnudo/a naked
desnutrición *f.* malnutrition (5)
desobediencia disobedience
desorganización *f.* disorganization
despacho office
despedida farewell; **fiesta de despedida** going away party
despedir (**i, i**) to fire; **despedirse** to say good-bye
despejado/a clear (not cloudy)
desperdiciar to waste
despertar(se) (**ie**) to wake up
despierto/a *adj.* awake
despistado/a absent-minded (1)
desplazado/a displaced
desplomarse to collapse
despreciar to despise; to scorn
desprestigiado/a discredited
después *adv.* after, afterward; later; **después de que** after; **poco después** soon after
destacar(se) (**qu**) to stand out
destartalado/a dilapidated

destinado/a destined
destino destination
destellar to sparkle
destreza ability, skill (6)
destrozado/a crushed; shattered
destrozar (c) to destroy
desvanecer (zc) to fade away
desvelarse to stay awake all night (3)
desventaja disadvantage
detalle *m.* detail; **con detalle** in detail
detener (*like* **tener**) to put a stop to; **detenerse** to stop
deteriorarse to deteriorate
determinar to determine
detrás de behind, in back of
deuda debt
devastador(a) devastating
devastar to devastate
devolver (*like* **volver**) to return (*something*)
devoto/a devout
día *m.* day; **al día** up to date; per day; **al día siguiente** (on) the next day; **algún día** some day; **cada día** every day; **Día de San Valentín** Valentine's Day; **hoy (en) día** nowadays; **ponerse** (*irreg.*) **al día** to catch up (4); **todo el día** all day; **todos los días** every day
diablo devil
diálogo dialogue
diamante *m.* diamond
diametralmente totally
diario *n.* diary, journal; daily newspaper
diario/a *adj.* daily
dibujar to draw, sketch
dibujo drawing, sketch; **dibujo animado** (animated) cartoon
diccionario dictionary
dicho/a (*p.p. of* **decir**) said; aforementioned
dictadura dictatorship
dictar to dictate
dieta diet
diferencia difference; **a diferencia de** unlike
diferenciación *f.* differenciation
diferenciar to distinguish; **diferenciarse** to differ, differentiate
diferente different
difícil difficult, hard
dificultad *f.* difficulty
difundir to broadcast
difusión *f.* dissemination; spreading
digital: brecha digital information gap; **tecnología digital** digital technology (4)
digitalizado/a digitized
dignidad *f.* dignity
dilema *m.* dilemma
dimensión *f.* dimension
diminutivo *gram.* diminutive
dinamitar to dynamite
dinero money
dinosaurio dinosaur
dios(a) god, goddess; **¡válgame Dios!** God help me!
dióxido de carbono carbon dioxide
diplomacia diplomacy (5)
diplomático/a diplomatic
diputado/a congressman/congresswoman
dirección *f.* address; direction; management
directivo/a: junta directiva board of directors

directo/a direct
director(a) director; conductor
dirigente *n. m., f.* leader; *adj.* ruling, leading
dirigido/a a aimed at
dirigir (j) to direct; **dirigirse a** to address; to move toward
discapacidad *f.* disability
disciplina discipline
disco record
disco(teca) discotheque
discreto/a discreet (6)
discriminación *f.* discrimination
disculpa: mil (*m.*) **disculpas** a thousand pardons (2)
discurso speech
discusión *f.* debate; argument
discutir to argue (3); to debate
diseñador(a) designer
diseñar to design (6)
diseño design
disfraz *m.* (*pl.* **disfraces**) disguise
disfrutar de to enjoy (4)
disfuncional dysfunctional (2)
disgustar to annoy, displease; **me disgusta(n)** I don't like (4)
disgusto disgust; displeasure
disidencia dissidence
disidente *m., f.* dissident
disminuir (y) to decrease (4), diminish
disparador(a) certero/a sharpshooter
disparar to shoot
disparo gunshot
dispersión *f.* dispersal, dispersion
disponer (*like* **poner**) to have available
disponible available
disposición *f.* disposition
dispuesto/a (*p.p. of* **disponer**) willing (to) (4)
disputar to compete for; to dispute
distancia distance; **a larga distancia** long-distance; **a unos pasos de distancia** a few steps away
distante distant
distinguirse to distinguish
distinto/a different, distinct
distraer (*like* **traer**) to distract
distribución *f.* distribution
distribuir (y) to distribute
distrito district
diversidad *f.* diversity (5)
diversión *f.* diversion; **parque** (*m.*) **de diversiones** amusement park
diverso/a diverse; *pl.* various
divertido/a fun, amusing, entertaining
divertirse (ie, i) to have a good time; to have fun
dividir to divide
divisas *pl.* hard currency
división *f.* division; disagreement; separation
divorciado/a divorced
divorciarse (de) to get a divorce (from) (3)
divorcio *n.* divorce
doble double
doctor(a) doctor
doctorado doctorate
doctoral: tesis (*f.*) **doctoral** dissertation
doctorarse to receive a doctorate
documental *m.* documentary

documento document; **documento de identidad** proof of identity
dólar *m.* dollar
doler (ue) to hurt, ache; **me duele** it hurts
dolor *m.* pain; **dolor de cabeza** headache
doloroso/a painful
doméstico/a *adj.* household
dominante dominant
dominar to dominate
dominicano/a *n., adj.* Dominican, pertaining to the Dominican Republic
don: tener (*irreg.*) **don de gentes** to have people skills
don, doña *title of respect used before a person's first name*
donación *f.* donation
donar to donate (5)
donativo donation
donde *adv.* where; **de donde** from which; **en donde** where; **hasta donde** as far as
dondequiera *adv.* wherever
donjuán *m.* womanizer
dorado/a golden
dormido/a sleepy; asleep
dormir (ue, u) to sleep; **dormirse** to fall asleep
dormitorio bedroom
dorso: al dorso on the back
dotado/a endowed
dragón *m.* dragon
drama *m.* play
dramatizar (c) to act out, dramatize
drástico/a drastic
ducha shower
ducharse to take a shower
duda doubt; **no caber** (*irreg.*) **duda** to be no doubt; **sin duda** without a doubt; **sin lugar a dudas** without question
dudar to doubt
dueño/a owner; proprietor
dulce *n. m.* candy, sweet; *adj.* sweet (1); gentle; **agua** (*f., but* **el agua**) **dulce** freshwater
dulzura sweetness
duplicar (qu) to duplicate; to double
duquesa duchess
duradero/a lasting (3)
durante during; for
durar to last, endure
duro *n.* cent
duro *adv.* hard
duro/a hard, difficult; harsh

E

echar to emit; to throw out; **echar de menos** to miss (*someone/something*); **echar un piropo** to make a flirtatious remark
ecléctico/a eclectic, diverse
ecología ecology
ecológico/a ecological
economía economy
económico/a economic; concerning money
ecosistema *m.* ecosystem
ecoturismo ecotourism
ecuatoriano/a *n., adj.* Ecuadorian
ecuatorianoandino/a of or pertaining to the Andean region of Ecuador

edad *f.* age; **Edad de Oro** Golden Age; **Edad Media** Middle Ages
edificio building
editar to edit
editor(a) editor
educación *f.* education; **de mala educación** *adv.* rudely
educacional educational
educado/a *adj.* polite (1); **de manera educada** *adv.* politely
educar(se) (qu) to educate
educativo/a educational
EE.UU. *m., pl.* (*abbrev. for* **Estados Unidos**) U.S. (United States)
efectividad *f.* effectiveness
efectivo/a effective; functional
efecto effect; **efecto invernadero** greenhouse effect; **en efecto** in fact
eficaz (*pl.* **eficaces**) effective
eficiente efficient
egipcio/a *adj.* Egyptian
egoísta *adj. m., f.* egotistical (5); selfish (2)
ejecutado/a carried out; performed
ejecutor(a) executor
ejemplar exemplary; model
ejemplo example; **por ejemplo** for example
ejercer (z) to practice (*a profession*); to exert
ejercicio exercise; **hacer** (*irreg.*) **ejercicio** to exercise
ejército army; **Ejército Zapatista de Liberación Nacional** National Liberation Zapatist Army (*guerrilla forces in Chiapas, Mexico*)
elaboración *f.* elaboration
elaborar to create; to work out (*details*)
elástico/a elastic; stretchy
elección *f.* election, choice
electoral *adj.* electoral, election
electricidad *f.* electricity
eléctrico/a electrical
electrodoméstico appliance
electrónico/a electronic; **correo electrónico** electronic mail (e-mail)
elefante *m.* elephant
elegante elegant
elegir (i, i) (j) to elect (5); to choose
elemento element
eliminación *f.* elimination
eliminar to eliminate (5)
élite *f.* elite
elitista *n., adj m., f.* elitist
elocuente eloquent
email *m.* email; **enviar/mandar un correo electrónico** to email (4)
embajador(a) ambassador
embarcarse (qu) to enlist, sign on
embargo embargo; seizure; **sin embargo** nevertheless
embellecer (c) to make beautiful; to brighten up
emblemático/a emblematic
embustero/a liar
emigración *f.* emigration
emigrar to emigrate
emisora (radio) station
emitir to broadcast
emoción *f.* emotion
emocionado/a excited (3)
emocional emotional

emocionante exciting (1); touching
emocionar to move, make emotional; to excite; **emocionarse** to get excited
empanada turnover, stuffed pastry
empapar to drench
empatía empathy
empedrado/a: calle (*f.*) **empedrada** cobblestone street
empeño determination (6)
empeorar to become, get worse
empezar (ie) (c) to begin; **empezar a** + *inf.* to begin to (*do something*)
empinado/a steep
empleado/a employee
emplear to employ; to use
emprendedor(a) enterprising (6)
emprender to launch
empresa business (6)
empresarial managerial
empresario/a manager, director
emular to emulate
en in; on; at; **en cuanto** regarding; as soon as; **en seguida** right away; **en vista de** in light of (6)
enamorado/a in love
enamorarse (de) to fall in love (with) (3)
encabezado/a por headed/led by
encabezar (c) to lead, direct
encantador(a) charming (1)
encantar to charm, delight
encarcelado/a jailed, incarcerated
encarcelar to imprison, incarcerate
encargar (gu) (de) to put in charge (of); to order; **encargarse (de)** to take charge of
encender (ie) to light; **encenderse** to fire up; to start to glow
encima *adv.* on top; **encima de** on top of, above; **pasar por encima de** to go over one's head; **por encima (de)** over; above
encontrar (ue) to find; **encontrarse** to be located; **encontrarse con** to meet up with, run into
encuentro meeting, encounter
encuesta survey, poll
enemigo/a enemy
energía energy; **energía solar** solar power
enfadado/a angry
énfasis *m. inv.* emphasis; emphases
enfatizar (c) to emphasize, stress
enfermedad *f.* illness
enfermería nursing (*degree, profession*)
enfermero/a nurse
enfermo/a ill, sick
enfocar se (en) to focus (on) (6)
enfoque *m.* focus
enfrentamiento confrontation
enfrentar to face, confront
enfrentarse (con) to be faced (with)
enfrente de facing; in front of
enganche *m.* hook; harness (*on horses*)
engañar to deceive; **las apariencias engañan** looks deceive (1)
engaño deceit
engominado/a slicked down
enigmático/a enigmatic
enjuagar (gu) to rinse
enlace *m.* link

enmarcado/a framed
enmudecer (zc) to silence, hush
enojado/a angry (3)
enojar to anger, make angry; **enojarse** to get angry
enorme enormous
enriquecedor(a) enriching; rewarding (2)
enriquecer (zc) to enrich
ensayar to rehearse
ensayista *m., f.* essayist
ensayo essay; practice
enseñanza education; teaching
enseñar to teach; to show; **enseñar a** + *inf.* to teach to (*do something*)
ensimismado/a self-centered (2)
entender (ie) to understand
entendimiento understanding (*n.*); agreement
enterarse (de) to become informed (about) (5); to find out (about) (4)
entero/a entire
enterrar (ie) to inter, bury
entonación *f.* intonation
entonces then; **desde entonces** since then
entrada entrance; (event) ticket
entrar (a/en) to enter
entre between; among; in; **entre paréntesis** in parentheses
entrega dedication
entregado/a dedicated
entregar (gu) to deliver; to give over; to turn in
entrenamiento training
entrenar to train
entresemana on weekdays, during the week
entretener(se) (*like* **tener**) to entertain (oneself) (4)
entretenido/a entertaining
entretenimiento entertainment
entrevista interview
entrevistado/a interviewee
entrevistador(a) interviewer
entrevistar to interview
entrometido/a meddlesome (2)
entumecido/a numb
entusiasmado/a enthusiastic (4)
entusiasmar to enthuse; **entusiasmarse** to get/become enthusiastic
entusiasmo enthusiasm
enumerar to list
enviar (envío) to send; **enviar un mensaje de texto** to text (4); **enviar un correo electrónico** to email (4)
envidioso/a envious (2)
epicentro epicenter
épico/a epic
época era; period (*time*)
equeco *god of abundance and prosperity in Andean folklore*
equilibrado/a balanced
equilibrio balance (3)
equinoccio equinox
equipo team
equivalente *m.* equivalent
equivocado/a wrong; mistaken
equivocarse (qu) to be wrong; to make a mistake; **perdón, me equivoqué** sorry, I made a mistake (2)
era age, era

erotismo eroticism

erradicar (qu) to eradicate (6)

error *m.* error

escala ladder; **escala de valores** hierarchy of values

escalera staircase; **escalera de caracol** spiral staircase

escalinata staircase

escalofrío chill

escalón *m.* step, stair; rung

escandalizar (c) to scandalize

escándalo scandal

escandaloso/a scandalous

escandinavo/a *n., adj.* Scandinavian

escaparse (de) to escape; to slip away

escape *m.* escape; getaway

escapista *m., f.* escapist

escarbar to dig

escasez *f.* scarcity, shortage

escena scene

escenario stage

escénico/a: miedo escénico stage fright

esclavo/a slave

esclusa lock (*canal*)

escoba broom

escoger (j) to choose, pick

escolar school (*adj.*)

esconder to hide

escondite *m.* hiding place

escotilla hatch

escribir (*p.p.* **escrito**) to write

escrito/a (*p.p. of* **escribir**) written; **por escrito** in writing

escritor(a) writer

escritorio desk

escritura writing

escuadrón *m.* squad; **escuadrón de la muerte** death squad

escuchar to listen

escudo shield

escuela school; **escuela primaria** elementary school; **escuela secundaria** high school

esculpido/a sculpted, carved

escultor(a) sculptor

escultura sculpture

esencia essence

esencial essential

esfuerzo effort (5); **hacer** (*irreg.*) **un esfuerzo** to make an effort

esnob *adj. m., f.* snobbish

esoterismo esoterism

espacial *adj.* space, pertaining to outer space

espacio space; area; **espacio en blanco** blank space

espalda back

espantoso/a frightening

español *n. m.* Spanish (*language*)

español(a) *n.* Spaniard; *adj.* Spanish

especial special; **en especial** especially

especialización *f.* major (*area of studies*)

especializado/a specialized

especializar(se) (c) (en) to major (in) (6); to specialize (in) (6)

especialmente especially

especie *f.* species; type

específico/a specific

espectacular spectacular

espectáculo show, performance (4)

espectador(a) spectator

especular to speculate

espejo mirror

esperanza hope (2)

esperar to wait; to wait for, await; to hope (for); to expect

espía *m., f.* spy

espiga ear or spike of a plant

espinoso/a thorny

espíritu *m.* spirit

espiritual spiritual

espiritualidad *f.* spirituality

espléndido/a splendid

esplendor *m.* splendor; glory

espontáneo/a spontaneous

esposo/a husband, wife; spouse

esqueleto skeleton

esquí *m.* ski

esquiar (esquío) to ski

esquina corner

estabilidad *f.* stability (2)

estable *adj.* stable (2)

establecer (zc) to establish

establecimiento establishment

estación *f.* station

estacionamiento parking; parking lot

estadísticas *pl.* statistics

estado state; condition; **en buen estado físico** in good (physical) shape; **estado de ánimo** mood; **estado libre asociado** commonwealth; **Estados Unidos** Unites States; **golpe** (*m.*) **de estado** coup d'état

estadounidense *n. m., f.* United States citizen; *adj.* pertaining to the United States

estafar to swindle, defraud

estallar to erupt, flare up

estancado/a stagnant

estancia stay, visit

estar *irreg.* to be; **estar a punto de** to be about (*to do something*); **estar de buen/mal humor** to be in a good/bad mood (4); **estar de moda** to be in style; **estar de vago** to hang out, be idle; **estar pasado/a de moda** to be out of style

estatal *adj.* state, of or pertaining to the state

estatua statue

estela stele (*decorated stone slab or column*)

estereotipado/a stereotyped

estereotipo stereotype

estético/a aesthetic

estilizado/a stylized

estilo style; **estilo de baile** dance style; **estilo de música** musical style; **estilo de vida** lifestyle

estimado/a esteemed

estimar to estimate

estimulación *f.* stimulation

estimulante stimulating (6)

estimular to stimulate

estómago stomach

estrategia strategy

estratégico/a strategic

estrechez *f.* (*pl.* **estrecheces**) closeness

estrecho/a narrow; close (*relationship between people or things*)

estrella star; **estrella de cine/rock** movie/rock star

estreno debut

estrés *m.* stress

estresado/a stressed (out) (4)

estresante stressful (6)

estricto/a strict (2)

estrofa stanza; verse

estructura structure

estructural structural

estructurar to structure

estudiante *m., f.* student; **residencia de estudiantes** student dormitory

estudiantil *adj.* student, pertaining to students

estudiantina *n.* group of students who play traditional music together

estudiar to study

estudio study; studio; **estudio de grabación** recording studio

estudioso/a studious

estupendo/a wonderful

estupidez *f.* (*pl.* **estupideces**) stupidity

ETA *f.* (*abbrev. for* **Euskadi ta Askatasuna**) Basque Homeland and Freedom (*Basque separatist group in Spain*)

etapa stage

etcétera et cetera

eterno/a eternal

eternidad *f.* eternity

ético/a ethical

etnia ethnic group

etnicidad *f.* ethnicity

étnico/a ethnic

etnobiográfico/a ethnobiographical

etnobiológico/a ethnobiological

eufemismo euphemism

euro *m.* monetary unit in continental Europe (*Sp.*)

Europa Europe

europeo/a European

evadir to avoid

evento event

evidencia evidence

evidente evident

evitar to avoid

evocar (qu) to evoke

evolución *f.* evolution

evolucionar to evolve

exacerbar to aggravate, exacerbate

exacto *adv.* exactly; *response* that's right

exacto/a *adj.* exact

exagerar to exaggerate

examen *m.* exam, test; **examen de ingreso** entrance exam

examinar to examine; to investigate

exasperado/a exasperated

excavación *f.* excavation

excavar to dig, excavate

excelente excellent

excentricidad *f.* eccentricity

excéntrico/a eccentric

excepción *f.* exception

excepcional exceptional, outstanding

excesivo/a excessive

exceso excess

exclamar to exclaim

exclusivo/a exclusive

excursión *f.* excursion, tour, trip

exigente demanding (2)

exhalar to exhale
exhibición *f.* exhibition, exhibit
exigir (j) to require; to demand
exiliarse to go into exile
existencia existence
existir to exist
éxito success; **tener** (*irreg.*) **éxito** to be successful (4)
exitoso/a successful (3)
exótico/a exotic
exotismo exoticism
expansión *f.* expansion
expansor (*m.*) **de oreja** ear (hole) expander
expectativa expectation (2)
experiencia experience
experimentar to experience (2); to experiment
experto/a expert
expirar to expire
explicación *f.* explanation
explicar (qu) to explain
exploración *f.* exploration
explorar to explore
explosión *f.* explosion
explotación *f.* exploitation (5)
explotar to exploit
exponer (*like* **poner**) to exhibit; to make public; to expound
exportación *f.* export
exposición *f.* exposition; exhibit
expresar to express
expresión *f.* expression
expuesto/a (*p.p. of* **exponer**) exposed; made public
expulsar to eject; to throw out, expel
expulsión *f.* expulsion
extender (ie) to extend; **extenderse** to become spread out
extensión *f.* extension
extenso/a extensive
extinción *f.* extinction
extraer (*like* **traer**) to extract
extranjero/a *n.* foreigner; **en el extranjero** abroad; *adj.* foreign
extrañar to miss (*someone/something*) (2); to surprise
extraño/a strange
extraordinario/a extraordinary
extraterrestre *n. m., f.* extraterrestrial
extravagante extravagant
extremadamente extremely
extremista *n., adj. m., f.* extremist (5)
extremo *n.* extreme
extremo/a extreme
extrovertido/a extroverted
exuberante exuberant
EZLN *m.* (*abbrev. for* **Ejército Zapatista de Liberación Nacional**) National Liberation Zapatist Army (*guerrilla forces in Chiapas, Mexico*)

F

fábrica factory
fabricado/a manufactured
fábula fable
fabuloso/a fabulous
facción *f.* faction

fachada façade
fácil easy
facilidad *f.* facility; **con facilidad** with ease
factible feasible
factor *m.* factor
facultad *f.* school (*of a university*); ability
falda skirt
fallecer (zc) to die
falso/a false
falta (de) lack (of) (5); absence; **hacer** (*irreg.*) **falta** to need
faltar to lack
fama fame; reputation; **tener** (*irreg.*) **fama de** to be known for
familia family
familiar *n. m.* family member; *adj.* pertaining to the family
famoso/a famous
fanático/a *n.* fan, fanatic; *adj.* fanatical
fantasía fantasy
fantasma *m.* ghost
fantástico/a fantastic
farmacéutico/a *n.* pharmacist; *adj.* pharmaceutical; **receta farmacéutica** prescription
farmacia pharmacy
fascinación *f.* fascination
fascinante fascinating
fascinar to fascinate
fascista *m., f.* fascist
fastidiar to annoy, bother
fatal unfortunate; awful; **caerle fatal** to not like (*a person/people*); **pasarlo fatal** to have a terrible time
fauna: flora y fauna flora and fauna
fauno faun, satyr
favor *m.* favor; **a favor de** in favor of; **por favor** please
favorable favorable; propitious
favorito/a favorite
fax *m.* fax
fe *f.* faith
fecha date
federación *f.* federation
federal *n. m., f.* representative of the government; *adj.* federal
felicidad *f.* happiness
feliz (*pl.* **felices**) happy
femenino/a feminine
fenomenal phenomenal; **¡fenomenal!** great! (2); **caerle** (*irreg.*) **fenomenal** to really like (*a person/people*)
fenómeno phenomenon
feo/a ugly
feria fair
feroz (*pl.* **feroces**) ferocious; fierce
ferrocarril *m.* train; railway
festejar to celebrate
festival *m.* festival
ficción *f.* fiction; **ciencia ficción** science fiction
ficha index card
ficticio/a fictitious
fiebre *f.* fever
fiel faithful; **ser fiel** to be faithful (3)
fiesta party; festival; holiday; **dar** (*irreg.*) **una fiesta** to throw a party; **fiesta de despedida** going away party

fiestero/a *n.* fun-loving person, party animal, partyer; *adj.* party-going
figura figure
fijarse en to pay attention to; to notice (6)
fijo/a fixed, set, unchanging
fila line; row; **primera fila** front row
filantrocapitalismo philanthrocapitalism
filantropía philanthropy (5)
filantrópico/a philanthropic
filarmónico/a philharmonic
Filipinas Philippines
filosofía philosophy
filósofo/a philosopher
filtro filter
fin *m.* end; objective; purpose; **en fin** in short; **fin de semana** weekend; **por fin** finally; **sin fines de lucro** non-profit (6)
final *m.* end; **al final** finally; *adj.* final
finalidad *f.* aim, purpose
finalista *m., f.* finalist
finalmente finally
financiar to finance (5)
financiero/a financial
finca farm
fino/a fine; sensitive
firme firm, solid
físico/a physical; **apariencia física** physical appearance; **aspecto físico** physical appearance; **en buen estado físico** in good (physical) shape
fisioterapia physical therapy
flaco/a skinny
flamboyán *m.* *type of tree found in the Caribbean*
flamenco *type of Spanish dance and music*
flexibilidad *f.* flexibility
flor *f.* flower; **a flor de piel** skin-deep, close to the surface; **en flor** blooming
flora y fauna flora and fauna
florecer (zc) to flourish, thrive
floripondio exuberant flower; corny speech
flotar to float
foca seal
folclor (*m.*) folklore
folclórico/a folkloric
folleto brochure
fomentar to foment, foster (6)
fondo bottom; background; rear; foundation; *pl.* funds, funding; **de fondo** background; **en el fondo** at heart; in the depths; **recaudar fondos** to raise money; to fundraise (6); **telón** (*m.*) **de fondo** backdrop
forjado/a: hierro forjado wrought iron
forma form; figure; way; shape
formación *f.* training; education; formation
formar to form; to make up; **formarse** to take shape; **formar parte de** to be/form a part of, comprise
formato format
formular to formulate
foro forum
fortalecer (zc) to strengthen
fortaleza fortress
forzar (ue) (c) to force
fósil *n. m., adj.* fossil
foto(grafía) photo(graph); **sacar (qu) fotos** to take pictures
fotografiar (fotografío) to photograph

fotógrafo/a photographer
fracasar to fail
fracaso failure (3)
fragancia fragrance
frágil fragile
fragmento fragment
francamente frankly
francés *n. m.* French (*language*); **francés criollo** French Creole (*language*)
francés, francesa *n.* French person; *adj.* French
Francia France
franco/a frank
frase *f.* sentence; phrase
fraude *m.* fraud; **cometer un fraude** to commit fraud
frecuencia: con frecuencia frequently, often
frecuentar to frequent, hang out in
frecuente frequent
fregadero kitchen sink
frenos *pl.* brakes
frente *m.* front; **frente a** facing, opposite; opposing
fresa strawberry
fresco/a fresh
frigidez *f.* (*pl.* **frigideces**) frigidity
frijol *m.* bean
frío cold; **hacer** (*irreg.*) **frío** to be cold outside (*weather*)
frito/a (*p.p. of* **freír**) fried
frívolo/a frivolous
frondoso/a leafy
frontera border
frustración *f.* frustration
frustrado/a frustrated
frustrante frustrating
fruta fruit
fruto fruit (*as part or name of a plant*); fruit (*product, result*)
fuego fire
fuente *f.* fountain; source
fuera de *prep.* outside
fuerte strong, powerful; forceful; harsh, sharp
fuerza strength; force; **a la fuerza** by force
fugitivo/a *adj.* fugitive
fumar to smoke
función *f.* function; event; duty
funcionar to function, work
funcionario/a civil servant
fundación *f.* foundation
fundador(a) founder
fundar to found; to establish
funeraria funeral parlor
furia rage, fury
furioso/a furious
fusilamiento shooting
fusilar to execute; to kill with a firearm
fusión *f.* fusion
fusta riding crop
fútbol *m.* soccer
futuro *n., adj.* future
futuro/a *adj.* future

G

gafas *f. pl.* (eye)glasses (1)
galantería compliment

galápago *sea turtle of the Galapagos Islands*
galería gallery
gallego/a *n.* Galician (*person*); *m.* Galician (*language*); *adj.* Galician, of or pertaining to Galicia in northwestern Spain
galleta cookie; cracker
gallina hen
galope *m.* gallop; **al galope** very fast
gana: darle (*irreg.*) **la gana** to feel like; **tener** (*irreg.*) **ganas de** + *inf.* to feel like (*doing something*)
ganado livestock
ganador(a) winner
ganancia profit
ganar to win; to earn; **ganarle** to beat; **ganarse la vida** to earn a living (6)
garantía guarantee
garantizar (c) to guarantee (6)
gardeliano/a *pertaining to Carlos Gardel*
garganta throat
gas *m.* gas (*not gasoline*)
gastar to spend; to use
gasto expenditure; *pl.* expenses
gastronomía gastronomy
gato cat
gaucho *Argentine or Uruguayan cowboy*
geiser *m.* geiser
gel *m.* gel
gelatinoso/a gelatinous
gemelo/a *n., adj.* twin (2); **alma** (*f., but* **el alma**) **gemela** soul mate (3)
gemido wail
generación *f.* generation
generacional: brecha generacional generation gap (2)
general *n., adj.* general; **en general / por lo general** in general, usually
generar to generate
genéricamente generically
género genre; type; *gram.* gender
generosidad *f.* generosity
generoso/a generous
genético/a genetic
genial wonderful (3)
genio/a genius
gente *f. s.* people; **gente indígena** indigenous people (5); **ser** (*irreg.*) **buena/mala gente** to be a good/bad person (1); **tener** (*irreg.*) **don de gentes** to have people skills
geografía geography
geográfico/a geographical
geométrico/a geometrical
gerente *m., f.* manager
gerontología gerontology
gerundio *gram.* gerund
gesticular to gesticulate
gestionar to manage, run
gesto gesture
gigantesco/a gigantic
girar to turn
gitano/a *n., adj.* gypsy
glaciar *m.* glacier
globalización *f.* globalization
globalizado/a globalized
globo balloon
gloria glory
glorificación *f.* glorification

glorificar (qu) to glorify, praise
glorioso/a glorious
gobernador(a) governor
gobernar (ie) to govern
gobierno government
gol *m.* goal
golondrina swallow (*bird*)
goloso/a *n.* sweet-tooth
golpe *m.* blow; **de golpe** suddenly; **golpe de estado** coup d'état
golpear to hit
góndola gondola
googlear to google (4)
gordito/a chubby
gordo/a fat
gordura obesity
gótico/a Gothic
gráfico/a graphic
gozar (c) de to enjoy
grabación *f.* recording
grabado engraving
grabar to record
gracia charm; *pl.* thanks; **mil gracias** thanks a million (*lit., a thousand thanks*); **tener** (*irreg.*) **gracia** to be charming
gracioso/a funny
grado degree; amount; level
gradualmente gradually
graduarse (me gradúo) to graduate
gramatical *adj.* grammar, grammatical
gran, grande great; big, large, huge
grandeza greatness
grano grain
grasiento/a greasy
gratificante gratifying (5)
gratis free
grato/a pleasant; **trance** (*m.*) **grato** pleasant moment
gratuita free (of charge)
grave serious
Grecia Greece
grifo faucet
gritar to shout
grito shriek; shout; **el último grito** the latest fad
grosería crudeness; swear word
grosero/a rude (1)
grupo group; **grupo musical** band, musical group
guagua *n. m., f.* baby (*Ch.*)
guajira *a type of Cuban folk music*
guapo/a handsome, attractive
guaracha *dance of Caribbean origin*
guaraní *m.* Guarani (*indigenous language of Paraguay*); *monetary unit of Paraguay*
guardaespaldas *m. s.* bodyguard
guardar to store; to keep, save; to maintain; **guardar silencio** to remain silent; **guardar un secreto** to keep a secret
guatemalteco/a *n., adj.* Guatemalan
guau *coll.* wow
guay: ¡qué guay! (how) awesome!
guayaba guava
guayabera *typical silk or cotton dress shirt of the Caribbean*
gubernamental governmental
guerra war (5); **guerra civil** civil war
guerrilla guerrilla armed forces

guerrillero/a guerrilla fighter
gueto ghetto
guía *m., f.* guide; *f.* guidebook
guiado/a guided
guiño: hacerle (*irreg.*) **guiños a** to wink at
guión *m.* script
guitarra guitar
guitarrista *m., f.* guitarist
gustar to please, be pleasing; to like; **gustar +**
  inf. to like to (*do something*)
gusto pleasure; taste; **de mal gusto** in poor
  taste; **me da gusto** I am pleased (to)

H

habanero/a *n.* person from Havana; *adj.* from/
  of Havana
habanera *dance of Afro-Cuban origin*
haber *irreg.* to have (auxiliary v.); **haber de**
  to have to, must **habrá** (it) will be / take
  place; **hay** there is/are; **hubo** (it) happened /
  took place
habilidad *f.* ability (6); skill
habitación *f.* room; bedroom
habitante *m., f.* inhabitant
habitar to dwell
hábitat *m.* habitat
hábito habit; **hábitos de consumo** habits of
  consumption
habitualmente habitually
hablador(a) talkative (1)
hablar to speak; to talk; **hablar por los codos**
  to talk a lot (1)
hacer *irreg.* (*p.p.* **hecho**) to do, to make, to
  cause; **hace +** (*period of time*) (*period of
  time*) ago; **hacer +** *inf.* to make (*do something*); to have (*something done*); **hacer
  caso a** to pay attention to; **hacer daño a** to
  hurt; **hacer de voluntario/a** to volunteer (5);
  hacer ejercicio to exercise; **hacer falta** to
  need; **hacer ruido** to make noise; **hacer
  saber** to inform; **hacer trabajos sueltos**
  to freelance; **hacer un esfuerzo** to make an
  effort; **hacer un viaje** to take a trip; **hacer
  una pregunta** to ask a question; **hacer una
  sugerencia** to suggest; **hacer uso de** to
  make use of; **hacerle guiños a** to wink at;
  hacerse to become; **hacerse cargo de**
  to take charge of (*something*)
hacia toward
halagado/a flattered (3)
halagar (gu) to compliment; to show
  appreciation; to flatter
halcón *m.* falcon; hawk
hamaca hammock
hambre *f.* (*but* **el hambre**) hunger (5); **tener**
  (*irreg.*) **hambre** to be hungry
harina flour
harto/a (de) fed up (with), sick of (3); **harto/a
  hasta las narices** fed up to here (4)
hasta *prep.* until; up to; as far as; *adv.* even;
  estar (*irreg.*) **hasta las narices con** to have
  had it up to here (one's nose) with something; **hasta mañana** see you tomorrow;
  hasta muy tarde until very late; **hasta
  que** until; **¿hasta qué punto?** to what point?
hazmerreír *m.* laughingstock

hecho *n.* fact; event; **de hecho** in fact
hecho/a (*p.p. of* **hacer**) done; made; **trato hecho**
  done deal
hectárea hectare
heladería ice cream parlor
helado ice cream
heredar to inherit (2)
hereje *m., f.* heretic
herencia inheritance
herida *n.* wound
herido/a hurt, injured
herir (ie, i) to injure, wound
hermanado/a matched with; similar to
hermanastro/a stepbrother, stepsister (2);
  pl. stepsiblings
hermandad *f.* brotherhood; fraternity;
  hermandad de mujeres sisterhood; sorority
hermano/a brother, sister; *pl.* siblings;
  hermano/a mayor older/oldest brother,
  sister; **medio/a hermano/a** half brother,
  half sister (2)
hermoso/a beautiful
héroe *m.* hero
heroico/a heroic
heroína heroine
herramienta tool (6)
hervir (ie, i) to boil
hierba grass
hierro iron; **hierro forjado** wrought iron
hijo/a son, daughter; **hijo adoptivo, hija
  adoptiva** adopted son, adopted daughter
  (2); **hijo único, hija única** only child (2)
himno nacional national anthem
hipocresía hypocrisy
hipócrita *n. m., f.* hypocrite; *adj. m., f.*
  hypocritical (6)
hipótesis *f. inv.* hypothesis; hypotheses
hipotético/a hypothetical
hispano/a *n., adj.* Hispanic
hispanohablante *n. m., f.* Spanish speaker;
  adj. Spanish-speaking
histérico/a hysterical (6)
historia history; story
histórico/a historic; historical
hogar *m.* home
hoja leaf; blade (*of grass*)
hola hello
holgado/a baggy
hombre *m.* man; **hombre de
  negocios** businessman
homenaje *m.* tribute
homogeneizarse to homogenize
homogéneo/a homogeneous
honesto/a honest
honor *m.* honor
hora hour; **ser** (*irreg.*) **hora de +** *inf.* to be
  time to (*do something*)
horario schedule
horripilante horrifying (5)
horror: ¡qué horror! how terrible! (2)
horroroso/a hideous; terrifying
hospedar to lodge, board; to host
hospital *m.* hospital
hospitalidad *f.* hospitality
hostil hostile
hotel *m.* hotel
hoy today; **hoy (en) día** nowadays

hoyo hole
huelga strike (5)
huella mark; **dejar huella** to leave a mark
huésped *m., f.* guest
huevo egg
humanidad *f.* humanity; **crimen de lesa
  humanidad** crime against humanity
humanitario/a humanitarian; **ayuda
  humanitaria** humanitarian aid
humano/a *adj.* human, pertaining to humanity;
  derechos humanos human rights (5);
  ser (*m.*) **humano** human being
humear to smoke (*food*); to emit smoke
humedecido/a moistened
húmedo/a humid
humilde humble
humillación *f.* humiliation
humor *m.* mood; humor; **estar** (*irreg.*) **de buen/
  mal humor** to be in a good/bad mood (4);
  sentido del humor sense of humor
huracán *m.* hurricane

I

icónico/a iconic
icono icon
idea idea; **lluvia de ideas** brainstorm
idealista *adj. m., f.* idealistic (5)
idéntico/a identical
identidad *f.* identity; **documento de identidad**
  proof of identity
identificación *f.* identification
**identificado/a: objeto volador/volante no
  identificado** UFO
identificar (qu) to identify
ideología ideology
ideológico/a ideological
idilio romance
idioma *m.* language
idolatrar to worship, idolize
idóneo/a *adj.* ideal
iglesia church
ignorar to ignore
igual *adj.* equal; the same; similar; **da igual**
  it doesn't matter; **igual que** the same as;
  darle igual to not care, to be the same to
  (someone)
igualdad *f.* equality
ilegal illegal
ilegítimo/a illegitimate
ilusión *f.* illusion
ilusionante exciting (2)
iluso/a naive
ilustración *f.* illustration
ilustrador(a) illustrator
ilustrar to illustrate
imagen *f.* image
imaginación *f.* imagination
imaginario/a imaginary
imaginar (se) to imagine; **como es de imaginar**
  as you can imagine
imbecilidad *f.* stupidity
imitar to imitate
impaciente impatient
impactar to impact
impacto impact
impedir (*like* **pedir**) to stop, impede

impensable unthinkable, inconceivable

imperativo *gram.* imperative, command

imperfecto *gram.* imperfect tense

imperio empire

implementación *f.* implementation; introduction

implementar to implement (6)

implicar (qu) to imply

imponer (*like* **poner**) to impose

importación *f.* import

importancia importance

importante important

importar to matter; to be important; to import; **importarle tres narices / un pepino** to not be able to care less; **importarle un bledo** to not give a damn

imposibilitar to make impossible

imposible impossible

imposición *f.* imposition

impotente impotent

impráctico/a impractical

impregnado/a full of

imprescindible indispensable

impresión *f.* impression

impresionado/a impressed

impresionante impressive

impresionar to impress

impresionismo Impressionism

impreso/a *adj.* (*p.p. of* **imprimir**) printed, print

imprimir (*p.p.* **impreso**) to print

improvisación *f.* improvisation

improvisar to improvise

impuesto tax

impuesto/a (*p.p. of* **imponer**) imposed

impulso impulse

inaceptable unacceptable

inaguantable unbearable

inapropiado/a inappropriate

inaugurar to open, inaugurate

inca *adj. m., f.* Incan

incansable tireless

incapacidad *f.* inability, incapability

incendio fire

incertidumbre *f.* uncertainty

incierto/a uncertain

incipiente incipient

inclinar(se) to tip; to bow; to be disposed (*in favor*)

incluir (y) to include

incluso/a including

incomodidad *f.* discomfort

incompetente incompetent

incompleto/a incomplete

incomprendido/a misunderstood

inconcebible unfathomable

inconsciente unconscious

inconveniente *m.* obstacle; drawback

incorporar to incorporate

increíble incredible

incrementar to grow

indagar (gu) to investigate

independencia independence

independiente independent

independizarse (c) to become independent

indicación *f.* indication

indicar (qu) to indicate

indicativo *gram.* indicative mood

índice *m.* index; rate; **índice de retorno** rate of return

indicio indication

indiferencia indifference

indígena *n., adj. m., f.* native; **gente** (*f.*) **indígena** (*but* **los indígenas**) indigenous people (5)

indignado/a indignant

indignación *f.* outrage; indignation

indignar to anger; **indignarse** to become indignant, outraged

indio/a *n., adj.* Indian; pertaining to the indigenous tribes of the Americas

indirecto/a indirect

indiscreto/a indiscreet, tactless (6)

individualidad *f.* individuality

individualismo individualism

individuo *n.* individual

indomable indomitable

indudable certain

indulgente lenient (2)

industria industry

industrialización *f.* industrialization

inepto/a inept, incompetent (6)

inequidad *f.* inequality (5)

inesperado/a unexpected

inestable unstable

infancia infancy; childhood

infante: jardín de infantes preschool

infantil infantile; child (*adj.*); **desarrollo infantil** childhood development

inferior *adv.* lower

infinitivo *gram.* infinitive

inflexible inflexible, unyielding

influencia influence

influenciado/a influenced

influir (y) (en) to influence, have an influence (on)

influyente influential

información *f.* information

informar to inform; to report

informática computer science

informativo *n.* news report

informe *m.* report

ingeniería engineering

ingeniero/a engineer

ingenio wit, ingenuity

ingenioso/a ingenious

Inglaterra England

inglés *n. m.* English (*language*); **inglés criollo** English Creole (*language*)

inglés, inglesa *n.* English person; *adj.* English

ingrato/a ungrateful

ingresar to join

ingreso entrance; *pl.* income (6); **examen** (*m.*) **de ingreso** entrance exam

inhabilidad *f.* inability

inicial initial

iniciar to initiate, begin

iniciativa initiative

inicio beginning, start

inimaginable unimaginable

ininterrumpidamente uninterruptedly

injusticia injustice (5)

injusto/a unfair (6)

inmediato/a immediate; **de inmediato** immediately

inmenso/a immense

inmerso/a immersed, submerged

inmigración *f.* immigration

inmigrante *m., f.* immigrant

inmigrar to immigrate

inminente imminent

inmoral immoral

innovación *f.* innovation

innovador(a) innovative

inocente innocent

inocuo/a harmless, innocuous

inofensivo/a inoffensive

inolvidable unforgettable (3)

inquietante disturbing (5)

inquieto/a restless (2); uneasy

insalubre unhealthy

insatisfacción *f.* dissatisfaction

inscribirse (*p.p.* **inscrito**) **en** to enroll in, join

inscrito/a (*p.p. of* **inscribir**) enrolled, registered

insinuarse (**me insinúo**) to insinuate

insistir (en) to insist (on)

insoportable unbearable (2)

inspiración *f.* inspiration

inspirador(a) inspiring

inspirar to inspire

instalación *f.* installation; display

instalar to install; to display

instintivamente instinctively

institución *f.* institution

instituto institute

instrucción *f.* instruction; teaching

instructor(a) instructor

instruir (y) to instruct

instrumento instrument

insultado/a insulted

insultar to insult

insulto insult

intergeneracional intergenerational

integral integral; comprehensive

integrante *n. m., f.* member

integrar to integrate; **integrarse** to become integrated

íntegro/a integral; honest

intelecto intellect

intelectual intellectual

inteligencia intelligence

inteligente intelligent

intención *f.* intention

intensidad *f.* intensity

intensificar (qu) to intensify

intenso/a intense

intentar to attempt, try

interacción *f.* interaction

interactuar (interactúo) to interact

interamericano/a inter-American

intercambio *n.* exchange

interés *m.* interest; **tener** (*irreg.*) **interés** to be interested

interesante interesting

interesar to be interesting; **interesarse por** to be interested in

interétnico/a interethnic

interferir (ie, i) to interfere

intergeneracional intergenerational

interior *n. m.* inside, interior (part); *adj.* interior, internal; inland; **paz** (*f.*) **interior** inner peace; **ropa interior** underwear

intermedio/a *adj.* intermediate

interminable interminable, endless
internacional international
Internet *m.* Internet (4)
interno/a internal
interoceánico/a interoceanic
interpretación *f.* interpretation
interpretar to interpret; to decipher
interrogar (gu) to interrogate, question
interrogativo/a *gram.* interrogative
interrumpir to interrupt
intervención *f.* intervention
intervenir (*like* **venir**) to intervene
íntimo/a intimate; close-knit; close (*relationship between people*)
intocable sacred, sacrosanct
intolerancia intolerance
intricado/a intricate
intrigante intriguing
intrigar (gu) to intrigue
introducción introduction
introductorio/a introductory
introvertido/a introverted
intuición *f.* intuition
inundación *f.* flood
inundar to flood
inútil useless
invadir to invade
invasión *f.* invasion
invención *f.* invention
inventar to invent
invernadero/a greenhouse (*adj.*)
inverosímil implausible, unlikely, unrealistic
inversión *f.* investment (6)
invertir (ie, i) to invest (5)
investigación *f.* research (6); study; investigation
investigador(a) researcher
investigar (gu) to investigate; to (do) research (6)
invierno winter
invitación *f.* invitation
invitado/a guest
invitar to invite
involucrado/a involved (2); implicated
involucrarse to get involved, involve oneself
ir *irreg.* to go; **ir + ger.** to proceed, continue to (*do something*); **ir a + inf.** to be going to (*do something*); **ir a la moda** to dress fashionably (1); **ir de compras** to go shopping; **ir de vacaciones** to go on vacation; **irse** to leave; to go away
iris: arco iris rainbow
ironía irony
irónico/a ironic
irremediablemente irremediably
irreversible nonreversible
isla island
italiano/a Italian
itinerante traveling (*adj.*)
itinerario itinerary
izquierda *n., adj.* left wing

J

jacarandá *m.* jacaranda tree
jade *m.* jade
jaguar *m.* jaguar

jamás never, (not) ever
Japón Japan
japonés, japonesa Japanese
jarabe *m.* syrup
jardín *m.* garden; **jardín de infantes** preschool
jardinero/a gardener
jazz *m.* jazz
jefe/a boss
jeroglífico *n.* hieroglyph
jeroglífico/a *adj.* hieroglyphic
Jesucristo Jesus Christ; **lagarto de Jesucristo** Jesus lizard (*tropical lizard capable of running across the surface of water*)
jirafa giraffe
jondo/a: cante (*m.*) **jondo** Flamenco-style singing of Andalusian gypsy origin
jornada journey; episode; workday; **jornada radial** radio broadcast
jorobado/a hunchbacked
joven *n. m., f.* young man, young woman; *pl.* the young, young people, youth; *adj.* young
joya jewel; gem
joyería jewelry
jubilado/a retired
judería Jewish quarter (*neighborhood*)
judío/a Jewish
juego game; play; **juego de luz** play of light
juerguista *m., f.* partier
jugador(a) player (*sport, game*)
jugar (ue) (gu) to play; **jugar un papel** to play a role
juguete *m.* toy
juguetón, juguetona playful
junco rush, reed
junta directiva board of directors; **junta militar** military junta
juntar to join; to gather; **juntarse** to get together
junto a next to, near; **junto con** along with
juntos/as *pl.* together
jurado/a: tener (*irreg.*) **jurado/a** to have it in for
justicia justice
justo *adv.* just, exactly
justo/a *adj.* fair; **comercio justo** fair trade (6)
juvenil *adj.* children's, child
juventud *f.* youth (*period in life*)
juzgar (gu) to judge

K

kalimoxto *drink made of equal parts cola and red wine*
kayac *m.* kayak; **navegar (gu) en kayac** to go kayaking
kilogramo kilogram
kilómetro kilometer
kuna *n., adj. inv.* Kuna (*indigenous people of Panama and Colombia*)

L

laberinto labyrinth
labio lip
labor *f.* labor; effort

laboral labor; work (*adj.*)
laboralmente in terms of labor
lado side; **al lado de** next to; **dejar al lado** to leave (*something*) aside; **de al lado** next-door; **por otro lado** on the other hand; **por un lado** on one hand
ladrillo brick
largometraje *m.* feature film
lagarto lizard; **lagarto de Jesucristo** Jesus lizard (*tropical lizard capable of running across the surface of water*)
lago lake
laguna lagoon; small lake
lamentar to regret
lamparita de escritorio desk lamp
lana wool
lancha *n.* launch (*small boat*)
languidez *f.* (*pl.* **languideces**) languor
lanzar (c) to throw; to launch
lápiz *m.* (*pl.* **lápices**) pencil
largo/a long; lengthy; **a larga distancia** long-distance; **a largo plazo** in the long term (6); **a lo largo de** throughout
lascivia lasciviousness, lewdness
lástima pity, shame
lastimar(se) to injure (oneself)
lata *n.* can
latín *m.* Latin (*language*)
latino/a Latin; Latin American
Latinoamérica Latin America
latinoamericano/a *n., adj.* Latin American
lazo bond, tie
leal loyal
lealtad *f.* loyalty
lección *f.* lesson
leche *f.* milk
lechero/a milkman/milkmaid
lector(a) reader
lectura reading
leer (y) (*p.p.* **leído**) to read
legado legacy
legendario legendary
legítimo/a legitimate
leído/a (*p.p. of* **leer**) read
lejano/a distant, remote; (from) far away
lejos *adv.* far; **de lejos** from afar
lema *m.* slogan, motto
lempira *m.* monetary unit of Honduras
lengua language; tongue; **lengua materna** native (mother) tongue; **no tener** (*irreg.*) **pelos en la lengua** to speak one's mind (1); **malas lenguas** gossips
lenguaje *m.* language, verbiage
lentamente slowly
lentes *m. pl.* (eye)glasses (1)
lentitud *f.* slowness
leña firewood
lesa: crimen (*m.*) **de lesa humanidad** crime against humanity
letra letter, character; lyrics; **de tu puño y letra** by/in your own hand
levantar to raise; to pick up; to lift; to hold upright; **levantar el ánimo** to lift the spirits (4); **levantarse** to get up; to stand up
ley *f.* law; **ley marcial** martial law
leyenda legend

liberación *f.* liberation; **Ejército Zapatista de Liberación Nacional** National Liberation Zapatist Army (*guerrilla forces in Chiapas, Mexico*)

liberador(a) liberating (*adj.*) (2)

libertador(a) liberator

libertad *f.* liberty

libra *n.* pound

librar to liberate

libre free; **al aire** (*m.*) **libre** in the open air, outdoors; **amor** (*m.*) **libre** free love; **estado libre asociado** commonwealth; **ratos** (*pl.*) **libres** free time (4); **tiempo libre** free time

librería bookstore

libro book

licencia license; **licencia de conducir** driver's license

licenciatura bachelor's degree

licor *m.* liqueur

líder *m., f.* leader (5)

liderazgo leadership

liga league; **Ligas Mayores** Major Leagues (*baseball*)

limitar to limit

límite *m.* limit; **situación** (*f.*) **límite** extreme situation

limón *m.* lemon

limpiar to clean

lindo/a pretty

línea line

lío complicated situation; mess; **meterse en líos** to get into trouble (3); **¡qué lío!** what a mess!

liso/a straight (*hair*); smooth (*hair*)

lista list

listo/a bright, clever; ready

literario/a literary

literatura literature

llamado/a called; *def. art* + **llamado/a** so-called

llamar to call; **llamarse** to be called, named

llamativo/a showy, flashy (1); catchy

llanas *pl.* plains

llano/a flat

llave *f.* key

llegada arrival

llegar (gu) to arrive; to come; **llegar a** + *inf.* to come to (*do something*); to reach the point of (*doing something*); **llegar a mayores** to go further, become a big deal; **llegar a ser** (*v.*) to become

llenar to fill (in)

lleno/a full; filled; **de lleno** fully

llevar to take; to carry; to wear; to have; to lead; to induce; **llevar a cabo** to carry out (5); **llevar una vida** + *adj.* to lead a . . . life; **llevarse bien/mal con** to get along well/poorly with (1)

llorar to cry

llover (ue) to rain

lluvia rain; **lluvia de ideas** brainstorm

lluvioso/a rainy; **bosque** (*m.*) **lluvioso** rain forest

localidad *f.* place

localizar (c) to locate, find; to place

loco/a crazy; **volverle (ue) loco/a** to drive (someone) crazy (2); **volverse (ue) loco/a** to go crazy

locura foolish notion; insanity

lógico/a logical

lograr to achieve; **lograr** + *inf.* to succeed in (*doing something*)

logro accomplishment

lucha fight (5); struggle (5)

luchador(a) fighter

luchar to fight; to struggle

luciente shining

lucir (zc) to shine

lucrativo/a lucrative (6); profitable

lucro: sin fines de lucro non-profit (6)

luego then; later

lugar *m.* place; **en primer lugar** in the first place; **sin lugar a dudas** without a doubt; **tener** (*irreg.*) **lugar** to take place

lujo luxury; **permitirse el lujo** to allow oneself the luxury

luminoso/a shining; **Sendero Luminoso** Shining Path (*Peruvian guerrilla group*)

luna moon

lunar *m.* beauty mark, mole (1)

luto mourning

luz *f.* (*pl.* **luces**) light; **corte** (*m.*) **de luz** blackout; **juego de luz** play of light; **luz solar** sunlight

M

macabro/a macabre

machismo male chauvinism

machista *n., adj.* macho, chauvinist(ic)

madera wood

madrastra stepmother (2)

madre *f.* mother

madrépora reef-building coral

madrileño/a Madrilenian, of or pertaining to Madrid

madrugada early morning (4); dawn

madrugar (gu) to get up early (4)

madurar(se) to mature

madurez *f.* maturity

maestría Master's degree

maestro/a *n.* teacher; *adj.* master; **obra maestra** masterpiece

magia magic

mágico/a magic, magical

magnético/a magnetic

magnetismo magnetism

magnífico/a magnificent

maíz *m.* (*pl.* **maíces**) corn

majestuoso/a majestic

mal *adv.* badly, poorly; **caerle** (*irreg.*) **mal a alguien** to dislike someone (1); **llevarse mal (con)** to get along poorly (with) (1); **pasarlo mal** to have a bad time (4)

malanga root vegetable

malcriado/a ill-mannered (2)

malentendido misunderstanding (2)

malestar *m.* malaise, indisposition

malgastar to waste (6)

malnutrición *f.* malnutrition

malo/a *adj.* bad; ill; **de mal gusto** in poor taste; **de mala educación** rudely; **estar** (*irreg.*) **de mal humor** to be in a bad mood (4); **mala suerte** bad luck; **malas lenguas** gossips; **malos modales** bad manners (2); **¡qué mala onda!** what a bummer!; **¡qué mala pata!** what bad luck!; **ser** (*irreg.*) **mala gente** to be a bad person (1); **tener** (*irreg.*) **mala pinta** to have a bad appearance (1)

maltrato maltreatment

mamá mom, ma, mama

mambo *traditional Cuban dance*

mami *f.* mommy (*coll.*)

mamífero mammal

manantial *n. m., adj.* spring (*water*)

mandar to send; to command; **mandar un mensaje de texto** to text (4); **mandar un correo electrónico** to email (4)

mandato command

mando command, control

mandón, mandona bossy (2); domineering

manejo handling; management

manera way; manner; **de manera adecuada/ agradable/directa/educada/eficaz/personal** adequately/pleasantly/directly/politely/ effectively/personally; **¡de ninguna manera!** no way!; **¿de qué manera?** how?, in what way?; **de todas maneras** at any rate, anyway

manga manga (*Japanese comics*)

maní *m.* (*pl.* **maníes**) peanut

maníaco/a manic; **depresión** (*f.*) **maníaca** manic depression

manifestación *f.* demonstration (5); display

manifestar (ie) to protest; to express, show

manipulación *f.* manipulation; falsification

manipulador(a) manipulative

mano *f.* hand; **a mano** by hand; **dar** (*irreg.*) **la mano** to give a hand, help out; **echar una mano** to lend a hand; **mano de obra** labor (6)

mantel *m.* tablecloth

mantener (*like* tener) to maintain (2); to keep; **mantenerse en contacto** to keep in touch (2)

manual *m.* manual, workbook; *adj.* manual; **trabajo manual** manual labor

manzana apple

maoísta *adj. m., f.* Maoist

mapa *m.* map

maquillaje *m.* make-up

máquina machine

mar *m.* sea; **nivel** (*m.*) **del mar** sea level

maratón *m.* (*pl.* **maratones**) marathon

maravilla marvel, wonder

maravilloso/a marvelous

marcar (qu) to mark; to indicate

marcha social scene; **poner** (*irreg.*) **en marcha** to start up, set in motion; **tener** (*irreg.*) **mucha marcha** to have a lively social scene (4)

marcharse to leave

marcial martial; **ley** (*f.*) **marcial** martial law

maremoto tidal wave, tsunami

margen *m.* margin

marginal marginal; poor

marginar to marginalize, exclude

marido husband

marino/a marine, pertaining to the sea

mariposa butterfly; **mariposa monarca** monarch butterfly

marítimo/a maritime

mártir *m., f.* martyr

marxista *adj. m., f.* Marxist

más more; **cada vez más** more and more; **más allá de** beyond; **más bien** rather; **más de** more than; **más tarde** later; **nada más** nothing but; as soon as; **nadie más** nobody else; **nunca más** never again

masaje *m.* massage

masas *pl.* masses, populace

máscara mask

mascota pet

masculino/a masculine

masivo/a massive

matar to kill

mate *m.* *glass or mug made to hold* mate; **yerba mate** *herbal tea typical of Argentina*

matemáticas *pl.* mathematics

matemático/a mathematician

materia subject (*school*)

maternidad *f.* maternity

materno/a maternal; **lengua materna** native (mother) tongue

matrimonio marriage; married couple; **contraer** (*like* **traer**) **matrimonio** to get married

mausoleo mausoleum

máximo/a maximum, greatest

maya *n., adj. m., f.* Mayan; **maya-quiché** highland indigenous group in Guatemala

mayor older; oldest; greater; greatest; elderly; **hermano/a mayor** older/oldest brother/ sister; **llegar (gu) a mayores** to go further, become a big deal

mayoría majority

mayormente primarily

mecánico/a mechanic

mediado/a: a mediados de in the middle of

medianamente quite, fairly

medianoche *f.* midnight

mediante by means of

medicamento medicine

medicina medicine

médico/a *n.* physician, doctor; *adj.* medical; **seguro médico** health insurance

medida measure; step

medieval *m., f.* medieval

medio *n.* middle; means; medium; *adv.* half; **en medio de** in the middle of; **medio ambiente** environment; **por medio de** by means of (6)

medio/a *adj.* middle; half; average; **clase** (*f.*) **media** middle-class; **Edad** (*f.*) **Media** Middle Ages; **media naranja** soulmate (3); **medio/a hermano/a** half brother, half sister (2); **Oriente** (*m.*) **Medio** Middle East

mediocridad *f.* mediocrity

mediodía *m.* noon

meditación *f.* meditation

Mediterráneo Mediterranean

mediterráneo/a *adj.* Mediterranean

megaciudad *f.* mega-city

mejor better; best; *coll.* even better; **a lo mejor** perhaps

mejoramiento improvement

mejorar to improve, make better (4)

melodía melody

melodramático/a melodramatic

melón *m.* melon; cantaloupe

memoria memory

mencionar to mention

menor *n. m., f.* child; minor; *adj.* younger; youngest; less; lesser; least; **arte** (*m.*) **menor** minor art

menos less; least; **a menos que** + *subj.* unless . . .; **al menos** at least; **echar de menos** to miss (*someone/something*); **menos de** + *number* less than (*number*); **menos... que** less . . . than; **por lo menos** at least

mensaje *m.* message

mensual monthly

mentalidad *f.* mentality

mente *f.* mind

mentir (ie, i) to lie

mentira lie

menudo: (muy) a menudo (very) often, frequently

mercadear to trade, deal

mercadeo marketing

mercado market

mercadotecnia marketing

merced *f.* mercy

mercenario/a mercenary

merecer (zc) to deserve (3)

merengue *m.* *popular dance originating in the Dominican Republic*

mero/a mere

mes *m.* month

mesa table

mesero/a waiter, waitress

mestizo/a of mixed (indigenous and European) parentage

meta goal

metabolismo metabolism

metáfora metaphor

metal *m.* metal

metálico: en metálico cash (*adj.*)

metamorfosis *f.* metamorphosis

meter to put; to insert; **meter la pata** to put one's foot in one's mouth (1); **meterse** to get involved; **meterse con alguien** to try something with someone; **meterse en líos** to get into trouble (3)

meticuloso/a meticulous

método method

metro meter; subway

metropolitano/a metropolitan

mexicano/a *n., adj.* Mexican

mexicanoamericano/a *n., adj.* Mexican-American

mezcla mixture

mezclar to mix

mezquita mosque

microempresa micro-business

micrófono microphone

micronutriente *n. m.* micro-nutrient

miedo fear; **dar** (*irreg.*) **miedo** to frighten; **tener** (*irreg.*) **miedo** to be afraid

miel (*f.*): **luna de miel** honeymoon

miembro member

mientras while; whereas; **mientras tanto** meanwhile; **mientras que** while, as long as

mierda shit

mil *m.* (one) thousand; **mil disculpas/ perdones** a thousand pardons

milagroso/a miraculous

militante militant

militar *v.* to serve, be active (in the military); *n. m.* soldier; *adj.* military; **junta militar** military junta

milla mile

millón *m.* (one) million

millonario/a millionaire

mimado/a spoiled (*person*) (2)

mimar to spoil

mina mine

mineral *n. m.* mineral

minero/a miner

minimalista minimalist

mínimo *n.* minimum; **como mínimo** as a minimum

mínimo/a *adj.* minimal, small

ministerio secretariat, ministry

ministro/a cabinet member; secretary

minuto minute

mirada *n.* look, gaze; expression (*of eyes*)

mirar to look; to look at; to watch

miseria misery; pittance

misión *f.* mission

misiva missive

mismo/a same; very; himself; yourself; **ahora mismo** right now; **al mismo tiempo** at the same time (3); **darle** (*irreg.*) **lo mismo** to not care; **hoy mismo** this very day; **lo mismo** the same thing

misquito Misquito (*indigenous language of Nicaragua*)

misterioso/a mysterious

misticismo mysticism

mitad *f.* half

mito myth

mitológico/a mythological

moda style; **de moda** fashionable; **estar** (*irreg.*) **de moda** to be in style (1); **estar pasado/a de moda** to be out of style (1); **ir** (*irreg.*) **a la moda** to dress fashionably (1)

modales *m., pl.* behavior, mannerisms; manners; **buenos/malos modales** good/bad manners (2)

modelo *n., adj. m., f.* model

módem *m.* modem

moderador(a) moderator

modernidad *f.* modernity

modernismo Modernism

modernización *f.* modernization

moderno/a modern

modificar (qu) to modify

modo mode, way; **de modo** + *adj.* in a . . . way

mofarse de to mock, make fun of

mojado/a wet

mola *handicraft layered with fabrics of several colors*

mole *m.* mole (sauce) (*name for a number of Mexican sauces*)

molestar to bother, annoy; **molestarse** to get annoyed

momento moment

momia mummy

momificado/a mummified

momificar (qu) to mummify

monarca: mariposa monarca monarch butterfly

monarquía monarchy

moneda currency

monetario/a monetary

mono monkey

monólogo monologue

monótonamente monotonously

montaña mountain

montañismo mountain climbing

montar: montar a caballo to ride/go horseback riding; **montar broncas** to cause trouble; **montar en bicicleta** to ride a bicycle; **montarse en** to board/ride

monte *m.* mount

montevideano/a *n., adj.* of or pertaining to Montevideo, Uruguay

montón *m.* pile

monumento monument

moreno/a dark-skinned; brunet(te)

morir (ue, u) (*p.p.* **muerto**) to die

moro/a Moor

morro hill

mosaico mosaic

mostrar (ue) to show

motivacional motivational

motivado/a motivated

motivo motive, motivation

moto(cicleta) *f.* motorcycle

motociclista *m., f.* motorcyclist

motor *m.* motor

mover (ue) to move

movible flexible, moveable

movida nightlife

móvil *n. m.* cell(phone) (4); *adj.* mobile; **teléfono móvil** cellphone (4)

movilizar (c) to mobilize

movimiento movement

muchacho/a boy, girl

muchedumbre *f.* crowd

mucho/a much, a lot of; *pl.* many, a lot of; **muchas veces** often; **para muchos** for many (people); **tener** (*irreg.*) **mucha cara** to have a lot of nerve; **tener mucha marcha** to have a lively social scene (4)

mudanza *n.* move (*residence*)

mudarse to move (*residence*) (2)

mudéjar *relating to the Muslim Arab people living in Christian Spain in the late Middle Ages*

muebles *m. pl.* furniture

muerte *f.* death

muerto/a (*p.p. of* **morir**) *n.* dead, deceased person; *pl.* the dead; *adj.* dead

mujer *f.* woman; **hermandad** (*f.*) **de mujeres** sisterhood; sorority; **mujer bombero** female firefighter; **mujer de negocios** businesswoman; **mujer policía** female police officer; **mujer político** female politician

mujeriego womanizer

mula mule; **trabajar como una mula** to work like a dog (4)

mulato/a mulatto

multa *n.* fine, penalty

multigeneracional multigenerational

multinacional multinational

múltiple *adj.* multiple

mundial *adj.* world, pertaining to the world; global; **a nivel mundial** globally, world-wide

mundo world

muñeco/a doll; mannequin

mural *m.* mural

muralista *m., f.* muralist

muralla (city) wall

museo museum

música music

musical musical; **grupo musical** band, musical group

músico/a musician

musulmán, musulmana (*pl.* **musulmanes**) *adj., n.* Muslim

mutuo/a mutual

muy very

N

nácar *m.* mother-of-pearl

nacer (zc) to be born; to originate

nacimiento birth

nación *f.* nation

nacional national; **himno nacional** national anthem

nacionalidad *f.* nationality

nacionalista *adj. m., f.* nationalistic

nacionalizar (c) to nationalize

nada *pron.* nothing, (not) anything; *adv.* not at all; **en/para nada** (not) at all; **nada más** nothing but; as soon as; **ni nada** or anything (*coll.*); **no valer** (*irreg.*) **nada** to be worthless

nadie nobody, (not) anybody; **nadie más** nobody else

nanotecnología nanotecnology

napoleónico/a Napoleonic

naranja orange; **media naranja** soulmate (3)

naranjo orange tree

narcotráfico drug traffic (5); drug trafficking (5)

nariz *f.* (*pl.* **narices**) nose; **harto/a hasta las narices** to be fed up to here (4)

narración *f.* narration

narrador(a) narrator

narrar to narrate; to tell

narrativo/a narrative

natal native; of birth

nativo/a *adj.* native

nativoamericano/a *adj.* Native American

natural natural; **desastre** (*m.*) **natural** natural disaster; **recurso natural** natural resource; **remedio natural** natural remedy

naturaleza nature

nave *f.* (space)ship

navegable navigable

navegar (gu) to browse

necesario/a necessary

necesidad *f.* necessity

necesitar to need

negar(se) (ie) (gu) to deny; to refuse

negativo/a negative

negociar to negotiate (5)

negocio *n.* business; *pl.* business (*in general*); **de negocios** *adj.* business; **hombre** (*m.*) **de negocios** businessman; **mujer** (*f.*) **de negocios** businesswoman

negrita boldface

neoyorquino/a New Yorker

nervioso/a nervous

netamente purely

neutro/a neutral

nevado/a snowy, snow-capped

ni neither, (not) either; nor; (not) even; **ni nada** or anything (*coll.*); **ni... ni** neither . . . nor; **ni un duro** not even a cent

nicaragüense *n., adj. m., f.* Nicaraguan

nido nest

nieto/a grandson, granddaughter; *pl.* grandchildren

ningún, ninguno/a *adj.* no; (not) any; *pron.* none, not one; **¡de ninguna manera!** no way!

niñero/a babysitter

niño/a baby; little boy, little girl; *pl.* children; **de niño/a** as a child

nivel *m.* level; **a nivel mundial** globally; **nivel del mar** sea level

Nobel: Premio Nobel Nobel Prize

nobiliario/a related to nobility

nobleza nobility

noche *f.* night; **de la noche** P.M.; **esta noche** tonight; **por la noche** at night

Nochevieja New Year's Eve

noción *f.* notion, idea

nocturnidad *f.* nocturnal character

nocturno/a *adj.* night, nocturnal; **vida nocturna** nightlife

nomás just; only

nombrar to name; to identify (*by name*)

nombre *m.* name

noreste *adj.* northeastern

normal normal

norte *m.* north; *adj.* north, northern

norteamericano/a *n., adj.* North American, of or pertaining to Canada and the United States

nostálgico/a nostalgic (3); homesick (3)

nota note; grade; **sacar (qu) buenas notas** to get good grades

notar to notice; **notarse** to be noticeable, apparent

notablemente notably

noticia news item; *pl.* news

notorio/a notorious

novedad *f.* new development

novela novel

novelista *m., f.* novelist

noviazgo courtship (3)

novio/a boyfriend, girlfriend; bride, bridegroom

nube *f.* cloud

nuboso/a cloudy; **bosque** (*m.*) **nuboso** cloud forest

nuevamente (once) again

nuevo/a new; **de nuevo** again; **nuevo sol** *m. monetary unit of Peru*

numerado/a numbered

número number

numeroso/a numerous

nunca never, (not) ever; **más** + *adj.* + **que nunca** more . . . than ever; **nunca más** never again

nutrición *f.* nutrition

nutritivo/a nutritious

ñoñería nonsense

O

o or; **o... o** either . . . or

oaxaqueño/a of or pertaining to the state of Oaxaca, Mexico

obedecer (zc) to obey (2)

obediente obedient

objetivo objective

objeto object; **objeto volador no identificado** UFO

obligación *f.* obligation

obligar (gu) to obligate, require

obra work; **mano** (*f.*) **de obra** labor (6); **obra de arte** work of art; **obra de teatro** play; **obra maestra** masterpiece

obrero/a laborer, worker

obsceno/a obscene

observación *f.* observation

observador(a) observative

observar to observe

observatorio observatory

obsesión *f.* obsession

obsesionado/a obsessed

obsesivo/a obsessive

obsoleto/a obsolete

obstáctulo obstacle

obstante: no obstante nonetheless

obtener (*like* **tener**) to obtain

obvio/a obvious

ocasión *f.* occasion

occidental western

occidente *m.* west

océano ocean

ocio leisure time

ocular eye (*adj.*)

ocultismo occultism

oculto/a hidden; secret

ocupado/a busy

ocupar to occupy

ocurrir to happen, occur, take place; **ocurrirse** to occur to

odiar to hate (3)

oeste *m.* West; *adj.* western

ofender to offend

ofendido/a offended

ofensivo/a offensive

oferta *n.* offer

oficial official

oficina office

oficio occupation, profession

ofrecer (zc) to offer

ofrenda offering

oído inner ear

oír *irreg.* (*p.p.* **oído**) to hear; **¡oye!** hey!

ojalá (que) + *present subj./past subj.* let's hope that . . . / I wish that . . .

ojo eye; **¡ojo!** be careful!

ola wave

olivo olive tree

olla pot

olor *m.* odor; scent

oloroso/a fragrant

olvidar to forget; **olvidarse de** to forget about

ombligo navel (1)

ómnibus *m.* bus

omnipresencia omnipresence

omnipresente everywhere, all around

onda: ponerse (*irreg.*) **de onda** to get with it; **¡qué mala onda!** what a bummer!

ondulado/a wavy, curved

opción *f.* option

ópera opera

operación *f.* operation

opinar to think, have an opinion

opinión *f.* opinion

oponerse (a) (*like* **poner**) to oppose

oportunidad *f.* opportunity

oportunista *adj. m., f.* opportunistic (5)

oportuno/a suitable, appropriate

oposición *f.* opposition

opositor(a) opponent

opresión *f.* oppression

opresivo/a oppressive

oprimido/a oppressed

optar por to opt for

optimismo optimism

optimista *adj. m., f.* optimistic (5)

opuesto/a (*p.p. of* **oponer**) opposite

oración *f.* sentence

órbita orbit

orca killer whale

orden *m.* order (*alphabetical, chronological, etc.*); **en orden** in order

ordenador *m.* computer

ordenar to order; to give an order

oreja ear (1)

orfanato orphanage

orgánico/a organic

organización *f.* organization; **organización no gubernamental (ONG)** NGO (5)

organizar (c) to organize

orgullo pride

orgulloso/a proud (2)

orientación *f.* orientation

oriental *adj.* eastern

orientar to orient

Oriente (*m.*) **Medio** Middle East

origen *m.* origin

originalidad *f.* originality

originar(se) to originate; to give rise to

originario/a de native to, originally from

orilla shore, bank

oro gold; **Edad** (*f.*) **de Oro** Golden Age

orquesta orquestra

orquídea orchid

oscuridad *f.* darkness

oscuro/a dark

otavaleño/a of or pertaining to the state of Otavalo, Ecuador

otoño autumn

otorgar to award

otro/a *pron., adj.* other; another; *pl.* other people; **el uno al otro** to one another; **el uno en el otro** in one another; **otra vez** again; **por otra parte / otro lado** on the other hand

OVNI *m.* (*abbrev. for* **objeto volador no identificado**) UFO

oxígeno oxygen

¡oye! (*from* **oír**) hey!

ozono: capa de ozono ozone layer

P

paciencia patience; **tener** (*irreg.*) **paciencia** to be patient

paciente *n. m., f.* patient

pacificar (qu) to pacify

pacífico/a peaceful

pacifismo pacifism

pacifista *m., f.* pacifist

pacto pact

padecer (zc) (de) to suffer (from)

padrastro stepfather (2)

padre *m.* father; senior; *pl.* parents; **¡qué padre!** (how) awesome!

¡paf! bang!

pagar (gu) to pay, pay for

página page; **página Web** Web page (4)

pago pay, payment

país *m.* country, nation; **país en vías de desarrollo** developing country; **país desarrollado** developed country; **país primermundista** first-world country

paisaje *m.* landscape

paja straw; **colchón** (*m.*) **de paja** straw mattress

pájaro bird

palabra word

palabrota *coll.* bad word

palacio palace

paleta palette

palma palm; palm tree/leaf

palmera palm tree

palo stick; **de tal palo, tal astilla** like father, like son

paloma pigeon, dove

palpitante burning, intense

pampas *pl.* plains

pan *m.* bread

pana corduroy; **par** (*m.*) **de panas** pair of corduroy pants

Panamá *m.* Panama

panameño/a Panamanian

pancarta banner

pandilla gang

panel (*m.*) **solar** solar panel

pánico panic

panorama *m.* panorama

pantalla screen

pantalones *m. pl.* pants

pantera panther; **Pantera Rosa** Pink Panther

panti *m. s.* stocking, panty hose, tights

papá *m.* papa, daddy

paparazzi *m. pl.* paparazzi

papel *m.* paper; role; **jugar (ue) (gu) un papel** to play a role; **papel protagónico** lead role

paquete *m.* package

par *m.* pair; couple; **un par de** a couple of; **par de panas** pair of corduroy pants

para for; to; in order to; by (*time, date*); **para nada** (not) at all; **para que** + *subj.* so that . . . ; **para siempre** forever

parada parade (*P. R.*)

paraguas *m. s.* umbrella

paraguayo/a Paraguayan

paralelo/a parallel

paralizar (c) to paralyze

paramilitar paramilitary

paranoico/a paranoid

parapente *m.* paragliding

parar to stop; **pararse** to stop (*oneself*); to stand up

parásito parasite

parecer (zc) to seem, appear (1); to seem like; **parecerse a** to look like (1); **me parece fascinante que...** it seems fascinating to me that . . . ; **¿qué te/le/les parece?** what do you think (about)?

parecido/a similar
pared *f.* wall
paredón *m.* (*pl.* **paredones**) rock wall
pareja pair; couple; partner
paréntesis *m. inv.* parenthesis; parentheses;
　entre paréntesis in parentheses
pariente *n. m., f.* relative
parlamentario/a parliamentary
parlamento parliament
parmesano parmesan
parpadear to blink
parque *m.* park; **parque de diversiones**
　amusement park
parqueo parking (lot)
párrafo paragraph
parrilla grill; barbecue
parrillada grilled meat
parte *f.* part; portion **de todas partes** from
　everywhere; **en alguna parte** somewhere;
　en otras partes elsewhere; **formar parte**
　de to be part of; **gran parte de** much of;
　la mayor parte de the better part of; **por**
　otra parte on the other hand; **por parte de**
　on behalf of; **por todas partes** everywhere;
　tercera parte (one) third
participación *f.* participation
participante *m., f.* participant
participar to participate
participativo/a participative
participio *gram.* participle
particular particular; special
particularidad *f.* distinctive (special) feature
partida departure; **punto de partida** point of
　departure
partido game, match; political party, faction
partir: a partir de starting from; on the basis of
partitura musical score; (*fig.*) guidelines
pasado *n.* past; *gram.* past tense
pasado/a *adj.* past; last; **estar** (*irreg.*) **pasado/a**
　de moda to be out of style (1); **la semana**
　pasada last week
pasajero/a fleeting (3)
pasantía internship (6)
pasar to pass, go by; to happen; to spend (*time*);
　pasar a ser to become; **pasar por** to go
　through; to pass over, to stop by; **pasar**
　por encima de to go over one's head; **pasar**
　tiempo to spend time; **pasarlo bien/mal**
　to have a good/bad time (4); **pasarlo de**
　maravilla/fatal to have a wonderful/terrible
　time; **pasarse la vida** to spend one's life;
　¿qué pasa? what's happening?; what's
　going on?
pasatiempo pastime
Pascua Easter
pasear to go for a walk
paseo stroll
pasión *f.* passion
pasionaria passion flower
paso step; **a unos pasos de distancia** a few
　steps away
pastelería confectionary shop
pastilla pill
pata foot (*of an animal or bird*); **meter la pata**
　to put one's foot in one's mouth; **¡qué mala**
　pata! what bad luck!
paternidad *f.* paternity

paterno/a paternal
patilla sideburn (1)
patovica *m., f.* bouncer
patria homeland
patrimonio patrimony
patriótico/a patriotic
patrocinar to sponsor
patrón, patrona: santo patrón, santa patrona
　patron saint
patrulla patrol
pauta rule
payaso/a clown
paz *f.* (*pl.* **paces**) peace (5); **acuerdo de paz**
　peace agreement; **Cuerpo de Paz** Peace
　Corps; **dejar en paz** to leave alone; **paz**
　interior inner peace; **sentirse (ie, i) en paz**
　to feel at peace
peca freckle (1)
pecho chest
pedazo piece
pedir (i, i) to ask (for), request; **pedir perdón**
　to beg pardon; to ask forgiveness; **pedir**
　permiso to ask for permission
pegadizo/a catchy
pegar (gu) to hit, strike
peinado hairdo
pelea quarrel
pelear(se) to fight (2); to quarrel
película movie
peligro danger
peligroso/a dangerous
pelirrojo/a *n.* redhead; *adj.* red-headed
pelo hair (1); **corte** (*m.*) **de pelo** haircut,
　hairstyle; **no tener** (*irreg.*) **pelos en la lengua**
　to speak one's mind (1); **tomarle el pelo a**
　alguien to pull someone's leg
pelota ball
peluca wig
pena pity; shame; **¡qué pena!** what a shame!;
　valer (*irreg.*) **la pena** to be worth it
pendiente *m.* earring (1)
península peninsula
pensamiento thought
pensar (ie) to think; to consider; **¡ni pensarlo!**
　don't even think about it!; **pensar de** to
　think of (*opinion*); **pensar en** to think about
peor worse; worst
pepino: importarle un pepino to not be able to
　care less
pequeño/a little, small; young; brief; **de**
　pequeño/a as a child; **desde pequeño/a** from
　when he (she, they, *etc.*) was/ were small
percepción *f.* perception
percibir to perceive; to sense
perder (ie) to lose; to miss; **perder el tiempo**
　to waste time; **perderse** to get lost
pérdida loss
perdido/a lost (2)
perdón *m.* pardon; **mil perdones** a thousand
　pardons; **pedir (i, i) perdón** to beg pardon;
　to ask forgiveness
perdonar to forgive
peregrino/a pilgrim
perezoso *n.* sloth (*animal*)
perfección *f.* perfection
perfeccionar to perfect
perfeccionista *n., adj. m., f.* perfectionist

perfecto/a perfect
perfil *m.* profile
perfumar to perfume, scent
perfume *m.* perfume
periférico/a peripheral
periódico *n.* newspaper
periódico/a *adj.* periodic
periodismo journalism
periodista *m., f.* journalist, reporter
periodístico/a journalistic
periodo period (*time*)
peripecias *pl.* adventures
perla pearl
permanecer (zc) to remain
permanentemente permanently
permiso permission; **pedir (i, i) permiso** to ask
　permission
permitir to permit, allow; **permitirse el lujo**
　to allow oneself the luxury
pero but
perpetuar to perpetuate
perpétuo/a perpetual; **presidio perpétuo** life
　(prison) sentence
perseguir (*like* **seguir**) to follow, pursue
personaje *m.* character
personal *m.* personnel
personalidad *f.* personality
perspectiva perspective
persuadir to persuade
pertenecer (zc) to belong; to remain (2)
perturbar to bother
peruano/a Peruvian
pesado/a tedious, annoying (1)
pésame *m. s.* condolences
pesar to weigh; to hinder; **a pesar de** in spite of
pescado fish; fishing
pescador(a) fisherman, fisherwoman
pescar (qu) to fish
pesimista *m., f.* pessimist (5)
pésimo/a abismal, terrible (2)
peso weight; *monetary unit of several Latin*
　American countries
petición *f.* petition
petrificado/a petrified
petróglifo petroglyph
petróleo oil
petrolero/a fuel, oil (*adj.*)
pez *m.* (*pl.* **peces**) fish
picante hot (*spicy*)
picaresca guile, wits
pico (mountain) peak
pictórico/a pictorial
pie *m.* foot; base; **a pie** on foot; **a pie de** at the
　foot, bottom of; **de pie** standing
piedra stone
piel *f.* skin; **a flor de piel** skin-deep; close to
　the surface
piercing *m.* piercing (1)
pierna leg
pieza piece
pila battery
pillar to catch
piloto/a pilot
pingüino penguin
pinta: tener (*irreg.*) **buena/mala pinta** to have a
　good/bad appearance (1)
pintar to paint

pintor(a) painter, artist
pintoresco/a picturesque
pintura *n.* painting
piña pineapple
pirámide *f.* pyramid
pirata *m., f.* pirate
piropear to compliment (*romantically*) (3)
piropo romantic compliment (3); flirtatious remark; **decir** (*irreg.*)/**echar un piropo** to make a flirtatious remark
pisar to step on; to set foot in
piso floor; ground; story (*of a building*); apartment, flat
pista clue; hint, tip
pizarra chalkboard
placer *m.* pleasure
plan *m.* plan; program
planear to plan
planeta *m.* planet
planetario planetarium
planificación *f.* planning
planificar (qu) to plan
planta plant
plantación *f.* plantation
plantado/a: dejar plantado/a to stand (*someone*) up (3)
plascentero/a pleasant
plástico/a *adj.* plastic; **artes** (*f.*) **plásticas** three-dimensional art
plata silver
plátano plantain
plato plate; dish, entrée
playa beach
plaza plaza, town square
plazo: a largo/corto plazo in the long/short-term (6)
plegaria prayer
plena *traditional music and dance genre from Puerto Rico*
pleno/a full (*adj.*); at the height of
pluscuamperfecto *gram.* pluperfect tense
población *f.* population
poblado/a populated
pobre *n. m., f.* poor person; *pl.* the poor; *adj.* poor; **¡pobrecito/a!** poor thing!
pobreza poverty (5)
poción *f.* potion
poco *n.* little bit; small amount; **hace poco** a short time ago; **poco a poco** little by little; **unos pocos** a few; *adv.* little, poorly
poco/a *adj.* little, few
poder *n. m.* power (5); authority
poder *v. irreg.* to be able, can; **poder** + *inf.* to be able to (*do something*); **puede ser** it could be
poderoso/a powerful
poema *m.* poem
poemario book of poems
poesía poetry
poeta *m., f.* poet
poético/a poetic
polémica *n.* controversy
polémico/a *adj.* controversial (5)
polerón (canguro) *m.* (*pl.* **polerones**) (pocketed) hoodie, hooded sweatshirt
policía *m.* police officer; *f.* the police; **mujer** (*f.*) **policía** female police officer

policíaco/a *adj.* police; detective; of or pertaining to police or detectives
policial *adj.* police; detective; of or pertaining to police or detectives
política *s.* politics (5); policy (5)
político *n.* politician; **mujer** (*f.*) **político** female politician
político/a *adj.* political; **ciencias políticas** *pl.* political science
pollada large party
pollo chicken
polo pole
polvo dust
ponencia presentation, report
poner *irreg.* (*p.p.* **puesto**) to put, place; to put on; to give (*a name, title, etc.*); to turn on; to post (*something online*) (4); **poner a prueba** to put to the test; **poner en marcha** to set in motion; **poner fin a** to end; **ponerse** + *adj.* to become (3); **ponerse** to put on (*clothing*); to wear; to get, become (3); **ponerse a** + *inf.* to begin to (*do something*); **ponerse al día** to catch up (4); **ponerse de acuerdo** to come to an agreement; **ponerse de onda** to get with it; **ponerse rojo/a** to blush
pontificio/a pontifical, papal
popularidad *f.* popularity
por for; through; by; because of; around; about; out of; in order to; **de por medio** in between; **estar** (*irreg.*) **por** + *inf.* to be about to (*do something*); **hablar por los codos** to talk a lot (1); **hablar por teléfono** to talk on the telephone; **por** + *inf.* because of (*doing something*); **por ciento** percent; **por cierto** indeed; **por completo** completely; **por correo electrónico** by e-mail; **por desgracia** unfortunately; **por ejemplo** for example; **por encima de** above; **por eso** therefore; that's why; **por fin** finally; **por hora** per hour; **por la noche** at night; **por la tarde** in the afternoon; **por lo general** in general; **por lo menos** at least; **por lo tanto** therefore; **por medio de** by means of (6); **por otra parte / otro lado** on the other hand; **por parte de** on behalf of; **por primera vez** for the first time; **¿por qué?** why?; **por si acaso** just in case; **por suerte** luckily; **por supuesto** of course; **por todas partes** everywhere; **por última vez** for the last time; **por último** finally; **se me olvidó por completo** I totally forgot
porche *m.* porch
portador(a) carrier, bearer
portarse to behave (2)
porteño/a port (*adj.*)
portugués, portuguesa Portuguese
porvenir *m.* future
posarse to land
poseer (y) (*p.p.* **poseído**) to have, possess
posesión *f.* possession
posgrado/a *n., adj.* graduate
posibilidad *f.* possibility
posible possible
posindustrial postindustrial
positivo/a positive
posponer (*like* **poner**) to postpone (4)

postal: tarjeta postal postcard
postear to post (*something online*) (4)
posteo (online) post
posterior subsequent, later
postre *m.* dessert
postularse to run for office (5)
potable: agua (*f., but* **el agua**) **potable** potable/drinking water
potencial potential; possibilities
pozo *n.* well
práctica *n.* practice; experience
practicar (qu) to practice
práctico/a practical
precario/a precarious
precedente *m.* precedent
preceder to precede
precio price
precisamente precisely
precolombino/a pre-Columbian
precordillera around/in the Andean foothills
precoz (*pl.* **precoces**) precocious
predecir (*like* **decir**) to predict
predicción *f.* prediction
predictor indicator
predilecto/a favorite
predominante predominant
preferencia preference
preferido/a favorite
preferir (ie, i) to prefer
pregunta question; **hacer** (*irreg.*) **una pregunta** to ask a question
preguntar to ask (a question); **preguntarse** to wonder, ask oneself
prehispánico/a pre-Hispanic
prejuicio prejudice (5)
preliminar preliminary
premio prize, award; **Premio Nobel** Nobel Prize
premisa premise
prenda item of clothing
prensa *n.* press; **comunicado de prensa** press release
preocupación *f.* worry, concern
preocupante worrisome (1)
preocupar to worry; **preocuparse (por)** to worry (about)
preparación *f.* preparation
preparar to prepare; **prepararse** to get ready
preparativo preparation
preponderancia preponderance
presa dam
presencia presence
presencial face-to-face
presenciar to witness, see, watch
presentación *f.* presentation
presentar to present; to introduce; **presentarse** to appear; to introduce oneself
presente *adj.* present
preservación *f.* preservation, conservation
preservar to preserve
presidencia presidency
presidencial presidential
presidente/a president
presidio perpétuo life (prison) sentence
presión *f.* pressure
presionar to pressure
prestar to lend; **prestar atención a** to pay attention to

prestigio prestige
prestigioso/a prestigious
presumido/a conceited (1)
presunto/a supposed
pretender to strive for; to try
pretensión *f.* aim, hope
pretérito *gram.* preterite tense
prevención *f.* prevention; precaution
prevenir (*like* **venir**) to prevent
previo/a previous, prior
primario/a: escuela primaria elementary school
primavera spring
primer, primero/a first; **a primera vista** at first sight (1); **en primer lugar** in the first place; **primera fila** front row
primermundista: país (*m.*) **primermundista** first-world country
primo/a cousin
princesa princess
principal main, principal; notable; **punto principal** main point
príncipe *m.* prince
principio beginning; **a principios de** at the beginning of; **al principio** at/in the beginning
prioridad *f.* priority
privado/a private
privatizar (c) to privatize
privilegiado/a privileged
probabilidad *f.* probability
probar (ue) to prove; to try, taste
problema *m.* problem
problemático/a problematic
procedente de (coming) from
procesar to process
procesión *f.* procession
proceso process
proclamar(se) to proclaim, announce
procurar(se) to get, obtain
producción *f.* production; output
producir (zc) (j) to produce
producto product
productor(a) *adj.* producing; *n.* producer
profe *m., f. coll.* professor
profesión *f.* profession
profesional professional
profesor(a) professor
profundo/a profound; deep
progenitor *m.* progenitor
programa *m.* program
programado/a planned
progresista *m., f.* progressive
progreso progress
prohibido/a prohibited
prohibir to forbid
prolífico/a prolific
prólogo prologue
promedio *n.* average
promesa *n.* promise
prometedor(a) promising (*adj.*) (6)
prometer to promise
prominente prominent
promoción *f.* promotion
promocionar to promote
promotor(a) promoter
promover (ue) to promote (5)
pronombre *m.* pronoun

pronto soon; **de pronto** suddenly; **tan pronto como** as soon as
propiedad *f.* property
propio/a (one's) own
proponer (*like* **poner**) to propose
proporcionar to give
propósito objective
propuesta proposal
prosa prose
prosperidad *f.* prosperity
próspero/a prosperous, thriving
protagónico/a: papel (*m.*) **protagónico** main role
protagonista *m., f.* protagonist
protagonizar (c) to play a leading role in; to star in
protección *f.* protection (2)
protector(a) protective (2)
proteger (j) to protect
protegido/a protected
protesta *n.* protest
protestar to protest
provechoso/a helpful, beneficial
proveer (y) (*p.p.* **proveído**) to provide (6)
provenir (*like* **venir**) **de** to come from
provincia province
provocador(a) provocative
provocar (qu) to provoke
próximo/a next; impending
proyección *f.* projection; transmission
proyecto project
prudente prudent
prueba test; **poner** (*irreg.*) **a prueba** to put to the test
pseudónimo pseudonym
psico-motriz (*pl.* **psico-motrices**) psycho-motor
psicología psychology
psicológico/a psychological
psicólogo/a psychologist
psiquiátrico/a psychiatric
publicación *f.* publication
publicar (qu) to publish
publicidad *f.* publicity
público *n.* audience; public; people
público/a *adj.* public
pudrirse to become rotten, decay
pueblo town, village; people; public
puente *m.* bridge
puerco pork
puerta door
puerto port
puertorriqueñidad *f.* quality of being Puerto Rican
puertorriqueño/a *n., adj.* Puerto Rican
pues well (*interjection*)
puesta del sol sunset
puesto *n.* position, job; vendor stall
puesto/a (*p.p. of* **poner**) put on; placed; **puesto que** since
pulmón *m.* lung; **a todo pulmón** at the top of one's lungs
pulpo octopus
punta *n.* point
puntapie *m.* kick
punto point; **a punto de** + *inf.* on the verge of (*doing something*); **al punto de** about to; to the point of; **¿hasta qué punto?** to what

point?; **punto de partida** point of departure; **punto de vista** point of view; **punto principal** main point; **punto y aparte** (begin a) new paragraph
puntual punctual
puñado handful
puño fist; **de tu puño y letra** by/in your own hand
puro/a pure; **¡pura vida!** *coll.* fabulous!

Q

que that; which; what; who
¿qué? which?; what?; who?; **¿de qué manera?** how?, in what way?; **¿hasta qué punto?** to what point/extent?; **¿por qué?** why?; **¿qué pasa?** what's happening?, what's going on?; **¿qué tal... ?** how was . . . ?; **¿qué te/le/les parece?** what do you think (about)?
¡qué...! *interj.* what . . . !; **¡qué + adj.!** how + *adj.*!; **¡qué barbaridad!** how awful!; **¡qué bien!** (how) great!; **¡qué buena idea!** what a great idea!; **qué bueno que...** how great that . . . ; **¡qué cara tiene!** what nerve he/she has!; **¡qué chévere/guay/padre!** (how) awesome!; **¡qué chistoso!** how funny!; **¡qué horror!** how awful!; **¡qué lío!** what a mess!; **¡qué mala onda!** what a bummer!; **¡qué mala pata!** what bad luck!; **¡qué pena!** what a shame!; **¡qué suerte!** what (good) luck!; **¡qué vergüenza!** how embarrassing!
quechua *m.* Quechua (*language spoken by indigenous peoples of Bolivia, Ecuador, and Peru*)
quedar to be left; to remain; to be located; to be; **no quedarle otro remedio** to have no alternative; **quedar alucinado** to be amazed; **quedar cerca** to be close, near to; **quedar en** + *inf.* to agree on (*doing something*); **quedarse** to stay
quehacer *m.* chore, task
quejarse (de) to complain (about) (2)
quejón, quejona *n.* complainer, whiner; *adj.* complaining (2), whining
quemado/a burned out (4)
querer *irreg.* to love (3); to want; **querer decir** to mean; **te quiero rendido** I love you devotedly
querido/a dear, beloved
queso cheese
quetzal *m.* monetary unit of Guatemala
quiché of or pertaining to the Quiché group of the indigenous Maya of Mexico and Central America
quicio doorjamb; **sacar (qu) de quicio** to drive crazy (*fig.*)
quien who; whom
quién who; whom; **¿quién?** who? whom?
química chemistry
quintilla cinquain (*five-line stanza*)
quinto/a fifth
quitar to take away; to remove; **quitarse** to take off
quizá(s) perhaps

R

rabioso/a furious (3)
racialmente racially

ración *f.* ration
racionalizar (c) to rationalize
racismo racism
racista *m., f.* racist
radiante radiant
radicado/a located
radio *m.* radio (*apparatus*); *f.* radio
   (*programming*)
raíz *f.* (*pl.* **raíces**) root (2)
rama branch
ramalazo lash
rambla avenue
ramificación *f.* division
ramo bouquet
rana frog
rancho ranch
rápido *adv.* quickly
rápido/a rapid, quick
raro/a strange (1); odd; unusual
rascacielos *m. s.* skyscraper
rasgo trait, characteristic (1)
rato (short) time, period, while; **ratos libres**
   (*pl.*) free time (4)
raza race (*ethnic*); **raza humana** human race
razón *f.* reason; **con razón** with good reason;
   of course!; **por esta razón** for this reason;
   tener (*irreg.*) **razón** to be right
razonable reasonable
reacción *f.* reaction
reaccionar to react
real royal; real
realidad *f.* reality; **realidad virtual** virtual
   reality (4)
realismo realism
realista *n. m., f.* realist; *adj. m., f.* realistic
realizar (c) to accomplish; fulfill (a goal) (4);
   to achieve; to attain; to carry out; to
   produce; **realizarse** to take place; to come
   true; to be fulfilled
realmente actually, in fact
rebaja discount
rebelar to rebel
rebelde rebellious (2); rebel
rebeldía rebelliousness
recado message, note
recargar (gu) las pilas to recharge one's
   batteries
recaudar fondos to raise money; to fundraise (6)
receta farmacéutica prescription
rechazado/a rejected (2)
rechazar (c) to reject
rechazo rejection
recibir to receive; to welcome
reciclaje *m.* recycling
reciclar to recycle
recién recently, newly
reciente recent
recinto *s.* grounds
recipiente *m., f.* recipient; *m.* container
recitar to recite
reclamar to complain; to demand
reclamo complaint
reclutador(a) recruiter
reclutar to recruit
recoger (j) to pick up; to collect; to gather
recomendación *f.* recommendation
recomendar (ie) to recommend (3)

recompensa reward
reconciliar to reconcile
reconocer (zc) to recognize
reconocimiento recognition
reconstrucción *f.* reconstruction
reconstruir (*like* **construir**) to rebuild;
   to restore
récord *m.* record
recordar (ue) to remember
recorrido *n.* journey
recrear to recreate
recreo recreation (4)
recubierto/a (*p.p. of* **recubrir**) covered, coated
recuerdo memory; souvenir
recuperar to regain; **recuperarse** to recuperate
recurrente recurring, recurrent
recurrir to resort, appeal, turn (to)
recurso resource (5); **recursos naturales**
   natural resources
red *f.* network
redacción *f.* revision
redefinir to redefine
redescubrir (*like* **cubrir**) to rediscover
redondo/a round
reducido/a reduced
reemplazar (c) to replace
reencuentro rediscovery
referencia reference
referirse (ie, i) a to refer to
reflejar to reflect
reflexión *f.* reflection
reflexionar to reflect on, ponder
reforma reform
reforzar (ue) (c) to reinforce
refrán *m.* saying, proverb
refrescarse (qu) to refresh oneself
regalar to give (*a gift*)
regalo gift
regañar to scold (2)
régimen *m.* (*pl.* **regímenes**) (political) regime
región *f.* region
registro registration, registry
regla rule; regulation
reglamento rule; regulation
regresar to return
regreso *n.* return
rehabilitación *f.* rehabilitation
reinado reign
reinar to reign
reír(se) (i, i) (me río) (*p.p.* **reído**) to laugh;
   reírse a carcajadas to laugh out load (4)
relación *f.* relationship; connection
relacionado/a con related to
relajado/a relaxed (4)
relajamiento *n.* slackening, relaxing
relajante relaxing
relajarse to relax (4)
relatar to recount, tell
relativo/a *adj.* relative
relato story, narrative
relevancia relevance
religión *f.* religion
religioso/a religious
rellenar to fill, stuff
relucir (zc) to shine; **salir** (*irreg.*) **a relucir**
   to come to light
remediar to remedy

remedio remedy, cure; solution; **no quedarle**
   otro remedio to have no alternative
remodelado/a remodeled; refurbished
remordimiento remorse
remoto/a distant, remote
renacimiento rebirth
rencor *m.* rancor; resentment
rendido/a surrendered; submissive; **te quiero**
   rendido I love you devotedly
rendir (i, i) to surrender; to produce, yield
renombrado/a renowned
renovable renewable
renovado/a renewed (4)
renovar (ue) to renew
rentable profitable (6)
renunciar to renounce
reñir (i, i) to quarrel, argue; to berate
reparación *f.* repair
repartir to distribute
reparto distribution
repasar to review
repatriación *f.* repatriation
repente: de repente suddenly (3)
repentino/a sudden
repetir (i, i) to repeat
repetitivo/a repetitive (6)
repleto/a con replete/filled with
réplica copy, replica
replicar (qu) to reply; to replicate
reportaje *m.* news report
reportero/a reporter
representante *n. m., f.* representative
representar to represent
representativo/a *adj.* representative
represión *f.* repression
represivo/a repressive
reprimir to repress
reproducir (*like* **producir**) to reproduce
reproductor player (*media*)
república republic; **República Dominicana**
   Dominican Republic
republicano/a Republican
repugnante disgusting (1)
reputación *f.* reputation
requerir (ie, i) to require
requisito requisite, requirement
res *f.*: **carne** (*f.*) **de res** beef
resaca hangover (4)
resentimiento resentment
reseña *n.* review (*art, film*)
reserva reserve
reservado/a reserved (1)
reservar to reserve; **reservarse el derecho**
   to reserve the right
residencia residence; **residencia de estudiantes**
   student dormitory
residencial residential
resistencia resistance
resistir to resist
resolución *f.* resolution
resolver (ue) (*p.p.* **resuelto**) to resolve (5)
respaldar to back, support
respaldo support, backing
respectivo/a respective
respecto: al respecto in regard to the matter;
   con respecto a with respect to
respetar to respect

respeto respect
respetuoso/a respectful
respirar to breathe
responder to responder, answer
responsabilidad *f.* responsibility
respuesta answer, reply; response
restauración *f.* restoration; renovation
restaurado/a restored
restaurante *m.* restaurant
resto rest, remainder; *pl.* remains
restricción *f.* restriction
restrictivo/a restrictive
resuelto/a (*p.p. of* **resolver**) solved
resultado result
resultar to prove, turn out (to be); **resultar de** to stem from; **resultar en** to produce, result in
resumen *m.* summary
resurgir (j) to revive
resurrección *f.* resurrection; **Domingo de Resurrección** Easter Sunday
retar to challenge; to take on
retener (*like* **tener**) to retain, keep
retirar(se) to withdraw
reto challenge (2)
retorno return (*n.*): **índice** (*m.*) **de retorno** rate of return
retórica rhetoric
retratar to portray
retrato portrait
retrocohete *m.* retrorocket
reubicar (qu) to relocate
reunión *f.* meeting; gathering
reunir (reúno) to gather; **reunirse (con)** to get together (with) (4)
revelación *f.* revelation
revelar to reveal; to disclose
revista magazine
revolución *f.* revolution
revolucionar to revolutionize
revolucionario/a revolutionary
revolver (*like* **volver**) to stir
rey *m.* king
rezar (c) to pray
rico/a rich; delicious; **los ricos** *n. pl.* the rich
ridiculizar (c) to ridicule
ridículo/a ridiculous
riesgo risk
rima *n.* rhyme
riñón *m.* kidney
río river
riqueza wealth; richness
risa laughter
ritmo rhythm
ritual *m.* ritual
rizado curly (*hair*)
robar to steal; to rob
robótico/a robotic
rodar (ue) to film
rodear to surround
rodilla knee; **de rodillas** on one's knees, kneeling
rogar (ue) (gu) to beg (3)
rojo/a: ponerse (*irreg.*) **rojo/a** to blush
rol *m.* role
romancero collection of ballads
románico/a Romanesque

romántico/a romantic; **vida romántica** love life
romper (*p.p.* **roto**) to break; to rip; to break through; **romper con** to break up with (3)
ropa clothing; **ropa interior** underwear
rosa *n.* rose
rostro face
roto/a (*p.p. of* **romper**) broken
rubio/a blond(e)
rueda wheel
ruido noise
ruidoso/a noisy
ruina *n.* ruin
ruiseñor *m.* nigtingale
ruta route, road
rutina routine
rutinario/a routine (*adj.*) (6)

S

saber *irreg.* to know (*facts*); **hacer** (*irreg.*) **saber** to inform; **saber** + *inf.* to know how to (*do something*)
sabiduría wisdom
sabor *m.* flavor
saborear to savor
sabroso/a tasty, flavorful; juicy
sacabullas *m. s.* bouncer
sacar (qu) to obtain, get; to take out; **sacar adelante** to get off the ground (*fig.*); **sacar buenas notas** to get good grades; **sacar de quicio** to drive crazy (*fig.*); **sacar dinero** to withdraw money; **sacar fotos** to take pictures
sacerdote *m.* priest
sacrificar (qu) to sacrifice
sacrificio sacrifice
sado: (masoquista) sadomasochist
saeta *short, fervent religious song (Sp.)*
sagrado/a sacred
sala living room; room; **sala de chat** chat room
salida exit; **callejón** (*m.*) **sin salida** dead-end street; **tener** (*irreg.*) **salida** to have good prospects
salir (se) *irreg.* to leave; to go out; to come out, emerge; to get out; to play, premier (*TV, film*); **salir con** to date (3); to go out with
salón *m.* (class)room; **salón de charla** chat room
salpicar (qu) to sprinkle; to pepper (*fig.*)
salsa *musical/dance genre that combines various Caribbean rhythms of African origin*
salsateca dancehall (with salsa music)
salsero/a pertaining to salsa music or dance
salto *n.* leap; **dar** (*irreg.*) **un salto** to jump
salud *f.* health (5)
saludar to greet
saludable healthy
salvadoreño/a *n., adj.* Salvadoran
salvar to save (*someone, something*)
salvo que except
san, santo/a *n.* saint; *adj.* holy; **Día** (*m.*) **de San Valentín** Valentine's Day; **santo patrón, santa patrona** patron saint; **Semana Santa** Holy Week
sandía watermelon

sanfermines *m. pl. yearly festival in Pamplona, Spain*
sangre *f.* blood
sangriento/a bloody
sanguinario/a bloodthirsty
sanitario/a sanitary
sano/a healthy
santuario sanctuary
sarayaku *m., f.* person/thing from Sarayaku, Ecuador
sarcástico/a sarcastic
sargento sergeant
satánico/a satanic
satanismo Satanism
satírico/a satirical
satisfacer (*like* **hacer**) to satisfy
satisfactorio/a satisfactory (6)
satisfecho/a (*p.p. of* **satisfacer**) satisfied (3)
sección *f.* section
seco/a dry
secretario/a secretary
secreto/a *adj.* secret
sector *m.* sector
secuestrado/a kidnapped; hijacked; **avión** (*m.*) **secuestrado** hijacked airplane
secuestrar to kidnap; to hijack
secuestro kidnapping; hijacking
secundario/a: escuela secundaria high school
seda silk
sede *f.* headquarters; venue
seducir (zc) (j) to seduce
seductor(a) seductive
seguido/a por followed by
seguidor(a) follower
seguir (i, i) (g) to follow; to continue (being); **seguir** + *ger.* to keep doing something (4)
según according to
segundo/a second
seguramente surely
seguridad *f.* security
seguro/a safe; sure, certain
selección *f.* selection
seleccionar to select, choose
selva *n.* jungle
selvático/a *adj.* jungle
semana week; **esta semana** this week; **fin** (*m.*) **de semana** weekend; **la semana pasada** last week; **la semana que viene** next week; **Semana Santa** Holy Week
semanal weekly
semblante *m.* face, expression
sembrar (ie) to sow
semejante similar
semejanza similarity
semestre *m.* semester
semibendición *f.* partial blessing
semidiós, semidiosa demigod, demigoddess
semilla seed
seminario seminar
senador(a) senator
sencillo/a simple; plain
senderista *m., f. member of the Sendero Luminoso guerrilla group*
sendero path; **Sendero Luminoso** Shining Path (*Peruvian guerrilla group*)
sensación *f.* sensation
sensibilidad *f.* sensitivity; feeling

sensibilizado/a sensitized; sensitive
sensibilizar (c) to inform
sensible sensitive (1)
sentado/a seated; **estar** (*irreg.*) **sentado/a** to be sitting down
sentarse (ie) to sit
sentido meaning, sense; **¿en qué sentido?** in what way/sense?; **sentido del humor** sense of humor
sentimental emotional; sentimental
sentimiento feeling, emotion
sentir (ie, i) to feel; to be sorry; **sentirse** to feel; **sentirse en paz** to feel at peace
señal *f.* sign
señalar to indicate; to signal
señor (Sr.) *m.* Mister (Mr.); man
señora (Sra.) Mrs.; woman
señorita (Srta.) Miss; young woman
separación *f.* separation
separar to separate; **separarse** to separate (prior to divorce)
separatista *adj. m., f.* separatist
sepultar to inter, bury
sequía drought
ser *n. m.* being; **ser humano** human being
ser *v. irreg.* to be; **llegar (gu) a ser** to become; **me es igual** I don't care; **pasar a ser** to become; **puede ser que + subj.** it could be that . . . ; **ser buena/mala gente** to be a good/bad person (1); **ser fiel** to be faithful; **ya sea… o…** whether . . . or . . .
serenata *n.* serenade
serie *f.* series
serio/a serious (1); **en serio** seriously; **¿en serio?** really?
serpiente *f.* snake
servicio service
servir (i, i) to serve; to be useful
sesión *f.* session
sevillana *music and dance from Seville, Spain*
sexista *adj. m., f.* sexist
sexualmente sexually
shakespeariano/a Shakespearian
si if; **como si** as if
sí yes
SIDA *m.* (*abbrev. for* **síndrome** [*m.*] **de inmunodeficiencia adquirida**) AIDS
siempre always; **para siempre** forever; **siempre y cuando** as long as
sierra mountain range
siesta *n.* nap
siglo century
significado meaning, significance
significar (qu) to mean
significativo/a significant
siguiente following; next; **al día siguiente** (on) the next day
silbar to whistle
silencio silence
silla chair
silvestre rustic
simbólico/a symbolic
simbolismo symbolism
simbolizar (c) to symbolize
símbolo symbol
simbología symbology
simpático/a likable; friendly; nice

simplemente simply, just
simplón, simplona simplistic
sin without; **callejón** (*m.*) **sin salida** dead-end street; **sin duda** without a doubt; **sin embargo** however; **sin fines de lucro** non-profit (6); **sin igual** unrivaled; **sin lugar a dudas** without question; **sin problema alguno** without any problem; **sin que + subj.** without . . .
sinagoga synagogue
sincero/a sincere
sindical *m., f.* union (*adj.*)
sindicato (labor) union
sinfónico/a symphonic
sinnúmero countless number
sino rather
sinónimo/a synonymous
sinrazón *f.* craziness
síntesis *f.* synthesis
sinvergüenza *m., f.* scoundrel
sirena siren
sirviente, sirvienta servant, maid
sistema *m.* system
sitio place; site
situación *f.* situation
situarse (me sitúo) to situate oneself; to be located
sobre above; over; on, upon; about; against; **sobre todo** above all
sobrepoblación *f.* overpopulation (6)
sobresaliente outstanding, distinguishing
sobrevivir to survive
socialista *n., adj. m., f.* socialist
socialmente socially
sociedad *f.* society
sociológico/a sociological
sofá *m.* couch, sofa
sofisticado/a sophisticated
sol *m.* sun; **nuevo sol** *monetary unit of Peru;* **puesta del sol** sunset
solar: solar; **cubierta solar** solar cover; **energía solar** solar power; **luz** (*f.*) **solar** sunlight
soldadera *term for Mexican women who joined the Mexican Revolution as soldiers*
soldado soldier
soledad *f.* solitude, loneliness
solemne solemn
soler (ue) + inf. to tend to (*do something*)
solidaridad *f.* solidarity
solidario/a solidary; jointly responsible
solidarizar (c) to render jointly responsible
sólido/a solid (2)
solista *m., f.* soloist
solitario/a solitary
solo *adv.* only; **no solo… sino (que)** not only . . . but also; **tan solo** merely
solo/a *adj.* alone
soltero/a *n.* bachelor, single woman; *adj.* single (3)
solución *f.* solution
solucionar to solve; to resolve
sombrero hat
sombrío/a somber; gloomy; dark
someterse to submit oneself
sonar (ue) to sound; to ring (*telephone*); **suena padrísimo** it sounds awesome (*Mex.*)
sonido sound

sonora: banda sonora soundtrack
sonreír(se) (*like* **reír**) to smile
sonrisa smile
sonsacar (qu) to pry out
soñador(a) dreamer
soñar (ue) to dream; **soñar con** to dream about (3)
sopa soup
soplar to blow
soplón, soplona snitch
soportar to put up with; to tolerate (2)
sorbete *m.* straw
soroche *m.* altitude sickness
sorprendente surprising
sorprender to surprise; **sorprenderse** to be surprised
sorprendido/a surprised
sorpresa surprise
sorpresivo/a unexpected, surprising
sospechar to suspect
sospechoso/a *n.* suspect
sostener (*like* **tener**) to sustain
sostenibilidad *f.* sustainability
sostenible sustainable; **desarrollo sostenible** sustainable development (6)
soviético/a Soviet; **Unión** (*f.*) **Soviético** Soviet Union
suavidad *f.* gentleness
suavizar (c) to soften
subcomandante *m.* subcommander
subcontratación *f.* outsourcing
subcultura subculture
subdesarrollado/a underdeveloped; **país** (*m.*) **subdesarrollado** underdeveloped country
subdesarrollo underdevelopment (5)
subida rise
subir to raise; to climb, go up; to upload (4); **subirse a la cabeza** to go to one's head (*fig.*)
subjetivo/a subjective
subjuntivo *gram.* subjunctive mood
sublimar to sublimate
subrayar to underline
suburbio suburb
subversión *f.* revolution
suceder to happen; to take place
Sudamérica South America
sueco/a Swedish
suegro/a father-in-law / mother-in-law
sueldo salary
suelto/a (*p.p. of* **soltar**): **trabajo suelto** odd job; freelance work
sueño dream; sleepiness; sleep
suerte *f.* luck; **¡qué suerte!** what (good) luck! (1)
suéter *m.* sweater
suficiente enough, sufficient
sufrimiento suffering
sufrir to suffer; to undergo
sugerencia suggestion
sugerir (ie, i) to suggest (3)
suicidarse to commit suicide
suizo/a Swiss
sujeto subject
sumar to add up, come to; to equal
sumo/a much, a lot
sumamente extremely
suministrar to supply, provide

sumiso/a submissive (2)
súper super
superar to overcome; to surpass; to improve
superfama superstardom
superficie *f.* surface
superhéroe; superheroína superhero; superheroine
supermercado supermarket
superstición *f.* superstition
supersticioso/a superstitious
supervivencia survival
superviviente *m., f.* survivor
suponer (*like* **poner**) to suppose
supremo/a supreme
supuestamente supposedly
supuesto (*p.p. of* **suponer**) meant; **por supuesto** of course
sur *m.* South; *adj.* south, southern; **Cono Sur** Southern Cone (*area comprising Argentina, Chile, Paraguay and Uruguay*)
surco furrow
sureste *m.* southeast
surgir (j) to arise; to come up
surrealismo surrealism
surrealista *n. m., f.* surrealist
sustantivo *gram.* noun

T

tabla table; chart
tacaño/a stingy (1)
táctica tactic
tacto tact
taíno/a *of/from this pre-Columbian culture of the Caribbean*
tal such; such as; **con tal de que** + *subj.* provided that . . .; **de tal palo tal astilla** like father, like son; **¿qué tal... ?** how is/was . . . ?; **tal como** such as; **tal vez** perhaps
talento talent
talentoso/a talented
talismán *m.* talisman
tallado/a carved
taller *m.* workshop
tamaño size
también also, too
tambor *m.* drum
tampoco neither, (not) either; nor; **yo tampoco / a mí tampoco** me neither
tan *adv.* so; as; such; so much; **tan... como** as . . . as; **tan pronto como** as soon as; **tan solo** merely
tango *ballroom dance of Argentine origin*
tanguista *m., f.* (*also* **tanguero/a**) tango dancer
tanto *n.* certain amount; *adv.* so much; as much; **mientras tanto** meanwhile; **por lo tanto** therefore
tanto/a *pron., adj.* so much; as much; *pl.* so many; as many; **tanto/a/os/as... como** as much/many . . . as
tapa appetizer
tapar(se) to cover (oneself)
tapiz *m.* (*pl.* **tapices**) tapestry
tardanza delay; slowness
tardar(se) to be late; to take time
tarde *n. f.* afternoon; **de/por la tarde** in the afternoon

tarde *adv.* late; **más tarde** later **tarde o temprano** sooner or later
tarea homework
tarjeta card; **tarjeta postal** postcard; **tarjeta virtual** virtual (electronic) card
tatuaje *m.* tattoo (1)
tatuar (tatúo) to tattoo
taxi *m.* taxi; **coco taxi** *rickshaw-type taxi in Cuba*
taza cup, mug
té *m.* tea
teatral *adj.* theatrical; theater
teatro theater; **obra de teatro** play
techo ceiling, roof
técnica *n.* technique
técnico/a *adj.* technical; **asesoría técnica** technical consulting
tecnología technology; **tecnología digital** digital technology (4)
tecnológico/a technological
tecomate *m. type of gourd*
tejano/a Texan
tejerse to weave together
tejido fabric
tela fabric, cloth; canvas (*for painting*)
teleasistencia *medical alert system for the elderly and disabled*
teleférico cable car
telefónico/a *adj.* telephone, phone
teléfono telephone; **hablar por teléfono** to talk on the telephone; **teléfono móvil/celular** cell phone (4)
telegrama *m.* telegram
telenovela soap opera
telerrealidad *f.* reality TV
telescopio telescope
teletrabajo telecommuting
tele(visión) *f.* television (*programming*)
televisivo/a *adj.* television (*related*)
televisor *m.* television (set)
telón *m.* curtain (*stage*); **telón de fondo** backdrop
tema *m.* theme; topic
temer to fear; to be afraid; **(no) temer que** + *subj.* (not) to fear that . . .
temor *m.* fear
temperatura temperature
tempestuoso/a stormy (3)
templo temple
temporada season (*sports, holidays*)
temprano/a early; **tarde o temprano** sooner or later
tendencia tendency, trend
tender (ie) to tend to, have a tendency to
tener *irreg.* to have; to receive; **no tener pelos en la lengua** to speak one's mind (1); **tener... años** to be . . . years old; **tener buena/mala pinta** to have a good/bad appearance (1); **tener cuidado** to be careful; **tener don de gentes** to have people skills; **tener en cuenta** to take into account; **tener éxito** to be successful (4); **tener fama de** to be known for; **tener ganas de** + *inf.* to feel like (*doing something*); **tener gracia** to be charming; **tener hambre** to be hungry; **tener interés** to be interested; **tener jurado/a** to have it in for; **tener lugar** to take place;

tener mucha cara to have (a lot of) nerve; **tener mucha marcha** to have a lively social scene (4); **tener paciencia** to be patient; **tener que ver con** to have to do with; **tener razón** to be right; **tener salida** to have prospects (6)
tensión *f.* tension
tenso/a tense (4)
tentación *f.* temptation
teñido/a dyed (1)
teología *f.* theology
teoría theory
teórico/a theoretical
terapia therapy
terapista *m., f.* therapist
tercer, tercero/a third; **tercera parte** (one) third
tercio (one) third
terminación *f.* ending
terminar to finish; to end; to end up; **terminar** + *ger.* to end up (*doing something*); **terminar de** + *inf.* to finish (*doing something*)
término term, terminology
ternura tenderness
terral *m.* land
terrateniente *m., f.* landowner
terraza terrace
terremoto earthquake
terreno ground; terrain
terrestre *adj.* land
territorio territory
terror *m.* terror, horror
terrorismo terrorism (5)
terrorista *n., adj. m., f.* terrorist
tertulia gathering
tesis *f. inv.* thesis; theses
tesoro treasure
testarudo/a stubborn (1)
testigo witness
testimonio testimony
textil *textile*
texto text; textbook; **mensaje** *m.* **de texto** text (message); **enviar (envío)/mandar un mensaje de texto** to text
tibio/a mild; warm
tiburón *m.* shark
tico/a *adj. coll.* Costa Rican
tiempo time; weather; *gram.* verb tense; **al mismo tiempo** at the same time; **los tiempos modernos** modern times; **no dar** (*irreg.*) **tiempo** to not have/allow enough time; **pasar tiempo** to spend time; **perder (ie) el tiempo** to waste time; **tiempo libre** free time
tienda *n.* store, shop
tierra ground; land; earth; homeland; **Tierra** Earth
tigre *m.* tiger
tijereteado/a choppy, shaggy (*hair*)
tildar to brand, label
timbal *m.* kettledrum; *pl.* **timbales** (*percussion instrument*)
timidez *f.* shyness
tímido/a shy (1)
tinto/a: vino tinto red wine
tío/a uncle, aunt; *m. pl.* aunts and uncles
típico/a typical

tipo type, kind; **tipo/a** guy / woman
tiquismiquis picky (1)
tira cómica cartoon, comic strip
tirano tyrant
tirar to throw; **tirarse** to throw at each other
títere *m.* puppet
titubear to hesitate; to stammer; **sin titubear** without hesitating
titulado/a entitled
titular *m.* headline
título title
tocar (qu) to touch; to play (*music, instrument*); to touch, move (*emotionally*); **tocarle** + *inf.* to be (someone's) turn / luck to (*do something*)
todavía still; yet
todo everything; **ante/sobre todo** above all; **gracias por todo** thanks for everything
todo/a *adj.* all (of); (the) entire; *pl.* every; *adv.* completely; **a todo pulmón** at the top of one's lungs; **de todas maneras** at any rate, anyway; **de todas partes** from everywhere; **por todas partes** everywhere; **tener** (*irreg.*) **toda la razón** to be completely right; **toda la vida** (one's) whole life; **todo el día** all day; **todo el mundo** everybody; **todos los días** every day
todos everyone, everybody
tolerancia tolerance (5)
tolerar to tolerate, put up with
tomar to take; to drink; **tomar apuntes** to take notes; **tomar en cuenta** to take into account; **tomar en serio** to take seriously; **tomar forma** to take shape; **tomar medidas** to take steps/measures; **tomar una decisión** to make a decision; **tomarle el pelo a alguien** to pull someone's leg (*fig.*)
tomate *m.* tomato
tonelada ton
tontería foolishness, silly thing
tonto/a silly, stupid
tope: al tope to the fullest
topografía topography; *fig.* nature, shape
torcido/a twisted
torear to bullfight
tornarse to turn, become
torero/a bullfighter
toro bull; **corrida de toros** bullfight
torre *f.* tower
torrente *m.* torrent
tortuga turtle
tortuguero/a pertaining to turtles
tortura torture
torturar to torture
total total, complete
totalidad *f.* whole, entirety
totalitario/a totalitarian
totalmente completely
totora: barco de totora reed boat
trabajador(a) *n.* worker, laborer; *adj.* hard-working
trabajar to work; **trabajar como una mula** to work like a dog (4)
trabajo *n.* work; job; **compañero/a de trabajo** co-worker; **trabajo manual** manual labor; **trabajo suelto** odd job, freelance work
tradición *f.* tradition

tradicional traditional
traducción *f.* translation
traducir (zc) (j) to translate
traductor(a) translator
traer *irreg.* (*p.p.* **traído**) to bring
tragedia tragedy
trágico/a tragic
traición *f.* betrayal; treason
traicionar to betray
traje *m.* suit
trajinera *flat-bottomed boat used in Xochimilco floating gardens, Mexico City*
trama plot
trance *m.* moment; **trance grato** pleasant moment
tranquilidad *f.* tranquility
tranquilizar (c) to calm; **tranquilizarse** to calm down
tranquilo/a tranquil, calm; quiet
transcurrir to take place; to elapse (*time*)
transcender (ie) transcend
transcurrir to pass, elapse
transfondo background; undercurrent
transformar to change, transform
transmitir to broadcast
transporte *m.* transportation; **transporte público** public transportation
transposición *f.* transposition
tras *prep.* behind; after
trasfondo background
trasladar(se) to move (*location*)
traslúcido/a translucent
traspasar to go beyond
tratamiento treatment (5)
tratar to treat; to deal with; **tratar de** to be about; **tratar de** + *inf.* to try to (*do something*) (4); **tratarse de** to be a question of; to be about
trato treatment (3)
traumatizado/a traumatized
través: a través de through; via
travesura mischief, prank
travieso/a mischievous (2); naughty
trayectoria trajectory
trazar (c) to trace, draw
trébol *m.* clover
tremendo/a tremendous
tren *m.* train
tribu *f.* tribe
tribunal *m.* court
trilingüe *m., f.* trilingual
triplicar (qu) to triple
triste sad
tristeza sadness
triunfar to succeed, triumph
trompeta trumpet
tronco trunk
tropa soldier troop
tropezar (ie) to trip, stumble
trópico tropics
trova verse, song
trovador *m.* troubadour
trozo piece
tuitear to tweet (4)
tumba tomb
tumbar to knock down
túnel *m.* tunnel

tuno *member of a* **tuna,** *or traditional student music group in Spain*
turbina turbine
turismo tourism
turista *n. m., f.* tourist
turístico/a *adj.* tourist; **guía turística** tour guide
turnarse to take turns
tutear to address using the familiar form

U

ubicación *f.* location
ubicarse (qu) to be located
ubicuo/a ubiquitous, everywhere
último/a final, last; latest; **el último grito** the latest fad; **por último** finally
ultramoderno/a ultramodern
un, uno/a one; *pl.* some, a few; **a unos pasos de distancia** a few steps away; **el uno al otro** to one another; **el uno en el otro** in one another; **por un lado** on one hand; **una vez** once; **unas veces** sometimes; **unos pocos** a few
único/a only; unique; **hijo único, hija única** only child (2)
unidad *f.* unity (2)
unidireccional one-directional
unido/a close-knit (2); connected; **Estados Unidos** United States
unión *f.* union **Unión Soviética** Soviet Union
unir to unite, hold together; to join, bring together; **unirse** to unite
unitario/a centralist
universalidad *f.* universality
universidad *f.* university
universitario/a *adj.* university, pertaining to a university
universo universe
urbano/a urban
urbe *f.* major city
urgencia emergency
urgente urgent (5)
urgir (j) to be urgent; **me urge** it's urgent for me
uruguayo/a *n., adj.* Uruguayan
usar to use; to wear
uso *n.* use
útil useful
utilizar (c) to use, make use of
utópico/a utopian
uva grape

V

vaca cow
vacaciones *f. pl.* vacation; **ir** (*irreg.*) **de vacaciones** to go on vacation
vacío/a empty
vacuno: carne (*f.*) **de vacuno** beef
vago/a vague; lazy (1); **estar** (*irreg.*) **de vago** to hang out, be idle
vaina *coll.* something-or-other, stuff, thingamabob
valenciano/a of or pertaining to Valencia
valentía bravery
Valentín: Día (*m.*) **de San Valentín** Valentine's Day

valer *irreg.* to be worth; **más vale** it's better; **no valer nada** to be worthless; **valer la pena** to be worth it; **¡válgame Dios!** God help me!

validez *f.* (*pl.* **valideces**) validity

valiente valiant, brave

valioso/a valuable

valle *m.* valley

valor *m.* value; worth; *pl.* values (2)

valorar to value

valse *m.* waltz

vanguardia vanguard; avant-garde

vanidad *f.* vanity

vapor *m.* steam

variado/a varied

variante varying

variar (varío) to vary

variedad *f.* variety

varios/as several; various

vasco/a Basque; **País** (*m.*) **Vasco** Basque Country

vascuence *m.* Basque (*language*)

vasija earthenware pot, container

vaso (drinking) glass

vecindario neighborhood, small housing complex

vecino/a neighbor

vegetación *f.* vegetation

vehículo vehicle

veinteañero/a twenty-something

vejez *f.* old age

vela candle; sail

velocidad *f.* speed; **a toda velocidad** quickly

vendedor(a) merchant, seller

vender to sell

venezolano/a *n., adj.* Venezuelan

venir *irreg.* to come **el mes (la semana,...) que viene** next month (week, *etc.*)

venta sale

ventaja advantage

ventana window

ventanal *m.* large window

ver *irreg.* (*p.p.* **visto**) to see; to look at, watch; to observe; **tener** (*irreg.*) **que ver con** to have to do with; **verse +** *adj./adv.* to look + *adj./adv.;* **volver (ue) a ver** to see again

verano summer

veras: de veras really; **¿de veras?** really?

verdad *f.* truth; **de verdad** really; truly; **¿de verdad?** really?; **¿verdad?** right?, isn't that so?

verdaderamente truly

verdadero/a real; true; genuine

verdemar *m.* sea green (*color*)

verdura vegetable

vergonzoso/a embarrassing

vergüenza shame; **¡qué vergüenza!** how embarrassing!

verificar (qu) to verify

versión *f.* version

verso verse; line of poetry

vertedero garbage dump

vestido *n.* dress

vestigio remains

vestimenta clothing

vestir (i, i) to dress; to wear; **vestirse** to get dressed; to dress (oneself)

vestuario *n.* costuming

vez *f.* (*pl.* **veces**) time; **a la vez** at the same time; **a veces** sometimes; **alguna vez** ever (*with a question*); once (*with a statement*); **cada vez más** more and more; **de vez en cuando** sometimes; **en vez de** instead of; **esta vez** this time; **otra vez** again; **por primera vez** for the first time; **tal vez** perhaps; **última vez** last time; **una vez** once

vía: en vías de desarrollo *adj.* developing (5)

viaducto viaduct

viajar to travel

viaje *m.* trip; **agente** (*m., f.*) **de viajes** travel agent; **hacer** (*irreg.*) **un viaje** to take a trip

vibración *f.* vibration

vicepresidente, vicepresidenta vice president

víctima victim

victoria victory

vida life; **ganarse la vida** to earn a living (6)

vidente *adj.* clairvoyant

vídeo video; **cámara de vídeo** video camera

videojuego video game

viejo/a *n.* old person; *adj.* old; elderly

viento wind

vínculo link; bond

vino (tinto) (red) wine

viñeta vignette

violación *f.* violation; infringement

violar to violate (*law*)

violencia violence

violento/a violent

violín *m.* violin

virgen *f.* virgin

virtual virtual; **realidad** (*f.*) **virtual** virtual reality (4); **tarjeta virtual** virtual (electronic) card

visibilidad *f.* visibility

visión *f.* vision

visionario/a visionary

visita *n.* visit

visitante *m., f.* visitor

visitar to visit

vista view; **a primera vista** at first sight (1); **en vista de (que)** in light of (6); **punto de vista** point of view

visto/a (*p.p. of* **ver**) seen

visualizar (c) to visualize

vitrinear to window-shop

vivero hatchery; breeding ground

vivienda dwelling (*n.*)

vivir to live, live through

vivo/a alive, living; brilliant; **en vivo** live

vocabulario vocabulary

vocación *f.* vocation

volador(a) flying; **objeto volador no identificado** UFO

volar (ue) to fly

volcán *m.* volcano

volcánico/a volcanic

voluntariado *n.* volunteering

voluntario/a volunteer; **hacer** (*irreg.*) **de voluntario/a** to volunteer (5)

voluntarioso/a willful, stubborn

voluntarismo volunteerism

volver (ue) (*p.p.* **vuelto**) to return, go back; **volver a +** *inf.* to (*do something*) again; **volverse** to become; **volverle loco/a** to drive (someone) crazy (2)

vómito vomit; *pl.* vomiting

votar to vote

voto *n.* vote

voz *f.* (*pl.* **voces**) voice; opinion; **en voz alta** aloud

W

Web: página Web Web page (4)

X

xilófono xylophone

Y

ya now; already; right now; at that point; **ya no** no longer; **ya que** since

yacer *irreg.* to lie buried

yerba mate *herbal tea typical of Argentina*

yuca yucca, cassava

yucateca *m., f.* person of or from the Yucatan Peninsula

Z

zanahoria carrot

zapatero/a shoemaker

zapatilla slipper

zapatista *m., f.* member of the National Liberation Zapatist Army (*guerrilla forces in Chiapas, Mexico*); *adj.* Zapatist; **Ejército Zapatista de Liberación Nacional** National Liberation Zapatist Army (*guerrilla forces in Chiapas, Mexico*)

zapoteca *m., f.* Zapotec

zócalo town square, plaza (*Mex.*)

zona zone; region

zoo(lógico) zoo

Index

I. GRAMMAR

a
  personal, 236, 252*n*
  verbs accompanied by, 247
a + el, 213
A SPACE conjunctions, 189, 244–245
accent marks, attaching pronouns to
    commands, 232, 233, 235
adjectives
  agreement in gender and number,
    208, 209
  comparisons, 215–216
  gender of, 208
  irregular comparative forms, 215
  past participles used as, 212
  ser and **estar** used with, 19*n*, 85*n*, 88
adverbial clauses, subjunctive in, 13, 189,
    244–245, 251–252
agreement in gender and number, nouns and
    adjectives, 208–209
alguien, 236
answer key. *See* Appendix 1
aportar tu grano de arena, 191*n*
-ar verbs
  chart of tenses. *See* Appendix 3
  commands, 232
  conditional, 12, 240
  future, 13, 243
  imperfect tense, 218
  past participle, 212
  past subjunctive, 227
  present subjunctive, 226
  preterite, 217

buscar, 235*n*

-car, verbs ending in, preterite, 217
careers, 182, 184, 185, 186, 193, 196
certainty, expressing, 228*n*
cien(to), indefinite article with, 214
cierto/a, indefinite article with, 214
clauses
  adjective clauses, 251–252
  adverbial clauses, 13, 189,
    244–245
  dependent clauses, 227
  if clauses, 240, 241–242
  independent clauses, 227
  main clauses, 227, 229–230
  nonrestrictive clauses, 249, 250*n*
  noun clauses, 92, 227
  subordinate clauses, 227, 229–230
cognates, 51, 119
collective commands, 233
cometa, 209*n*

commands, 93, 232–233
  accent marks, 232, 233, 235
  collective commands, 233
  direct object pronouns attached
    to, 235
  formal **(usted(es))** commands, 232–233
  implicit, 228
  informal **(tú)** commands, 232–233
  irregular verbs, 232
  pronouns attached to, 232, 233, 235
  regular verbs, 232
  vosotros commands, 232–233
como si, 161
comparisons
  of equality, 8, 215
  of inequality, 215
  irregular forms, 15
  superlatives, 216
compound relative pronouns, 249
con, verbs accompanied by, 248
conditional
  formation of, 12, 240–241
  using, 12, 240*n*
conjunctions
  A SPACE, 189, 244–245
  THE CD, 189, 244–245
connectors. *See also* Appendix 2
  lists of, 18, 49, 62, 84, 118, 151, 181
  in subjunctive expressions, 227
conocer, versus **saber,** 248
contrary-to-fact situations, 242
creer, 228*n*
cual, 249
cursi, 21
cuyo/a/os/as, 250

de, verbs accompanied by, 248
de + el, 213
definite articles, use and omission, 213
denial, expressing, 228
dependent clauses, 227
direct object nouns, 235
direct object pronouns, 232,
    234–235
donde, 250, 251
double object pronouns, 237
doubt, expressing, 228

echar de menos, 51
el, 213
el cual, 249
el hecho de que, 157*n*
el que, 249
emotion, expressing, 85, 228
en, verbs accompanied by, 248

-er verbs
  chart of tenses. *See* Appendix 3
  commands, 232
  conditional, 12, 240
  future, 13, 243
  imperfect tense, 218
  past participle, 212
  past subjunctive, 227
  present subjunctive, 226
  preterite, 217
escuchar, 235*n*
esperar, 235*n*
estar
  use with adjectives, 19*n*, 85*n*, 88
  using, 210
  versus **ser,** 7, 85, 210
estar de moda, 20*n*
expressions
  impersonal expressions, 228
  lists of useful, 20, 20*n*, 22, 33, 37, 52, 53, 59,
    60, 69, 86, 87, 95, 99, 120, 121, 125, 133,
    137, 138, 157, 164, 168, 182, 186, 190, 196
  using subjunctive, 162, 228

feminine nouns, 208–209
formal **(usted(es))** commands, 232–233
future tense
  adverbial phrases and, 244
  formation of, 243
  probability, 243

-gar, verbs ending in, preterite, 217
gender, 208–209
gustar
  indirect object pronouns with, 238
  others verbs like, 11, 20*n*, 125*n*,
    126*n*, 238–239

haber
  perfect tenses formed with, 235*n*
  present perfect and pluperfect formed
    with, 224
hace ... que, 225
hipócrita, 182*n*
hypothetical situations, 12, 240–242

if clauses, 240, 241–242
imperfect tense
  formation of, 218
  preterite versus, 219–222
  using, 9, 219–222, 222*n*, 224, 240*n*
  verbs with different meanings in
    preterite, 223
impersonal expressions, 228
implicit commands, 228

Credits

Image Researcher: Kim Adams
Interior Designer: Preston Thomas
Cover Designer: Preston Thomas

Readings

Pages 42–43: Courtesy of Vanidades Continental; Dalinal ad by Salvador Dalí from *Dalí News* as published in ECOS, May 2004; p. 74–76: © 2008 BBC Reproduced by permission; pp. 110–111: "Peregrina" by Arturo Orgega Morán. Used courtesy of Arturo Ortega Morán, independent writer and columnist; pp. 143–144: Courtesy of the Chilean journalist Rocío Montes Rojas (Santiago, 1980), correspondent in Chile for the newspaper *El País*, Spain; p. 173: From "Por un dólar invertido en un niño, diecisiete de retorno" speech by SHAKIRA, 13 April 2012, CEO Summit of the Americas, Cartagena, Colombia. Used by permission; p. 203: From "Los portadores de sueños" by Gioconda Belli. Used courtesy of Gioconda Belli.

Realia

p. 19: Tin-Glao, CartoonArts International / CWS © Tin-Glao, www.nytsyn.com/cartoons; p. 50: © PIB Copenhagen A/S; p. 85: Tin-Glao, CartoonArts International / CWS © Tin-Glao, www.nytsyn.com/cartoons; p. 97: *Vanidades,* January 31, 1995; p. 134: © 2005 Maitena; p. 152: Bajo la lupa Revista Mensual de Analisis y Propuestas No. 5, 9 de mayo de 2013. www.bajolalupa.org; p. 190: Tin-Glao, CartoonArts International / CWS © Tin-Glao, www.nytsyn.com/cartoons; p. 192: Logo used courtesy of EARTH University, Costa Rica; p. 192: Logo used courtesy of the University for Peace, Ciudad Colon, Costa Rica.

Photo Credits

All photographs of the five friends © Jill Braaten.

Front Matter

Pages iv–vi: Heather Jarry; p. xii(Miyagui): © Martin Bernetti/AFP/Getty Images; p. xii(Alberto y Xianix): © McGraw-Hill Education; p. xii(Zapata): © Bettmann/Corbis; p. xii(Santiago): © Paul Burns/Getty Images RF.

Capítulo 1

Opener: © Heather Jarry; p. 21: © Alamy Celebrity/Alamy; p. 22 © McGraw-Hill Education; p. 24: Stockbyte/PunchStock RF; p. 25: © Heather Jarry; p. 26(left): © Otto Pohl/*New York Times*/Redux; p. 26(right): © Miguel Angel Milona/epa/Corbis; p. 28(left): © *A Walk on the Beach,* 1909 (oil on canvas), Joaquin Sorolla y Bastida, (1863–1923)/Museo Sorolla, Madrid, Spain, Giraudon/Bridgeman Art Library; p. 28(right): © National Gallery of Art, Washington, D.C./A.K.G. Berlin/SuperStock/© 2009 Estate of Pablo Picasso/Artists Rights Society (ARS), New York; p. 31(top left): © Getty Images; p. 31(top right): © Despotovic Dusko/Corbis Sygma; p. 31(bottom): © Wide World Photos/AP Images; p. 34(top): © Jupiterimages/Getty Images RF; p. 34(bottom): © Pixtal/age Fotostock RF; p. 35(top): © 1997 IMS Communications Ltd/Capstone Design. All Rights Reserved. RF; p. 35(middle): © Stefan Cioata/Flickr/Getty Images; p. 35(bottom): © Jean-Pierre Lescourret/Lonely Planet Images/Getty Images; p. 36: © Photodisc/PunchStock RF; p. 37(top): © Gonzalo Azumendi/The Image Bank/Getty Images; p. 37(bottom): © Erick Saillet/Photononstop/Getty Images; p. 38: © Port Authority of New York and New Jersey/AP Images; p. 39(top): © C Squared Studios/Getty Images RF; p. 39(bottom): © Paul White/AP Images; p. 40(top): © Bettmann/Corbis; p. 40(bottom): © Miramax Films/Courtesy Everett Collection; p. 41: © Phillipe Halsman/Magnum Photos; p. 44(top): © Gonzalo Azumendi/The Image Bank/Getty Images; p. 44(bottom): © The Granger Collection, New York; p. 45: © Prestige/Courtesy Everett Collection; p. 46(La Feria de Abril): © 1997 IMS Communications Ltd/Capstone Design. All Rights Reserved. RF; p. 46(L' Hemisferic): © Gonzalo Azumendi/The Image Bank/Getty Images; p. 46(*Paseo a orillas del mar*): © *A Walk on the Beach,* 1909 (oil on canvas), Joaquin Sorolla y Bastida, (1863–1923)/Museo Sorolla, Madrid, Spain, Giraudon/Bridgeman Art Library; p. 46(Dali): © Phillipe Halsman/Magnum Photos; p. 46(La Casa Batlló): © Pixtal/age Fotostock RF; p. 46(Cruz): © Alamy Celebrity/Alamy; p. 46(Buika): © Paul White/AP Images; p. 46(botellón): © Otto Pohl/*New York Times*/Redux; p. 46(La Duquesa de Alba): © Getty Images; p. 46(*La Tragedia*): © National Gallery of Art, Washington, D.C./A.K.G. Berlin/SuperStock/© 2009 Estate of Pablo Picasso/Artists Rights Society (ARS), New York; p. 46(Ibárruri): © Wide World Photos/AP Images; p. 46(Guggenheim): © Jean-Pierre Lescourret/Lonely Planet Images/Getty Images.

Capítulo 2
Opener 47: © Heather Jarry; p. 52: © ColorBlind Images/Blend Images/Corbis RF; p. 54(top): © Alistair Berg/Digital Vision/Getty Images RF; p. 54(bottom): © McGraw-Hill Education; p. 55: © Comstock/ PunchStock RF; p. 56: © JR; p. 57: © Nick Quijano; p. 58(top): © Library of Congress, Prints & Photographs Division, FSA-OWI Collection, LC-USF33-021492-M3; p. 58(bottom): © Estate of Jack Delano/Image courtesy of the Museum of Contemporary Photography at Columbia College Chicago; p. 60(top): © Jacqueline Veissid/Workbook Stock/Getty Images; p. 60(middle): © Hola Images/Corbis RF; p. 60(bottom): © Alistair Berg/Digital Vision/Getty Images RF; p. 64(top): © Paul Burns/Getty Images RF; p. 64(bottom): © Lissa Harrison RF; p. 65: © Andres Leighton/AP Images; p. 66(top): © Alfredo Maiquez/Lonely Planet Images/Getty Images; p. 66(bottom): © Leonardo Leon/AP Images; p. 67: © Pixtal/age Fotostock RF; p. 69: © Hector Mata/Reuters/Corbis; p. 70: © Thomas Coex/AFP/Getty Images; p. 71(left): © Photodisc Collection/Getty Images; p. 71(right): © Paul Bergen/Redferns/Getty Images RF; p. 72(top): © Andrew Alvarez/Stringer/Getty Images; p. 72(middle): © David Moyer; p. 72(bottom): © Miramax/Courtesy Everett Collection; p. 73: © Jim McKnight/AP Images; p. 79: © Alan Schein/Alamy RF; p. 80: © Karen Dietrich/Studio Antillania; p. 81(La Havana): © JR; p. 81(Dudamel): © Hector Mata/Reuters/Corbis; p. 81(El Malecón): © Lissa Harrison RF; p. 81(*Vengo a decirle adios a los muchachos*): © Nick Quijano; p. 81(béisbol): © Andres Leighton/AP Images; p. 81(Abreu): © Thomas Coex/AFP/Getty Images; p. 81(Mérida): © Leonardo Leon/AP Images; p. 81(Calle 13): © Paul Bergen/Redferns/Getty Images; p. 81(Mirabal): © Karen Dietrich/Studio Antillania; p. 81(Díaz): © Jim McKnight/AP Images; p. 81(San Juan): © Alfredo Maiquez/Lonely Planet Images/Getty Images; p. 81(niñas): © Library of Congress, Prints & Photographs Division, FSA-OWI Collection, LC-USF33-021492-M3.

Capítulo 3
Opener: © Heather Jarry; p. 86: © Jupiterimages/Getty Images RF; p. 87: © Purestock/SuperStock RF; p. 90: © Photodisc Collection/Getty Images RF; p. 91: © McGraw-Hill Education; p. 92: © Thomas R. Fletcher/Alamy; p. 93: © Bill Jobe; p. 94: © Courtesy of Sharon Foerster and Anne Lambright; p. 97(left): © Wide World Photos/AP Images; p. 97(right): © The Granger Collection, New York; p. 100(top): © Jupiterimages/Getty Images RF; p. 100(bottom): © Royalty-Free/Corbis; p. 101(top): © Corbis RF; p. 101(bottom): © Mark Karrass/Corbis RF; p. 102(top): © Glow Images RF; p. 102(bottom): © Author's Image/PunchStock RF; p. 104: © James Todd, *José Posada and Friends* (Portraits of Printmakers series), wood engraving, 1993, 12 × 16″. Missoula Art Museum Collection. Photo: Courtesy of the Missoula Art Museum; p. 105(top): © Don Chepito Torero, from 'Les Aventues de Don Chepito' (zincograph) (b/w photo), Posada, Jose Guadalupe (1851–1913)/Private Collection/Giraudon/The Bridgeman Art Library; p. 105(middle): © *La Calavera de la Catrina*, 1913 (zinc etching) (b/w photo) by José Guadalupe Posada (1851–1913). Private Collection/Giraudon/The Bridgeman Art Library; p. 105(bottom): © The Granger Collection, New York; p. 106(left): © Photodisc Collection/Getty Images RF; p. 106(right): © Francis Bertrand; p. 107(top): © Bettmann/Corbis; p. 107(bottom): © Miramax Pictures/Courtesy Everett Collection; p. 110: © Bettmann/Corbis; p. 111: Photo courtesy of Michael Schuessler; p. 113: © Christian H. Rasmussen; p. 114: © Miramax Films/Courtesy Everett Collection; p. 115(estudiantina): © Thomas R. Fletcher/Alamy; p. 115(*José Posada and Friends*): © James Todd, *José Posada and Friends* (Portraits of Printmakers series), wood engraving, 1993, 12 × 16″. Missoula Art Museum Collection. Photo: Courtesy of the Missoula Art Museum; p. 115(la Universidad de Guanajuato): © Bill Jobe; p. 115(Jesse y Joy): © Francis Bertrand; p. 115(El Callejón del Beso): © Courtesy of Sharon Foerster and Anne Lambright; p. 115(Chichén Itzá): © Mark Karrass/Corbis RF; p. 115(plaza): © Author's Image/PunchStock RF; p. 115(Zapata): © Bettmann/Corbis; p. 115(La Guelaguetza): © Glow Images RF; p. 115(Reed): © Bettmann/Corbis; p. 115(El Zócalo): © Corbis RF; p. 115(Rivera y Kahlo): © Wide World Photos/AP Images.

Capítulo 4
Opener: © Heather Jarry; p. 122: © McGraw-Hill Education; p. 123: © Martin Mistretta/Getty Images RF; p. 124: © Aizar Raldes/AFP/Getty Images; p. 126(top): © Brand X Pictures/SuperStock RF; p. 126(middle): © Courtesy of Ethan Vogt, Casa Diego, Buenos Aires; p. 126(bottom): © Courtesy of Rebecca Griffith and Elvis Webb; p. 127(top): © Outdoor-Archiv/Alamy; p. 127(middle): © Ximena Etchart/CON/LatinContent/Getty Images; p. 127(bottom): © Somos/Veer/Getty Images RF; p. 128(female): © liquidlibrary/PictureQuest; p. 128(male): Fancy Photography/Veer; p. 130(top): © Gianni Muratore/ Alamy; p. 130(bottom): © McGraw-Hill Education. Jennifer Kirk, photographer; p. 131: © Jorge Saenz/AP Images; p. 134(top): © Paul Burns/Getty Images RF; p. 134(middle): © Glow Images/SuperStock RF; p. 134(bottom): © Martin Bernetti/Getty Images; p. 135(top): © STR/AFP/Getty Images; p. 135(bottom): © Royalty-Free/Corbis; p. 137: © McGraw-Hill Education; p. 138: © Mariana Eliano/Cover/Getty Images; p. 140(top): © Jason Rothe/Alamy RF; p. 140(bottom): © Raul Arboleda/AFP/Getty Images; p. 141(top): © Cris Bouroncle/AFP/Getty Images; p. 141(bottom): © Menemsha Entertainment/Courtesy Everett Collection; p. 142: © Alfredo Estrella/AFP/Getty Images; p. 146 (top): © David von Blohn/Demotix/

Corbis; p. 146(bottom): © Aliosha Marquez/AP Images; p. 147: © Abril/Sipa; p. 148(El Besatón): © Aliosha Marquez/AP Images; p. 148(Pinochet): © Cris Bouroncle/AFP/Getty Images; p. 148(Montevideo): © STR/AFP/Getty Images; p. 148(Burundarena): © Mariana Eliano/Cover/Getty Images; p. 148(Iguazú): © Royalty-Free/Corbis; p. 148(Gardel): © Abril/Sipa; p. 148(Drexler): © Raul Arboleda/AFP/Getty Images; p. 148(Paranal): © Martin Bernetti/Getty Images; p. 148(Vallejo): © Alfredo Estrella/AFP/Getty Images; p. 148(Gaucho): © Outdoor-Archiv/Alamy; p. 148(boliche): © Ximena Etchart/CON/LatinContent/Getty Images; p. 148(Patagonia): © Glow Images/SuperStock RF.

Capítulo 5
Opener: © Heather Jarry; p. 155(top): © Author's Image/PunchStock RF; p. 155(bottom): © McGraw-Hill Education; p. 156: © Comstock Images/Alamy RF; p. 157: © Royalty-Free/Corbis; p. 159(top): © LOOK Die Bildagentur der Fotografen GmbH/Alamy; p. 159(bottom): © Mireille Vautier/Alamy; p. 160(top): © Enrique Castro-Mendivil/Reuters/Corbis; p. 160(bottom): © Eitan Abramovich/AFP/Getty Images; p. 163: © Blend Images/SuperStock RF; p. 165(top): © Jupiterimages/Getty Images RF; p. 165(middle): © Digital Vision RF; p. 165(bottom): © Glow Images/Getty Images RF; p. 166(top): © Sadie Ray; p. 166(bottom): © Digital Vision/PunchStock RF; p. 167: © Photodisc RF; p. 168: © Jorge Miyagui; p. 169: © Martin Bernetti/AFP/Getty Images; p. 170(top): © C Squared Studios/Getty Images RF; p. 170(bottom): © Kevin Winter/WireImage/Getty Images; p. 171(top): © Martin Meji/AP Images; p. 171(bottom): © Olive Films/Courtesy Everett Collection; p. 172: © Fernando Llano/AP Images; p. 175: © Ricardo Maldonado/epa/Corbis; p. 177: © Juan Morillo; p. 178(Shakira): © Fernando Llano/AP Images; p. 178(Cartagena de Indias): © Glow Images/Getty Images RF; p. 178(Morales): © Eitan Abramovich/AFP/Getty Images; p. 178(Miyagui): © Martin Bernetti/AFP/Getty Images; p. 178(Machu Picchu): © Digital Vision RF; p. 178(otavaleñas): © LOOK Die Bildagentur der Fotografen GmbH/Alamy; p. 178(tortugas): © Sadie Ray; p. 178(Juanes): © Kevin Winter/WireImage/Getty Images; p. 178(Llosa): © Enrique Castro-Mendivil/Reuters/Corbis; p. 178(La Paz): © Digital Vision RF; p. 178(Sendero luminous): © Martin Meji/AP Images.

Capítulo 6
Opener: © Heather Jarry; p.186: © McGraw-Hill Education; p. 187: © Hector Retamal/AFP/Getty Images; p. 188: © Courtesy of Lily Haham; p. 191(top): © Jorge Cabrera/AFP/Getty Images; p. 191(bottom): © David Litschel/Alamy; p. 193: © Kent Gilbert/AP Images; p. 194(top): © Julio Etchart/Alamy; p. 194(middle): © Johan Ordonez/AFP/Getty Images; p. 194(bottom): © Victor Baldizon/LatinContent/Getty Images; p. 197(top): © Paul Burns/Getty Images RF; p. 197(middle): © Dr. Edwin P. Ewing, Jr./CDC; p. 197(bottom): © Digital Vision/PunchStock RF; p. 198(top): © Nik Wheeler/Corbis; p. 198(bottom): © Pepiera Tom/Iconotec.com RF; p. 199: © MedioImages/SuperStock RF; p. 200(top): © Kevin Schafer/Corbis; p. 200(bottom): © Danny Lehman/Corbis; p. 201(top): © Michael Flippo/Alamy RF; p. 201(bottom): © Danilo Perez; p. 202(top): © Juan Jose Membreno/AFP/Getty Images; p. 202(bottom): © Four Square/Getty Images; p. 203: © Ariel Leon/AP Images; p. 206: © Gabriela Ruíz Schubb; p. 207(Gioconda): © Ariel Leon/AP Images; p. 207(Canal de Panamá): © Dr. Edwin P. Ewing, Jr./CDC; p. 207(Perez): © Danilo Perez; p. 207(Tikal): © Digital Vision/PunchStock; p. 207(Blades): © Julio Etchart/Alamy; p. 207(mola): © Kevin Schafer/Corbis; p. 207(monos): © MedioImages/SuperStock; p. 207(Ortega): © Juan Jose Membreno/AFP/Getty Images; p. 207(cirujanos): © Kent Gilbert/AP Images; p. 207(Menchú): © Johan Ordonez/AFP/Getty Images; p. 207(El Lago de Nicaragua): © Nik Wheeler/Corbis; p. 207(Arias): © Victor Baldizon/LatinContent/Getty Images.

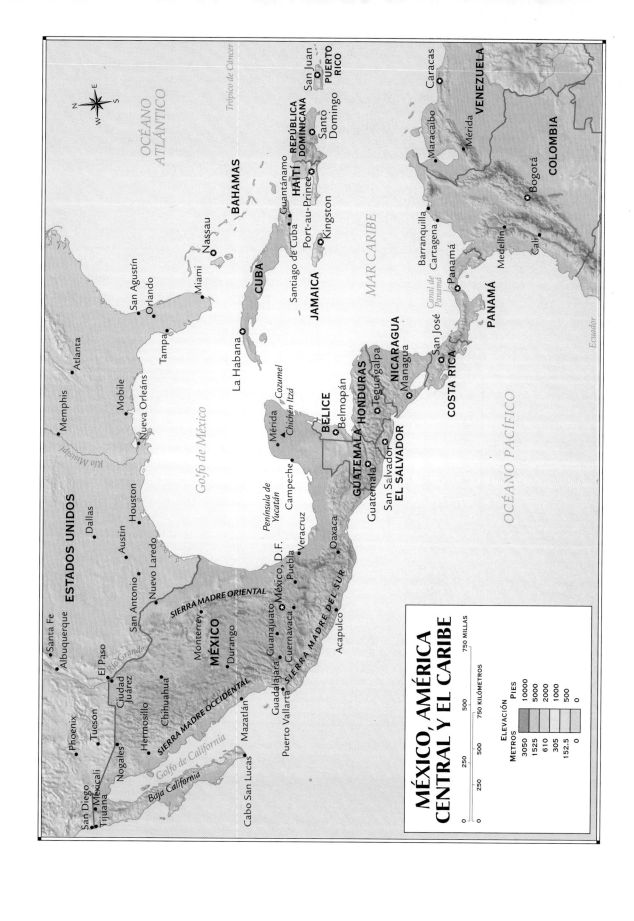

MÉXICO, AMÉRICA CENTRAL Y EL CARIBE

ESTADOS UNIDOS

Santa Fe
Albuquerque
Phoenix
Tucson
San Diego
Mexicali
Tijuana
Nogales
Hermosillo
Chihuahua
El Paso
Ciudad Juárez
Dallas
Austin
Houston
San Antonio
Nuevo Laredo
Memphis
Atlanta
Mobile
Nueva Orléans
Tampa
Orlando
San Agustín
Miami
Nassau

Mazatlán
Cabo San Lucas
Durango
Monterrey
Guadalajara
Guanajuato
Puerto Vallarta
Cuernavaca
México, D.F.
Puebla
Acapulco
Veracruz
Oaxaca

MÉXICO

SIERRA MADRE ORIENTAL
SIERRA MADRE OCCIDENTAL
SIERRA MADRE DEL SUR

Río Grande
Río Misisipi

OCÉANO ATLÁNTICO

Trópico de Cáncer

Golfo de México
Golfo de California
Baja California

Península de Yucatán
Campeche
Mérida
Cozumel
Chichén Itzá

CUBA
La Habana
Santiago de Cuba
Guantánamo

BAHAMAS

HAITÍ
Port-au-Prince
REPÚBLICA DOMINICANA
Santo Domingo
San Juan
PUERTO RICO

JAMAICA
Kingston

MAR CARIBE

BELICE
Belmopán
GUATEMALA
Guatemala
HONDURAS
Tegucigalpa
EL SALVADOR
San Salvador
NICARAGUA
Managua
COSTA RICA
San José
PANAMÁ
Panamá
Canal de Panamá

OCÉANO PACÍFICO

Ecuador

COLOMBIA
Barranquilla
Cartagena
Medellín
Bogotá
Cali

VENEZUELA
Caracas
Maracaibo
Mérida

ELEVACIÓN

METROS	PIES
3050	10000
1525	5000
610	2000
305	1000
152.5	500
0	0

0 250 500 750 KILÓMETROS
0 250 500 750 MILLAS

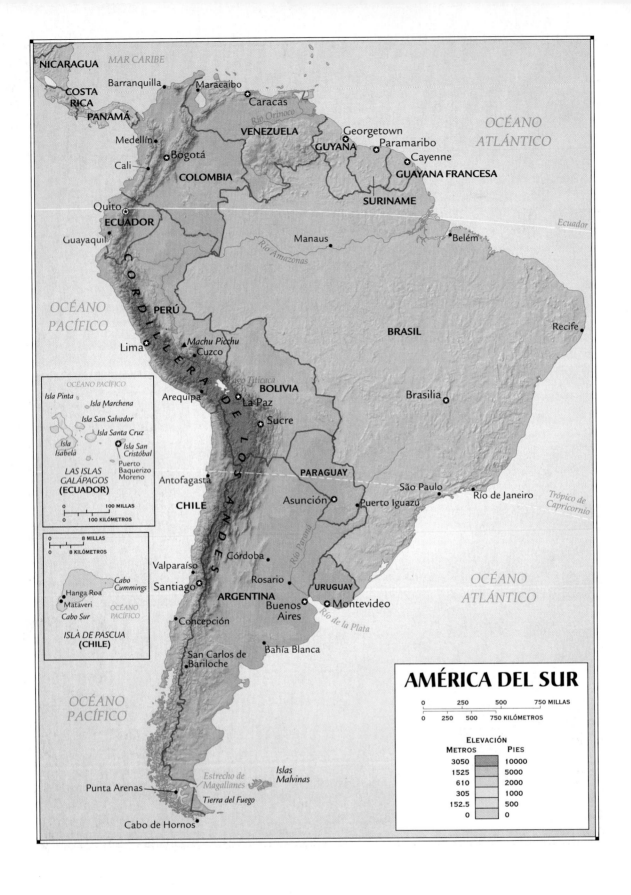

NICARAGUA

MAR CARIBE

COSTA
RICA

Barranquilla

Maracaibo

PANAMÁ

Caracas

OCÉANO
ATLÁNTICO

VENEZUELA

Medellín

Georgetown
Paramaribo

GUYANA

Bogotá

Cayenne

Cali

GUAYANA FRANCESA

COLOMBIA

SURINAME

Quito

Ecuador

ECUADOR

Manaus

Belém

Guayaquil

Río Amazonas

OCÉANO
PACÍFICO

PERÚ

BRASIL

Recife

Lima

Machu Picchu

Cuzco

Lago Titicaca

Arequipa

BOLIVIA

Brasilia

La Paz

Sucre

OCÉANO PACÍFICO

Isla Pinta

Isla Marchena

Isla San Salvador

Isla Santa Cruz

Isla
Isabela

Isla San
Cristóbal

PARAGUAY

Puerto
Baquerizo
Moreno

São Paulo

LAS ISLAS
GALÁPAGOS
(ECUADOR)

Antofagasta

Río de Janeiro

Trópico de
Capricornio

100 MILLAS

Asunción

Puerto Iguazú

100 KILÓMETROS

CHILE

Río Paraná

8 MILLAS

Córdoba

8 KILÓMETROS

Valparaíso

Rosario

OCÉANO
ATLÁNTICO

Cabo
Cummings

Santiago

URUGUAY

Hanga Roa

Montevideo

Mataveri

ARGENTINA

Cabo Sur

OCÉANO
PACÍFICO

Buenos
Aires

Río de la Plata

ISLA DE PASCUA
(CHILE)

Concepción

Bahía Blanca

San Carlos de
Bariloche

OCÉANO
PACÍFICO

AMÉRICA DEL SUR

0   250   500   750 MILLAS

0   250   500   750 KILÓMETROS

ELEVACIÓN

Estrecho de
Magallanes

Islas
Malvinas

METROS   PIES

Punta Arenas

3050   10000

Tierra del Fuego

1525   5000

610   2000

Cabo de Hornos

305   1000

152.5   500

0   0

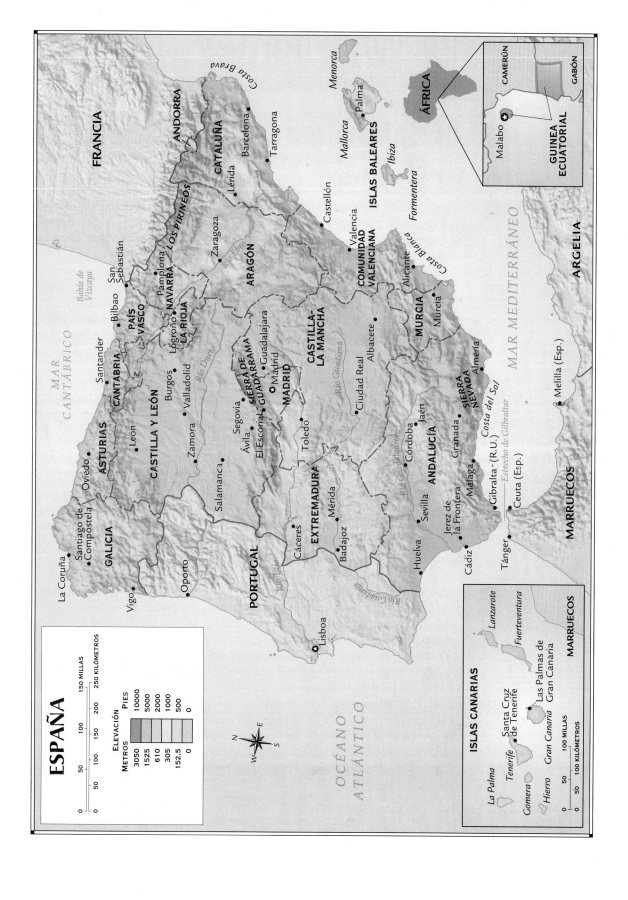

ESPAÑA

ELEVACIÓN

METROS	PIES
3050	10000
1525	5000
610	2000
305	1000
152.5	500
0	0

OCÉANO ATLÁNTICO

MAR CANTÁBRICO
Bahía de Vizcaya

FRANCIA
ANDORRA
LOS PIRINEOS
Costa Brava

PORTUGAL
Río Tajo
Río Duero
Río Guadiana
Río Guadalquivir

GALICIA
La Coruña
Santiago de Compostela
Vigo
Oporto

ASTURIAS
Oviedo
CANTABRIA
Santander
Bilbao
San Sebastián
PAÍS VASCO
NAVARRA
Pamplona
LA RIOJA
Logroño

CASTILLA Y LEÓN
León
Burgos
Valladolid
Zamora
Salamanca
Segovia
Ávila

ARAGÓN
Zaragoza
Río Ebro

CATALUÑA
Lérida
Barcelona
Tarragona

MADRID
Madrid
SIERRA DE GUADARRAMA
El Escorial
Guadalajara
Toledo

CASTILLA-LA MANCHA
Ciudad Real
Albacete

COMUNIDAD VALENCIANA
Castellón
Valencia
Alicante
Costa Blanca

MURCIA
Murcia

ISLAS BALEARES
Menorca
Mallorca
Palma
Ibiza
Formentera

EXTREMADURA
Cáceres
Mérida
Badajoz

ANDALUCÍA
Córdoba
Jaén
Sevilla
Huelva
Jerez de la Frontera
Cádiz
SIERRA NEVADA
Granada
Almería
Málaga
Costa del Sol

Lisboa

Gibraltar (R.U.)
Estrecho de Gibraltar
Ceuta (Esp.)
Tánger
Melilla (Esp.)

MAR MEDITERRÁNEO

MARRUECOS
ARGELIA

ISLAS CANARIAS
La Palma
Gomera
Hierro
Tenerife
Santa Cruz de Tenerife
Gran Canaria
Las Palmas de Gran Canaria
Lanzarote
Fuerteventura
MARRUECOS

ÁFRICA
CAMERÚN
GABÓN
GUINEA ECUATORIAL
Malabo

Escala:
0 50 100 150 MILLAS
0 50 100 150 200 250 KILÓMETROS

N S E W

Pistas calientes

(Hot Tips on the Seven Communicative Functions)

D
DESCRIBIR

Descripción. Remember to use **ser** to describe physical and personality characteristics and **estar** to describe emotions. **Ser** is also used to talk about where events take place. Pay attention to agreement of nouns and adjectives: *Una* **clase aburrid*a*,** *un* **problema delicad*o*.**

C
COMPARAR

Comparación. Remember that **más/menos... que** is used to compare things that are not the same and **tan/tanto... como** are used for things that are the same. When comparing equal nouns, be careful to pay attention to agreement: **Tiene *tantos problemas* como su hijo. Bebe *tanta cerveza* como sus amigos.**

P
PASADO

Narración en el pasado. Remember that the preterite moves the story line forward in time and the imperfect fleshes out the story with descriptions and emotions: *Fuimos* **al campo el sábado.** *Hacía* **frío aquella noche, pero** *llevábamos* **mucha ropa y cuando** *empezamos* **a bailar, no** *sentíamos* **el frío.** When summarizing a past experience, use the preterite: **Fue una experiencia inolvidable.**

REACCIONAR
R
RECOMENDAR

Reacciones y recomendaciones. Remember that subjective, reactive, or value judgment statements such as **Es fantástico que...** and **Es terrible que...** are followed by the subjunctive. The subjunctive is also required when making recommendations and suggestions, since the result of a recommendation is not in our control: **Es bueno que *tengan / hayan tenido / tuvieran* suficiente dinero. Ahora recomiendo que *empiecen* a ahorrar dinero para su próximo viaje.**

G
GUSTOS

Hablar de los gustos y las opiniones. Remember that in sentences with **gustar**-type verbs, the thing liked is the grammatical subject, which therefore determines whether **gustar** is singular or plural. Don't forget that whoever likes the thing is the indirect object and must be preceded with **a:** *A* **Javi le gustan los museos.** *A* **los turistas les molesta el ruido.**

H
HIPÓTESIS

Hacer hipótesis. The conditional is easy to form. Just add **-ía, -ías, -ía, -íamos, -íais,** and **-ían** to the infinitive: **escucharía, comería, escribiría.** Remember that there are twelve irregular verbs for the conditional. In a purely hypothetical *if, then* sentence, remember to use the past subjunctive in the *if clause* (**Si supiera, Si pudiera...**) and the conditional for the result (**estaría furioso, llamaría a la policía**): **Si *estudiara* en México, mi español *mejoraría* mucho.**

F
FUTURO

Hablar del futuro. The future tense is easy to form. Just add **-é, -ás, -á, -emos, -éis,** and **-án** to the infinitive: **escucharé, comeré, escribiré.** Remember that the twelve verbs that are irregular in the conditional are also irregular in the future. Be aware of the use of subjunctive in many of the clauses that introduce future events: **Cuando *vaya*, irá al Prado. Tan pronto como *salgamos*, lo llamaremos.**